SUPERREALISMO POÉTICO Y SIMBOLIZACIÓN

BIBLIOTECA ROMÁNICA HISPÁNICA

DIRIGIDA POR DÁMASO ALONSO

II. ESTUDIOS Y ENSAYOS, 288

CARLOS BOUSOÑO

SUPERREALISMO POÉTICO Y SIMBOLIZACIÓN

BIBLIOTECA ROMÁNICA HISPÁNICA
EDITORIAL GREDOS
MADRID

EDITORIAL GREDOS, S. A.

Sánchez Pacheco, 81, Madrid. España.

El autor agradece a la Fundación «Juan March» la beca que le fue concedida, gracias a la cual se ha podido escribir esta obra.

Depósito Legal: M. 41525-1978.

ISBN 84-249-0793-0. Rústica.
ISBN 84-249-0794-9. Tela.

Gráficas Cóndor, S. A., Sánchez Pacheco, 81, Madrid, 1979. — 4956.

A Ruth, a quien tanto debe este libro.

PALABRAS INICIALES Y CONSIDERACIONES BIBLIOGRAFICAS

PALABRAS INICIALES

En mi *Teoría de la expresión poética,* y, sobre todo, de manera más sistemática, extensa y exclusiva, en mi reciente libro sobre la irracionalidad en la poesía del siglo XX [1], he estudiado las diversas formas en que se manifiesta el fenómeno de la simbolización. No puedo en las páginas actuales, claro es, repetir del mismo modo lo que allí digo; pero sí se hace necesario, para que la materia de la presente obra resulte fácilmente comprensible a quienes no conocen esos trabajos míos, resumir de entrada, como «Introducción», del modo más abreviado y sintético posible, algunos de los puntos fundamentales que en aquellos intentos se desarrollaron con otro espacio y dilatación [2]. De este modo, a partir de tales conceptos introductorios, de los que habremos de servirnos a cada paso [3], podremos ir hacia los

[1] *El irracionalismo poético (El símbolo),* Madrid, ed. Gredos, 1977.

[2] Por tanto, aquellos lectores que conozcan esos trabajos míos, pueden saltarse esa «Introducción», que sólo es útil a quienes los ignoren.

[3] También he necesitado repetir en la presente obra un capítulo de ese libro, al que, sin embargo, he añadido cuatro epígrafes nuevos («Causa psicológica», «Ley de tránsito», «Misterio» y «Visualidad»); capítulos que considero de importancia para el mejor entendimiento de la cuestión: se trata del titulado «Propiedades de las ecuaciones preconscientes», que aquí va como capítulo II y allí como capítulo XIII. Sin esa insistencia, se harían ininteligibles buena porción de las cosas que en el libro actual se afirman. Resumir los hallazgos fundamentales de aquellas páginas no hubiera bastado para la necesaria claridad de la doctrina expuesta.

nuevos horizontes y penetraciones que en la tarea que ahora emprendemos nos hemos propuesto, a cuyo través tal vez lleguemos a comprender, espero que de verdad y a fondo, el carácter contextual de todo símbolo en su posible complejidad, y, por tanto, la naturaleza misma del acto simbólico y su génesis, primero en la mente del autor, y luego, en la del lector. Se aclarará acaso, de este modo, cuál sea la actividad de nuestra mente frente al fenómeno irracionalista. Y así el volumen a que ahora damos comienzo constituirá, por algún sitio y en cierta medida, aunque sin proponérmelo, el inicio, por muy en esbozo y en estado de mero brote que éste resulte, de una ciencia nueva que acaso esté llamada a mayor despliegue e importancia en el futuro. Hablo de una Psicología Semántica, o ciencia de la producción mental de significados, en este caso irracionales: lo que ocurre en nuestra mente de lectores al hacernos con el texto de que se trate (y, antes, en la mente del autor al escribirlo) para que las significaciones se nos manifiesten con la indispensable objetividad. Creo que en los capítulos que siguen se insinúan, y hasta se formulan, algunas leyes, cuya estipulación y posibles concatenaciones y desarrollos podrían constituir, no ahora, en que sólo podré sentar los prolegómenos, sino más adelante, el cuerpo de la ciencia inicial que digo, relacionada, sin duda, por un lado, con la Estética, y, por otro, con la Lingüística, y que, por supuesto, vendría a ser, indudablemente, en tal sazón, un capítulo diferenciado y aparte de la Psicología a secas [4].

Ahora bien: al estudiar la contextualidad de los símbolos no sólo surge la necesidad de esa nueva ciencia, o nueva rama de la vieja ciencia (no demasiado vieja tampoco) que acabo de mencionar. Surge también, e inesperadamente, lo que de hecho se ha alzado, en la presente obra, con el santo y la limosna de las argumentaciones, hasta el punto de acaparar casi por completo la titulación del volumen. Me refiero al conocimiento de cómo se produce y por qué la expresividad en la poesía superrealista, tema éste que, aunque cause asombro, estaba aún inédito

[4] Hay esbozos de esa Psicología Semántica en las páginas 96 (n. 8), 113, 174, 175-176, 182-183, 188, 189, 205-206, 210-211, 227-229, 250-251, 255, 258, 260, 270, 329, 332, 338, 375 y 482.

en la copiosa bibliografía acerca de tan relevante asunto [5], del cual podemos decir que se había estudiado todo (o casi todo), excepto lo verdaderamente esencial: por qué esa actitud poemática resulta de hecho estéticamente existente [6].

---

[5] Véase la bibliografía que va al final del presente libro.

[6] No pretendo, por supuesto, sugerir que nadie haya estudiado la expresión como tal de los poetas superrealistas, más allá de la mención o análisis de la famosa «escritura automática». No insinúo tal cosa, pues no faltan trabajos de esa índole. Pero sí afirmo que en ninguno de ellos se nos dice, insisto, la razón de la expresividad de las obras de la escuela en cuestión. Se habla, sí (generalmente, aunque no siempre, con vaguedad), de «asociaciones» automáticas, de «símbolos», de «metáforas sorprendentes», basadas en la unión de términos «muy alejados», pero jamás se nos indica, repito, cómo se engendra y por qué la expresividad en la mente del lector, y menos aún las leyes que determinan tales hechos. Esto es: se llega, todo lo más, y considerando sólo los mejores casos, a describir desde fuera algunas de las características del lenguaje superrealista, pero no el sentido de ellas y el sistema de leyes a que responden. Para citar sólo los estudios más relacionados con mi investigación, tal es lo que podemos hallar en trabajos como el de Michaël Riffaterre *(La métaphore filée dans la poésie surréaliste, Langue Française,* núm. 3, septiembre 1969, ed. Larousse, págs. 46-60) o en el importante libro de Marguerite Bonnet sobre Breton *(André Breton, Naissance de l'aventure surréaliste,* París, Librairie José Corti, 1975), libro que aunque sea principalmente histórico y dedicado a narrar (como su título sugiere) el comienzo de la «aventura superrealista», no deja de dedicar algunas páginas al estilo del autor considerado (véanse las págs. 387-393). Sobre la escritura automática y el lenguaje superrealista es de interés el libro de S. Bernard: *Le poème en prose de Baudelaire jusqu'à nos jours,* Paris, Nizet, 1959. Se ocupa asimismo de la expresión, aunque ello no sea lo fundamental, el volumen de R. Bréchon, *Le surréalisme,* París, Armand Colin, 1971, págs. 151-181. La cosa no cambia sustancialmente por lo que toca a las obras equiparables acerca de los poetas españoles en su etapa superrealista: la de Amado Alonso sobre Neruda (Amado Alonso, *Poesía y estilo de Pablo Neruda,* Buenos Aires, ed. Sudamericana, 1966, págs. 79-332), o la de José María Capote Benot sobre el superrealismo de Cernuda *(El surrealismo en la poesía de Luis Cernuda,* Sevilla, Publicaciones de la Universidad de Sevilla, 1976, págs. 83-251). Lo mismo veríamos en el prólogo que escribió Luis Antonio de Villena en su edición crítica de *Pasión de la tierra,* de Aleixandre (Madrid, Narcea, 1976, págs. 51-61). Obras muy meritorias todas ellas, algunas excelentes, pero que plantean el problema del lenguaje superrealista de modo muy distinto y mucho más externo del que en el presente libro vamos a proponer. El actual trabajo se mueve, pues, y opera en un territo-

Pero sucede que, como las realidades todas se dan en conexión con sus vecinas, al resolver qué cosa sea el superrealismo en cuanto técnica expresiva, y no en cuanto «visión del mundo» o en cuanto historia (la historia del nacimiento y desarrollo del movimiento, la historia de los manifiestos, la de las relaciones con el marxismo...) o en cuanto sentido sociológico y humanístico, etc., que es de lo que se han ocupado primordialmente otras obras, muy interesantes, sin duda, algunas de ellas [7]

---

rio virginal que espero traiga consigo una reconsideración a fondo del problema encarado, así como de otros que le son adyacentes.

[7] Mencionaré aquí algunos trabajos esenciales (los otros puede verlos el lector en la bibliografía que va al final del presente volumen). Para el estudio de la visión del mundo superrealista conviene leer la famosa obra de Ferdinand Alquié *(Filosofía del surrealismo,* Barcelona, Barral Editores, Breve Biblioteca de Respuesta, 1974), así como su otro trabajo anterior, *Humanisme surréaliste et humanisme existencialiste,* París, P.U.F., 1948. Dirigidos por el mismo Alquié importan también a este respecto algunos de los artículos de varios autores que hay en *Entretiens de Cerisy,* 1966 (París, Mouton, 1968). También, por supuesto, y antes que nada, son esenciales los «Manifiestos» del surrealismo de Breton (André Breton, *Manifiestos del surrealismo,* Madrid, ed. Guadarrama, 1969). Pueden considerarse además ciertos artículos, como los dos siguientes: Bataille, G., «Le surréalisme et sa différence avec l'existencialisme», en *Critique,* núm. 2, julio 1946; y Decottignies, J., «L'oeuvre surréaliste et l'idéologie», en *Littérature,* núm. 1, 1971. En cuanto a la relación entre el superrealismo y la psicología o la psiquiatría y el psicoanálisis, véase Ey, H., *La psychiatrie devant le surréalisme,* París, 1948; Cazaux, J., *Surréalisme et psychologie, endophasie et écriture automatique,* París, la Technique du Livre, 1938; el artículo de J. L. Houdebine, «Méconnaissance de la Psychanalyse dans le discours surréaliste», en *Tel quel,* París, núm. 46, y el libro de Janet, Pierre, *L'Automatisme psychologique,* Alcan, 1889, ed. de 1903.

Acerca de la historia del movimiento hay abundante bibliografía. De esa selva elijo estos títulos: Nadeau, M., *Histoire du surréalisme,* París, Col. «Pierres Vives», ed. du Seuil, 1945; su tomo II fue publicado tres años después *(Histoire du surréalisme,* t. II: *Documents surréalistes,* París, ed. du Seuil, 1948); Bedouin, J. L., *Vingt ans de surréalisme* (1939-1959), París, Denoël, 1961; Mangeot, G., *Histoire du surréalisme,* Bruselas, Henriquez, 1934; amén de la obra de Marguerite Bonnet mencionada en la nota 6 a la pág. 11.

Para el examen de las conexiones entre superrealismo y política, y muy especialmente entre superrealismo y marxismo, véanse, entre otros, los (desde diversa perspectiva), al resolver eso, ocurre que se resolvió por sí mismo, o creo que se resolvió, un interrogante diverso, no menos sustantivo e importante: el de cómo se producía la expresividad en el irracionalismo anterior a la vanguardia. Pues es preciso hacer constar, ya de entrada y con la debida fuerza y claridad, que el irracionalismo es un fenómeno estético que, aunque relativamente reciente en la historia del arte y de la poesía, tiene, por supuesto, bastante más edad que la poseída por el movimiento superrealista, que es sólo una de sus fases, cierto que la más extremosa. De forma que el presente libro, ocupado primordialmente en el tema del superrealismo, ha necesitado, precisamente para poder tratarlo, extraer, de entre la masa de un género próximo común (el irracionalismo), la última diferencia (como diría la vieja lógica) en que se define el movimiento literario de referencia, y por consiguiente, la última diferencia de los que le precedieron en ese sentido. O sea, he necesitado examinar los entresijos contextuales en que se engendra todo texto superrealista y su discrepancia en tal dirección con el irracionalismo no vanguardista, y en definitiva, hacernos comprender así, desde un ángulo inédito hasta el preciso instante en que escribo, el mecanismo de esta última especie de

---

siguientes libros: André Breton, *Documentos políticos del surrealismo,* Madrid, Editorial Fundamentos, 1973; Gerard Durozoi y Bernard Lecherbonnier, *Le surréalisme. Théories, thèmes, techniques,* París, Librairie Larousse, 1972, págs. 54-55, 74-76 y sobre todo 215-238; André Breton, *El surrealismo. Puntos de vista y manifestaciones,* Barcelona, Barral Editores, 1972, págs. 121-131, 135-147, 151-159, 177-186, 240, 250-253, 271, 273-274, 279-280; Ferdinand Alquié, *op. cit.,* págs. 116-131; André Gavillet, *La littérature au défi: Aragon surréaliste,* Neuchatel (Suiza), ed. de la Baconnière, 1957, páginas 249-277; Philippe Audoin, *Les surréalistes,* París, du Seuil, 1973, págs. 49-90; Ivonne Duplessis, *El surrealismo,* Barcelona, Oikos-tau Ediciones, 1972, págs. 15-17. Importantísimas son, para el conocimiento del tema, las entrevistas radiofónicas concedidas por Breton y recogidas luego en un volumen (André Breton, *El surrealismo: Puntos de vista y manifestaciones,* ed. cit., págs. 121-139, 156-157, 167-182 y 189-196). Véanse también los artículos de R. Navarri, «Les dadaistes et les surréalistes devant la révolution d'octobre», en *Europe,* sep.-oct. 1967, y el de J. L. Houdebine, «Position politique et idéologie du néosurréalisme», en *Tel Quel,* París, núm. 46.

expresividad. No debe entonces asombrar al lector de estas páginas que dedique buena copia de ellas a cuestión tan aparentemente distante de la prometida desde el título como pueda ser la que acabo de enunciar.

Irracionalismo o simbolismo (procedimiento retórico) y «simbolismo» (escuela finisecular)

Añadamos todavía que lo que acabamos de llamar «irracionalismo» es sinónimo de lo que, con nombre más generalizado y común, se ha venido denominando, desde hace mucho, simbolismo. Importa, de entrada, aclarar que este simbolismo al que ahora me refiero es el uso de símbolos en cuanto procedimiento retórico, lo cual, claro está, resulta cosa muy distinta al «simbolismo-escuela» que, como nadie ignora, fue un movimiento literario inicialmente francés de hacia 1885. El «simbolismo-escuela» se llamaba así porque utilizaba, en efecto, símbolos-procedimiento retórico, pero tal tendencia literaria y artística no se agotaba, ni mucho menos, en ese uso: incluía también un gran idealismo, una relevancia de lo misterioso e inexplicable, una revolución métrica, una preocupación por la muerte y el tiempo, una sentimentalidad a veces vaga o delicuescente, a veces una morbosidad erótico-religiosa, etc... Por otra parte, el empleo de símbolos-procedimiento retórico excede amplísimamente, y por diversos sitios, a la llamada escuela «simbolista», ya que tal empleo es, claro está, anterior y posterior a esta última. Aparte de San Juan de la Cruz, que los utilizó de modo generoso y sistemático [8], los símbolos se dan, aunque esporádicamente, en algunos román-

---

[8] Véase Jean Baruzi, *Saint Jean de la Croix et le problème de l'expérience mystique*, 2.ª ed., París, 1931, pág. 223; véase también Dámaso Alonso, *La poesía de San Juan de la Cruz*, Consejo Superior de Investigaciones Científicas, Instituto Antonio de Nebrija, Madrid, 1942, págs. 215-217. Véase, asimismo, mi libro *Teoría de la expresión poética*, 5.ª ed., Madrid, ed. Gredos, 1970, t. I, capítulo XI, titulado «San Juan de la Cruz, poeta contemporáneo», págs. 280-302.

ticos [9], y luego en Baudelaire [10], Verlaine [11], Rimbaud, Mallarmé, etcétera. Pero si en vez de mirar hacia atrás, nuestra mirada se desplaza hacia adelante, aún es más evidente el desbordamiento de que hablamos, ya que la frecuencia y la complejidad de la simbolización en poesía no hizo sino crecer después del cese de la escuela simbolista. Como veremos muy pronto, son muchísimo más simbolizadores, y de manera bastante más complicada y ardua, por ejemplo, los superrealistas que los simbolistas finiseculares.

No vale tampoco hablar de «epigonismo» [12]: los miembros de la generación del 27 en España, o, digamos, Neruda en Chile, o el Eliot de *Four Quartets* o de *Waste Land,* o el Rilke de las *Elegías del Duino,* o, por supuesto, Breton, Aragon o Éluard, de ninguna manera deben considerarse como epígonos del simbolismo finisecular, aunque utilicen, o puedan utilizar los símbolos en cantidades abrumadoramente mayores y, sobre todo, en formas mucho más arborescentes, «difíciles» y espectaculares que en esta última tendencia. Hablar de epigonismo para casos como los indicados, por razón del uso de símbolos, me parece tan erróneo como llamar epígono del Renacimiento a Espronceda, Bécquer, Juan Ramón Jiménez, Antonio Machado, Cernuda, Guillén, etc. por la mera razón de que todos ellos coincidan en el empleo de endecasílabos. O tan erróneo como decir que Dante, por ese mismo motivo, es un antecedente del Renacimiento. Pienso, por el contrario, que esta última época, como todas las épocas, se manifiesta como un «sistema», dentro (y no fuera) del cual el endecasílabo es sólo un ingrediente. Pues bien: del mismo modo, el símbolo surge como uno, y sólo como uno de los muchos elementos que en relación «sistemática» constituyen

---

[9] Véase mi libro *El irracionalismo poético (El símbolo),* Madrid, ed. Gredos, 1977, págs. 106, 113, 134, 135 y 141 (notas). Véase también en el presente libro la nota 7 a la pág. 384.

[10] *Ibídem,* págs. 73 (y nota 11), 85-86, 101, 106 y 114.

[11] *Ibídem,* págs. 74-75, 76, 102, 107, 108 y 136.

[12] Tal como hace J. M. Aguirre en su libro *Antonio Machado, poeta simbolista,* Madrid, Taurus Ediciones, 1973, en las págs. 55 («otro de los epígonos del simbolismo, Jorge Guillén»), 64 («Gerardo Diego... un epígono del simbolismo»), etc.

la llamada «escuela simbolista». Sacados del sistema en el que constan, ni el endecasílabo es «renacentista» ni el símbolo (procedimiento retórico) es «simbolista» (escuela literaria)[13].

Bibliografía sobre el símbolo

La bibliografía sobre el simbolismo-escuela resulta ya considerable[14]; pero el análisis que desde esa perspectiva de historia literaria se ha hecho de lo que sea el símbolo-procedimiento retórico deja al lector bastante insatisfecho, por la pobreza, externidad, simplicidad y vaguedad de sus conclusiones. Algo francamente más alentador se vislumbra, si de aquí pasamos a la bibliografía que del lado de la Semiótica se nos ofrece: encontramos en ella mucha más precisión, pero en una dirección que, juzgada desde nuestros intereses, se nos antoja poco menos externa que la otra. El problema se ve también, en efecto, casi siempre[15] desde fuera: se habla con bastante exactitud de las diferencias y semejanzas que unen y separan a los signos-símbolos de los otros signos: los alegóricos[16], los emblemáticos y los puramente indicativos. Pero sólo de un modo muy deficiente y borroso podemos decir que haya algo que pretenda mirar desde dentro los símbolos, intentando así, aunque fallidamente, dar cuenta de sus misteriosas propiedades. Para lograr tal propósito era preciso determinar antes con toda exactitud el proceso preconsciente que los origina. Sólo de ese modo, en efecto, se

---

[13] Desarrollaré con amplitud estos conceptos en un próximo libro sobre las épocas literarias y su evolución que aparecerá muy pronto en la editorial Gredos.

[14] Véase la bibliografía que recojo en las páginas finales de este libro.

[15] En el capítulo XXI (págs. 379-393, y especialmente 382-393) puede verse el sentido de esa afirmación y su paliativo.

[16] La diferencia entre alegoría y símbolo fue la preocupación fundamental de los teóricos desde Goethe, Schelling, Humboldt, Schiller (cartas a Goethe), Heinrich Meyer, Friedrich Ast, Creuzer, Solger, etc., hasta hoy. Recordaré en el capítulo XXI (págs. 382-391 y nota 13 a la pág. 387) que el establecimiento del distingo como algo esencial tenía sentido en el romanticismo germano; hoy carece de él, por razones que explicaré en estas páginas.

sabría cómo se producen y por qué tales recursos en la mente del autor y del lector. Mas esto, sobra decirlo, nunca se ha intentado, o sólo con escaso rigor (véanse págs. 391-393).

Algo parecido, pero más gravemente, sucede con la Lingüística, donde nos es dado ver, con algún asombro, en ciertos casos, la confusión entre dos realidades entre sí tan distintas como son el simbolismo y la connotación [17].

El Psicoanálisis y la Etnología, y aun la Historia de ciertos períodos, por ejemplo, la Edad Media [18], han mostrado, por su

---

[17] Los lingüistas, como es natural, se han ocupado mucho más, al entrar más de lleno en su principal competencia, de las connotaciones que de los símbolos. Ahora bien: al estudiar las connotaciones se deslizan a veces hacia la consideración del símbolo sin percatarse *de que el símbolo es otra cosa* muy distinta, pariente de la connotación (y de ahí la confusión) pero diferente de ella en puntos esencialísimos y hasta en forma antitética. Esta confusión se halla en forma implícita en todos aquellos lingüistas que extienden el concepto de connotación hasta abarcar a cuantas asociaciones, del orden que sea, ostente la palabra. Así, por ejemplo, A. Martinet («Connotation, poésie et culture», en *To honor R. Jacobson,* vol. II, Mouton, 1967). Entre nosotros, el reciente libro de J. A. Martínez *(Propiedades del lenguaje poético,* Universidad de Oviedo, 1975) incurre en idéntica confusión de una manera especialmente explícita (páginas 172, 189 y 450, entre otras). Véase en mi libro *El irracionalismo poético (El símbolo),* Madrid, ed. Gredos, 1977, cap. IX, un ensayo de deslindamiento entre ambos conceptos; y también, nota 15, pág. 100 de este libro.

Fuera de la Lingüística, la confusión entre ambos conceptos es máxima en Robert Bréchon cuando dice: «Desde Baudelaire y del simbolismo hasta el superrealismo la evolución de la poesía se define por un recurso sin cesar más exigente al símbolo como creador del sentido, es decir, por el abandono cada vez más sistemático de lo que los lingüistas llaman la denotación en provecho de la connotación» (*Le surréalisme,* París, Colin, 1971, pág. 175).

[18] Sigmund Freud, *Introducción al Psicoanálisis,* en *Obras completas,* II, Madrid, 1948, págs. 112-119 y 132-144; J. Huizinga, *El otoño de la Edad Media,* Madrid, ed. Revista de Occidente, 1961, págs. 277-293. Pero debo declarar que Huizinga confunde el símbolo con cosas que son en realidad alegorías, y, en cambio, no se percata de los verdaderos procesos simbolizantes de la Edad Media, como he hecho ver en mi libro *El irracionalismo poético (El símbolo),* Madrid, ed. Gredos, 1977, págs. 250-286 (especialmente nota 26 a la pág. 283). Véase también Lucien Lévy-Bruhl, *L'Expérience mystique et les symboles chez les primitifs,* París, 1938.

parte, en nuestro siglo, la importancia extrema de la simbolización como tendencia general humana; se han estudiado las tendencias simbolizantes de la mente primitiva y sus relaciones con las costumbres tribales, con los mitos, etc. Pero todo esto, y, como digo, los trabajos, tan distintos, de los psicoanalistas (Freud, Jung, etc.), aunque, desde otro punto de vista, sean, por supuesto, de gran valor y profundidad (y hasta genialidad en algún caso), no han añadido tampoco gran cosa al conocimiento que a nosotros nos importa más. Aquello en que consista el símbolo como tal símbolo en su última y decisiva almendra ha seguido ofreciéndose como sólo a medias conocido [19].

De todos estos trabajos (bastantes de sumo interés) procedentes de tan distintas disciplinas, saca el estudioso una idea, supongamos que suficiente, de los *efectos* que produce el símbolo en el ánimo de su receptor (lector o espectador) y hasta el conocimiento de algunos (y sólo algunos) de sus numerosos atributos. Pero nada o muy poco se aprende, insisto, sobre lo que resultaría más sustancial y provechoso para nosotros, a saber: la causa de tales atributos y efectos. Se habla, por ejemplo, de que la significación del símbolo es intrínseca (o sea, que el símbolo tiene *por sí mismo* una entidad semántica diferente a la significación simbólica de los signos utilizados): *es* y además *significa*, como afirman varios autores del romanticismo y prerromanticismo alemán: Goethe, Schelling, Creuzer [20]; se habla, asimismo, de que el símbolo es la cifra de un misterio [21]; de su

---

[19] Véase el capítulo XXI del presente libro.

[20] Goethe, «Sobre los objetos de las artes figurativas», 1797 (en *Jubiläumsausgabe*, vol. 33, pág. 94; A. W. Schelling, *Filosofía del arte*, edición original de *Sämmtliche Werke*, vol. V (primera serie), págs. 400-401; *ibíd.*, vol. V (primera serie), págs. 452-453; *ibíd.*, vol. V (primera serie), págs. 454-455; Friedrich Creuzer, *Symbolik und Mythologie der alten Völker*, 1810, t. I, págs. 57-75 (véase Tzvetan Todorov, *Théories du symbole*, París, éd. du Seuil, 1977, págs. 236, 245, 246 y 254).

[21] P. Godet, «Sujet et symbole dans les arts plastiques», en *Signe et symbole*, pág. 128. Aluden a esta cualidad del símbolo numerosos críticos. Por ejemplo, Jean-Baptiste Landriot, *Le symbolisme*, 3.ª ed., 1970, pág. 227; J. M. Aguirre, *op. cit.*, págs. 40, 86, 92, etc.; Ernest Raynaud, *La Mêlée symboliste (1890-1900)*, París, 1920, pág. 92; Charles Morice, «Notations», en

tendencia a la repetición [22]; de su naturaleza proliferante [23], emotiva [24], no comparativa sino identificativa [25]; de su capacidad para expresar de modo sugerente [26] estados de alma complejos [27]

Vers et prose, t. VII, septiembre-noviembre, 1906, pág. 81, etc. Entre nosotros, Machado («El alma del poeta / se orienta hacia el misterio»); Rubén Darío (habla de Machado): «misterioso y silencioso / iba una y otra vez», etc.

[22] Svend Johansen, *Le symbolisme, Étude sur le style des symbolistes français,* Copenhague, 1945, pág. 219; Anna Balakian, *El movimiento simbolista,* Madrid, ed. Guadarrama, 1969, pág. 134. Precisamente, la repetición hace perder a los símbolos su cualidad de misterio y opacidad, como ya indicó Amiel en *Fragments d'un journal intime,* 27-XII-1880 («cuando los símbolos devienen transparentes ya no vinculan: se ve en ellos ... una alegoría y se deja de creer en ellos»). La conversión del símbolo en alegoría a fuerza de repeticiones explica la división que hace Maeterlinck de los símbolos en dos categorías: símbolos «a priori» (deliberados) y símbolos «más bien inconscientes» (en Jules Huret, *Enquête sur l'évolution littéraire,* 1891, págs. 124-125). Véase también T. de Visan, *Paysages introspectifs. Avec un essai sur le symbolisme,* París, 1904, páginas L-LII.

[23] Jean Baruzi, *op. cit.,* pág. 223; Dámaso Alonso, *op. cit.,* págs. 215-217; Johansen, *op. cit.,* pág. 131; Maeterlinck (en el libro antes mencionado de Jules Huret, *Enquête...,* pág. 127); Verhaeren (en Guy Michaud, *La doctrine symboliste. Documents,* París, 1947, pág. 89); Robert Bréchon, *op. cit,* página 174.

[24] A. Thibaudet: «Remarques sur le Symbole», *Nouvelle Revue Française,* 1912, pág. 896; H. de Régnier, *Poètes d'aujourd'hui,* 1900. Citado por Guy Michaud, *op. cit.,* págs. 55-56 y 73-76.

[25] Heinrich Meyer: «Notas» a *Werke* de Winckelmann, t. II, 1808, páginas 684-685; T. de Visan, *Paysages...,* ed. cit., pág. LII; Marcel Raymond, *De Baudelaire al surrealismo,* México, Fondo de Cultura Económica, 1960, pág. 43; Juan Ramón Jiménez, *El modernismo. Notas de un curso,* México, 1962, pág. 174. Lévy-Bruhl *(op. cit.,* págs. 176-178) habla de «participación». Sobre la diferencia entre «participación» e «identificación», véase pág. 393, nota 18.

[26] Es frecuente que los críticos hablen de sugerencia refiriéndose al símbolo, pero sin precisar nunca qué clase de sugerencia es la suya. En mi *Teoría de la expresión poética,* ed. cit., t. II, págs. 320-337, he intentado establecer el carácter irracional de la sugerencia simbólica, a diferencia de otro tipo de sugerencia (precisamente la más frecuente en poesía) que tiene carácter lógico, en cuanto que lo sugerido aparece como tal en la conciencia, y no sólo en la emoción, característica esta última de la sugerencia irracional de los símbolos. No se hace esta distinción (que considero indispensable) entre lo irracional y lo lógico de la sugerencia en la

o una multiplicidad o supuesta inagotabilidad semántica [28], etc.; o, como ya dije, la diferencia con la alegoría [29], o con los signos

bibliografía sobre el símbolo. Se habla de sugerencia, y nada más. Así, Mallarmé en un texto muy conocido (Huret, *op. cit.*, pág. 60); Régnier, *Poètes d'aujourd'hui*, 1900, citado por Michaud, *op. cit.*, págs. 55-56 y 73-76; Charles Morice, en Huret, *op. cit.*, pág. 85; Visan, *op. cit.*, pág. XLIX.

Y sin embargo, la relación entre el símbolo y lo no consciente ha sido manifestada por varios autores, empezando por Goethe, «La doctrina de los colores», en *Jubiläumsausgabe*, vol. 40, págs. 116-117; también en *ibid.*, vol. 38, pág. 261 (véase Todorov, *op. cit.*, págs. 236, 239 y 241). Tras Goethe, varios más han hablado de esa relación, por ejemplo, Philip Wheelwright, *Metaphor and Reality*, Indiana University Press, 6.ª ed., 1975, pág. 94; dice en esa página que el símbolo «se nutre de una multiplicidad de asociaciones relacionadas la mayor parte de las veces de manera subconsciente y sutil»; esa relación con el inconsciente aparece más manifiesta y estudiada en los psicoanalistas, a partir de Freud. Jung llega a la especificación (a la que me incorporo) de «preconsciente» (C. G. Jung, «Introduction» a Victor White, O. P., *God and the unconscious*, 1952, Collected Works, vol. II, Londres, 1958, pág. 306). Algunos autores son mucho más imprecisos. Hemos visto a Maeterlinck decir que los verdaderos símbolos son «*más bien* inconscientes», involuntarios (Huret, *op. cit.*, pág. 124-125). Algo semejante en Visan, *op. cit.*, págs. L-LIII. Durand habla de que «el inconsciente es el órgano de la estructuración simbólica» (Gilbert Durand, *L'Imagination symbolique*, París, Presses Universitaires de France, 1976, pág. 56). La posible concienciación del simbolizado que hay tras los símbolos era también cosa conocida (Amiel, *op. cit.*, 27-XII-1880). Pero de estas consideraciones generales no se pasaba nunca hacia mayores precisiones.

[27] Edmund Wilson, *Axel's Castle*, Nueva York, 1936, págs. 21-22; Marcel Raymond, *op. cit.*, pág. 41; Georges Pellisier, «L'évolution de la poésie dans le dernier quart de siècle», *Revue de revues*, 15-III-1901; Mallarmé (en Huret, *op. cit.*, pág. 60).

[28] La idea está ya en el romanticismo y prerromanticismo alemán (Goethe, *Weimarer Ausgabe*, vol. 41-1, pág. 142; Schelling, Creuzer, etc., en las obras y páginas antes mencionadas en nota 20 a la pág. 18: véase Todorov, *op. cit.*, págs. 235-259); luego en otros muchos autores, por ejemplo, Barbara Seward, *The symbolic rose*, New York, 1960, pág. 3.

[29] El primero que *públicamente* expresó la diferencia entre alegoría y símbolo fue, en 1797, Heinrich Meyer, «Sobre los objetos de las artes figurativas», en *Kleine Schriften zur Kunst*, Heilbronn, 1886, págs. 14, 20; pero su verdadero origen se halla en Goethe, en un texto titulado también «Sobre los objetos de las artes figurativas», escrito en 1790 (*Jubiläumsausgabe*, vol. 33, pág. 94); luego, el distingo se halla en los autores alemanes, casi todos ya mencionados: Schelling, Meyer, Humboldt, Creuzer, Solger,

indicativos de la lengua [30]. Nosotros aludiremos también, por supuesto, a las propiedades de los símbolos; pero sólo en cuanto consecuencias de la índole misma de éstos, la cual es, precisamente, en mi criterio, su irracionalismo (dando a tal expresión un determinado sentido, que pronto hemos de ver). De este enfoque diferente, nuevo en lo esencial, nacerán todas las demás discrepancias entre el presente libro y mi libro anterior sobre el símbolo, *El irracionalismo poético (El símbolo),* Madrid, Editorial Gredos, 1977, y cuantos les han precedido en el estudio del tema. Creo, por eso, poder decir que la obra que ahora emprendemos (así como la otra mía que acabo de citar) intenta explorar la naturaleza del símbolo literario en una dirección prácticamente desconocida que espero habrá de rendirnos un conocimiento más exacto y complejo de nuestra específica cuestión, conocimiento que, además, tal vez, de rechazo y *mutatis mutandis,* pueda ser generalizado con provecho hacia las otras disciplinas interesadas hoy en el simbolismo.

---

amén de otros pasajes del propio Goethe (véase Todorov, *op. cit.*, páginas 235-259). También en muchos autores posteriores: Gilbert Durand, *op. cit.*, pág. 9-19; Albert Mockel, *Propos de littérature,* 1894 (en Michaud, *op. cit.*, pág. 52); P. Godet, *op. cit.*, pág. 125; Olivier Beigbeder, *La symbolique,* París, Presses Universitaires de France, 1975, pág. 5; J. Huizinga, *op. cit.*, pág. 281.

[30] Gilbert Durand, *op. cit.*, págs. 9-19.

INTRODUCCIÓN

I

LA GRAN REVOLUCIÓN DE LA POESÍA CONTEMPORÁNEA

El irracionalismo verbal o simbolismo

Comencemos, pues, por resumir, tal como anuncié, en la brevedad de esta «Introducción», las nociones, ya tratadas por mí en las obras citadas al comienzo, que nos sean estrictamente indispensables para este nuevo enfoque que ahora nos proponemos. De lo contrario, correríamos el riesgo de hacernos ininteligibles o al menos dificultosos en cuanto a dilucidaciones que no tienen por qué asomar sin transparencia. Vayamos, pues, a ello.

La poesía occidental (y *mutatis mutandis*, las demás artes) lleva algo más de siglo y cuarto desarrollando (aunque con intervalos más o menos largos, de «descanso» y aparente olvido) [1] una gran revolución en su técnica expresiva. He dicho una *gran* revolución, pero tal vez convendría ser más exacto diciendo que esta gran revolución es la *mayor* revolución que ha habido en la poesía desde los tiempos de Homero. Consiste en el uso de lo que vengo llamando desde hace bastantes años «irracionalismo» o «irracionalidad», pero que puede recibir, asimismo, como ya dije, los nombres, más convencionales, de «símbolo» o «sim-

[1] Uno de esos «descansos» u «olvidos» fue la época del «prosaísmo modernista»; otro, la época de la posguerra española, especialmente entre los poetas «sociales» (pero, como digo, no sólo entre ellos).

bolismo». En este libro, usaremos todos esos apelativos indiscriminadamente para designar un solo y mismo fenómeno, al que podríamos empezar por definir, en un primer intento de precisión, diciendo: el irracionalismo o simbolismo consiste en la utilización de palabras que nos emocionan, no o no sólo en cuanto portadoras de conceptos, sino en cuanto portadoras de asociaciones irreflexivas con otros conceptos que son los que realmente conllevan la emoción. Ésta, la emoción, no se relaciona entonces con lo que aparece dicho por el poeta, esto es, no se relaciona ni con la literalidad ni con el significado lógico del enunciado poemático: su relación únicamente existe con respecto a un significado oculto (oculto también, por supuesto, para el propio poeta) que es el verdadero sentido de la dicción poemática, y que sólo un análisis extraestético (que el lector como tal no realiza, ni tiene por qué realizar) podría descubrir.

Con el empleo de esta nueva fórmula, la poesía da un giro de noventa grados en el modo de producirse, y por eso hemos podido afirmar, sin tomar precaución alguna para matizar nuestras palabras, que se trata de la mayor revolución que jamás haya experimentado el arte de la palabra desde los primeros tiempos hasta hoy. Asombraría que nadie se haya tomado la molestia de analizar de verdad y a fondo tan esencial fenómeno, pese a la amplia bibliografía sobre el tema [2], si no supiésemos hasta qué punto las ciencias del espíritu (y especialmente el estudio de la poesía) han tenido hasta hace relativamente poco tiempo, con más frecuencia de la debida, un tratamiento tan alejado de todo intento de precisión. Y esa tarea (procurar la precisión en las ciencias del espíritu) es, en realidad, por tanto, la tarea esencial de nuestro tiempo. Veamos, pues, en qué consiste lo revolucionario de la poesía contemporánea.

EMOCIÓN SIN INTELIGIBILIDAD

Hasta el período que llamamos así («contemporáneo»), iniciado en Baudelaire para la poesía francesa, y en Rubén Darío

[2] Véase también el capítulo XXI del presente libro.

y los premodernistas para la poesía hispánica, la emoción artística era resultado de que previamente el lector se hacía cargo de la significación lógica. En consecuencia, primero «entendíamos», y después, precisamente porque habíamos entendido, nos emocionábamos. El gran cambio que introduce la poesía, el arte, en general, de nuestro tiempo, consiste en volver del revés, en una de sus vetas esenciales, esta proposición, pues, ahora, en esa veta de que hablo, primero nos emocionamos, y luego, si acaso, «entendemos» (cosa que, por otra parte, es, desde el punto de vista estrictamente estético, innecesaria por completo). Dicho de otro modo: si «entendemos», entendemos porque nos hemos emocionado, y no al contrario, como antes ocurría. La explicación de tan extraño fenómeno la tenemos en lo que más arriba dijimos al definir la irracionalidad: en el hecho de que la emoción procede de una significación (a la que desde ahora llamaremos «simbolizado» o significación irracional) que se ha asociado inconscientemente al enunciado poemático o simbolizador (démosle este nombre), y que, por tanto, permanece oculta.

EL PRIMER TIPO DE IRRACIONALIDAD: SIMBOLISMO DE REALIDAD O LÓGICO

En un trabajo no muy viejo [3] he dividido la irracionalidad verbal en tres tipos fundamentales, que he distinguido, simplemente, por un número: tipo «primero», tipo «segundo» y tipo «tercero» [4]. En el «primer tipo» (que coincide exactamente con lo que pronto voy a denominar aquí «símbolo de disemia heterogénea», o con mayor simplicidad, «símbolo heterogéneo» [5]:

---

[3] «En torno a 'Malestar y noche' de Federico García Lorca», en *El comentario de textos,* de varios autores. Madrid, ed. Castalia, 1973, páginas 305-338.

[4] El tipo tercero es mucho menos importante y podemos aquí prescindir de él.

[5] En dos trabajos míos he dado a ese tipo de simbolismo un nombre más breve: «Símbolos disémicos». El cambio que ahora introduzco se debe a que los símbolos de tipo opuesto que luego llamaré «homogéneos» pue-

luego me ocuparé de esta otra clasificación de mayor especificidad), en ese «primer tipo», aunque lo esencial sea la asociación irracional (esto es, no consciente) con su consecuencia emotiva, existe también un significado lógico, que no tiene nada que ver con el primero, con el irracional asociado, y hasta le es, a veces, en cierto modo, opuesto (de ahí el nombre de «simbolismo heterogéneo» que abreviadamente le concederemos), por lo que la emoción (relacionada con la significación irracional) *se nos aparece como «inadecuada» con respecto a lo que lógicamente ha expresado el poeta.* Cuando Lorca escribe:

Los caballos negros son.
Las herraduras son negras.
Sobre las capas relucen
manchas de tinta y de cera.
Tienen, por eso no lloran,
de plomo las calaveras.
...
Jorobados y nocturnos,
por donde anidan ordenan
silencios de goma oscura
y miedos de fina arena.

(«Romance de la Guardia Civil española»),

las expresiones «caballos negros», «herraduras negras», *que no son en sí mismas negativas,* contribuyen al clima negativo de toda la estrofa (he ahí la «inadecuación emocional» que caracteriza, como digo, *y denuncia* la existencia misma del procedimiento en cuestión, invisible por definición en principio)[6], en

den ser también disémicos y hasta polisémicos. La diferencia entre ellos no es, pues, la disemia o la monosemia, como yo antes pensaba (a unos, los denominaré, repito, símbolos disémicos; a los otros, símbolos monosémicos). La diferencia consiste en que la disemia de los primeros resulta, en efecto, «heterogénea», en cuanto que la expresión de que se trata une, a un sentido lógico, un sentido irracional; y la disemia o la polisemia de los otros símbolos es homogénea, pues todos sus distintos significados (si los posee) son irracionales.

[6] Es invisible «por definición en principio» el simbolismo del primer tipo; no así, por supuesto, el del tipo segundo, en que el lector *siente* que

cuanto que esas expresiones se asocian, de manera emotiva y además involuntariamente y sin que nos demos cuenta de ello, con «noche»; y como en la noche estamos privados de algo vital que es la vista, la noción «noche» atrae, de ese mismo modo irreflexivo y emocional, otras nociones sucesivas como «no veo», «tengo menos vida», «estoy en peligro de muerte», y finalmente, «muerte», que es el término decisivo *o simbolizado.* Y es que ese término último será el encargado de darnos la emoción negativa de algo como siniestro que experimentamos. Pero no cabe duda de que, además de decirnos «muerte» del modo que acabo de indicar, Lorca, en los versos copiados, quiere también expresar lo que literalmente escribe: que los caballos y las herraduras son negros. He ahí la «disemia heterogénea» que caracteriza al primer tipo de irracionalidad, tipo que podría ser denominado entonces, asimismo, «simbolismo de realidad», puesto que tiene, aparte de su significación irracional, un significado realista. Ya tenemos, pues, todos los nombres con los que podríamos designar (y con los que designaremos) el fenómeno que nos ocupa: «símbolo» o «simbolismo» «de realidad» o «lógico»; símbolo o simbolismo «de disemia heterogénea» (o simplemente, «símbolo» o «simbolismo» «heterogéneo»); o bien, «primer tipo de irracionalismo» o «irracionalidad».

Pero, pese a existir un significado conceptual perfectamente entendido por el lector (negrura de «caballos» y «herraduras»), sigue en pie el aserto de ininteligibilidad y de prioridad emocional que antes establecíamos como propias de la revolución estética contemporánea. Pues el verdadero sentido, desde el punto de vista de la emoción poética, del trozo copiado (la idea de «muerte»), no es lo que «entendemos», sino, precisamente, *lo que no entendemos.* Y si logramos posteriormente «entender», es sólo a fuerza de analizar extraestéticamente *lo que hemos sentido,* prueba de que eso que hemos sentido se nos había presentado como anterior a la comprensión misma. Lo característi-

---

hay un significado, aunque ese significado, en cuanto tal, se le oculta: *aparece,* pues, pero en calidad de *«escondido».*

co es que, en el caso de inhabilidad por nuestra parte para penetrar en la significación oculta, no por eso nos estaremos comportando como «malos lectores»: el fenómeno estético como tal *es anterior* a esas formas de exégesis, y, por tanto, no tiene, en sentido propio, cosa que ver con ellas.

Lo dicho para los simbolizadores «de realidad» (si se me permite esa designación), «caballos negros», «herraduras negras», vale también (entre otras) para la palabra «jorobados» que viene después, pues este vocablo, dentro del contexto en que se halla, suscita en nosotros, como en el otro caso, una emoción igualmente negativa, incasable y completamente extraña al contenido lógico que posee dentro del poema, con el que, sin embargo, se halla en contacto aparente. En el poema, la voz «jorobados» significa sólo «inclinados sobre el caballo», y tal complejo conceptual o el hecho que representa (inclinación sobre el caballo) no ostenta negatividad ni turbiedad algunas. En aquel trabajo mío pretendí mostrar que si, pese a todo, la emoción negativa de esa especie se producía era también debido a una asociación «irracional»: el vocablo «jorobados», en el sentido de «inclinados sobre el caballo», leído en el contexto lorquiano, se nos junta, en forma emocional e inconsciente, con otro *distinto:* con «jorobados» en el sentido de «jorobados», o sea, de «hombres con joroba», monstruosidad que al ser entendida por el lector (aunque del mismo modo anterior emotivo e irreflexivo) en sentido espiritual, y calificar no a los cuerpos, sino a las almas de los protagonistas, se convierte en noción que sí se corresponde con el tipo de emoción producida [7].

---

[7] Podríamos interpretar lógicamente la palabra «jorobados» en el sentido de «hombres que llevan mochila a la espalda» en vez de interpretarla como «inclinados sobre el caballo». Pero la emoción negativa que el lector experimenta será la misma; prueba de que esa emoción no viene del sentido lógico, sino de la asociación preconsciente que el significante «jorobados» incoa.

El segundo tipo de irracionalidad: el simbolismo de irrealidad o ilógico

La «segunda» forma de irracionalidad (donde habrían de incluirse lo que más adelante denominaremos «símbolo homogéneo»[8], «imagen visionaria» y «visión») sería aquella en donde hubiese desaparecido por completo el significado lógico: lo podríamos denominar también «simbolismo de irrealidad» o «ilógico». Y es que, en ese «simbolismo» o «irracionalidad», las palabras poemáticas, aunque emocionantes, no tendrían aparentemente sentido alguno, pues el que tuviesen se hallaría escondido entre los pliegues de la emoción, estaría *implicado* en ella, metido en la *plica* o sobre de nuestro sentimiento[9]. Así, cuando Aleixandre dice: «mientras los muslos cantan», el hecho de cantar los «muslos» carece de todo significado inmediatamente inteligible, y el que podamos reconocer en la expresión sólo aparece en nuestra mente tras interrogar a la emoción que previamente hayamos experimentado. Y así, llegamos a concluir (pero sólo, repito, de ese modo final y postemotivo) que Aleixandre ha aludido con ese simbolizador «de irrealidad» (tal sería su nombre adecuado) a lo hermoso y arrebatado de unos muslos en función amorosa, aunque ello, claro está, dentro de su contexto, que no he copiado[10].

Irrealismo irracional e irrealismo lógico

No confundamos este irrealismo «irracional» con el irrealismo «lógico» de las metáforas que en el presente libro llamare-

[8] Véase la nota 5 a la pág. 27.

[9] Toda emoción, por ser «intencional» (Brentano), implica, en efecto, un significado. Mi miedo en la selva lleva dentro de sí y supone la idea de que la selva es peligrosa. Mi simpatía (o antipatía) por Pedro está diciendo que Pedro tiene buenas (o malas) cualidades.

[10] Helo aquí.

> Pero no. ¡Juventud, ilusión, dicha, calor o luz,
> piso de mármol donde la carne está tirada,
> cuerpo, cuarto de ópalo que siente casi un párpado,
> unos labios pegados mientras los muslos cantan!

(«Juventud», de *La destrucción o el amor.*)

mos «tradicionales»: me refiero a las usadas en todo el vasto período previo al contemporáneo. Pues ocurre que también esas metáforas («pelo de oro», «mano de nieve», «dientes como perlas», «mejillas como rosas») utilizan expresiones «irreales». Es obvio que no existen ni pueden existir, en sitio alguno, entes como los mencionados en el paréntesis. Pero la diferencia entre tales dislates y los que se encierran en lo que venimos denominando «segundo tipo de irracionalidad» o «simbolismo irreal» (o «ilógico») es, pese a todo, radical. Frente a los segundos ni aceptamos la literalidad del dicho ni le hallamos ningún sentido *lógico* indirecto que pueda sustituir al que rechazamos; frente a los primeros ocurre al revés: nos negamos a la pura letra, pero sustituimos este vacío semántico por un significado distinto de tipo cuerdo y que se nos hace plenamente consciente. Y así «cabello de oro» nos entrega un significado que es, en ese sentido, lógico: «cabello de un cierto color».

II

LA IMAGEN VISIONARIA (O SIMBÓLICA), LA VISIÓN SIMBÓLICA Y EL SÍMBOLO

OTRA CLASIFICACIÓN DE LA IRRACIONALIDAD

En mi *Teoría de la expresión poética* clasifiqué la irracionalidad de otro modo, que también nos conviene tener en consideración aquí: la irracionalidad puede entonces aparecer como «imagen visionaria» (o imagen *simbólica)*, «visión» *(simbólica,* igualmente) y «símbolo». Y si quisiéramos ahora relacionar esta clasificación con la otra diríamos: el primer tipo de irracionalidad está constituido exclusivamente por los símbolos que hemos llamado y llamaremos «heterogéneos»; el segundo tipo de irracionalidad está, en cambio, constituido, en primer lugar, por los símbolos que igualmente hemos llamado y llamaremos «homogéneos»; pero entran asimismo en esa misma casilla irrealista o ilógica, junto a los símbolos homogéneos, las que denominaremos y hemos denominado ya «visiones simbólicas», amén de las imágenes visionarias (de idéntico carácter simbólico).

DEFINICIÓN DE LAS IMÁGENES VISIONARIAS O SIMBÓLICAS: SU DIFERENCIA DE LAS IMÁGENES TRADICIONALES

Enfrentémonos, en el presente capítulo, con las imágenes, cuyo nombre acabamos de adelantar: las imágenes «visionarias».

¿En qué se diferencian las imágenes visionarias de aquellas otras que podríamos designar como «tradicionales», esto es, de las utilizadas tradicionalmente en la poesía, desde la fecha más antigua hasta el final mismo del Romanticismo? Las imágenes tradicionales (es decir, las *de estructura* tradicional) se basan siempre en una semejanza objetiva (física, moral o de valor) *inmediatamente perceptible por la razón,* entre un plano real A y un plano imaginario E. Cuando un poeta dice «cabello de oro» (o sea, «el cabello es oro»), la emoción suscitada sólo puede originarse después de que nuestro intelecto haya reconocido el parecido objetivo, físico en este caso, que lógicamente media entre el «cabello rubio» y el «oro», y que consiste en el color amarillo que las dos realidades poseen. En las imágenes visionarias, por el contrario, nos emocionamos sin que nuestra razón reconozca ninguna semejanza lógica, ni aún, en principio, semejanza alguna de los objetos como tales que se equiparan, el A y el E: basta con que sintamos la semejanza emocional entre ellos. Se trata, pues, de imágenes irracionales y subjetivas. Retengamos estos dos adjetivos, cuya unión aquí comprenderemos mejor muy pronto.

De un pajarillo pequeño, *gris* y en reposo, un poeta de nuestro tiempo podría decir

un pajarillo es como un arco iris

en cuanto que el «pajarillo» (A) y el «arco iris» (E), en el contexto en que se sitúan, aunque sean tan distintos en la apariencia, despiertan en el lector un sentimiento parejo: un sentimiento de inocencia que percibimos en forma, digamos, de ternura. Pero ¿es que la semejanza objetiva ha desaparecido? La respuesta depende de lo que llamemos «semejanza objetiva», pues ocurre que aquí sólo existe una semejanza por asociación: los dos miembros de la ecuación imaginativa, el A y el E («pajarillo» y «arco iris») no se parecen entre sí más que por un hecho que es extraño, en cierto modo, a su propia configuración: *el de asociarse,* de manera preconsciente, en la mente lectora con un mismo significado irracional. La coincidencia no reside, pues, propiamente, *en los objetos* en cuanto tales, sino en sus respectivas asociaciones, las cuales, además, no son percibidas por nosotros a nivel lógico, sino a nivel emotivo. Pero en cuanto que todo lector *debe* percibir, aunque sea de ese modo, tales asociaciones, podemos hablar, con pleno derecho, pese a todo, de objetividad. Es evidente que si la similitud de la que hablo no se vislumbra al leer más que en forma *emocional,* sólo podremos hallarla a través de un análisis extraestético de la emoción. En términos más exactos y técnicos diríamos que A y E, en la metáfora en cuestión A = E («pajarillo = arco iris») se asemejan objetivamente en un significado irracional, y no como en la imagen tradicional sucede en un significado lógico. O dicho de modo más tajante: A y E se parecen sólo en que, por el mero hecho contextual de su relación, se han convertido, ambos elementos, en símbolos de un mismo simbolizado. El método para descubrir esa significación irracional o simbolizado en que los dos planos de la imagen vienen a coincidencia es siempre el mismo: preguntarnos por qué A («pajarillo») nos produce un determinado sentimiento (ternura, digámoslo así, en nuestro caso); y luego realizar idéntica indagación con el término E («arco iris»). Y así, en el caso del pajarillo, es precisamente su pequeñez en cuanto síntoma de indefensión y gracia, y por lo tanto, *por asociación preconsciente,* de inocencia, lo que nos conmueve; en el caso del «arco iris» se trata de algo en cierto modo parejo: lo que aquí efectivamente nos moviliza es la pureza de sus colores, que parecen como lavados, como limpios, y también, por lo tanto, por asociación preconsciente, como inocentes. Notemos que al describir lo sentido en cada caso hemos necesitado acudir, en último término, a la misma noción esencial: a la de «inocencia».

Todo lo cual nos está indicando varias cosas. Que, en sí mismos, ambos seres (el pajarillo y el arco iris) no se parecen *en nada,* puesto que en el «pajarillo» la cualidad real que dispara el proceso preconsciente que nos ha de llevar al simbolizado «inocencia» es la pequeñez, etc., mientras que el «arco iris», la cualidad, asimismo real, que nos habrá de conducir, de ese mismo modo, a idéntico simbolizado, es el cromatismo puro y como lavado, propio del meteoro en cuestión. La pequeñez no tiene cosa que ver con la limpidez y pureza de los colores: se trata de nociones inasimilables y distintas. Luego, como digo, el «pajarillo» y el «arco iris» no se parecen en cuanto a las propiedades que poseen, sino en las que no poseen en sí mismos, aunque el lector se las conceda por asociación preconsciente. Es el lector quien pone en «pajarillo» y en «arco iris», gracias a las virtudes objetivamente operativas de un determinado contexto, la «inocencia» que ninguno de esos dos seres posee, y entonces, claro está, siente que ambos coinciden en una cualidad: la que él mismo les ha donado sin percatarse. Todo ello hace que esos dos seres (el «pajarillo» y el «arco iris») que no se parecen, repito, por sí y ante sí, se asemejen, por el contrario, emocionalmente mucho y de un modo definitivo, desde un determinado contexto igualitario, que les ha obligado a las mencionadas asociaciones con la noción de «inocencia».

De este modo, el «pajarillo» y el «arco iris», aunque no sean ni puedan ser inocentes en sentido propio, nos dan la impresión de que lo son. Más adelante, hemos de examinar la función que cumple el contexto a este propósito y por qué lo cumple. De momento, basta con decir que el deber lector de que hablo, al proporcionar universalidad a la asociación, es lo que hace, en efecto, objetiva a la similitud puramente asociativa de los dos planos de la imagen que venimos llamando «visionaria», imagen que, por lo dicho, puede ser denominada, asimismo, «simbólica». El proceso X o del lector en este caso es doble, y consta de dos «series»: una que parte del término real, «pajarillo» («serie real»), y otra que parte del término irreal, «arco iris» («serie irreal»). Serie «real»:

> pajarillo [= pequeñez, gracia, indefensión = niño pequeño, indefenso = niño inocente = inocencia =] emoción de inocencia en la conciencia.

Serie irreal:

> arco iris [= colores lavados, limpios, puros = pureza = niño puro = = niño inocente = inocencia =] emoción de inocencia en la conciencia.

Estas formulaciones son, por supuesto, abreviadas, y ese modo esquemático será el que seguiremos utilizando a todo lo largo del presente libro, a causa de su mayor rapidez, que facilita la exposición. Pero aquí, al menos, conviene aclarar que en el preconsciente, en donde yacen esas asociaciones o identificaciones de que hablamos (las que represento en el interior de los paréntesis cuadrados [1]), en el preconsciente *todos los elementos son puramente emocionales.* No hay en esa región de la mente *significados* en sentido propio, sino exclusivamente *emociones* que *corresponden* a significados: *de ahí que al concienciarse el último término de cada serie lo que aparezca sea una emoción.* Por tanto, si nuestra transcripción de la «serie real» hubiese sido fiel, habríamos escrito:

> pajarillo [= emoción de pajarillo = emoción de pequeñez, gracia, indefensión = emoción de niño pequeño, indefenso = emoción de niño inocente = emoción de inocencia =] emoción de inocencia en la conciencia [2].

Lo mismo diríamos, por supuesto, a propósito de la «serie irreal».

Añado que estas dos emociones (la de la serie real y la de la irreal), al ser finalmente coincidentes y constituirse como un «deber» que ha de ser cumplido, revisten a la expresión metafórica, repito, de universalidad, y, por tanto, de la necesaria objetividad poemática: tal como afirmé, todo lector debe sentir que A y E (el «pajarillo» y el «arco iris») se parecen. La nota-

---

[1] A todo lo largo del presente libro, los paréntesis cuadrados tendrán ese mismo significado: lo que se encierra dentro de ellos no es consciente, sino preconsciente. Por el contrario, todo lo que en nuestros esquemas va fuera de tales paréntesis se halla, de un modo u otro, en la conciencia.

[2] La simplificación no se ha referido sólo a la palabra «emoción», que ha sido elidida, sino que he suprimido también el primer miembro preconsciente, que, en mi cuenta, es precisamente el simbolizador, pero convertido en una pura manifestación emotiva. Todas estas abreviaciones las seguiré haciendo a lo largo del presente libro. Téngalo en cuenta el lector.

ción algebraica, con la abreviación que antes dije, sería, pues, la siguiente:

A [= B = C =] emoción de C en la conciencia.
E [= D = C =] emoción de C en la conciencia.

CLARIDAD DEL SIMBOLIZADO, UNA VEZ EXTRAÍDO, E IMPRECISIÓN TITUBEANTE DE LAS CUALIDADES REALES QUE HAN CONDUCIDO AL SIMBOLIZADO

Notemos, finalmente, que el lector, frente a una imagen visionaria, percibe la emoción correspondiente al *simbolizado* C (en nuestro ejemplo, la emoción de inocencia) y le es fácil, por tanto (si tiene alguna habilidad para ello), determinar, asimismo, en un análisis extraestético, el *significado* C de esa emoción (el significado de «inocencia»), esto es, el término que propiamente ha sido simbolizado por la imagen en cuanto tal imagen («un pajarillo es como un arco iris»), término al que, precisamente por eso, llamábamos «el simbolizado». Digamos entre paréntesis que ambas cosas, *emoción simbólica* C y *simbolizado* o equivalencia *conceptual* C de tal emoción, son cosas perfectamente dispares. La primera responde a nuestra capacidad afectiva, *es consciente* y se origina espontáneamente en nosotros, al leer, como el momento más importante de la recepción poemática. La segunda es, en cambio, *implícita,* no consciente, y, para comparecer en nuestra lucidez, precisa una previa operación nuestra, puramente intelectual, que jamás realizamos en el instante de la lectura; sólo, si acaso, después de ella, tras habernos emocionado (por tanto, cuando ha terminado el acto estético como tal), analizando, si lo deseamos, nuestra emoción precisamente, en cuanto que ésta lleva tal equivalencia conceptual interiorizada (pues toda emoción es, según ya dijimos [3], la versión afectiva de un concepto; es, a su modo, una interpretación de la realidad: mi terror en un bombardeo equivale a la frase: «el

[3] Véase la nota 9 a la pág. 31.

bombardeo es peligroso»). Ahora bien: una vez extraído el simbolizado del magma emocional en que éste se halla envuelto y oculto; o sea, una vez que el crítico lo ha llegado a aprehender, no hay ya problema alguno: lo que se nos manifiesta es una noción clara y distinta, la cual, por otra parte, siempre nos produce la ilusión de constituirse como una cualidad efectiva de la realidad A. El pajarillo, en el ejemplo que nos hemos propuesto, *nos parece* «inocente», y esa cualidad, una vez colegida, no se nos hace cuestionable. Acabo de decir que sentimos la inocencia como un atributo del pajarillo en cuestión. ¿Nos engañamos en esto? He adelantado ya que, en efecto, hay aquí un espejismo: se trata sólo de un mero sentimiento nuestro, cuya naturaleza resulta puramente ilusoria. Llegados a tan tajante conclusión, y definido con nitidez el simbolizado, podríamos, tras un previo análisis, en cuanto críticos, preguntarnos por las cualidades *efectivas* de la realidad A, pajarillo, que nos han llevado, esta vez en cuanto lectores, a experimentar la emoción de «inocencia» que, decíamos, viene a representarlas de manera sintética: es, de hecho, algo así como el resumen sentimental que las cifra y engloba. Si tenemos una cierta costumbre de análisis y una suficiente destreza para ello, cabrá, evidentemente, que determinemos las cualidades de «pajarillo» que, en un cierto contexto, el suyo ya indicado («un pajarillo es como un arco iris») nos han permitido ver al ave de referencia como inocente. Y es aquí donde hablamos de lo indefenso, lo gracioso y lo leve, etc., del pajarillo. Mas ocurre que, al hacer tal pesquisa, observamos en nosotros una característica dubitación. No tenemos ya, en este punto, la seguridad que teníamos al pronunciarnos acerca del simbolizado. En efecto: la determinación de las cualidades *reales* que conducen al simbolizado, por asociación preconsciente, es siempre una faena esencialmente titubeante, indecisa, al revés de lo que sucede, repito, en la determinación del simbolizado.

¿A qué se debe esta diferencia? Creo que sería preciso atribuirla a que el simbolizado se constituye en nosotros *como un hecho* indudable, fehaciente, comprobable, bien que su naturaleza sea sólo emotiva: el simbolizado lo tenemos, en efecto, ahí, en nuestra intuición de lectores, y para hallarlo, nos basta con realizar una simple introspección. En cambio, las cualidades reales de A que han dado lugar, por asociación irracional, al simbolizado C, son algo que no tenemos jamás en nuestra intuición lectora, y cuyo hallazgo requiere siempre, por tanto, una especulación teórica, más allá de tal intuición. Al crítico, cuando se dispone a localizar tan huidizas cualidades que el simbolizado «expresa» (podríamos denominarlas, pues, el «expresado simbólico»), no le basta ya (como antes, al buscar el simbolizado, le bastaba) con la formulación de un simple interrogante realista, a saber: «¿qué siento?», sino que necesita hacerse una pregunta mucho más inquietante y de respuesta eminentemente resbaladiza, vacilante y de éxito dudoso. Ésta: «¿qué cualidades de A han podido producirme la emoción C que yo he experimentado?» Y ocurre que tales cualidades, a las que denominamos «expresado simbólico», tal vez son varias, y hasta acaso muchas (B_1, B_2, B_3, ... B_n) y hemos de elegir de una manera tanteante, de entre la masa que entre todas forman, aquella o aquellas que con más evidencia hayan podido contribuir a nuestra emoción. Nos hallamos, en suma, *frente a un problema,* no *frente a un hecho,* como antes, y nuestra contestación habrá de reflejar esa índole suya: es una «teoría» nuestra y como tal se halla sujeta a la posibilidad del acierto, pero también a la posibilidad doble del yerro o de la incertidumbre. El hallazgo del simbolizado C era sólo, diríamos, una cuestión lingüística: se trataba de dar con la palabra que mejor conviniese a nuestro sentimiento, *sentimiento que como tal no era cuestionable.* El hallazgo del «expresado simbólico» (las cualidades reales B_1, B_2, B_3, ... B_n) resulta, en cambio, más espinoso y se ofrece, en principio, como un enigma, acaso nunca por completo, *ni siquiera después del análisis,* resuelto. Y es que lo nebuloso y dubitativo no está ya en las palabras, sino, más gravemente, en lo que éstas designan. ¿Es lo leve del pájaro (B_1), nos preguntamos, o la pequeñez (B_2) o la gracia (B_3) o la indefensión (B_4) lo que (en su contexto) nos hace sentir como inocente (C) a ese animalillo? ¿Todo ello a la vez? Lo que era firme y seguro (el simbolizado: el concepto de «inocencia») se refracta, como se ve, al inquirir el «expresado simbólico», en una serie de interrogaciones, seguidas siempre de una cautelosa corte de puntos suspensivos.

«EL EXPRESADO SIMBÓLICO» B (LAS CUALIDADES REALES B_1, B_2, B_3, ... B_n DE A) Y EL SIMBOLIZADO C, COMO ENTIDADES DISTINTAS

Hemos hecho, pues, una distinción necesaria, que nos importa ahora subrayar, entre dos entidades, sin duda, entre sí discrepantes, pero que fácilmente pueden confundirse en la mente del crítico o del estudioso: una cosa es, en efecto, «el simbolizado» C, que nunca se constituye como una cualidad real de los objetos de que se habla, y es siempre, en principio, una noción singular[4], y otra cosa muy diferente «el expresado simbólico» B, las cualidades verdaderamente reales B_1, B_2, B_3, ... B_n de tales objetos (pueden ser, en efecto, varias) que se representan de modo sintético y emotivo justamente en tal simbolizado (y, por tanto, en el simbolizador). La posible confusión procede de ahí: de que el simbolizado C es siempre, en el ánimo del lector, el «equivalente» emocional y *sintético,* dijimos, de tales cualidades: desde una perspectiva puramente emotiva, ambos atributos *equivalen,* como digo, y por lo tanto tienden a *confundírsenos.* Nosotros, en el presente libro, debemos evitar cuidadosamente incurrir en tal error. Como hemos venido haciendo hasta ahora, designaremos convencionalmente, a todo lo largo de nuestro trabajo, con una C al simbolizado, y con la letra B, o con las letras B_1, B_2, B_3, ... B_n al «expresado simbólico», esto es, repito, a las cualidades *reales* que ese simbolizado, de hecho,

[4] El simbolizado C es siempre, en principio, una noción singular. Lo que ocurre a veces es que la complejidad del contexto hace que un mismo simbolizador emita varios procesos preconscientes X o del lector, con lo cual los simbolizados correspondientes serán múltiples. Lo que quiero decir es, pues, que *cada proceso* preconsciente tiene una sola noción como simbolizado. En cambio, el «expresado simbólico» (las cualidades *reales* que dan pie para ese simbolizado singular) suele ser múltiple (B_1, B_2, B_3..., B_n) y no uno. La crítica confunde continuamente una cosa con la otra.

expresa. Y es que lo dicho a este propósito para las imágenes visionarias vale también para las visiones y para los símbolos.

Decir, pues, que un determinado simbolizador E «expresa» esto o lo otro lo mismo puede, en principio, significar que lo simboliza, o que, a través precisamente del simbolizado, está aludiéndolo en cuanto «expresado simbólico», o sea, insisto, en cuanto cualidad real del término A, que es el supuesto (en efecto, real) de que el poeta ha partido. Cuando la dicción que usemos se preste a equívocos nosotros recurriremos a la convención algebraica que antes indiqué: si decimos C es que nos estamos refiriendo al simbolizado propiamente tal; si, por el contrario, decimos B (o B_1, B_2, B_3, ... B_n) es que nos estamos refiriendo al «expresado simbólico», a la cualidad o cualidades o atributos reales de A que han dado lugar, por asociación preconsciente, al simbolizado. De lo dicho se deduce esta regla muy fácil de aplicar: el expresado simbólico es siempre, en nuestra transcripción abreviada, el *primer* término preconsciente de la serie «real»; por el contrario, el «simbolizado» es siempre el *último* término de esa misma serie.

Otro ejemplo de imagen visionaria

Pongamos un nuevo ejemplo que confirme cuanto hemos hallado en los dos epígrafes anteriores. Un soneto de Jorge Luis Borges comienza así:

> Bruscamente la tarde se ha aclarado
> porque ya cae la lluvia minuciosa.
> Cae o cayó. La lluvia es una cosa
> que sin duda sucede en el pasado.

(«La lluvia», de *El otro, el mismo*)

Aunque a primera vista no lo parezca, hay aquí, de hecho, una imagen visionaria en la que se ha identificado «la lluvia» con «una cosa que sin duda sucede en el pasado»:

lluvia (A) = cosa que sin duda sucede en el pasado (E).

¿Qué es lo que justifica tan sorprendente (y poética) ecuación? No el parecido racional, por supuesto, entre los dos términos, cuya inexistencia ni siquiera tiene sentido cuestionar. La justificación yace, sin duda, en la emoción melancólica común que ambos términos nos deparan, al juntarse en una fórmula sintáctica igualitaria. ¿Y cuál es el origen, en cada caso, de esa emoción triste? Igual que en el caso del «pajarillo» y el «arco iris», la emoción coincidente no procede de cualidades que posean, también de modo coincidente, los dos seres emparejados («lluvia» y «cosa que sucede en el pasado»), sino de asociaciones irracionales finalmente idénticas, esto es, de simbolizados confluyentes. El proceso X, en sus dos «series», «real» e «irreal», que se pone en marcha en la mente del lector, al encararse éste con el fragmento borgiano, podría ser expresado, de este modo, en un par de esquemas:

> lluvia [= oscuridad o mojadura o frialdad o las tres cosas = veo menos o me mojo o tengo frío o las tres cosas = tengo menos vida =] emoción en la conciencia de «tengo menos vida».
>
> «cosa que sucede en el pasado» [= cosa que no tengo en el presente o cosa inalcanzable o perdida para mí = tengo menos vida =] emoción en la conciencia de «tengo menos vida».

Donde colegimos claramente que las cualidades *reales* del término «lluvia» (oscuridad o mojadura o frialdad) y del término «cosa que sucede en el pasado» (cosa que no tengo en el presente o cosa inalcanzable o perdida para mí), de las que se parte en cada caso, no son las mismas; su determinación posee, asimismo, una característica dubitación (oscuridad *o* mojadura, etcétera). Y así, la cualidad *real* del término «lluvia» es la oscuridad o merma de luz que la lluvia produce, o el hecho de que pueda mojarnos o nos dé frío, cosas sin duda desagradables, mientras que la cualidad *real* del término «cosa que sucede en el pasado» es su inalcanzabilidad o su pérdida. Oscuridad o merma de luz o capacidad de fastidiarnos con la sensación de mojadura o de frío no es inalcanzabilidad o pérdida, luego, en este caso (y en cuantos incluimos en el grupo de las imágenes visionarias), podemos concluir que no hay parecido real entre los dos miembros puestos en ecuación por el poeta, sino sólo parecido simbólico, que percibimos como parecido emocional. En este caso, el simbolizado C será la noción «tengo menos vida»; el «expresado simbólico» B, la sensación de oscuridad (o mojadura o frialdad o las tres cosas) que la lluvia nos proporciona [5].

DESARROLLO ALEGÓRICO DE UNA IMAGEN TRADICIONAL Y DESARROLLO NO ALEGÓRICO DE LAS IMÁGENES VISIONARIAS

Veamos ahora una característica importantísima de las imágenes visionarias (y lo mismo diríamos de las visiones y los símbolos que a continuación hemos de estudiar): la posibilidad de desarrollar el plano E con independencia de A, *precisamente porque al poeta no le interesa la semejanza «lógica» o realista entre ambos.* Cuando Aleixandre escribe:

> Tu desnudez se ofrece como un río escapando,

la imagen E («río») se desarrolla en el gerundio *e* «escapando», sin que ese elemento *e* del plano imaginario E tenga «traducción» al plano de realidad A, sin que se corresponda con ningún elemento *a* de A: «escapando» no alude a que la muchacha sea, por ejemplo, «esquiva», ni a movimiento alguno de la muchacha. Este fenómeno de independencia en el despliegue de E, que puede darse a lo largo de todo un poema, es nuevo en la historia de la poesía, y una de las aportaciones esenciales del período contemporáneo al tratamiento de la imagen poética. Pues la imagen «tradicional», como es sabido, se desarrolla alegóricamente [6], precisamente, añadamos nosotros, *porque necesita respetar la similitud lógica inmediatamente reconocible por la ra-*

---

[5] Recuérdese la regla que hemos establecido en la pág. 42.

[6] Véase Dámaso Alonso, *La poesía de San Juan de la Cruz,* Consejo Superior de Investigaciones Científicas, Instituto Antonio de Nebrija, Madrid, 1942, págs. 215-217.

zón, que el otro tipo de desarrollo aniquila. Si el plano imaginario E se descompone en sus elementos e_1, e_2, e_3, ... e_n, su correlativo plano real A debe igualmente descomponerse en otros tantos elementos a_1, a_2, a_3, ... a_n «en correspondencia matemática y miembro a miembro», de forma que a_1 se relacionase con e_1, a_2 con e_2, a_3 con e_3, a_n con e_n. Tradicionalmente, se reservaba el nombre de alegoría a una imagen como la descrita cuando ocupaba la totalidad de un poema. Pero este carácter exhaustivo no es esencial, a mi juicio, y nosotros podemos prescindir, por tanto, de tal exigencia, y llamar alegoría a una imagen, aunque no cubra la totalidad de un poema, si en su desarrollo mantiene la correspondencia término a término entre el conjunto evocado y el real. Y así será, en nuestra nomenclatura, alegórico el siguiente pasaje de Góngora, citado por Dámaso Alonso a otro propósito:

> Sobre trastes de guijas
> cuerdas mueve de plata
> Pisuerga hecho cítara doliente,
> y en robustas clavijas
> de álamos las ata
> hasta Simancas que le da su puente;

puesto que cada ingrediente de la realidad A (río Pisuerga) queda traducido a otro de la evocación E (cítara): guijas (a_1) = = trastes (e_1), corriente del río (a_2) = cuerdas de plata del instrumento (e_2), álamos (a_3) = clavijas (e_3) y puente de Simancas del río (a_4) = puente de la cítara (e_4). Como desarrollo «independiente» o «no alegórico» (opuesto, por tanto, al que acabo de citar y a toda la tradición no contemporánea) véase (aparte del verso antes analizado del «río escapando») esta composición de Vicente Aleixandre, en que el recurso se extiende al poema entero:

> Miré tus ojos sombríos bajo el cielo apagado.
> Tu frente mate con palidez de escama.
> Tu boca, donde un borde morado me estremece.
> Tu corazón inmóvil como una piedra oscura.

Te estreché la cintura, fría culebra gruesa que en mis dedos resbala.
Contra mi pecho cálido sentí tu paso lento.
Viscosamente fuiste sólo un instante mía,
y pasaste, pasaste, inexorable y larga.

Te vi después, tus dos ojos brillando
tercamente, tendida sobre el arroyo puro,
beber un cielo inerme, tranquilo, que ofrecía
para tu lengua bífida su virginal destello.

Aún recuerdo ese brillo de tu testa sombría,
negra magia que oculta bajo su crespo acero
la luz nefasta y fría de tus pupilas hondas,
donde un hielo en abismos sin luz subyuga a nadie.

¡A nadie! Sola, aguardas un rostro, otra pupila,
azul, verde, en colores felices que rielen
claramente amorosos bajo la luz del día,
o que revelen dulces la boca para un beso.

Pero no. En ese monte pelado, en esa cumbre
pelada, están los árboles pelados que tú ciñes.
¿Silba tu boca cruda, o silba el viento roto?
¿Ese rayo es la ira de la maldad, o es sólo
el cielo que desposa su fuego con la cima?

¿Esa sombra es tu cuerpo que en la tormenta escapa,
herido de la cólera nocturna, en el relámpago,
o es el grito pelado de la montaña, libre,
libre sin ti y ya monda, que fulminada exulta?

(«Como serpiente», de *Sombra del Paraíso).*

La novedad de este poema «contemporáneo» frente a la tradición anterior «no contemporánea» consiste, como anticipábamos, en su desarrollo «independiente», «visionario» o «no alegórico», pues de esos tres modos puede ser denominado. Ahora, el plano real A (mujer) no reacciona frente a la proliferación e_1, e_2, e_3, ... e_n del plano imaginario E, emitiendo, a su vez, términos a_1, a_2, a_3, ... a_n, correlativos a aquéllos; antes, estos elementos e_1, e_2, e_3, ... e_n se justifican exclusivamente como emanación de E. Quiero decir que cuando el lector encuentra en la esfera de evocación E esos términos e_1, e_2, e_3, ... e_n, no debe buscar en la realidad A el soporte realista $a_1, a_2, a_3, \ldots a_n$, que les dé curso legal. Los legaliza E, o, si queremos mayor rigor, los legaliza la emoción C en que A y E coinciden, y por la que, a su vez, esos miembros, A y E, han podido ofrecerse en ecuación:

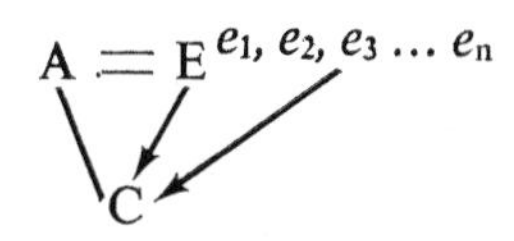

Y así, a lo largo de todo el poema, el autor ve como «serpiente» (E) a una «mujer» (A). Tal imagen sería «tradicional» si hallase origen en el hecho de que la mujer en cuestión fuese «mala» y se asemejase así lógicamente a la «serpiente», que es igualmente o la suponemos, desde nuestro humano e interesado punto de vista, «perversa». Pero no es ése, a todas luces, el sentido de la composición aleixandrina. Aleixandre denomina serpiente (E) a la protagonista (A) de su poema, no porque ambos seres se parezcan racionalmente en la «maldad», sino porque ambos le inspiran un sentimiento C de repudio. El parecido entre A y E es puramente asociativo, y surge únicamente como resultado de un proceso preconsciente: la mujer de que se trata no ama (B: «el expresado simbólico»), y, por tanto, desde la concepción aleixandrina del mundo, no tiene realidad verdadera: su realidad, al ser meramente aparencial, resulta negativa (C: «el simbolizado») y en consecuencia execrable («emoción simbólica») como lo es la serpiente, a causa de la negatividad de otro orden que constituye su ser, cuando mirado por el hombre. Pero, repito, esta semejanza C que nace de una pura asociación («negatividad») no cuenta en el momento de leer el poeta, pues que no se percibe. Lo que se percibe, y únicamente en la sensibilidad, es el parecido emocional: la imagen es, por tanto, irracional, simbólica, visionaria, como empecé por sentar. El doble proceso X que aquí se suscita sería, pues, como sigue. Serie «real»:

> mujer [= desamorosidad = no realidad (realidad sólo aparente) = = negatividad que ha de ser repudiada =] emoción en la conciencia de negatividad que ha de ser repudiada (emoción de execrabilidad).

Serie «irreal»:

> serpiente [= animal dañino, traidor = negatividad que ha de ser repudiada =] emoción en la conciencia de negatividad que ha de ser repudiada (emoción de execrabilidad).

Donde el simbolizado sería la negatividad y el expresado simbólico B la desamorosidad de esa mujer de la que se habla[7].

Pero lo que importa destacar en el presente análisis no es eso, ya que nada impediría que una imagen tradicional recibiese *en nuestro siglo,* por supuesto, un desarrollo visionario (con lo cual se irracionalizaría). Lo que nos interesa es, pues, esto último: hacer ver cómo, en efecto, la imagen «serpiente» se desarrolla visionariamente, al descomponerse en unos elementos e_1, e_2, e_3, ... e_n (escamas, e_1; viscosidad, e_2; grosor, e_3; largura, e_4; lengua bífida, e_5; árboles pelados que la serpiente ciñe, e_6; etc.), que, miembro a miembro, no tienen traducción distinta en el plano real, sino que se justifican exclusivamente en el plano evocado, E, «serpiente», o, mejor dicho aún, en la *emoción* C (emoción, no concepto) de repulsión o execrabilidad que esa «mujer» (A) y esa «serpiente» (E) inspiran en el poeta: y así la «viscosidad», la «lengua bífida», etc. del animal refuerzan, evidentemente, la repulsión. De otro modo: cuando el poeta dice que la «serpiente» (E) es «larga» (e_1) no significa que la mujer sea alta; cuando expresa que la «serpiente» es «gruesa» (e_2) no pretende dar a entender que la mujer sea gorda; cuando asegura que tal animal posee «lengua bífida» (e_3) no insinúa que su correlato femenino sea suelto de palabra y que la ejercite en calumniar al prójimo, etc. Con esas notas que a la «serpiente» se atribuyen no se dice, en suma, nada de la mujer, sino exclusivamente de la «serpiente», y su finalidad estética no es otra que producir en el lector un más agudo sentimiento de repulsión o execrabilidad (C) con respecto a la protagonista del poema.

---

[7] Recuérdese nuestra regla: «expresado simbólico», primer miembro preconsciente de la serie real; «simbolizado», último miembro de esa misma serie.

Cualidades o atributos imaginativos que descienden desde el plano imaginario E al plano real A

El fenómeno que acabo de describir puede, en la poesía contemporánea, «completarse» con otro *distinto* que, en efecto, lo viene a suponer. Consiste en que esos ingredientes e_1, e_2, e_3, ... e_n que crecen sobre el plano imaginario E sin conexión alegórica con el plano real A, descienden, sin embargo, a A en ocasiones, con lo que A aparece con las cualidades o las funciones, etc. que son propias de E. Este fenómeno se da poquísimas veces en Rubén Darío[8], y menos en Machado[9]. Pero en Juan Ramón Jiménez se convierte ya en característico, y, por supuesto, es habitual en los poetas de la generación del 27. Los ejemplos se multiplican en Juan Ramón Jiménez:

> y cual lobo hecho oveja, temblorosa y perdida
> volvía por el campo, balando, mi amargura.

Al plano real A, «amargura», se le atribuye lo propio del plano imaginario E, «oveja» (o, más exactamente, «lobo hecho oveja»): «balar», «volver por el campo», «temblorosa y perdida». En este texto se producen las dos posibilidades en que se bifurca el procedimiento: que la cualidad de E que se atribuye a A exprese algo de A, aunque siempre de modo irracional, o sea, de modo puramente emotivo (no consciente, por tanto, a nivel lógico: lo que hemos llamado el «expresado simbólico»), o que no exprese nada de A y sólo se relacione con E. Y así que la amargura «bale» puede sugerir «queja» de ese modo que digo, pero «volver por el campo» sólo se halla justificado por la imagen E, «oveja». Cuando hay justificación en el plano real A, la diferencia con la alegoría subsiste; y tal diferencia no consiste sólo en la irracionalidad del sentido que tiene en A la atri-

[8] Veo sólo cuatro ejemplos en Rubén Darío.

[9] Sólo veo dos casos en Machado: uno en el poema LXXIX y otro en el poema XXII.

bución (esto es, no consiste sólo en la falta de conciencia por parte del lector de ese sentido, en cuya mente aparece éste, en efecto, de manera exclusivamente emocional): la discrepancia radica también en que, como ya he dicho, no hay una traducción diferenciada en A, ni siquiera irracional, para cada uno de los miembros e_1, e_2, e_3, ... e_n de E, sino que los miembros e_1, e_2, e_3, ... e_n que tienen significación irracional en A *tienen todos la misma significación* (no hay, pues, en A traducción «matemática y miembro a miembro» de las proliferaciones e_1, e_2, e_3, ... e_n de E, como ocurre en la alegoría). Tal es lo que puede observarse en este otro ejemplo de Juan Ramón Jiménez, que de paso nos muestra otro interesante fenómeno: que cierta cualidad desarrollada en E «visionariamente» y atribuida a A se oponga a las cualidades *verdaderas* de A, aumentando así la sorpresa que es inherente a esta técnica y su finalidad más destacada:

una a una, las hojas secas van cayendo
de mi corazón mustio, doliente y amarillo.

Al corazón (A) que está, aunque implícitamente, comparado con un árbol otoñal, se le conceden las cualidades de éste: caérsele las hojas, ser «mustio», «doliente» y «amarillo». Pero la amarillez que se postula del corazón va contra su verdadero color. Aparte de esto, vemos aquí también, como adelanté, el carácter comunitario que posee en A la traducción irracional de los términos e_1, e_2, e_3, ... e_n que procedentes de E se le atribuyen. Pues «caérsele» al corazón «las hojas» y ser éste «mustio» y «amarillo» significa, del mismo modo no lógico que he dicho («expresado simbólico»), una misma cosa: la tristeza en que el corazón se halla.

Definición de las «visiones simbólicas»

Pasemos ahora a la segunda manifestación del fenómeno visionario: el uso de lo que llamábamos abreviadamente «visiones» y con menos brevedad «visiones simbólicas». ¿Qué es, pues, una «visión»? He bautizado con ese nombre a una de las tres formas de la irracionalidad del segundo tipo, de que hasta ahora sólo hemos comentado extensamente el caso de las imágenes visionarias. Consiste la visión en la atribución de funciones, propiedades, o, en general, atributos imposibles, E, a una realidad A, cuando tal atribución, a través de la emoción C que suscite en nosotros, expresa irracionalmente, o sea, por asociación no consciente, cierta cualidad C [10] que el autor ilusoriamente *siente* (obsérvese el verbo que vuelvo a utilizar) como real en A (o acaso en un elemento que se le relaciona, incluso por contigüidad física) [11]. Cuando Aleixandre dice de una «piedra» o de unos «muslos» que cantan:

> Para ti, que conoces cómo una piedra canta
>
> («El poeta», de *Sombra del paraíso)*

> ... mientras los muslos cantan
>
> («La juventud», de *La destrucción o el amor)*,

o cuando escribe:

> Si, poeta; arroja este libro que pretende encerrar en
> sus páginas un destello del sol,
> y mira la luz cara a cara, apoyada la cabeza en la roca,
> mientras tus pies remotísimos sienten el beso postrero del
> poniente,
> y tus manos alzadas tocan dulce la luna,
> y tu cabellera colgante deja estela en los astros.
>
> («El poeta», de *Sombra del paraíso)*,

es evidente que se expresa por medio de «visiones». Ateniéndonos ahora exclusivamente al último ejemplo, nos damos cuenta

---

[10] Vuelvo a decir que una cosa es la noción o simbolizado C y otra, distinta, la emoción C, la emoción precisamente que corresponde a esa noción C.

[11] Véase mi libro *La poesía de Vicente Aleixandre*, 2.ª edic., Madrid, ed. Gredos, 1968, págs. 160-161.

de su carácter de «visión», porque el poeta concede a un objeto real A («cuerpo humano») cualidades E que tal objeto no puede poseer (tamaño cósmico), sin que «entendamos», en principio, por ser de tipo irracional, la significación que esas cualidades atribuidas tengan. Ante la irrealidad formada por la «visión», lo que recibe el lector es exclusivamente una descarga emotiva, a partir de la cual, por el procedimiento interrogativo que sabemos, éste puede extraer extraestéticamente hasta la conciencia lúcida la escondida significación. La estrofa transcrita nos produce, en efecto, una impresión C de grandeza, única cosa «sabida» por el lector, impresión que se origina en la cualidad irreal E, desmesura física, atribuida al objeto real A: un cierto hombre puesto en comunicación con lo natural. De esa intuición o impresión C de grandeza no pasaremos, en tanto que seamos sólo lectores. Para avanzar hacia un más allá especulativo y ya no estético, debemos dejar de ser lectores propiamente tales y convertirnos en otra cosa: en críticos. Esto es, debemos separarnos de nuestra intuición, extrañarnos de ella y examinarla desde fuera, como algo ajeno a nosotros. Entonces es cuando percibimos, o podemos percibir, los entresijos conceptuales del simbolizado, que no es otra cosa que la significación de la emoción misma experimentada: en nuestro caso la *idea* de grandeza. Volvemos a notar aquí como cosas distintas (discúlpeseme la insistencia) la «emoción simbólica» experimentada (la *emoción* C, en este caso de grandeza) y el *significado* C de tal emoción, el *concepto* correspondiente de grandeza que he dicho (esto es, el «simbolizado»). Ahora bien: una vez dilucidada esa significación de «grandeza», este «simbolizado» C, podemos dar un paso más (lo mismo que hicimos en el caso de las imágenes visionarias o simbólicas) y preguntarnos por el «expresado simbólico» B, esto es, por el origen de nuestra emoción en la realidad de que se habla (ese protagonista poemático al que Aleixandre se refiere). ¿Qué cualidades reales tiene tal personaje que hayan podido impresionar al autor del modo grandioso que hemos dicho? Ha sonado con esto la hora de contemplar el tamaño cósmico (E) de un cuerpo humano en cuanto expresivo de algo (B) que el poeta experimenta como realmente poseído por ese cuerpo (A). Entonces, y sólo entonces, nos damos cuenta de que la desmesura física (E) representa la riqueza de espíritu (B) de quien «apoyada la cabeza en la roca» comulga así con la naturaleza: he ahí el «expresado simbólico». El proceso X que se ha desencadenado en el lector ha sido entonces doble (también como en las imágenes visionarias), y podría ser recogido en las fórmulas siguientes. De un lado, la «serie irreal», nacida del atributo, en efecto irreal, «tocar la luna con la mano», etc.:

> mientras tus pies remotísimos sienten el beso postrero del poniente, y tus manos alzadas tocan dulce la luna y tu cabellera colgante deja estela en los astros [= grandeza física = grandeza =] emoción de grandeza en la conciencia.

De otro, la «serie real»:

> protagonista poemático puesto en comunicación con la naturaleza [= riqueza espiritual = grandeza espiritual = grandeza =] emoción de grandeza en la conciencia.

He dicho antes que la cualidad así irracionalmente expresada (grandeza) se *siente* como real en A, aunque lo *verdaderamente real* sea otra cosa. En efecto: lo que en A resulta real no es la «grandeza» (el simbolizado), sino únicamente el expresado simbólico: la «riqueza de espíritu» (B) del personaje, considerado por el poeta en una cierta circunstancia: al ponerse en comunicación con la naturaleza, tal personaje se enriquece espiritualmente, y es esa riqueza la que le ha dado al autor la impresión de grandeza y le ha llevado a la atribución físicamente grandiosa que hemos visto [12].

Como puede observarse, las series preconscientes del proceso X o del lector que en las visiones se suscitan son, como en las imágenes visionarias, dos, una de las cuales parte del término real A, y la otra del término irreal atribuido a A, es decir, de E.

---

[12] Véase nuevamente cómo se cumple nuestra fórmula: «expresado simbólico», primer término preconsciente de la serie real; simbolizado, último término de esa serie. No hay excepciones a la regla.

Lo importante es el hecho de que ambas, al influirse contextualmente una de la otra y llegar así a un «compromiso final», conducen, en todo caso, a una misma «emoción simbólica» (la emoción de grandeza), que resulta de este modo objetiva, *es decir, obligatoria*[13], en las lecturas que, de hecho, sean correctas.

El doble esquema tendría siempre una forma genérica idéntica a la que acabamos de examinar, y que esquematizada en forma abstracta nos daría la siguiente fórmula (los miembros de cada serie pueden, por supuesto, ser muchos más que los que ahora consigno):

A [= B = C =] emoción de C en la conciencia.
E [= D = C =] emoción de C en la conciencia.

En las visiones (también como en las imágenes visionarias), una cosa es, pues, el simbolizado, o sea, la cualidad C que *sentimos* como real en A, y otra cosa muy diferente el «expresado simbólico», la cualidad B, o las cualidades B_1, B_2, B_3, ... B_n que en A son *verdaderamente reales* y que por asociación irracional han dado origen a aquélla, a C. Repitiendo de nuevo lo dicho para las imágenes visionarias, añadamos aquí que ambas cosas, el «expresado simbólico» y el «simbolizado», no sólo son entre sí discrepantes, sino que tienen, por su parte, propiedades igualmente disímiles. Y así, C, el simbolizado, una vez extraído por el crítico, valiéndose de una punción analítica, hasta la conciencia lúcida, se nos manifiesta como un término *singular* y, además *claro*, de límites perfectamente definidos, mientras que el «expresado simbólico», el término B o los términos B_1, B_2, B_3, ... B_n, si a partir del simbolizado los indagásemos, se nos ofrecerían, en primer lugar, como posiblemente *múltiples* (B_1, B_2, B_3, ... B_n) y, aparte de eso, como característicamente *borrosos*, indeterminados, y hasta intercambiables por otros del mismo género que también A poseería *realmente* en nuestro supuesto. La razón de ello la expusimos páginas atrás, al estudiar este mismo fenómeno en las imágenes visionarias: el

[13] Ya sabemos que la obligatoriedad es el único sentido que tiene la noción de objetividad en el fenómeno irracionalista o simbólico.

simbolizado se nos aparece, en todo caso, como un *hecho* de nuestra conciencia; por tanto, como un término fijo con el que podemos contar, mientras que el expresado simbólico, la propiedad o las propiedades reales de A que lo han originado (B_1, B_2, B_3, ... B_n) se ofrecen en principio, y también en todo caso, como un enigma, cuya resolución la realizamos a través de una tanteante hipótesis nuestra, siempre expuesta al error.

EL CASO DE LAS SINESTESIAS

No quisiera terminar la ejemplificación de las visiones sin añadir que las sinestesias suelen ser buenos ejemplos de esa clase de figuras. Nadie ignora que hay sinestesia cuando se cruzan dos sensaciones; o dicho con más precisión: cuando percibimos con un determinado sentido (el de la vista, el del olfato, el del oído, etc.) lo que es propio de otro. Una sinestesia puede presentarse en forma de imagen visionaria. Verbi gratia, si digo: «música que es olor; sonido que es fragancia». Pero con más frecuencia se presenta efectivamente en forma de visión: «música que huele a jazmín». En Machado y en Rubén Darío hay aún pocas sinestesias [14]; en Juan Ramón Jiménez, muchas [15]: el impresionismo del autor, con su interés en la sensación, es, a mi juicio, el causante de este gran aumento. Después de Juan Ramón Jiménez, en la generación del 27, la sinestesia se halla en franquía para ser usada habitualmente. Neruda y Aleixandre la emplean, por supuesto, de ese modo [16].

---

[14] Encuentro 16 ejemplos en Machado.

[15] Francisco Ynduráin, «De la sinestesia en la poesía de Juan Ramón Jiménez», en *Insula*, XII, 128-129, 1957, págs. 1 y 6.

[16] Véase Amado Alonso, *Poesía y estilo de Pablo Neruda*, Buenos Aires, ed. Sudamericana, 1966, págs. 297-301; Carlos Bousoño, *La poesía de Vicente Aleixandre*, Madrid, ed. Gredos, 1977, págs. 188-189 y 207-208. Al final del presente libro puede verse la abundante bibliografía que sobre la sinestesia he recogido. De todos los libros que conozco acerca de tal fenómeno expresivo, el de Ludwig Schrader (*Sensación y sinestesia*, Madrid, ed. Gredos, 1975) es el más satisfactorio.

Definición del símbolo

Hemos visto hasta ahora que en las imágenes visionarias existe un plano real A y un plano imaginario E. El poeta nos dice en ellas que «A es igual a E» o que «A es como E». Se produce así una comparación perfectamente consciente entre dos esferas, real una, A, e irreal la otra, E. En las visiones no hay, a nivel lúcido, un desdoblamiento de esa clase. No se equipara, a ese nivel, un término A y otro E, sino que, simplemente, se atribuye a la realidad A (por ejemplo, «carmines») una función o una cualidad E que verdaderamente aquélla no puede poseer (por ejemplo, el hecho de cantar: «carmines cantan: nubes», dice Jorge Guillén). En los símbolos tampoco existe parangón entre dos realidades distintas, y sin embargo, no por eso nos hallamos frente a «visiones». El poeta formula, o bien (simbolismo «heterogéneo») un enunciado plenamente posible en la realidad y poemáticamente verosímil («los caballos negros son»), o bien («simbolismo homogéneo») un enunciado E de algo no imposible en la realidad (eso sería, precisamente, como sabemos, la «visión»), pero sí contextualmente *poco probable* en ella, y, por tanto, siempre de escasa o ninguna verosimilitud en el poema. Lo que importa es que, en ambos casos, detrás del dicho del autor (ora, repito, plenamente realista: «simbolismo heterogéneo»; ora, poco probable e inverosímil: «simbolismo homogéneo») se solapa y esconde un sentido de carácter irracional: el simbolizado C.

El simbolismo heterogéneo no puede confundirse entonces ni con las imágenes visionarias («un pajarillo» *gris* «es como un arco iris» *de colores*) ni con las visiones («carmines cantan»), ya que estas dos últimas manifestaciones irracionalistas se constituyen como *irrealidades*, mientras el simbolismo heterogéneo es, por definición, un «simbolismo *de realidad*» («los caballos negros son»). La posibilidad de la confusión se reduce, pues, a los símbolos homogéneos en su relación con las visiones, ya que en ambas posibilidades se concede a una realidad A una propiedad E *que el lector rechaza como real.* La discrepancia radica exclusivamente en el hecho de que la propiedad así repudiada es, para el caso de las visiones, verdaderamente imposible en la realidad: y no imposible, en ese sentido realista, para el caso del símbolo homogéneo.

Definición del símbolo homogéneo

Con esto, tenemos ya perfectamente fraguada la definición del símbolo homogéneo, la cual consta de dos cláusulas que me permito reiterar: a) en cuanto a la forma, nos hallamos frente a una literalidad que afirma, repito, algo no imposible, pero sí *poco verosímil;* y b) en cuanto al contenido de hecho que esa literalidad (al ser repudiada en cuanto tal por el lector) envuelve, nos hallamos frente a una significación irracional, o sea, una significación que, contemplada en la conciencia, comparece como sólo emotiva. Y es que la escasa o nula verosimilitud de la expresión poemática en cuanto a su estricta letra, le resulta al lector motivo suficiente para descreer el aserto poemático, dar de lado enérgicamente su literalidad (igual que en el caso de las visiones) y lanzarse de inmediato a buscar un sentido irracional, ya que no se encuentra por sitio alguno un sentido lógico, ni siquiera indirecto. Escribe Antonio Machado en el poema LXX:

> Y nada importa ya que el vino de oro
> rebose de tu copa cristalina
> o el agrio zumo enturbie el puro vaso.
> Tú sabes las secretas galerías
> del alma, los caminos de los sueños
> y la tarde tranquila
> donde van a morir. Allí te aguardan
> las hadas silenciosas de la vida,
> y hacia un jardín de eterna primavera
> te llevarán un día.

Ese «vino de oro» cuyo rebosamiento en la copa «no importa», como no importa que, por el contrario, «el agrio zumo enturbie el puro vaso», es evidentemente un doble símbolo, esto es, un conjunto simbólico homogéneo. Cumple, en efecto, ese conjunto con la definición que hemos dado de tales figuras, y, así, lo que el poeta enuncia es *posible* en la realidad, pero, pese a todo, *no se hace verosímil* de hecho en el contexto en que se inserta. Posible, pues en la vida de alguien (realidad A) *puede* no importar, en un instante determinado, que el vino rebose cierta copa (E_1) o que el agrio zumo (E_2) enturbie cierto vaso. Inverosímil, pues la razón que en el poema implícitamente se da de ese no importar («no importa» *porque* «tú conoces las secretas galerías del alma», etc.) no se nos aparece como suficientemente congrua, a nivel de realidad, respecto del hecho con el que se relaciona, por lo que nos vemos obligados a repeler la letra de lo que se nos dice, exactamente igual que si se tratase de «visiones», o sea, de expresiones que contienen auténticos dislates, en su estricta literalidad. Ahora bien: una vez quitada la letra, ¿qué le queda a nuestra comprensión? Desde la perspectiva puramente lógica, todo sentido desaparece. No hay, en efecto, aquí un sentido lógico indirecto que sustituya al directo, de forma que no vislumbramos por ninguna parte una salida racional válida que nos saque del desconcierto. ¿Qué hacer para que la sentencia que nos inquieta no nos suma en definitivo desaliento y vacío de significación? Frente a esa sentencia sólo cabe el abandono irracionalista. Dejamos que el despropósito ponga en marcha dentro de nuestro espíritu sus posibilidades preconscientemente asociativas, o sea, sus posibilidades de emoción, y nos atenemos a ellas. Se afirma de este modo como tal en la mente del lector el complejo simbólico homogéneo que antes indiqué. ¿Y cómo opera un simbolizador de esta clase en nuestra psique al encararnos con él? Lo anterior está ya diciéndonos que ante un simbolizador E nos conmovemos, sin más, de un modo C, y sólo si indagamos la emoción simbólica C (cosa sobrante desde la perspectiva puramente poética o lectora) hallaremos el *elemento significativo* C o simbolizado, que antes no se manifestaba en nuestra conciencia por estar implicado y cubierto por la *emoción* C de que hablamos. La *emoción* C que el simbolizador E nos causa es envolvente e irracionalmente implicitadora de un *significado* C que se nos oculta. De esta lucubración puramente teórica y como fantasmal, descendamos a lo concreto del trozo poemático antes copiado. Ese «vino de oro» (E_1) cuyo rebosamiento en la copa «no importa» y ese «agrio zumo» (E_2) cuya acción enturbiadora del vaso tampoco cuenta son, sin duda, simbólicos, tal como señalé. Pero, según decimos, el lector no puede saber, de manera inmediatamente intuitiva, lo que un simbolizador (en este caso el del «vino de oro» o el del «agrio zumo») simboliza o representa. Lo que sí percibe de ese modo es, únicamente, la emoción C provocada. Y así el «vino de oro» nos da una emoción positiva y el «agrio zumo» una emoción negativa. Precisando algo más diríamos que el primero de estos simbolizadores («vino de oro») nos proporciona la emoción de placeres de la vida, y el segundo («agrio zumo»), lo opuesto, la emoción de sufrimientos de la vida. Las ecuaciones desencadenadas formarían entonces las dos parejas de series que siguen (una de las series de cada pareja es la realidad procedente de la realidad A: la segunda persona del singular, a la que el poema se refiere con un tú —«tu copa», dice—; la otra, la procedente de la atribución «inverosímil» que los versos conceden a tal personaje: tener en la copa «vino de oro», o bien, tener en el vaso, un «agrio zumo» *que no importan*). Por un lado («serie real»):

> tú, segunda persona del singular a la que se refiere el poema [= persona que goza de la vida («expresado simbólico») = placeres de la vida =] emoción en la conciencia de placeres de la vida.

Y («serie irreal»):

> vino de oro [= realidad placentera = placeres = placeres de la vida =] emoción en la conciencia de placeres de la vida.

Por otro lado («serie real»):

> tú, segunda persona del singular a la que se refiere el poema [= persona que sufre en la vida («expresado simbólico») = sufrimientos de la vida =] emoción en la conciencia de sufrimientos de la vida.

Y («serie irreal»):

> agrio zumo [= realidad desagradable, realidad mala = sufrimientos de la vida =] emoción en la conciencia de sufrimientos de la vida.

Lo que en ese comienzo poemático se nos viene, en consecuencia, a decir (bien que sólo emocionalmente, tal como ocurre siempre con los símbolos), es, pues, algo como esto:

> Nada importa ya que el placer colme tu vida, o bien que el agrio sufrimiento enturbie tu vivir; nada importa porque tienes un conocimiento más hondo de ti mismo («tú sabes las secretas galerías del alma», etc.), conocimiento que te sitúa por encima y más allá de placer y de dolor.

El símbolo heterogéneo y los símbolos heterogéneos encadenados

Nuestro trabajo ha considerado hasta ahora una sola raza de símbolos: los símbolos homogéneos, que podríamos haber dividido en «simples» («y nada importa ya que el vino de oro / rebose de tu copa cristalina, / o el agrio zumo enturbie el puro vaso») y «continuados», cuando se desarrollan a lo largo de un poema (véase el poema XXIX de Machado que comento en las páginas 184 y sigs.) o en una parte considerable de él. Denominé «homogéneos» a estos símbolos en cuanto que sólo tienen o un sentido o varios, *pero de la misma naturaleza irracional.* Ahora bien: junto a esta especie de símbolos, hay otra, como sabemos, de gran importancia, caracterizada por la disemia heterogénea, especie que viene a coincidir, exactamente, con lo que hemos denominado «primer tipo de irracionalidad». Los símbolos heterogéneos serán, pues, aquellos que, junto al irracional, tienen un significado de tipo lógico. Nosotros los conocemos ya, y por ello no es necesario poner ejemplos: es el caso de las expresiones que antes hemos analizado, «caballos negros», «herraduras negras», o «jorobados y nocturnos» del «Romance de la Guardia Civil española» de Federico García Lorca.

Lo que sí quiero destacar aquí es que los «símbolos heterogéneos» suelen «encadenarse», esto es, suelen juntarse con otros de *idéntica* significación «irracional», en un mismo sintagma de extensión variable: a veces, abarcador de una entera composición. Con ello se forma, de hecho, un sólo conglomerado simbólico, un único símbolo, bien que «*complejo*». He aquí la pieza XXXII de *Soledades, Galerías y otros poemas,* de Antonio Machado:

> Las ascuas de un crepúsculo morado
> detrás del negro cipresal humean.
> En la glorieta en sombra está la fuente
> con su alado y desnudo Amor de piedra
> que sueña mudo. En la marmórea taza
> reposa el agua muerta.

Definiríamos nuestro sentimiento al terminar la lectura como de pesadumbre y fúnebre gravedad. La primera cosa que nos extraña es que esa emoción no se corresponda con lo que el poema aparentemente dice. El poeta nos ha descrito un bello paisaje que, *en sí mismo,* no tiene por qué originar la grave melancolía que nos promueve: estamos otra vez frente a la «inadecuación» emotiva propia de los símbolos heterogéneos, inadecuación cuyo origen conocemos: el hecho de la asociación «irracional». Las palabras que el poeta usa («ascua», «crepúsculo», «morado», «negro», «cipresal», «humean», «sombra», «piedra», «sueña», etc.) *en su estricto significado lógico* no hacen relación a nada que pueda proporcionarnos la fúnebre reacción afectiva que, sin embargo, hemos experimentado. Pero esa reacción, sin duda desvinculada del sentido lógico de los vocablos, se vincula, aunque invisiblemente por definición, al sentido irracional que esos vocablos poseen; o, de otro modo, se vincula a un concepto distinto, que está, diríamos, atraído secretamente y como ligado por imperceptible atadura, por atadura, en efecto, «irracional», a la significación «lógica». Se trata del concepto «muerte», que, él sí, es ya congruo a la emoción que sentimos al leer. Pongamos un ejemplo: El «crepúsculo» vespertino en sí mismo, en cuanto a su sentido lógico, no significa «muerte». Se trata de una cierta forma de claridad, y nada más, *no menos luminosa que la del amanecer.* Pero, cosa curiosa: una palabra como «amanecer» no se nos asociaría, *en principio,* con «muerte», sino acaso con «vida», por tratarse de algo que va hacia más claridad; por el contrario, «crepúsculo», al entenderlo como «vespertino», conlleva, en el poema de Machado, esa asociación no consciente de tipo fúnebre, pese a tratarse, en realidad, repito, de una luz *idéntica a la de la aurora,* por el mero hecho *de saber nosotros* que esa luz, *aunque ahora igual a la otra,* se aminorará progresivamente. Y tal aminoración la identificamos, *sin darnos cuenta,* con la aminoración de la vida, o sea, con la muerte [17]. Algo parecido sucede, como he indicado, con las otras palabras que antes mencioné en el paréntesis. Dispenso al lector de un análisis detenido de ellas, por haberlo realizado ya en un libro mío [18]: Tomemos únicamente la expresión «agua muerta». El sentido lógico que «agua muerta» tiene en el poema es exclusivamente el de «agua de estanque». Pero ocurre que el adjetivo «muerta» en el sentido de agua «contenida en un estanque», concepto en sí mismo nada pesimista ni sombrío, provoca negatividad emocional, dentro de su contexto, porque irracionalmente se nos une a «muerta» en el sentido de «muerta» (una vida, claro es), idea que sí compagina y casa, vuelvo a decir, con la índole de nuestra intuición lectora [19].

---

[17] El proceso X o del lector sería:

> crepúsculo (en el sentido de una determinada luz vespertina) [= noche = no veo = tengo menos vida = estoy en peligro de muerte = muerte =] emoción de muerte en la conciencia.

Advierto que en los símbolos heterogéneos de realidad sólo hay, *en principio,* una serie y no dos (la «real» y la «irreal») por un motivo que no puedo aún expresar claramente, pero que adelantaré, pese a todo, en forma inteligible sólo para aquellos lectores de este libro que hayan pasado previamente por el capítulo que se refiere al simbolismo de realidad. Tal motivo es que lo que habremos de denominar el «originador» no resulta (en tal tipo de simbolismo) «literario», sino «vital», y por lo tanto carece de existencia poemática.

[18] Véase mi *Teoría de la expresión poética,* Madrid, ed. Gredos, 1970, t. I, págs. 209-218.

[19] Proceso X:

> «agua muerta» (en el sentido de agua de estanque) [= muerta (en el sentido de muerta una vida) =] emoción de muerta (en el sentido de muerta una vida).

Todo ello se completa y afianza con la mortuoria lentitud del ritmo en que el poema ha sido escrito, y hasta con la frecuencia de «oes» y «úes» *acentuadas*[20], prolongadas incluso a veces por consonantes que traban sílaba («crep*ú*sculo», «s*o*mbra», «desn*u*do», «am*o*r», «m*u*do», «marm*ó*rea» y «rep*o*sa»): nadie ignora la asociación con la oscuridad (y luego la asociación de «oscuridad» con «noche» y «muerte») que esos sonidos pueden poseer.

Añadamos, para completar todo lo anterior, que por contactar en un texto, las voces citadas, al tiempo que se determinan y empujan en una misma dirección asociativa (hacia el concepto irracional «muerte» en el que confluyen), se intensifican recíprocamente en cuanto a la significación irracional misma («muerte»), y, por tanto, también en cuanto a sus consecuencias emocionales. El poema, en efecto, se va haciendo cada vez más mortuorio y grave, porque la técnica de encadenamiento con que el sentido imperceptiblemente asociado al lógico se va presentando en la pieza, no es más que un caso particular del fenómeno de la reiteración, y la reiteración, evidentemente, produce esos efectos acumulativos: las palabras al reiterarse se superlativizan. La tontería de Antonio es mayor cuando digo que «Antonio es tonto, tonto, tonto» que cuando, simplemente, afirmo que lo es.

SEMEJANZAS Y DIFERENCIAS ENTRE IMAGEN VISIONARIA, VISIÓN Y SÍMBOLO HOMOGÉNEO

A través de la descripción que acabo de realizar, los lectores habrán observado el parentesco próximo de las tres especificaciones irracionalistas contemporáneas del segundo tipo.

---

[20] Las vocales no acentuadas no producen efectos *perceptibles* de esa clase; sólo lo producen las tónicas, y más si el acento coincide con uno de los principales del verso, o si las vocales así acentuadas se prolongan en una consonante que traba sílaba. (Véase Dámaso Alonso, *Poesía española*, Madrid, ed. Gredos, 1950, págs. 99 y 347.)

Las tres se nos ofrecen como meras variantes del fenómeno simbólico, al que daremos el nombre global de «fenómeno visionario» por el aspecto plástico que adquiere la representación figurativa cuando desconocemos, o sólo conocemos afectivamente, su última significación. Pues en tal caso, la figura en cuestión, que aparentemente no está ya al servicio de un sentido, cobra, aparentemente también, independencia, y nos obliga a mirarla a ella misma, en vez de que, a su través, miremos ese sentido de que sería portadora. Con más brevedad: en el fenómeno visionario, la materia figurativa ya no es transparente, sino opaca, *y por eso se la ve,* por eso se *visualiza* (es «visionaria») con característica energía.

Se nos juntan ya así todas las notas que en común posee el trío imaginativo de referencia: asociativismo, plasticidad, función intuitivamente sólo emotiva (emoción de C) y, por tanto, ocultamiento, en el interior de tal emoción, de ciertos ingredientes razonables C (los que toda emoción lleva dentro de sí), ingredientes que pueden ser, en todo caso, extraídos de la oscuridad en que yacen y puestos de relieve en la conciencia por el crítico, a través de un análisis extraestético de la susodicha emoción.

Tales son las semejanzas. Veamos ahora las diferencias entre los tres órdenes metafóricos. Lo primero que advertimos es que tales diferencias se ofrecen como puramente formales, instrumentales, en cuanto que son diferencias de medios y no de fines. En la imagen visionaria hay un plano real A *que se compara* a un plano imaginario E, enunciados ambos por el poeta y presentes con nitidez «*racional*» en la intuición («un pajarillo», A, «es como un arco iris», E); en la visión no hay un plano u objeto imaginario E con el que se compara conscientemente un plano u objeto real A, sino que, como sabemos, se trata de una cualidad o función irreal E (por ejemplo, «cantar»), que meramente se atribuye graciosamente a A (por ejemplo, «la piedra»: «la piedra canta»); en el símbolo homogéneo pasa lo mismo, pero, como he repetido quizá demasiadas veces, el término E atribuido, en lugar de ser imposible como en las visiones, es realísticamente posible, pero inverosímil, y, por tanto, inaceptable para el lector en el poema.

Mas lo importante no lo constituye la disimilitud entre las tres variaciones, que es, repito, sólo formal, sino su coincidencia, que es sustantiva. Para destacar con vigor de otro modo la substancial comunidad podríamos decir que en los tres casos hay «simbolización de irrealidad» (en el sentido técnico y riguroso que atribuimos aquí a estas palabras), ya que en los tres se da, primero, un elemento E rechazable en su literalidad o en su significado lógico indirecto (y ello en la imagen visionaria tanto como en la visión y en el símbolo homogéneo) que, atribuido a A, segundo, suscita un sentimiento C, dentro del cual, tercero, implicado e invisible, existe un concepto o un conglomerado conceptual C que es lo propiamente simbolizado, esto es, lo asociado irracionalmente. Ahora bien: este conglomerado conceptual C en los tres casos (lo mismo en el caso del símbolo homogéneo que en el de la visión y en el de la imagen visionaria), ese conglomerado es *sentido* por nosotros como propio de A, aunque los verdaderos atributos de A (el expresado simbólico) sean otros (B_1, B_2, B_3, ... B_n), que pueden también colegirse, pero ahora sólo tanteantemente, a través del significado C, por medio de una suposición intelectual del crítico o teórico, si éste así extraestéticamente lo deseara [21].

---

[21] Para el examen de la causa cosmovisionaria del irracionalismo, véase mi libro *El irracionalismo poético (El símbolo)*, Madrid, ed. Gredos, 1977, págs. 87-90 y nota 22 a la pág. 87.

INCONEXIÓN, CONEXIÓN Y AUTONOMÍA

(Proceso Y, o del autor, y proceso X, o del lector)

CAPÍTULO I

LAS TRANSICIONES SINTAGMÁTICAS INCONEXAS EN EL SUPERREALISMO

SEMEJANZAS Y DIFERENCIAS ENTRE LOS DISTINTOS PERÍODOS IRRACIONALISTAS

Lo dicho en la «Introducción» vale para todo el gran período irracionalista, desde Baudelaire hasta la vanguardia, incluyendo a estos dos hitos que podríamos considerar como inicio y cierre, respectivamente, del vasto movimiento. Mis trabajos en este sentido hasta la hora presente, de que son apretado y muy cercenador resumen las páginas anteriores (pues sólo recogí, y en cifra, los pocos conceptos fundamentales que necesitamos utilizar en el libro ahora iniciado), han tendido, pues, a un análisis de lo que en común poseen los diversos momentos por los que pasó la irracionalidad [1]. Lo que me propongo tratar en la obra actual es justamente lo opuesto: el examen, a ese respecto, de las diferencias; especialmente, y casi exclusivamente, la diferencia que separa al superrealismo de todo el irracionalismo precedente.

---

[1] Véase mi libro *El irracionalismo poético (El símbolo)*, Madrid, ed. Gredos, 1977.

Las cinco etapas de la irracionalidad

Puestos a ello, se nos antoja ver en el amplio panorama irracionalista cinco fundamentales períodos, de los cuales, los cuatro primeros significan sólo cambios cuantitativos, mientras el último supone una transición cualitativa. Refiriéndonos a la literatura hispánica (aunque lo mismo podría examinarse en el resto de las literaturas occidentales con nombres exactamente equivalentes), representarían el *momento inicial* de la irracionalidad los modernistas, con Rubén Darío a la cabeza, inspirados sobre todo en el parnasianismo y el simbolismo francés, pero con muy escasa presencia de momentos verdaderamente irracionales[2]: sólo las sinestesias acusan, aquí y allá, con evidencia, su manifestación. Si ponemos un oído más atento, percibimos también, muy de tarde en tarde, algunos símbolos heterogéneos y algunas «cualidades imaginativas descendentes», etcétera. Pero nada de eso, por supuesto, es lo que da verdadero carácter a la escuela, al contrario de lo que sucede en el *segundo instante* de la irracionalidad, que en España podría ser muy claramente ilustrado con el primer Machado y el primer Juan Ramón Jiménez. En ellos, el irracionalismo es ya importante y definidor, bien que sólo el del primer tipo (simbolismo de disemia heterogénea), pues el del tipo segundo (imágenes visionarias, visiones y símbolos homogéneos), aunque bastante más frecuente que antes, sólo aparece a título excepcional, salvo el caso de las sinestesias, muy abundantes en Juan Ramón Jiménez (no en Machado), a causa del impresionismo (con su interés en la sensación), que el autor de *Arias tristes* desarrolla a la sazón con poder y personalidad. Pero no sólo en cuanto a las sinestesias Juan Ramón Jiménez demuestra pertenecer a otra generación que Machado: el irracionalismo del segundo tipo se da en él más, y más variadamente, que en su compañero, redu-

---

[2] Del simbolismo francés los modernistas tomaron bastantes cosas, pero sólo muy parcamente el uso de símbolos.

cido éste, en tal sentido, casi con exclusividad, a la utilización de símbolos homogéneos y, si hablamos de símbolos homogéneos acumulados, ello sólo en ocho o nueve poemas [3]. En Juan Ramón Jiménez hay visiones, símbolos de las dos especies, imágenes visionarias, desarrollos independientes del plano metafórico E, cualidades imaginativas descendentes, visualizaciones contextuales [4], amén de otros procedimientos de que no he hablado en el capítulo anterior, pero que páginas adelante, en esta misma obra, reconoceremos, por vez primera dentro de mis trabajos, como recursos de raíz irracionalista. Aludo a los des-

---

[3] Símbolos homogéneos no acumulados, esto es, aislados, se dan también en otros poemas.

[4] El fenómeno de la visualización en general, y el de la visualización contextual en particular, fue estudiado en mi libro *El irracionalismo poético (El símbolo),* ed. citada, págs. 293-404. Llamé en él visualidad o visualización al hecho de que la irracionalidad del segundo tipo posea un carácter plástico de que carece la metáfora tradicional: al no existir un significado lógico, el lector no tiene más remedio que *ver* lo único que la expresión poemática nos enseña, la literalidad irreal del simbolizador. Tal es lo que en ese libro mío denominé «visualización autónoma». Pero, además de este tipo de visualización, el tipo «autónomo», hay otro «contextual», cuando es un agente externo, un «contexto» (generalmente expreso, pero a veces tácito) el que provoca un segundo grado de visualidad en la expresión irreal simbólica, que ya era visual en primera instancia. Dicho de otro modo: todo símbolo del segundo tipo es, de por sí, visual (por visualidad autónoma); pero esa visualidad suya puede incrementarse, merced a un *contexto,* si gracias a él *se pone a lo irreal en el sitio de lo real,* con lo cual se nos da la impresión de que lo irreal es real. Como estamos esperando que lo irreal sea real (ya que ocupa su sitio) el lector siente la emoción de que, en efecto, lo es. O, en otros términos: en esas condiciones, lo irreal llega a simbolizar como realidad su irreal letra. Así ocurre, por ejemplo, cuando Juan Ramón pone juntos términos reales e irreales:

El río nos envía una cansada brisa;
el ocaso una música imposible y romántica,

o en otra forma, cuando Aleixandre coloca el plano imaginario E en el lugar que corresponde al real A («E como A» en vez de «A como E»:

del otro lado, donde el vacío es luna

en lugar de:

del otro lado, donde la luna es vacío).

plazamientos calificativos [5] y a las superposiciones temporales (estas últimas, escasísimas aún) [6].

El *tercer período* se hallaría formado por la etapa que ha sido bautizada con el nombre, más bien equívoco y confuso, de «poesía pura» (segundo Juan Ramón, Guillén y Salinas). El irracionalismo no es de ningún modo el centro de esta actitud poemática, que hasta puede perfectamente prescindir de él; pero cuando lo usa, lo usa según un momento de mayor desarrollo que el que tenía en el estadio anterior. Esto último se ve sobre todo en el Salinas de *La voz a ti debida* y de *Razón de amor;* pero también en algún raro momento de Guillén (léase el poema «Meseta», todo él simbólico, con su final, constituido por una visión: «cima y cielo desfilan») [7] y hasta de Juan Ramón Jiménez. Es un período en el que se puede utilizar ya el irracionalismo del segundo tipo con gran despliegue dentro de un poema, y por tanto, donde cabe la presencia de desarrollos no alegóricos y cualidades imaginativas descendentes en su más compleja manifestación.

El *período cuarto* significa, en cambio, un gran paso hacia adelante en cuanto a la frecuencia del método irracional: nos hallamos frente a una primera plenitud simbolizante. Hemos entrado en la generación del 27 propiamente dicha [8]: el Lorca

[5] Llamé «desplazamiento calificativo» al cambio de lugar verificado en un atributo que pasa de un sitio, el que le es propio, *a otro próximo,* donde resulta irreal. Así, decir, como hace Lorca, «trino amarillo del canario», en que la amarillez propia de las plumas se concede irrealmente al trino.

[6] Denominé asimismo «superposición temporal» al hecho de ver coexistentes en un mismo instante dos tiempos muy diferentes: uno real (el presente) y otro irreal (el pasado o el futuro). Rubén Darío dijo, usando acaso por primera vez en castellano el procedimiento: «y en la espiga de oro y luz duerme la misa» («La espiga», «Las ánforas de Epicuro», de *Prosas profanas).*

[7] Véase mi libro *El irracionalismo poético (El símbolo),* ed. cit., páginas 137-140.

[8] «Propiamente dicha», pues Guillén y Salinas que suelen incluirse en ella, no pertenecen a esa generación, a mi juicio, ni desde la perspectiva cronológica, ni desde la cosmovisionaria. Son del «grupo» del 27, pero no de la «generación» del 27.

de *Canciones* y del *Romancero gitano;* el Alberti de sus cuatro primeros libros, y especialmente de la primera mitad de su libro *Sobre los ángeles* (primera mitad que, pese a lo que se haya dicho, no es aún, en mi criterio, superrealista). El irracionalismo tal como ha sido descrito en varios de mis trabajos (y rápidamente en el capítulo anterior de este libro) alcanza su madurez. Esta tendencia a la simbolización, absorbente ya, especialmente en Lorca, se hace preponderantemente del «segundo tipo», y dentro de ello, del modo «fuerte»; se desarrollan todos los procedimientos irracionales con riqueza característica. Parece imposible ir más lejos, pues un poema es con frecuencia, en esta sazón, un continuo tejido simbólico. Y sin embargo...

Y sin embargo faltaba el período último, el decisivo, el más revolucionario de todos, pues ahora el cambio no va a ser ya de cantidad, sino de cualidad, de naturaleza. El irracionalismo ensaya en él una nueva posibilidad, un nuevo camino. Hasta la fecha, el desarrollo había sido continuo, sin quebraduras ni desviaciones, de evolución siempre en el mismo sentido, aunque acelerado francamente en la lengua española por obra y gracia de la genial personalidad lorquiana, e inmediatamente después en la primera mitad del libro *Sobre los ángeles* de Alberti. Pues bien: de pronto, en ese panorama gradual, irrumpe como quinto estadio el superrealismo, semejante a un vendaval que aparentemente todo lo destruye y que verdaderamente todo lo modifica en estructuras esenciales (esenciales con respecto al desarrollo del irracionalismo, y teniendo en cuenta que se sigue dentro de él, y con mucha mayor intensidad). Claro está que antes del superrealismo hubo en España una vanguardia, cuyo único representante de valor fue el creacionismo de Gerardo Diego, pues el movimiento ultraísta no dejó, en realidad, tras de sí, otra cosa que su nombre. En la América de habla española, el vanguardismo no superrealista tuvo, como es sabido, mayor representación (Huidobro, Vallejo, etc.), y no digamos nada en Francia, de donde partieron, por esta época, tantas incitaciones y directrices (dadaísmo[9], etc.). Pero cerrando los ojos a

[9] Las relaciones entre dadaísmo y superrealismo han sido muy mencio-

todos estos antecedentes y pormenores, a veces importantes, y abriéndolos a lo más decisivo, al ser en el superrealismo donde el irracionalismo vanguardista logra su expresión más fecunda e idónea, creo que cabría pasar ahora, sin más, a su análisis, dando de lado, no por desdén, sino por apretura y necesidad de síntesis, a las incitantes sugestiones que nos vienen de todo ese costado de nuestro tema, que, pese a su interés, podemos abandonar sin grave pérdida, dado el propósito fundamental que en nuestro trabajo nos anima: averiguar la consistencia misma del superrealismo y, en general, del irracionalismo, entendida la palabra del modo que sabemos, en la línea esencial de sus diversas manifestaciones.

El superrealismo y sus aledaños

Y como ocurre que el movimiento hispánico alcanzó su manifestación más extremosa en el libro *Pasión de la tierra* de

---

nadas y analizadas en la mayoría de las obras consagradas al estudio del segundo de estos movimientos, muchas de las cuales hemos citado aquí. El libro de Sanouillet (M. Sanouillet, *Dada à Paris,* París, Pauvert, 1965) mantiene la curiosa tesis de que ambos movimientos son uno solo: el superrealismo sería la forma francesa de Dada. Lo normal ha sido, sin embargo, considerar al superrealismo como hijo del dadaísmo: hereda de éste su espíritu de ruptura respecto de la tradición en cuanto al arte, la moral y la sociedad; pero no se queda en la pura iconoclastia destructiva y nihilista, sino que intenta construir una nueva forma expresiva (véanse Yvonne Duplessis, *op. cit.,* págs. 11-15; Philippe Audoin, *Les surréalistes,* París, Seuil, 1973, págs. 22-26; Guillermo de Torre, *Qué es el superrealismo,* Buenos Aires, ed. Columba, 1955, págs. 11-19, especialmente pág. 19; Robert Bréchon, *op. cit.,* pág. 26; Marguerite Bonnet, *op. cit.,* págs. 156-157; André Gavillet, *La littérature au défi: Aragon, surréaliste,* Neuchatel (Suiza), ed. De la Baconnière, 1957, págs. 82-83; Gérard Durozoi y Bernard Lecherbonnier, *op. cit.,* pág. 32, etc.).

Otro trabajo de interés sobre el tema: el firmado por N. Arnaud y P. Prigioni en el libro *Entretiens de Cerisy,* 1966, y sobre todo el libro formado por las entrevistas radiofónicas concedidas por Breton, mencionado más atrás (André Breton, *El surrealismo: Puntos de vista y manifestaciones,* Barral ed., 1972, págs. 56-80).

Vicente Aleixandre, he creído oportuno tomar esta obra como eje principal de nuestros análisis y reflexiones. Y es que nos importará mucho fijar las fronteras estilísticas y formales del superrealismo en un conjunto poemático que lo represente decididamente y del todo, pues, de lo contrario, correríamos el riesgo de incurrir, también nosotros, en las mismas vaguedades e imprecisiones de que el presente volumen ha procurado apartarse. El superrealismo puro (y obsérvese que no digo «canónico», pues ése no existió jamás) duró poquísimo tiempo, y, pronto, lo que hubo fue algo así como un postsuperrealismo, en el que se daban secuelas o derivaciones superrealistas en mayor o menor cantidad, y a veces en abundancia, más que un verdadero impulso de esa clase. Y ello incluso en los autores, como Aleixandre o Neruda, que cifraron de un modo más sostenido y radical la esencia misma de tan importante hito artístico. Me resultaba indispensable librarme todo lo posible de la confusión entre el superrealismo y el irracionalismo no vanguardista anterior, por supuesto, pero también entre el superrealismo enterizo y genuino que podemos ver en *Pasión de la tierra* de Aleixandre y el postsuperrealismo de otras manifestaciones poéticas que pasan por pertenecer plenamente a esa escuela, aunque de hecho, en nuestra consideración, sean ya, bien que a veces de gran calidad, meras consecuencias suyas, aunque acaso muy teñidas de la sustancia original. Así, por ejemplo, *La destrucción o el amor*, del mismo Aleixandre, o las dos primeras *Residencias* de Pablo Neruda (y no digamos la «tercera», en que ya el superrealismo se ha evaporado y convertido, de algún modo, en su opuesto). Cito estas obras porque creo que su mención orientará rápidamente al lector sobre lo que quiero decir. Pero lo propio podría ser afirmado, y aún con más clara evidencia, aludiendo a otras colecciones poemáticas, cuyo superrealismo es francamente dudoso. Y es que junto al superrealismo que hemos denominado «verdadero» (al que acaso denominaríamos, con mejor nombre, «clásico»), existirían otras realidades literarias que sólo se le relacionan: un *pre*superrealismo, y, como he dicho, un *post*superrealismo. En otros libros, acaso entre en el tema.

¿Qué es, pues, en este sentido, el superrealismo, y cuál su relación y diferencia con el irracionalismo anterior que hasta ahora nos ha venido ocupando? Contestar a estas interrogaciones va a ser la tarea que en adelante emprenderemos. Pero antes de hacerlo, necesitamos, por razones que el lector encontrará por sí mismo en las páginas que siguen, recordar y en algún caso precisar algo más el sentido de cuatro términos que nos son ya conocidos, sin cuyo conocimiento exacto nos debatiríamos en dificultades graves en esta nueva etapa de nuestra investigación.

EL «SIMBOLIZADOR», LA «EMOCIÓN SIMBÓLICA», EL «SIMBOLIZADO» Y EL «EXPRESADO SIMBÓLICO»; EL «SÍMBOLO»

En la «Introducción» hemos distinguido, en efecto, cuatro conceptos que deben ser tenidos muy en cuenta al hablar del fenómeno irracionalista: el «simbolizador», la «emoción simbólica», el «simbolizado» y el «expresado simbólico». No creo que sobre redefinir de nuevo [10] esos cuatro ingredientes de la simbolización, pero ahora de modo conjunto y sistemático. Llamamos «emoción simbólica» a la emoción que experimentamos frente a un simbolizador. Este consiste en la expresión, en su totalidad, que simboliza. Así, en el verso

un pajarillo es como un arco iris

sería simbolizador el verso entero, y por lo tanto, la unión identificativa del plano real («pajarillo») y del plano evocado («arco iris»). El «simbolizado» lo hallaríamos escudriñando analíticamente y de manera extraestética el significado de la emoción misma que hemos experimentado (la «emoción simbólica»), al recibir en nuestro ánimo el simbolizador. Es siempre, por lo

[10] La razón de esa reiteración es que la *Introducción* sólo, en principio, habría sido leída por quienes desconocen mis anteriores trabajos sobre el símbolo.

tanto, un concepto que cuando leemos no nos llega como tal a la conciencia, sino envuelto e implicado en esa emoción simbólica a que aludo, que es su equivalente en otro plano; en el plano precisamente sentimental. En el ejemplo que acabo de poner, el «simbolizado» lo tendríamos en la noción de «inocencia» que va «dentro» de la «emoción simbólica» del mismo orden que el verso nos produce. El «expresado simbólico» consiste en cosa bien distinta: en aquello que el simbolizador, a su manera irracional, predica muy indirectamente *de la realidad* de que se trate; o sea, a través justamente de la emoción simbólica. En nuestro caso, el «expresado simbólico» sería la pequeñez, gracia e indefensión del pajarillo de referencia. En la «Introducción» quedó claro que el «expresado simbólico» puede ser, y de hecho es con frecuencia, una realidad plural, sumamente imprecisa y a veces de difícil determinación (B_1, B_2, B_3, ... B_n), mientras el «simbolizado» resulta, en todo caso, singular (C) e indubitable, una vez extraído por análisis de la masa emocional que lo envuelve e implica. Repito aquí otro dato importante: el «expresado simbólico» yace, sin excepciones, en el primer miembro preconsciente del proceso X que el simbolizador en su serie real incoa en la mente del lector, mientras el simbolizado reside exactamente en el último miembro de ese mismo proceso y serie, como se ve en el esquema que sigue. Serie real:

> pajarillo [= pequeñez, gracia, indefensión («expresado simbólico») = = niño pequeño, gracioso, indefenso = niño inocente = inocencia =] emoción simbólica de inocencia en la conciencia («simbolizado»: el concepto «inocencia» implicado en esa emoción simbólica)[11].

Todo esto nos indica que en una imagen visionaria no debe confundirse «simbolizador» con «plano evocado» ni «simbolizado» (o «expresado simbólico») con plano real. Se trata de conceptos que nada tienen que ver entre sí. Precisamente acabo de afirmar que el simbolizador, en las imágenes visionarias, es la *ecuación* (precisamente la ecuación) de ambos planos. El hecho de esa diferencia se hace más evidente aún en las visiones y en

[11] Advierto que he simplificado algo el esquema para mayor claridad.

los símbolos homogéneos, ya que en tales figuras retóricas no hay propiamente un «plano real» que se enfrente a un «plano evocado» comparativo; pero si tenemos, primero, un simbolizador (la unión del elemento real y de su atribución imposible, si se trata de una visión; o la unión del elemento real y de su atribución *inverosímil,* si se trata de un símbolo homogéneo; *verbi gratia,* para poner sólo un ejemplo de lo primero, «sonidos negros» en la frase «tu voz tenía sonidos negros»); segundo, un «simbolizado» (el sentido «razonable» de la emoción simbólica; en el ejemplo anterior, la idea de «muerte»); y tercero, un «expresado simbólico» (lo que con el simbolizador se dice irracionalmente de la realidad de que se habla: en nuestro caso, «sonidos graves, cavernosos»). En los símbolos heterogéneos vemos también el esquema de referencia, aunque en este caso el «expresado simbólico» quede, en principio, indeterminado, lo cual no quita que en ocasiones podamos imaginarlo [12]. Como ejemplo de esto último, he aquí los tercetos de un soneto de Machado, en que el autor evoca la figura de Leonor, y los paseos de ambos por los alrededores de Soria:

> Hacia Aragón, lejana,
> la sierra del Moncayo blanca y rosa.
> Mira el incendio de esa nube grana
> y aquella estrella en el azul, esposa.
> Tras el Duero, la loma de Santana
> se amorata en la tarde silenciosa.

En ese pasaje, la expresión

> mira el incendio de esa nube grana

es un simbolizador cuya «emoción simbólica» podría ser definida como «entusiasmo» o «emoción de vida en toda su inten-

[12] El motivo de la indeterminación no puedo tampoco declararlo por el momento. Sólo para los lectores que hayan pasado por el capítulo X diré aquí que la indeterminación de que hablamos se debe a ser igualmente indeterminado lo que más adelante llamaremos el originador, por ser éste «vital» y no literario en esa clase de símbolos.

sidad»; el simbolizado lo tendríamos en la noción que acabo de entrecomillar, la noción precisamente de «vida en toda su intensidad»; y el «expresado simbólico» radicaría en lo que esa emoción nuestra, aplicada a los amantes de que el soneto habla, nos dice de ellos: se nos insinúa así, en efecto, la felicidad y plenitud de su amor.

Terminemos este paréntesis con una última precisión. Cuando hablamos de símbolo queremos decir, en todo caso, unión del simbolizador y *de la emoción simbólica* correspondiente; es decir, de aquella emoción «inadecuada» de que más atrás hemos hablado:

> símbolo = simbolizador + emoción simbólica (siempre «inadecuada» respecto del simbolizador),

ya que tanto el «simbolizado» como el «expresado simbólico» se hallan implicados en esa emoción: el primero, de manera inmediata; el segundo, mediatamente.

La gran novedad del superrealismo

La nueva nomenclatura (símbolo = simbolizador + emoción simbólica), en cuanto implicadora esta última de un «simbolizado» y de un «expresado simbólico», puede facilitar la comprensión inmediata de lo que va a seguir, ya que el resto del libro se nos mostrará frecuentemente como indispensable aludir rápidamente, con términos sencillos, tanto a los ingredientes que en los símbolos sirven para simbolizar (o «simbolizadores») como a los resultados semánticos («simbolizados» y «expresados simbólicos») de tal operación. Y es que, en adelante, como dejé dicho, nos vamos a enfrentar con el irracionalismo superrealista, cuya mayor complejidad, en este sentido, aconseja la nueva perspectiva terminológica.

Detengámonos aquí. Acabo de decir que el irracionalismo superrealista es más complejo que el irracionalismo anterior, no vanguardista. ¿Quiero significar con esto que la diferencia entre un irracionalismo y otro sea meramente cuantitativa? Hay, sin duda, una diferencia cuantitativa, pero muchas veces y en lo esencial no sólo hay eso: la diferencia es cualitativa también. Comentemos ambas, empezando por la primera.

La discrepancia cuantitativa es manifiesta: el número de imágenes visionarias, de visiones y de símbolos homogéneos ha aumentado mucho, evidentemente, al llegar el superrealismo. Tanto ha aumentado que tenemos la impresión de que en un poema de esa tendencia no hay sitio apenas para los significados que en este libro hemos llamado «lógicos»: todo parece quedar impregnado de simbolismo [13]. Cuanto se dice en las sucesivas expresiones carece de sentido en el plano consciente: es un mensaje puramente emocional; cifrado, pues, en clave simbólica. Tan privado de sensatez se halla el texto que aparentemente al menos apenas caben los símbolos heterogéneos (en el significado que hasta ahora hemos venido dando a esa expresión), símbolos de tanta tradición en la poesía contemporánea, desde los tiempos de Baudelaire. El ilogicismo irracionalista impera casi absoluto, y por si ello fuera poco, tal irracionalismo es de la clase «fuerte» que ya sabemos.

Pero el superrealismo es algo más que este totalitarismo y exclusividad de la irracionalidad «fuerte» del «segundo tipo», pues si el superrealismo fuese sólo la desaparición completa de las significaciones «lógicas» o «realistas» y de la «debilidad» irracional, ya algunos poemas de Antonio Machado (muy pocos, eso sí: el XXII, el XXVIII, el XXIX, el XXXIV, el XXXVII, el LXIII, el LXIV y el LXX), y más aún, bastantes canciones de Lorca (por ejemplo, «Malestar y noche»), etc. entrarían de lleno en la denominación susodicha. Claro está que el cumplimiento de este requisito cuantitativo aproxima grandemente el poema de que se trate al modelo superrealista. Pero para que el verdadero superrealismo exista tiene que darse, junto al primero, otro requisito, que es el que establece la diferencia cualitativa de que antes hablé.

---

[13] Hay, pues, significados lógicos, pero es tan grande el número de símbolos del segundo tipo de irracionalidad que *nos parece* que la logicidad ha desaparecido por completo.

¿Y cuál es el requisito segundo, esta gran novedad cualitativa que en el desarrollo del irracionalismo surge al llegar el superrealismo? Para contestar adecuadamente a esta pregunta, debemos primero hacer un rápido balance de lo que antes de la vanguardia existía en materia de irracionalidad a disposición de los poetas contemporáneos. El repertorio se reducía, según sabemos, a dos cosas, entre sí diferentes: primero, al uso de irrealidades simbólicas (imágenes visionarias, visiones y símbolos homogéneos), y segundo, al uso de «realidades» también simbólicas, a las que denominábamos símbolos heterogéneos. En el primer caso, era, pues, algo imposible (imágenes visionarias y visiones) o, al menos, algo inverosímil o poco verosímil (símbolos homogéneos) lo que se ponía a simbolizar: en cualquiera de estas posibilidades, algo, pues, que el poeta no presentaba como efectiva realidad, sino como efectiva no realidad; en el caso segundo, al revés, se trataba de algo que el autor nos ofrecía desde el poema como cosa que el lector tenía que imaginar real, verdadero y existente. Quiero decir que en el primer caso, el poeta contaba con el rechazo del lector a aquello que literalmente se decía, contaba con que el buen sentido del lector habría de repudiar la literalidad del dicho poemático irreal o poco verosímil, entendiendo a su través, aunque sólo emocionalmente, un significado con características opuestas: el significado irracional que el dicho contenía y que no era en sí mismo, como tal significado, ni irreal ni poco verosímil. Y que en el caso segundo, el poeta aspiraba, por el contrario, a que la literalidad de su simbólico enunciado no fuese descreída por el lector, sino que éste la recibiese apaciblemente en su ánimo, que la asintiese y acreditase en su conciencia.

Pero, pese a su notoria discrepancia, ambos modos de simbolización, el «real» y el «irreal», coincidían en dos cosas: primero, en cuanto a su efecto sobre el lector: lo mismo frente a las «realidades» de esa clase que frente a las «irrealidades», el lector se dejaba arrastrar a un proceso preconsciente que terminaba en una pura emoción (la «emoción simbólica») de naturaleza consciente, la cual llevaba dentro de sí, implicado e invisible, un simbolizado. Y segundo, coincidían también en otra cosa decisiva: esas «realidades» o «irrealidades» estaban conectadas, aunque acaso no lógicamente, sí emocionalmente, tal como en el capítulo V haré ver, al resto del discurso. Eran símbolos, en ese preciso sentido, «conexos».

Pues bien: lo que en el superrealismo se constituye como cualitativamente nuevo va a consistir en utilizar para sus fines irracionales, además de lo anterior (que en esa escuela aún se intensifica e incrementa por lo que toca al uso de «irrealidades»), una nueva forma de irracionalismo, que no se definirá, en principio, por su «realidad» o por su «irrealidad» «conexas», sino por otra cosa bien distinta y opuesta: por la inconexión *no sólo lógica, sino emocional* entre dos términos que el poeta presenta simplemente yuxtapuestos, *bien que en su ánimo preconsciente se hallen en realidad identificados.* Lo señalado y definitorio, en este caso, no será, pues, que el enunciado poemático sea posible o imposible en el mundo en que vivimos, sino que, *fantástico o hacedero,* carezca de ilación lógica *y emotiva,* respecto a un decir poemáticamente precedente, con el que no parece casar *en ningún sentido,* aunque, repito, en el preconsciente del autor (y luego en el del lector) ambas expresiones, como no es difícil de probar, se relacionan identificativamente. Cuando en una pieza de *Pasión de la tierra* («El amor no es relieve») leemos:

> En tu cintura no hay nada más que mi tacto quieto. Se te saldrá el corazón por la boca mientras la tormenta se hace morada,

lo que nos asombra como inusitado no es que se hable, por ejemplo, de que «se te saldrá el corazón por la boca» (pues eso es una «visión» y las visiones se conocían en la poesía precedente). Lo pasmoso y desconcertante es que ese «corazón» que sale «por la boca» (término E) no venga a cuento, al parecer, *en modo alguno,* después de la frase «en tu cintura no hay nada más que mi tacto quieto» (término A) y que, junto a eso, la relación existente entre las dos frases (A y E), que en el ánimo *no consciente* del autor es (como veremos) identificativa (A = = E), no se conciencie como tal, de forma que las dos frases (la A y la E) aparecen como en una yuxtaposición incomprensible.

En suma: lo que el superrealismo trae a la literatura como hallazgo suyo, lo que realmente añade en calidad de técnica literaria a la historia del irracionalismo es la fuga de ideas, *no sólo en el sentido lógico,* sino en sentido *emocional,* unida al ocultamiento del nexo confundente entre las dos ideas que se yuxtaponen de ese modo disparatado. Se trata de un verdadero cortocircuito *de la totalidad de la mente* en cuanto recurso y expediente retórico.

Ilogicismo e irracionalismo

Tal es lo que intentaremos poner en claro muy pronto. Pero antes debemos preguntarnos: esta nueva técnica ¿es sólo ilógica o es también, en efecto, irracional? Pues una cosa es el «ilogicismo» o irrealismo y otra el «irracionalismo». Son cosas separadas y distintas que pueden vivir y que frecuentemente viven con plena independencia una de otra. Se puede ser irracional sin ser ilógico: acabamos de mencionar el simbolismo de «realidad», los símbolos de heterogeneidad disémica, cuyo logicismo o realismo es manifiesto e incuestionable, pero cuya irracionalidad tampoco ofrece dudas. Y al revés: se puede ser ilógico, irrealista, sin ser irracional. Ejemplo: las metáforas tradicionales: decir «cabello de oro» o «mano de nieve» es un evidente dislate, pero el lector encuentra en tan incongruentes expresiones un sentido que su razón entiende de inmediato. Lo mismo sucede en muchos otros casos, utilizados desde siempre en la poesía: hipérboles, etc. Y también en algunas rupturas del sistema. Si digo: «¿es usted casado o feliz?», seré lógico, mas no habré hecho una frase simbólica, irracional, ya que el sentido de la expresión se me aparece en la mente y no exclusivamente en la emoción: lo que se dice aquí al enunciar el adjetivo «feliz» es, claro está, «feliz», mas también «soltero», y esa noción de soltería no queda recluida en el preconsciente; apunta con claridad en la conciencia. Por eso precisamente nos reímos: *porque nos percatamos* del disparate expresado al confundir soltería y felicidad. Para que la frase pueda hacerse humorística es indispensable la racionalidad, la lucidez del elemento al que ilógicamente se alude. El ilogicismo de la expresión citada no conlleva, pues, irracionalidad.

¿Qué pasa, en este sentido, con las inconexiones superrealistas? No hay duda de su ilogicismo. Pero su ilogicismo ¿es irracional? Si respondemos afirmativamente querremos decir esto: *las inconexiones sirven para simbolizar*. O sea: sirven para lo mismo que servían las «irrealidades» o las «realidades» anteriores, cuya misión era el simbolismo. Pero si sirven para lo mismo, si no hay ningún nuevo fin en el nuevo medio, ¿para qué la novedad de ese medio, para qué el procedimiento de la inconexión? ¿Por qué no continuar los poetas exclusivamente con el viejo uso, con el sistema de antaño (imágenes visionarias, visiones, símbolos)?

Tales son las preguntas que de entrada nos acometen. Contestarlas será el propósito de las páginas venideras.

El proceso del lector en las «inconexiones» es retroactivo

Situémonos frente a un fragmento aleixandrino característicamente superrealista:

> No me ciñas el cuello que creeré que se va a hacer de noche. Los truenos están bajo tierra. El plomo no puede verse.

Vemos en él dos parejas inconexas: «ceñir amoroso del cuello» y «noche»; «noche» y «truenos». Supuesto de todo poema es creer que aquello a cuya lectura nos disponemos es, en efecto, un poema; o sea, algo, entre otras cosas, significativo. Pues bien: ese supuesto opera en este caso haciendo que no nos contentemos con la aparente falta de hilván del tejido verbal que encaramos. Y como somos, en cuanto lectores, a este respecto, en efecto, descontentadizos, nos lanzamos a buscar el secreto hilo que forzosamente habrá de unir las sucesivas secuencias. Desde los términos segundos en cada caso, iremos hacia los respectivos términos primeros, intentando hallar en ellos el vínculo que inicialmente se nos rehúye. Y al no encontrar ni una explicación racional del tránsito efectuado por el poeta entre un elemento y otro ni una explicación emotiva desde el sentimiento en que como lectores nos hallamos, nos habremos de satisfacer con un camino tercero más arduo: El lector se ve precisado a reconstruir emocionalmente, preconscientemente, el puente que el poeta en su magín hubo de fraguar para pasar desde cada miembro de la serie al que le sigue. Ahora bien: como la inconexión no puede percibirse sino en aquellos elementos que no casan con otros *anteriores*, el viaje del lector tendrá que caminar hacia atrás como los cangrejos en un traslado retrospectivo que deshace el camino andado previamente por el autor, es decir, que invierte la trayectoria mental de éste. Antes de averiguar, pues, con más precisión qué es lo que hace el lector frente a las «inconexiones», debemos fijar lo que el autor ha hecho para crearlas en el poema que escribe.

El proceso del autor en las «inconexiones» es preconsciente

¿Cuál, fue, pues, el itinerario que el poeta hubo de recorrer para pasar de «ceñir el cuello» (A) a «noche» (E), y de «noche» (E) a «truenos» (I), en el trozo aleixandrino que antes copié? Lo primero que observamos es esto: como entre esos elementos no media parecido ninguno, es obligado pensar en la existencia de términos intermedios que, por ostentar semejanza con sus dos colaterales de la derecha y de la izquierda, permitan el tránsito de unos a otros. Pero como además se realiza este tránsito fuera de la conciencia, el recorrido del autor en cada caso resulta ser (menos en dos puntos que luego diré) igual al del lector, que, encarado con un simbolizador cualquiera, va, desde él, en imperceptible traslado, hasta una emoción simbólica, desemejante por completo al simbolizador del que había partido previamente. O sea: el proceso *del autor* en el caso de las inconexiones viene a ser de la misma naturaleza que el proceso *del lector* en el caso de las «realidades» o «irrealidades» simbólicas: una suma de ecuaciones acopladas unas en otras, que al realizarse en la región no lúcida de la mente se manifiestan totalmente distintas a las identificaciones conscientes, esto es, a las metáforas, sinécdoques y metonimias que nos ofrece visiblemente la poesía anterior al período contemporáneo. En el capítulo próximo lo comprobaremos.

ALGUNAS PRECISIONES TERMINOLÓGICAS

Antes, hemos de articular un primer intento terminológico que nos permita movernos después con más holgura, claridad y rapidez en el interior del tema propuesto.

Al proceso preconsciente *del autor* que brinca sin ilación ninguna (ni lógica ni emocional) de un término a otro contiguo o próximo del poema que en éste no aparece identificado con el primero a nivel lúcido lo vamos a llamar en adelante «proceso Y de inconexión» o «proceso *creador* de inconexión». Dentro de ese proceso, distinguiremos, a su vez, un «originador» de un «originado»: denominaremos «originador» al elemento poemático que desencadena el proceso; al elemento, pues, de que el poeta parte; y denominaremos «originado» a la expresión (escrita como la otra en el sintagma o poema, y situada justamente en su vecindad inmediata o en su proximidad) que ha sido engendrada por ese mismo proceso Y, como meta de su dinamismo igualatorio. El proceso «Y» de que hablamos nace, en consecuencia, de un «originador» y llega, como resultado de su actividad oculta, a un «originado». Tanto al originador como al originado los apellidaremos de igual modo que hemos apellidado al proceso Y con el que ambos se relacionan: serán, pues, designados también aquí como «de inconexión» o «inconexos».

Por otra parte, el proceso con que el lector responde a las inconexiones poemáticas del autor será llamado por nosotros «proceso X de inconexión» o «proceso *lector* de inconexión».

O bien «proceso retroactivo de inconexión», ya que, como antes indiqué, ese proceso se encamina hacia el «pasado» verbal y resulta así retrospectivo.

Una nomenclatura paralela nos permitirá pronto hablar de otros procesos X e Y distintos de los procesos X e Y de inconexión que hasta aquí se nos han hecho evidentes. Pero hacerlo requiere conocer antes algunos hechos que todavía ignoramos [14].

---

[14] Quiero dejar constancia, al menos en nota, del método que voy a utilizar a todo lo largo de la presente obra, a fin de acercarme lo más posible a una lectura objetivamente correcta de los poemas o trozos de poema comentados.

Resulta una elemental precaución teórica suponer que toda interpretación de una obra de arte, incluida, por supuesto, la interpretación de su autor, se halla sujeta a la posibilidad del yerro. Sabiendo esto, he seguido, al interpretar los pasajes poéticos de *Pasión de la tierra* de que me sirvo en el presente trabajo, un criterio de doble comprobación que acaso elimine la arbitrariedad intelectiva hasta donde humanamente cabe. Poniendo en entredicho por su inevitable subjetivismo toda versión poemática, he optado por atender únicamente a aquellas versiones que, sin ponernos de acuerdo previamente, eran coincidentes, *por separado*, en el autor del poema y en mí. Yo primero interpretaba el instante poético en cuestión, y, sin decirle al autor cuál era esta interpretación mía, le pedía que me diese su propio análisis al propósito. Mi criterio, en todo caso, fue éste: Si había discrepancia, aunque fuese leve, entre las dos interpretaciones, el trozo poemático se convertía en inutilizable. Sólo cuando se producía una total coincidencia, el texto en cuestión entraba en el acervo sobre el que me permitía ya realizar posteriores lucubraciones. Se atendía así, simultáneamente, a la necesidad irremediable (si se quería llegar a alguna conclusión decisiva acerca del símbolo y la simbolización) de realizar una interpretación del poema, sin incurrir por ello, creo, en caprichosidad o personalismo de juicio. Intenté de este modo superar el miedo a la interpretación que tanto ha paralizado hasta hoy la investigación del símbolo, conservando, pese a todo, la indispensable objetividad. Si logro o no este propósito, dígalo el lector al término del libro. Por otra parte, nada importa que el fragmento poemático investigado pudiere tener una interpretación (emocional o lógica) distinta de la intentada por mí e igualmente objetiva (hay casos en que un poema admite diversas lecturas, todas ellas válidas, del mismo modo que en una baldosa cabe ver cubos convexos con idéntico derecho que cubos cóncavos). Siempre quedaría que la interpretación de la que he partido se ofrecía como *factible*, como poemática, y que, al elegirla, se hacía funcionar el texto del modo que el análisis propuesto venía a descubrir.

CAPÍTULO II

PROPIEDADES DE LAS ECUACIONES PRECONSCIENTES

POSIBLE INESENCIALIDAD DEL PARECIDO ENTRE LOS DOS MIEMBROS DE LAS ECUACIONES PRECONSCIENTES

En el capítulo anterior hemos prometido examinar aquí las propiedades de las ecuaciones preconscientes que conducen a un simbolizado desde un simbolizador, *ya que tales propiedades no diferirán de las que posean las ecuaciones formadoras de inconexiones en la mente del autor* que pasa de un originador («no me ciñes el cuello») a un originado («noche»). Todas las ecuaciones preconscientes, en consecuencia, lo mismo las del lector que las del autor, ostentarán idénticas propiedades. ¿Cuáles son éstas?

La propiedad «radical» de tales ecuaciones («radical», pues en ella, en efecto, «radican» o hallan su raíz o explicación todas las otras) consistirá en la que acabamos de enunciar: la de no instalarse tales ecuaciones en lugar vigilado por la razón, sino fuera de su implacable luz. No en «el inconsciente», sin embargo; sí, en región menos cerrada e inabordable: en ese sitio que Freud y el psicoanálisis han denominado «preconsciente»[1]. Aho-

[1] El carácter preconsciente de los significados simbólicos ha sido visto por Jung (C. G. Jung, «Introduction» a Victor White, O. P., *God and the unconscious*, 1952, Collected Works, vol. II, Londres, 1958, pág. 306).

ra bien: al no hallarse sometidas al control racional, las ecuaciones de que hablamos no pueden ser disentidas: el disentimiento es, en efecto, un juicio lógico. Hagamos aquí un paréntesis aclaratorio.

En mi *Teoría de la expresión poética* he afirmado que todo instante verbal, para hacérsenos poético, precisa cumplir dos inexorables leyes: la primera, podríamos denominarla «desviación de la norma constituida por la lengua habitual», ley que denominé «de la sustitución» o «saturación del significado» («individualización», dije también, aunque tal «individualización» sólo se produce de forma ilusoria); la segunda ley es la del «asentimiento»[2]. No basta con que una expresión nos entregue con plenitud o «saturación» su significado (ley de la «individualización»); es preciso, además, que ese significado «pleno» o «saturado» pueda ser sostenido por alguien, quien al afirmarlo en el instante en que lo hace, no nos esté dando una correspondiente impresión de deficiencia humana. En otras palabras: es preciso que sintamos el contenido semántico a que se nos invita como «legítimamente nacido» en ese momento psíquico del «autor»[3]. Conste que no se necesita coincidir con el poeta en la creencia, idea o valor de este modo enunciados. Pero sí es indispensable que, aunque nosotros opinemos de otro modo, o, incluso, en contra, reconozcamos que el autor no es irresponsable o inmaduro al decir lo que dice.

Tal es la diferencia, justamente, entre la poesía y el chiste. Pues si la poesía se basa en el asentimiento, el chiste se basará en lo opuesto: en un «disentimiento», bien que «tolerante». Y así, una metáfora será poética cuando se fundamenta en un

---

[2] Esta idea, tan popularizada hoy, fue enunciada por mí, sin relación ninguna con el formalismo ruso, en 1952; o sea, doce años antes de que nadie conociese a Sklovskij o enunciase dicha idea fuera de Rusia. Digo esto para justificar la frase del texto en que personalizo el descubrimiento. La otra ley a que aludo, la del asentimiento, sin la cual la ley de la modificación del uso lingüístico no tiene verdadero sentido, carece de todo antecedente, si no estoy equivocado.

[3] Pongo comillas a la palabra «autor» para indicar que se trata del personaje que habla en el poema figurando ser el autor (éste sin comillas).

parecido que juzgamos esencial entre sus dos miembros A y B [4], pues entonces el lector puede «asentir» a la identificación realizada por el poeta. La metáfora será, en cambio, cómica cuando el parecido entre esos términos A y B, aunque existente, resulta mínimo, inesencial. En tal caso, «disentiremos» el error que la ecuación supone, pero «tolerándolo», en cuanto que hay, al menos, una cierta similitud que justifica el dicho [5]. De no darse ni siquiera esa semejanza insuficiente, lo que se produciría habría de ser un «absurdo», pues ni se suscitaría asentimiento ni se suscitaría tolerancia. Pongamos ejemplos de todo ello. Es poética la comparación del cabello rubio con el oro, o de una mujer guapa con Venus; cómica, la que identificase con Venus a una mujer fea sólo por el hecho de haber perdido ésta los dos brazos; absurda, la de un hombre, igualmente manco y de mala facha, con Apolo (excepto si nuestra intención era irónica). ¿Por qué? Porque, en el primer caso, la imagen se basa en algo que podemos tomar como esencial (el color rubio, común al oro y al pelo; o la belleza en que esa mujer y Venus coinciden); en el segundo, por el contrario, el fundamento de la comparación carece de esencialidad (es la hermosura y no la falta de brazos lo que se constituye como atributo de toda Venus; también, sin vacilación, de la de Milo, a la que se alude); y en el tercero, en cambio, no hay nada, ni esencial ni inesen-

---

[4] A lo largo del presente libro vengo llamando A al plano real de las metáforas y E al plano imaginario, pues necesitaba reservar las letras B, C y D para designar a las sucesivas asociaciones no conscientes propias de A y de E (cuando se hablaba de imágenes visionarias, etc.). Como ahora no son precisas tales reservas, llamo A al plano real y B al imaginario de las metáforas a que el texto se refiere. De lo contrario, incurriríamos, además, por otros motivos, en grave confusión.

[5] «Tolerar» en la terminología de mi *Teoría de la expresión poética,* supone el hecho de que el lector vea la causa del error frente al que, en el chiste, ese lector disiente: al ver tal causa desaparece la perplejidad que le acomete frente al absurdo, y en ese sentido, «tolera» la expresión, la considera «humana», no carente de sentido, aunque se trate de un sentido equivocado. El personaje «torpe» del que nos reímos yerra sin duda, y lo disentimos; pero su yerro es comprensible, y nuestro disentimiento se tiñe de «tolerancia». Véase mi *Teoría de la expresión poética,* 6.ª edic., Madrid, ed. Gredos, 1976, t. II, págs. 17-29.

cial, que dé sentido, poético o cómico, al símil. Advirtamos que el segundo caso sólo sería risible si el humorista lograse suspender, a través de un contexto, el movimiento piadoso que podría interferirse en nuestra percepción ordinaria de tal desgracia física; esto es, si la aproximación de esa mujer a Venus no fuera vista como crueldad por parte del autor, lo cual éste puede lograr por muy diversos subterfugios. El hecho de que la comicidad no se dé en caso contrario no significa que la metáfora no sea en sí misma cómica, sino que por intervenir en nuestra contemplación un elemento de piedad, constituido esencialmente este último por un impulso de *adhesión* al objeto (piedad es *com-pasión*, no lo olvidemos), forzosamente ha de suspenderse su contrario, el separador «disentimiento» en que la comicidad se basa, con lo que la comicidad queda entonces como entre paréntesis y sin efecto.

Pues bien: ¿qué ocurre con las metáforas y las metonimias [6] insertas en el interior de los procesos simbolizadores? Que al no realizarse en la conciencia, sino en el preconsciente, donde la razón no las alcanza, se hallan fuera de juego con respecto a ésta, y por tanto, más allá de la posibilidad de ser disentidas. Notemos que este hecho es importantísimo, ya que, gracias a él, las ecuaciones preconscientes admiten, sin deterioro alguno en su eficacia, lo que a la luz del entendimiento sería considerado como inesencialidad en la equiparación. Las metáforas y las metonimias de los procesos simbolizantes pueden así disparatar cuanto les plazca, y no se convierten por ello *en cómicas*, ya que siempre ha de guardarse ese mínimo de justificación que precisamente las metáforas cómicas conscientes exigen para existir. De otro modo: en el preconsciente podrán entrar en ecuación finalmente poética dos términos A y B *por poco que se parezcan*, con tal de que se parezcan *algo*. La cosa se confundirá acaso con cualquiera de sus posibles relaciones aunque

[6] En esos procesos hay metáforas, sinécdoques y metonimias. Pero como los dos primeros tipos de tropos se basan en una relación de semejanza (las sinécdoques no se basan en la contigüidad como se ha dicho) podemos denominarlos «metáforas»; y entonces diremos que sólo hay dos posibilidades: metáforas y metonimias.

éstas sean muy remotas, siguiendo en pie, no obstante, en tal circunstancia, todas sus posibilidades poéticas. Ello nos está diciendo que las metáforas o las metonimias que serían productoras de hilaridad en la conciencia [7] *resultan conducentes a la emoción poética y no a la risa cuando se suscitan en los procesos preconscientes.* Y así, la confusión de «jorobados» en el sentido de «inclinados sobre el caballo» con «jorobados» en el sentido de «hombres con joroba» (confusión que nos ha sido dado analizar en el proceso X incoado en el lector frente al verso lorquiano «los caballos negros son»), si ocurriese en el plano consciente, resultaría, en principio, un puro juego de palabras, estructuralmente cómico en el mejor de los casos y absurdo en el peor (eso depende del contexto en que estuviera), pero jamás se ofrecería, también en principio, como poesía. Sin embargo, como en la composición de Lorca, en la que se produce, la confusión pasa inadvertida por la razón, el disentimiento no puede operar, y el resultado se nos hace poético.

Seriedad

Pero la ausencia de inspección y censura racionales, el hecho de ser preconscientes las ecuaciones de los procesos simbolizantes, tiene otra consecuencia acaso más importante aún que la anterior: *la «seriedad»* con que tales ecuaciones quedan establecidas. Para entender con entera transparencia lo que pretendo decir con el término «seriedad» que nos acaba de salir al paso, será útil examinar antes lo opuesto, el carácter lúdico que define a las metáforas y metonimias conscientes. Cuando decimos «nieve» de esa manera lúcida para designar una mano («mano de nieve»), hay que partir forzosamente de que am-

---

[7] En mi libro *El irracionalismo poético (El símbolo),* Madrid, ed. Gredos, 1977, págs. 405-411, analizo el caso especialísimo que a este propósito constituyen las imágenes visionarias, en que no hay parecido ninguno entre los dos términos comparados y sin embargo no hay risa, sino poesía. Tal hecho no contradice, sin embargo, lo afirmado en el texto.

bas realidades difieren, y lo mismo le sucede a quien lee esa metáfora en un libro de versos. Si creyésemos a pies juntillas lo que dice el poeta en ese caso, no habría emoción. La identificación establecida en la imagen o metonimia tradicionales implica, pues, el escepticismo lector, la ironización del enunciado igualatorio. Implica, en suma, que esa identificación no afecte en cuanto tal al significado: «mano de nieve» («mano = = nieve») quiere decir «mano tan nívea, tan blanca, como una mano puede ser», y, para significar eso, se necesita *no creer* que la «mano» sea la «nieve-meteoro». Nótese que no sólo no creemos esto, sino tampoco algo mucho más verosímil: que el color de la mano y de la nieve coincidan. Nuestra razón, junto a lo que Freud denominaba el «principio de realidad», nos hacen saber, a través de la metáfora susodicha, que el color de la mano no es el de la nieve: sólo *se parece* a ese especial cromatismo, tal como antes indiqué. Para llegar a este resultado, necesitamos, insisto, haber desacreditado antes la literalidad del sintagma que se nos propone («mano de nieve») por ser éste absurdo, y haber entendido el término imaginario («nieve») no como la realidad así denominada, sino, añadamos ahora, *como un mero adjetivo del otro término* que, en cambio, aparece como real (como plano real), «mano». Lo que nos dice «nieve» de «mano» es que tal «mano» es «nívea». Al convertirse en metáfora, el término B, «nieve», se ha vaciado de sentido, ha dejado de significar «nieve» y se ha puesto al servicio del plano real, «mano», *como una pura calificación suya,* expresiva de una cualidad que le pertenece de veras únicamente a «mano», su especial blancura.

Al contrario sucede cuando la ecuación, como en los procesos simbolizantes, es «seria», pues en tal caso la identificación soslaya toda ironía y guiño cómplices entre autor y lector. Al ser tales igualdades rigurosamente irreflexivas, no dan lugar a la intervención del escepticismo, que es siempre un juicio del intelecto razonador. La igualación entonces *no puede ser descreída como tal.* Al no ser lúcidas, ni de otro modo manifiestas, las asociaciones irracionalistas (caballos negros [= color negro = oscuridad, noche = no veo = tengo menos vida = estoy en peligro de muerte = muerte =] emoción de muerte en la conciencia), la razón no puede poner en entredicho las sucesivas identificaciones en que aquéllas (las asociaciones) consisten, y por consiguiente, éstas (las identificaciones) se configuran con un carácter muy distinto a las propias de la imagen tradicional.

La diferencia entre las ecuaciones «serias» de los procesos irracionalistas y las ecuaciones lúdicas propias de las metáforas y las metonimias tradicionales no se queda en la pura oposición «seriedad ∓ no seriedad», sino que desciende hasta lo más profundo, pues tiene gravísimas consecuencias semánticas. Y en efecto, el sentido de las expresiones se modifica por completo, según se trate de una u otra especie de igualación. «Mano de nieve», por ser una metáfora lúdica, quiere decir cosa diferente de lo que literalmente enuncia: quiere expresar «mano con una especial blancura»; pero si esa frase resultase ser una identificación del otro tipo, o sea, una identificación seria y por tanto total, entonces afirmaría algo bien distinto: que la mano es realmente el meteoro que nos llega del firmamento cuando hace frío. No puede haber mayor distancia entre las consecuencias semánticas de uno y otro medio expresivo. Sólo, pues, en la pura apariencia podrían confundirse procedimientos que discrepan tan radicalmente.

Totalitarismo: los tres realismos de las ecuaciones preconscientes

Diríamos, en suma, que ser «seria» una ecuación A = B significa que A (el plano real) es verdaderamente y del todo B (el plano imaginario). Y así, poniéndonos de nuevo con el caso, puramente imaginario, que antes propusimos, o sea, en el caso de que la identidad «mano = nieve» fuese seria, a la «nieve» de que en ella se habla, podrían crecerle las uñas, y a la «mano» le acontecería la extraña posibilidad de caer del cielo en días muy fríos: a esta propiedad la vamos a llamar en adelante «totalitarismo». Pues, en efecto: ser A verdaderamente B exige que también B lo sea, que también B sea verdaderamente B: un B totalitario, un B *del todo.* El realismo de la identificación y de B es, pues, consecuencia de la seriedad. El término B no aparece, como en la metáfora tradicional, descreído y reducido a servil condición: ser una mera cualidad de A (en la expresión tradicional «mano de nieve», «nieve» se estrecha a la mera designación de un color que no es, por supuesto, el suyo, pues significa, tras la disminución, «color todo lo níveo que una mano puede tener»: pero lo níveo de una mano *no es lo níveo de la nieve).* La ecuación, al ser real en los procesos preconscientes, obliga, insisto, a que B no sufra ese efecto reductor, que lo anula hasta el punto de convertirlo, repito, en un puro adjetivo de A, sino que aparece en el pleno despliegue de su ser, incluso en cuanto a aquellas notas en que B difiere de A. De tratarse de una ecuación seria, la expresión «mano de nieve» (o «mano como nieve») estaría aludiendo a una verdadera nieve, esto es, a una nieve en posesión y disfrute de *todos* sus atributos: venir por el aire, tener forma de copos, etc. Por supuesto, lo mismo le sucedería a la «mano»: esa «mano» sería una mano verdadera, también total o totalitaria, con piel, dedos, uñas, etc. No en vano, además, se trata *de una realidad* que el poeta enuncia como tal: es, en efecto, por definición, un plano «real». De todo lo dicho se deduce que, en caso de «seriedad» ecuacional, serían tres los realismos que se postulan: el de A («mano»), el de B («nieve») y el de la ecuación A = B (mano = nieve), dentro del supuesto en que hemos querido situarnos. El totalitarismo sería, en cambio, doble: el de A y el de B.

Ambigüedad y disemia

El preconsciente se caracteriza, en consecuencia, por afirmar los dos términos de una ecuación como reales y lo mismo a la ecuación A = B como tal. Cuando dice A = B quiere decir, insisto, que A es A por completo y que B es, por completo, B; pero que, al mismo tiempo, *A es B* y *B es A* con la misma fuerza y perfección, con lo que de hecho —y a eso iba— se hace posible, *en abierto desafío al principio de contradicción,* que ambos términos, A y B, entren en disemia y ambigüedad. A significará A del todo y significará B del todo de modo simultáneo, y lo propio le ocurrirá a B, que siendo B del todo será igualmente del todo A [8]. Tal es, justamente, una de las grandes ventajas, diría incluso más, uno de los grandes hallazgos del irracionalismo, y, especialmente, del superrealista. En estos movimientos literarios todo puede ofrecerse existencialmente como doble y hasta como triple, cuádruple, etc. El lenguaje se descompone en irisaciones, visos, reflejos. Se carga de *sentidos,* y por lo tanto de sentido, ostenta dobleces, recovecos, no como, por ejemplo, en Quevedo, pues la polisemia quevedesca, y, en general, la polisemia anterior al período contemporáneo, carecía de este «realismo» que ahora investigamos como gran novedad. La polisemia a la que nos referimos aquí es, en efecto, otra cosa, y otra cosa, en esta perspectiva, más eficaz. Decir lo cual no es dar al irracionalismo un rango artísticamente superior al que puedan tener grandes obras no contemporáneas. Hablo sólo, por supuesto, de la eficacia de la polisemia *como tal polisemia* en ambos momentos históricos.

Causa psicológica de las ecuaciones preconscientes

El fundamento psicológico de estas ecuaciones tan insensatas es, en mi criterio, aparte de su carácter preconsciente, o mejor dicho, dentro de ese carácter (pues sólo dentro de él se hace posible el mecanismo que voy a describir) la proclividad de nuestra alma a la sintetización de sus contenidos. Percibimos y vivimos las cosas de manera unitaria, ofreciéndosenos los diversos elementos de que esa unidad consta en conexión interde-

---

[8] Todo símbolo es, ya en principio, disémico, pero en los símbolos de irrealidad uno de los dos significados es expulsado de la mente inmediatamente después de su aparición en ella, pese a que se realiza únicamente en forma emotiva. Su presencia, en efecto, «no se toma en serio», y sirve sólo para intensificar el otro sentido simbólico, el cual, claro es, al no ser irreal, permanece en la conciencia donde ha surgido bajo especie de emoción.

pendiente, de forma que, cuando después uno de ellos aparece en nuestro ánimo, su presencia evoca o puede evocar (en situación de espontaneidad; la espontaneidad no lúcida a que nos venimos refiriendo) los otros o algunos de los otros con los que, en otro tiempo, estuvo integrado, y, precisamente, porque estuvo integrado en ellos de manera inseparable. Es frecuente el fenómeno de recordar una canción, cuya rememoración se nos resistía, en cuanto recordamos la letra; o recordar el nombre, insidiosamente olvidado, de alguien, cuando vemos a éste. Baroja cuenta que siempre que iba a París se le venía a las mientes una cierta melodía, escuchada tiempo atrás en esa ciudad. Traer a cuento de nuevo el caso de la magdalena de Marcel Proust es ofender al lector. En todos estos casos, y en otros muchos que pudiéramos citar, la memoria de algo, rebelde a manifestarse, asomaba con fluida naturalidad en cuanto advenía el ingrediente con que ese algo formó una síntesis en una época pasada, y que, por tanto, fue sentido como irremediablemente unido a su indispensable compañero: música y letra, persona y nombre, ciudad y melodía, sabor de la magdalena y ambiente humano en que se saboreó. Lo que sucede, en realidad, a mi modo de ver, es que, a veces, los términos asociados en síntesis quedan asimilados como si fuesen uno sólo, se identifican y transustancian, y, en consecuencia, quedan referidos uno al otro con algún género de necesidad.

Pues bien: el fenómeno que acabo de describir, que explica esos y otros muchos hechos psíquicos, explica con parecida transparencia, si no me equivoco, la propensión de la mente no alerta a realizar ecuaciones del tipo antes descrito, dentro, claro es, de la oscuridad y falta de análisis propia del preconsciente. La causa, a mi entender, sería ésta: al ver en el objeto A la cualidad *b* que es también característica de otro objeto B, se presenta y surge a veces de modo irremediable en esa mente tal objeto B, puesto que B y *b* se le han ofrecido antes en relación que por ser sintética se entiende, en ocasiones, como indisoluble; pero al ser indisoluble, su resultado habrá de interpretarse como un todo, como «lo mismo», o sea, como una identificación en forma completa, no lúdica. Dicho en diverso giro:

donde esté *b* tiene que estar B; por tanto, como *b* está en A, B ha de estar igualmente en A, de donde se sigue la coincidencia «seria», «totalitaria» de A y de B, el hecho de que A y B sean, en verdad, *una sola cosa.* Y como *la menor* semejanza entre esos dos términos A y B es ya motivo suficiente para la síntesis de que hablamos, se nos hace evidente, con energía irremediable, el fenómeno antes descrito de la «inesencialidad» del nexo con que ambos tan íntimamente, sin embargo, se unen.

Capacidad proliferante: causa del proceso preconsciente

Otra cuestión fundamental queda aclarada por nuestras precedentes reflexiones. Si el preconsciente asocia, en identificación realista, a dos elementos, en cuanto éstos tengan algo, aunque sea trivial, en común, una vez realizada la ecuación, convertido A real en «B real», B habrá adquirido derechos asociativos, capacidad de emitir, a su vez, una nueva metáfora, un nuevo plano imaginario C, ya que ahora B es una auténtica realidad. Por irrelevante que sea la similitud entre B y C, se producirá entonces la relación

$$B = C$$

en el mismo sentido y por la misma causa que antes se había producido la relación A = B. Y así sucesivamente, hasta llegar al final de la serie, tal como vimos. En suma: la seriedad totalitaria de las ecuaciones preconscientes hace a éstas proclives a su proliferación en cadena. Dicho de otro modo: la seriedad totalitaria es una de las causas de los procesos preconscientes [9]. (Veremos pronto que esta explicación vale también, *mutatis mutandis,* para el carácter enracimado y arborescente del fenómeno visionario como tal. Hablo del hecho, expuesto en otros traba-

---

[9] Hay otra cosa más radical que veremos más adelante.

jos míos [10], y no desconocido por la crítica anterior [11], de que, por ejemplo, una visión dé lugar a una imagen visionaria, que, a su vez, produzca nuevas visiones, etc., etc.). Pero debemos observar que, en ese proceso que se forma, como todas sus ecuaciones son serias y reales todos sus miembros, quedarán identificados, con idéntico realismo y seriedad, el conjunto de los términos entre sí. Más concretamente: si A es igual «realmente» a B, y B igual «realmente» a C, y así sucesivamente, A, el originador, forzosamente vendrá a confundirse con todos los demás de la misma manera, y, por supuesto, con el originado; y lo mismo, claro está, le ocurrirá al simbolizador por lo que toca al simbolizado.

El salto a otro ser por completo distinto

Y pasemos ya a otra consecuencia de la seriedad ecuacional: el salto identificativo a otro ser, rasgo éste que separa al fenómeno irracionalista, no sólo del fenómeno metafórico consciente, como más arriba dijimos, sino que le separa, asimismo, del fenómeno connotativo [12]. Las connotaciones (aunque en modo, por supuesto, lateral) son, en la definición que de ellas es preciso dar, si queremos conseguir un mínimo de rigor [13], racional-

[10] Véase, por ejemplo, mi libro *El irracionalismo poético (El símbolo)*, Madrid, ed. Gredos, 1977, págs. 121-122.

[11] Véase, por ejemplo, Maeterlinck (en el libro de Jules Huret, *Enquête sur l'évolution littéraire*, París, Charpentier, 1891, pág. 127); Verhaeren (en Guy Michaud, *La doctrine symboliste. Documents*, París, 1947, pág. 89); etc.

[12] Véase mi libro *El irracionalismo poético (El símbolo)*, Madrid, ed. Gredos, 1977, el capítulo IX, especialmente, págs. 177-178 y 181-182.

[13] Al no haberse fijado previamente de un modo científico (tal como aquí y en otros trabajos míos, sobre todo en *El irracionalismo poético*, Madrid, 1977, ed. Gredos, he intentado hacer) la noción de simbolismo o irracionalidad, este hecho, el de irracionalidad o simbolismo, sin definición suficiente ni claridad alguna en su uso teórico, y precisamente por eso, se ha infiltrado contaminadoramente y ha perturbado en ocasiones la nitidez del concepto de connotación con el que puede confundírsele, en virtud de las evidentes concomitancias que con él tiene. Ejemplo de estas contaminaciones y confusiones son las visibles en el libro de J. A. Martínez,

mente percibidas, si unas veces en forma de significados propiamente dichos, otras en forma de emociones. Lo que importa, en este último caso, es que esas emociones tienen plena racionalidad [14], como la tienen los significados connotativos. Si alguien me dice la palabra «nieve», su connotación de blancura la percibo desde la conciencia, me doy cuenta clara, aunque marginal, de ella, y por tanto, se me representa como lo que es: una mera cualidad del término «nieve». Las relaciones establecidas por las connotaciones, lo mismo que las establecidas por las metáforas tradicionales A = B según vimos, no son, pues, identificativas, sino calificativas, de un modo u otro, del elemento real, que en ambos casos podemos denominar A. No hay, por tanto, un salto desde A a un término segundo que le sea a A de veras ajeno, pues B, el término metafórico o connotativo, se nos aparece como un mero calificativo de A [15], *con lo que ir a B no*

Propiedades del lenguaje poético, Universidad de Oviedo, 1975, págs. 172, 189, 205, 416, etc. En mi citada obra *El irracionalismo poético (El símbolo)* he intentado salir al paso de esto que juzgo error, estableciendo una serie de distingos entre el fenómeno connotativo y el simbólico. Véase su capítulo IX, al que aludo en la nota 12. Pueden verse más datos sobre esta confusión en la nota 17 a la pág. 17 del presente libro.

[14] Entiendo como «emoción racional» a aquella emoción que procede de alguna cualidad o grupo de cualidades que en nuestra cotidiana vida despierta nos parecen reales en los objetos o situaciones de que se trate, séanlo de modo efectivo, o séanlo subjetivamente. Así, es de esta clase la emoción de terror que experimento frente a una serpiente; pero también el entusiasmo (o el escepticismo y repudio) que puede suscitarme la noción, por ejemplo, de «comunismo». Según puede advertirse, el concepto de «emoción racional» que en nuestra terminología habría de convenir a las connotaciones, se coloca exactamente en el otro polo de lo que en este libro hemos denominado «emoción irracional» o «simbólica», la cual se origina, en todo momento, no de una atribución «real» *o que suponemos real* en el objeto, sino de cierta atribución inexistente en éste y propia de un objeto diverso hacia el que nuestro preconsciente ha ido, en un salto identificativo, con toda seriedad y, por lo tanto, en el que se ha instalado totalitariamente, produciendo la «inadecuación emocional» que caracteriza a los símbolos: la emoción connotativa es, pues, una emoción «adecuada». Las connotaciones representan, pues, lo contrario del simbolismo (véase nota 7 a la pág. 207).

[15] A veces, las connotaciones (véase Ikegami, Y., «Structural semantics», *Linguistics*, 33, 1967, págs. 49-67) son asociaciones del término que sea con

es salir de A, sino continuar en A. Esto separa a tales relaciones (las metafóricas, las connotativas) de aquellas otras con las que entre sí se traban los miembros ecuacionales del preconsciente, que forman conexiones, repito, verdaderamente confundentes, esto es, «serias», en las que forzosamente habremos de dar el brinco que antes dije a otro ser, y ello desde la primera identidad. Desde la primera identidad, nos instalamos en una realidad que, por ser realmente otra, y no un mero calificativo de la que le precede en la serie, resulta, de hecho, independiente por completo de esta última, la cual, sin embargo, la ha hecho nacer y a la que, pese a todo, le une un cierto parecido, en ocasiones sumamente leve o insignificante. Ejemplo de ello: en el caso del mencionado verso de Lorca («jorobados y nocturnos»), es de esta índole el parecido que media entre «jorobados» en el sentido de «inclinados sobre el caballo» y «jorobados» en el sentido de «jorobados», «hombres con joroba»; parecido que consiste tan sólo en el nombre que a esas personas «inclinadas»

---

otro relacionado de algún modo con el primero (relacionado, digamos, por un vínculo de proximidad: torre, cielo azul). Pero en este caso es preciso especificar. Pues sólo se trataría de verdaderas connotaciones si el enlace establecido resulta, de hecho, *lúcido,* en cuyo caso no se podrá formar una identidad *«seria»* entre los dos términos, sino, como digo en el texto, una relación calificativa: así, en el caso citado, la «torre» se nos aparece con la propiedad de hallarse *vecina* al «cielo azul». Las connotaciones no establecen, pues, identidades «serias», «reales» con el connotador: no sentimos que la «torre» sea el «cielo azul». La confusión no se produce. El connotador se nos aparece como distinto, aunque envuelto en algún género de relación respecto del término connotado. Ese género de relación lo podemos llamar, en términos muy amplios, «calificativo». Las diferencias entre simbolismo y connotación son, pues, en resumen, tres. En el símbolo, 1.º, la emoción procede de una asociación no consciente y por lo tanto hay, 2.º, una verdadera identidad entre el simbolizador y el simbolizado; la consecuencia es, 3.º, la sensación de misterio que todo símbolo produce. La connotación se configura, asimismo, como un fenómeno asociativo (y en esto se asemeja al símbolo). Pero la asociación connotativa es, 1.º, consciente, aunque marginal, con lo que, 2.º, no puede darse el fenómeno de la identidad seria: en vez de identidad lo que aparece es «calificación»; 3.º y último: al ser consciente, no hay tampoco en la connotación misterio alguno. En mi libro citado *(El irracionalismo...)* establezco además otras separaciones, pero las dichas son las más importantes.

se les concede: las realidades designadas así son radicalmente distintas una de otra. La similitud, baladí o no baladí (en el caso citado, sin duda baladí), con que los dos términos se unen en el preconsciente ha sido únicamente el pretexto, digámoslo así, de que esa región de nuestro espíritu se ha servido para dar aquel salto a lo otro, en que ya la primera ecuación consiste en todo caso.

Inadecuación emocional

Pero este salto a lo otro lleva consigo una consecuencia decisiva: la «inadecuación» emocional que es propia de todos los símbolos, aunque ningún tratadista, me parece, lo haya señalado aún (lo mismo que ocurre respecto de tantas otras de entre las características que ahora estamos intentando determinar). Pues aun en el caso de que la serie simbólica sea máximamente breve (A [= B =] emoción de B en la conciencia), lo que experimenta el lector frente a A no es la emoción de A (ésa sería precisamente la emoción «adecuada»), sino la emoción de B («inadecuada» a todas luces). Y es que, aunque B tenga algún punto de semejanza, a veces levísima, con A, nuestra emoción no viene de ese punto comunitario, sino de «todo B», es decir, también de aquellas zonas de B, estructuralmente decisivas, que no se asemejan a A *en nada*. Dicho de otro modo: pese al parecido, mínimo o considerable, que exista entre A y B, la emoción de B habrá de ser irreductible a la emoción de A, en cuanto que B es una entidad irreductible también, por definición pues es otra, a A. Podemos de este modo establecer una definición nueva de símbolo que tiene la ventaja de ser sumamente breve y a la par implicadora, en efecto, de su esencial consistencia: *símbolo es todo significante que va unido a una emoción inadecuada*. Tal significante es, por supuesto, el simbolizador.

Ley de tránsito entre los miembros de un proceso preconsciente

Ocupémonos ahora del mecanismo del tránsito, estableciendo una ley que diría así: cuando en un proceso preconsciente se den más de dos miembros (A, B y C, por ejemplo), el segundo, B, se descompondrá *siempre* en dos porciones, «B en cuanto b_1» y «B en cuanto b_2», de los cuales «B en cuanto b_1» es el aspecto de B que se parece a A, y «B en cuanto b_2», el aspecto de B que no se parece a A, sino a C. ¿A qué se debe esto? A dos motivos confluyentes, el primero de los cuales es, claro está, la «seriedad», o sea, el «realismo», el «totalitarismo» de las ecuaciones preconscientes: B es «B del todo» y, por consiguiente, tendrá un lado que mire hacia A («B en cuanto b_1»), pero habrá también de tener otro lado, *discrepante de A*, que mire, como digo, hacia C («B en cuanto b_2)». No necesito explicar el hecho de que el tránsito de B a C se haga desde una zona común. Eso se cae de su peso (pues el preconsciente no relaciona sino los términos que, poco o mucho, tienen algo que ver entre sí). Precisa, en cambio, de comentario el aserto de que la zona de B que nos hace ir hacia C sea totalmente desemejante respecto de A. El asunto se aclara en cuanto pensamos que los miembros preconscientes son miembros que el originado (o la emoción simbólica) en su relación con el originador (o con el simbolizador) postula. Mas advirtamos que si el aspecto de B que mira hacia A (b_1) fuese el mismo que mira hacia C, *B no necesitaría ser postulado*, ya que entonces habría en A una zona común con C, que sería suficiente para dar cuenta del tránsito hacia este último término. B sólo se hace necesario en la medida en que B, antes de llegar a C, queda reducido a su parcela b_2, completamente desligada de A. Y como para llegar a b_2 desde A fue preciso antes, a su vez, aquel aspecto de B que se parece a A (b_1), habremos de deducir que la serie A [= B = C] puede representarse también, en todo caso, de este modo: A [= B en cuanto b_1 = B en cuanto b_2 = C], tal como pretendíamos demostrar.

No es necesario añadir que esta misma ley es aplicable a los miembros que continúan la serie hasta su completa extinción. Y así, en el caso de que la serie fuese ésta:

A [= B = C = D = E = F =] emoción de F en la conciencia,

la ley estipulada, que afecta a B como acabamos de saber, afectará también a C, a D, a E y a F. Cada uno de tales miembros sufrirían la susodicha descomposición en dos ingredientes o parcelas, c_1 y c_2, d_1 y d_2, e_1 y e_2, f_1 y F, que entrarían como términos ecuacionales en el proceso. Por tanto, el conjunto sintético:

> A [= B = C = D = E = F =] emoción de F en la conciencia,

vendría a esta otra forma más extensa y analítica:

> A [= B en cuanto b_1 = B en cuanto b_2 = C en cuanto c_1 = C en cuanto c_2 = D en cuanto d_1 = D en cuanto d_2 = E en cuanto e_1 = E en cuanto e_2 = F en cuanto f_1 = F =] emoción de F en la conciencia.

Ejemplo concreto de todo ello sería el símbolo «caballos negros» [= «muerte»] con el que comienza el *Romance de la Guardia Civil española* de Lorca («los caballos negros son, / las herraduras son negras»). Ya hemos estipulado, pero entonces sintéticamente, el proceso preconsciente que da lugar al símbolo:

> caballos negros [= noche = no veo = tengo menos vida = muerte =] emoción de muerte en la conciencia.

Veamos ahora si esta fórmula sintética es susceptible de ser analizada del modo que propugnamos:

> caballos negros [= noche en cuanto negrura = noche en cuanto que en la noche yo no veo = tengo menos vida en cuanto que no veo = tengo menos vida en términos absolutos = me acerco a la muerte en cuanto que tengo menos vida = me acerco a la muerte en términos absolutos = muerte =] emoción de muerte en la conciencia.

Debo advertir que a lo largo del presente libro utilizaré siempre el esquema breve o incompleto y no el extenso, que, aunque más perfecto, resulta de hecho más engorroso, y salvo raras excepciones, se nos manifiesta, a efectos prácticos, como prescindible. En cambio, a efectos teóricos no puede ser mayor su relevancia.

La inconexión lógica

Pero volvamos al salto preconsciente a lo otro y digamos lo mismo de forma diversa: en una serie no lúcida, su primer salto identificativo A = B establece ya, de hecho, una completa inconexión *lógica* (obsérvese el adjetivo: no hablo ahora de la inconexión que en un especial sentido hemos llamado «emocional» [16], inconexión característica del superrealismo), establece una completa inconexión lógica del miembro segundo B respecto del primero A, *puesto que la establece también en cuanto a los aspectos de B que no se relacionan con A.* Pues ahora B es ya, repito, un «B real», y este «B real» ostenta, como vimos, muchos lados indiferentes a A, que no tienen nada que ver con A, y que hasta pueden ser hondamente contrarios a A, lo cual no impide que, sin embargo, esos lados discrepantes y heterodoxos (b_2) queden, según vinimos a saber, identificados «realmente» con A ($A = b_2$). Ahora bien: tal identidad sería, sin duda, lógicamente inconexa. Pongamos al propósito otro ejemplo distinto del de los «caballos negros» que ya conocemos en este sentido. Hace poco recordábamos la identificación preconsciente entre «jorobados» en el significado de «inclinados» (A) y «jorobados» en el significado de «hombres con joroba» (B). Ambos miembros

[16] No confundamos tampoco la inconexión emocional, propia del superrealismo, con la inadecuación emotiva que es inherente a todos los símbolos. La inconexión emocional es la inconexión en la que se halla el lector de un texto superrealista frente a los originados, que no casan con la emoción que a ese lector le ha producido el originador. Emoción inadecuada es la que el lector *siente* frente al simbolizador. En uno de los casos (inconexión emotiva) el lector siente una emoción que el originado *no puede suscitarle;* en el otro (inadecuación emocional) el lector experimenta una emoción que el simbolizador *le ha suscitado ya,* aunque de modo en principio incomprensible, inadecuado. En un caso se trata de que frente a los originados nos sentimos «inconexos»: no podemos trabar una relación sentimental entre ellos y nosotros. En el otro caso lo que ocurre es lo opuesto: el simbolizador nos ha emocionado, hemos trazado, pues, una relación sentimental a sus expensas, aunque esa relación resulte «inadecuada» respecto del sentido lógico de tal simbolizador.

(primero, A, y segundo, B) se asemejan, dijimos, en el nombre, *pero nada más que en el nombre,* pese a lo cual, los dos, A y B, quedan preconscientemente confundidos en forma «totalitaria» y «real», con evidente inconexión lógica entre ellos: los hombres «inclinados sobre el caballo» no ostentan ninguna deformidad física ni monstruosidad alguna. Esta primera inconexión lógica entre el primer miembro A y el segundo B es causa de las subsiguientes que se producen en los miembros C, D, etc., en su relación con el miembro inicial, A, las cuales inconexiones son ya visiblemente completas y definitivas, pues *todo lazo* con el miembro primero A ha desaparecido en ellas, y además de manera palmaria; quiero decir, sin que se nos haga necesario para probarlo un análisis previo, como el que resulta indispensable realizar siempre, según se nos hizo notorio en el caso del miembro segundo B por lo que toca a su inconexión lógica con A. Y así, en la serie recién citada:

> jorobados en el sentido de inclinados (A) [= jorobados en el sentido de jorobados (B) = monstruos físicos = monstruos espirituales («malvados») =] emoción de monstruos espirituales («malvados») en la conciencia,

si «jorobados» en el sentido de inclinados (B) tiene aparentemente (o sea, prescindiendo del hecho cierto de la descomposición de B en sus componentes b_1 y b_2), si tiene alguna afinidad (la del nombre) con «jorobados» en el sentido de «hombres con joroba», no tiene ninguna relación con la noción «monstruos físicos» que a esta última sigue, ni, por supuesto, con la que viene después, «monstruos espirituales» («malvados»). Dicho en forma genérica: dada una cadena A [= B = C], tenemos en todo caso que A se parece a B en un solo aspecto que puede ser trivial; B a C en *otro* aspecto que nada posee en común con el anterior, y, por consiguiente, C no se parece de ningún modo a A. La razón de ello la conocemos ya, pero la volveré a enunciar: para que B necesite ser postulado desde la emoción simbólica experimentada por nosotros (la emoción de C) o desde un originado respecto del originador, es preciso, dijimos, que el aspecto de B que mira hacia C no tenga nada que ver con el que mira hacia A, lo cual implica que C se halle en la misma situación de desamarre y despegue de todo parecido con A. En suma: la inconexión lógica perceptiblemente total del tercer término (C) respecto del originador (o del simbolizador) surge como forzosa.

Por supuesto, si la serie tiene más de tres miembros, la inconexión lógica no se acentúa, por ser ello imposible, pero se mantiene, en principio, hasta el producto final.

Reciprocidad metafórica

De estos comentarios sobre la seriedad metafórica y metonímica preconsciente y sus consecuencias poemáticas es fácil ir a una nueva deducción: la reciprocidad que cada miembro de la serie manifiesta, no sólo con respecto a sus inmediatos vecinos de la derecha y de la izquierda, sino con respecto a cualesquiera otros en cuanto a su papel en la ecuación. En principio, podría parecer que cada término es plano real del término que le sigue (si lo hay) y plano imaginario del que le antecede (si, en efecto, posee antecesor [17]). Pero tras haber hablado del realismo de cada ecuación (y por tanto, del realismo de la serie completa en cuanto tal —A = B = C = ... Z—, en que todos los términos han de aparecer en el preconsciente *como reales), ¿*qué queda de tal apariencia? Los miembros sucesivos hacen, sin duda, «*función*» de plano real con respecto a algunos de los términos (puesto que los producen), y «función» de plano imaginario con respecto a otros (puesto que son emisiones suyas). Pero *en todo lo demás* pierde sentido la nominación de «imaginario» y de «real» referido a ambos planos, en cuanto que aparecen los dos sostenidos como *reales.* El preconsciente es democrático e igualitario y no admite jerarquía alguna.

---

[17] El primer término, A_1, de una serie A [= B = C] carece de antecedente y el último, C, carece de consiguiente.

Transitividad

Saquemos otra conclusión de todo lo dicho: la «transitividad» de las ecuaciones preconscientes. Si hay seriedad en tales ecuaciones, dado un proceso A [= B = C = D = ... Z], es evidente que todo A estará en todo B, en todo C, y así sucesivamente hasta llegar a Z. Pero también será verdad lo opuesto: y así, todo Z (el último miembro de la cadena), sea un originado (si se trata del proceso Y o del autor), sea un simbolizado (si se trata del proceso X o del lector), estará, por los mismos motivos de seriedad y comunicación perfecta y completa o «transitividad», en todo A. Este hecho transitivo es, sin duda, el más importante atributo de la simbolización, ya que se constituye, por lo pronto, como la causa inmediata de que el simbolismo que es propio del proceso X del lector pueda emocionarnos. Si frente a la frase «los caballos negros son», de Lorca, recibimos una emoción negativa, ello se debe a que en el proceso X que tal frase promueve en nosotros:

> los caballos negros son [= color negro = noche = no veo = tengo menos vida = estoy en peligro de muerte = muerte =] emoción de muerte en la conciencia,

la emoción correspondiente al miembro último de la corriente igualatoria («muerte») puede transmitirse, sin más, al primero: *es la frase «los caballos negros son» la que nos produce la emoción susodicha,* la emoción de muerte. Tal emoción no es, en efecto, otra cosa que un préstamo que el simbolizador («los caballos negros son») recibe de ese miembro postrero de la serie que el propio simbolizador incoa («muerte»). Sorprendemos así al simbolizador en tres instantes muy diferentes, pero que al lector se le antojan un único instante indiferenciado. En un momento primero, el simbolizador se halla aún horro de emotividad: es cuando se dispone a su empresa asociativa, que produce un elemento preconsciente final y su correlativa emoción, preconsciente también. He ahí ya el momento segundo, que, a su vez, engendra el tercero: la emotividad del último miembro, esto es, el último miembro como tal, que consiste y se agota en ser emoción, da marcha atrás y se instala en el simbolizador, convirtiéndose entonces, y sólo entonces (pues ese simbolizador es consciente) en simbolizado poemático, o sea (si la operación ha tenido éxito) en poesía.

Pero no sólo emigran o pueden emigrar del primer miembro al último las emociones que corresponden a cada uno de ellos (lo mismo de derecha a izquierda que de izquierda a derecha). El tránsito puede afectar, asimismo, a la totalidad, o a una parte, de la significación en cuanto tal de esos miembros ecuacionales [18], cosa que se hace visible y tiene una importancia especialmente grande por lo que toca a las relaciones entre el originador y el originado. Con alguna frecuencia nos será dado observar, a lo largo del presente libro, que ciertas cualidades o porciones semánticas del originador, y aun el originador entero, se trasladan al originado como atributos o porciones suyas, y viceversa. La transitividad es, pues, una de las propiedades más importantes de los procesos mentales preconscientes, y resulta aclaradora, tanto de la emoción simbólica propiamente dicha, según acabo de afirmar, como (lo comprobaremos pronto) de las extrañas o sorprendentes secuencias sintagmáticas del superrealismo, e incluso del irracionalismo que cronológicamente antecede a este último. Y también, como intenté probar en un libro mío ya citado, sirve para explicarnos ciertas operaciones de la hechicería y de la magia, e incluso de la cultura medieval [19].

Misterio de la emoción simbólica

Todas las propiedades que hemos determinado para las ecuaciones preconscientes se dan también, por transitividad, en el

---

[18] A efectos expresivos, sólo cuenta para la transitividad el primer miembro y el último, pues los miembros intermedios sólo existen como medio para la realización del tránsito.

[19] Véase mi libro *El irracionalismo poético (El símbolo)*, ed. cit., páginas 245-286 (capítulo XIV).

símbolo propiamente dicho (simbolizador + emoción simbólica). Pero, en cambio, hay en el símbolo dos propiedades, una ostentada por el simbolizador y otra por la emoción simbólica, las cuales, por definición, no pueden darse en aquellas identidades que en nuestro esquema representativo van dentro del paréntesis cuadrado. Me refiero, por un lado, al *misterio* de la emoción simbólica, y por otro, a la *visualidad* del simbolizador.

El símbolo es misterioso en cuanto que su emoción, al resultar «inadecuada» respecto del simbolizador y no referirse, en consecuencia, a nada de éste, se nos manifiesta como *irracional:* lo que la emoción está significando no se nos hace consciente, en principio. *Sentimos* que hay un significado, lo recibimos emocionalmente, pero a causa, como digo, de la «inadecuación» emotiva, no sabemos, al menos al primer pronto [20], cuál es o en qué consiste tal significación. Si la emoción fuese «adecuada» nos remitiría de inmediato a ciertas propiedades del simbolizador, y al hacernos con ellas, no experimentaríamos la emoción de misterio: por ser «inadecuada», la emoción no puede llevarnos a las propiedades del objeto que en la apariencia nos está emocionando (el simbolizador), y por tanto, *al quedarnos sin explicación de lo que hemos sentido,* experimentamos nuestra emoción *como un enigma,* esto es, en efecto, como un *misterio.* Claro está que esta sensación misteriosa sólo la podemos experimentar al finalizar la cadena, pues, de toda ella, únicamente el simbolizador y la emoción simbólica asoman en nosotros como conscientes. Los términos que van entre el simbolizador y la emoción del último miembro dejan huella exclusiva en el preconsciente, no en la conciencia, y, por tanto, para ésta es como si tal huella no existiera: no cabe que frente a ellos nos percatemos de misterio alguno. El misterio surge, sin duda, como una de las propiedades básicas de los símbolos, puesto que es, justamente, no sólo el síntoma de la peculiaridad con que, en

[20] Cuando la irracionalidad es «débil», la significación puede concienciarse poco después del encuentro con el simbolizador. Pero en un esencial momento primero, ni aun en esos casos-límite el significado es consciente (mientras el símbolo siga siendo símbolo).

el plano de la lectura, éstos se nos ofrecen, sino, sobre todo, el elemento que otorga «profundidad» a la emoción recibida.

VISUALIDAD DEL SIMBOLIZADOR

Si lo propio de la emoción simbólica es el *misterio,* lo propio del simbolizador es *la visualidad,* la plasticidad, como ya dije en la «Introducción». Entiendo por «visualidad» o «plasticidad» el hecho de que todo simbolizador nos obliga a «detenernos» en su propia letra, en lugar de pasar de inmediato, sin hacer caso de ella, hacia la significación. Las metáforas tradicionales (mano = nieve; pelo = oro), como tienen un significado «lógico», nos constriñen a que nos dirijamos en seguida hacia él, por lo que no «vemos» el significante (el significante de «nieve», de «oro»); no reparamos o reparamos de modo insuficiente en ese significante, ya que somos criaturas racionales y lo que nos importa de las cosas es *lo que significan* y no el *medio* a través del cual se llega a ese significado. Cuando miramos por una ventana no vemos el cristal, pues nuestra atención se concentra en el paisaje que el cristal quiere hacer perceptible. La forma desaparece en la función. Sólo si el cristal se empaña o ensucia, y más si pierde por completo la transparencia, se nos hace éste notorio, al obligarnos a tropezar en él, a «quedarnos» en él. Vemos entonces, y sólo entonces, el cristal, justamente porque su función se ha perdido: cuando la función se anula, la forma reaparece. Pues bien: los simbolizadores de irrealidad, al ser opacos y no transparentarnos ningún significado lógico, nos fuerzan a que los «veamos». Nosotros «vemos» el simbolizador porque es lo único que hay a nivel de conciencia, y, justamente, porque es lo único que hay. Cuando leemos este pasaje aleixandrino:

> Si poeta, arroja este libro que pretende encerrar en sus páginas un destello del sol,
> y mira la luz cara a cara, apoyada la cabeza en la roca,

> *mientras tus pies remotísimos sienten el beso postrero del poniente*
> *y tus manos alzadas tocan dulce la luna*
> *y tu cabellera colgante deja estela en los astros*[21],

aunque arrojemos racional descrédito sobre la literalidad del dicho simbólico (subrayado), éste se nos visualiza vigorosamente (y lo mismo diríamos de todas las imágenes visionarias y de todos los símbolos). El gigantismo cósmico del personaje descrito por el poeta es contemplado por nosotros en toda su plasticidad. Vemos su figura sedente ocupando todo el paisaje, con sus pies en el alejado horizonte, con sus manos que tocan la luna, con su «cabellera» que deja «estela en los astros». Se nos impone un verdadero cuadro, que podríamos pintar en su literalidad como ilustración del poema en cuestión sin producir un efecto cómico, cosa que no sucede en las imágenes tradicionales, que si las tomásemos al pie de la letra nos cubriríamos de ridículo. Recuerdo que hace muchos años, en uno de los primeros números de la revista de humor *La Codorniz*, venía un dibujo titulado: «La mujer tal como la ven los poetas». Se trataba de una mujer cuyas mejillas estaban constituidas por dos rosas, perfectamente copiadas como tales, con sus pétalos, etcétera; sus dientes eran perlas, en la plenitud de sus atributos de color y de forma, todo ello en concepción naturalista; sus pechos, palomas, con plumas, pico, ojos, etc. El resultado era un espantable monstruo, de efecto hilarante en grado sumo. Nada de esto sucede en las imágenes visionarias, visiones y símbolos, cuya literalidad sería representable plásticamente por un pintor sin que se perdiera por ello la respetabilidad de la obra: prueba de que los lectores, pese al descrédito racional con que reciben estas figuras, ven a sus respectivas letras, en el sentido que dijimos, con una seriedad que no ponen en las «letras» de las imágenes tradicionales. Dicho de otro modo: en tales casos, la literalidad del simbolizador, aunque negada en la conciencia, se afirma como real en el preconsciente y, por tanto, en la emoción que en la conciencia recibimos. *Sabemos* que el

---

[21] «El poeta», de *Sombra del Paraíso*.

simbolizador es irreal, pero *sentimos* que es real. Esto quiere decir que, como veremos más adelante, todo símbolo de irrealidad, además de simbolizar el significado que le corresponda, simboliza su propia letra afirmada en el preconsciente como real; sólo que, por un mecanismo que ya he descrito en otro libro mío[22], este último significado simbólico, al ser irreal, queda anulado como tal de hecho en nuestra conciencia y sirve únicamente para otorgar más relieve al otro, al simbolizado propiamente dicho.

Naturalmente, el simbolismo de realidad es también visual, puesto que se trata precisamente, por definición, de una realidad, que habrá de tener la visualidad que a toda realidad corresponde; y es igualmente disémico, pero ahora sin anulación del segundo sentido, ya que, al revés de lo que antes sucedía, éste no es irreal, sino real, y no hay motivo alguno para expulsarlo de nuestra mente.

LISTA DE LAS PROPIEDADES ECUACIONALES DE LOS PROCESOS PRECONSCIENTES

Las propiedades que, derivadas unas de otras, hemos hallado a las ecuaciones preconscientes son, en suma, las reflejadas en la siguiente lista:

1.ª No lucidez.
2.ª No descreimiento.
3.ª No estar afectadas ningunas de las ecuaciones por la posibilidad del disentimiento.
4.ª Posible inesencialidad de la relación metafórica, sinecdóquica o metonímica entre dos miembros contiguos.
5.ª Seriedad.
6.ª Realismo de los miembros ecuacionales.
7.ª Realismo de la ecuación como tal.
8.ª Totalitarismo.
9.ª Ambigüedad y disemia.

---

[22] *El irracionalismo poético (El símbolo)*, Madrid, ed. Gredos, 1977, páginas 299, 315-316 y sobre todo 380-382.

10.ª Capacidad proliferante.
11.ª Salto a otro ser desde la primera ecuación A = B.
12.ª Inconexión lógica, en realidad desde el segundo miembro y evidentemente desde el tercero (A [= B = C]).
13.ª Inadecuación emocional del simbolizado respecto del simbolizador.
14.ª Con la excepción del primer miembro, A, descomposición de todo miembro (por ejemplo B), al que le sigue otro (C) en dos porciones (b_1 y b_2), de las cuales la segunda (b_2) no se asemeja en nada al miembro precedente (A).
15.ª Transitividad de las emociones.
16.ª Transitividad de las propiedades y de las porciones o la totalidad de los significados.
17.ª Reciprocidad metafórica (o metonímica o sinecdóquica).
18.ª Misterio de la emoción simbólica.
19.ª Visualidad del simbolizador.

De estas diecinueve propiedades, las más importantes por sus consecuencias poemáticas y poéticas son la cuarta («posible inesencialidad»), la quinta («seriedad»), la decimotercera («inadecuación emocional»), la decimoquinta y decimosexta (transitividad), amén de la decimooctava y decimonovena (misterio y visualidad), que se nos ofrecen, en cierto modo, como el resumen y compendio de todas las demás.

Ventajas del irracionalismo

Las posibilidades expresivas que se abren ante el poeta irracionalista son así enormes. Todo lo que tiene alguna remotísima semejanza o mera proximidad con algún objeto se incorpora al objeto, pero además (y eso es lo paradójico) en ecuación identificativa «seria». Y como este elemento segundo que se asocia al primero se relaciona, a su vez, en las mismas condiciones de posible inesencialidad y de totalitarismo sin excepciones, con un elemento tercero (etc.), que por transitividad vuelca sobre el inicial o simbolizador la plenitud de su emoción, convertida ésta así en simbolizado, resultará que las cosas, al ser nombradas, se cargarán de una potencia afectiva de que antes carecían en sentido absoluto. La frase «los caballos negros son» se beneficiará, de este modo, de toda la carga sentimental de la noción «muerte», con la que no tiene, sin embargo, en principio, cosa que ver directamente en ningún sentido. Lo que era inerte o neutro se vuelve ahora expresivo, emocionante. La naturaleza, en especial, al ser descrita, desde este sistema expresivo, por el poeta, se tornará en sí misma, y sin más, sugestiva, y se hará posible así uno de los mayores hallazgos de la poesía contemporánea: la consideración del paisaje como entidad autónoma y no como fondo (quizá ilustre) para otra cosa. He ahí el poema XXXII (véase la página 61) o el poema XC[23], de Machado, en los que nada ocurre. Nada ocurre, pero desprenden una emoción profunda, inefable. Lo mismo diríamos de los relatos en verso (por ejemplo, el poema XXXVIII o «La tierra de Alvargonzález», ambos de Machado también, o muchos romances o trozos de romances de Lorca), tantas veces cargados de una poética emanación y llenos de misterio, a causa de una técnica semejante[24]. Aquel famoso misterio de la poesía, que tanto dio que hablar a los críticos, especialmente a los que se

---

[23] El poema XC dice así:

> Los árboles conservan
> verdes aún las copas,
> pero del verde mustio
> de las marchitas frondas.
>
> El agua de la fuente,
> sobre la piedra tosca
> y de verdor cubierta,
> resbala silenciosa.
>
> Arrastra el viento algunas
> amarillentas hojas.
> ¡El viento de la tarde
> sobre la tierra en sombra!

[24] Esa técnica de asociación explica, asimismo, la emoción de muchos de los poemas aparentemente sólo descriptivos o narrativos de Cernuda y de, por ejemplo, Francisco Brines, en especial, los de su libro *Las brasas*.

enfrentaban con la poesía contemporánea; misterio que no es, las más de las veces, sino la fluencia subterránea de una corriente identificativa no consciente, que, por serlo, nos emociona, claro está, de modo inexplicado.

Capítulo III

LOS PROCESOS «X» E «Y» DE INCONEXIÓN: SERIE EMOTIVA Y SERIE SINTAGMÁTICA

La serie emotiva y la serie sintagmática del proceso Y de inconexión

Acerquémonos, pues, a estos procesos Y de inconexión, que tan esclarecedores, por lo dicho en el capítulo penúltimo, se nos van a hacer después; o sea, a los procesos del autor que engendran (en el superrealismo y sólo en él) «inconexiones», saltando, en desconcertante acrobacia, de un originador a un originado. Al realizar nuestro escrutinio, observamos, como cosa sorprendente en el primer instante que *el proceso Y de inconexión empieza siempre, paradójicamente, por una «lectura»*: el autor se enfrenta con un originador, y lo primero que hace frente a él es «leerlo», dejar que ese originador despierte una emoción en su espíritu. Esa emoción va a ser después el impulso desencadenante del originado, de modo que nos importa saber cuál es su índole. Lo primero que observamos es que tal emoción carece, en todo caso, de racionalidad. Recuerdo aquí lo que adelanté en la nota 14 a la página 100: llamo «emoción racional» a la que se engendra en ciertas cualidades realmente poseídas por el objeto emocionante o que, en nuestra vida despierta, *le suponemos* reales a éste. La emoción de ira, por ejemplo, que me inspira Pedro a causa de su maldad o a causa de la maldad que yo he creído ver en él, es de esta índole. Pero las emociones que los originadores suscitan en el autor no son nunca racionales, sino irracionales: no derivan de cualidades inherentes al objeto, sino de asociaciones que el objeto despierta *en el preconsciente* del poeta, con lo que tal objeto se comporta de hecho frente a este último como un simbolizador, cuyo correspondiente simbolizado es el responsable de la supramentada emoción.

Tal vez extrañe que pronuncie aquí palabras como «símbolo» y «simbolizado». Pues, ¿no hemos afirmado en el capítulo anterior que los simbolizados aparecen sólo *en el lector*, que son algo propio del lector y no del poeta? El poeta lo que hace, dijimos, es *crear* símbolos, no *recibirlos* en forma de simbolizado. ¿Cómo puedo entonces, al describir el proceso Y, el proceso *del autor*, mencionar al simbolizado? Estamos describiendo, en efecto, el proceso Y. Pero ocurre que, como dejé dicho, el proceso Y comienza, modestamente, por una «lectura». El poeta lo primero que hace, en su proceso Y, es comportarse como «lector» (entre comillas), lo primero que hace es «leer». Y lo que «lee» resulta ser, sin excepciones, algo que *para él* (no digamos aún lo que ese algo será para el verdadero lector, el lector sin comillas) está funcionando como un símbolo: un «símbolo» «de realidad» (un símbolo heterogéneo) o un «símbolo» «de irrealidad» (una imagen visionaria, o una visión o un símbolo homogéneo).

En todos los casos, pues, la función del originador es emocionar irracionalmente al autor, despertarle un proceso preconsciente, que se remata, claro es, ya en la conciencia, de modo emotivo. Y el problema del autor en este instante, una vez emocionado conscientemente así, es expresar esa emoción suya, buscar un término que en el plano lúcido sea consecuencia de ella, que se corresponda con ella, y que, al corresponderse con ella, la encarne. ¿Cómo se realiza esa búsqueda? De modo, otra vez, preconsciente. El poeta parte siempre de la emoción (ella sí, repito, lúcida, aunque provocada irracionalmente por el originador), y desde ella se dirige hacia el originado en una nueva serie igualatoria de tipo preconsciente, cuya extensión difiere mucho de unos casos a otros, ya que, en ocasiones, se sustrae a la conciencia un solo miembro de la serie, y en ocasiones varios más e incluso muchos [1].

De todo ello se deduce que el proceso Y de inconexión (por lo pronto el proceso Y de inconexión) se nos ofrece en dos momentos: uno, en efecto, de «lectura» del originador por parte del poeta, y otro de «versión» o traslado de lo «leído» a otro «lenguaje», el constituido por el originado, momentos separados por un hiato emocional *de tipo consciente,* con lo cual tal proceso vendría a dibujarnos la figura de algo así como un emparedado, al descomponerse en dos series de ecuaciones preconscientes, unidas *en la conciencia* del autor por la reacción emocional de éste al último miembro de la serie inicial [2]. Podríamos llamar «serie emotiva», o «primera serie», a la que va desde el originador a la emoción, y «serie sintagmática», o «segunda serie», a la que va desde la emoción al originado. Diremos entonces: todo proceso Y consta de dos «series»: una primera serie, «*emocional*» (puesto que sirve para producir una emoción consciente), y una segunda serie, «*sintagmática*» (puesto que sirve para producir resultados en el sintagma o poema [3]).

El desarrollo del proceso Y: serie emotiva

Comprobemos lo dicho, y saquemos de paso nuevas conclusiones y aseveraciones de nuestra doctrina. Debemos volver al párrafo de «El amor no es relieve»

> (No me ciñas el cuello que creeré que se va a hacer de noche. Los truenos están bajo tierra. El plomo no puede verse.)

---

[1] Véanse las págs. 138-140 donde pueden comprobarse ejemplos de estas diferencias.

[2] Esa reacción emocional es, por lo tanto, consciente.

[3] Uso, pues, aquí la palabra «sintagma», no en el sentido de que el originado tenga que ser un sintagma, sino en el sentido exclusivo que digo en el texto. Por otra parte, el originado frecuentemente, aunque no necesariamente, será, *además,* en efecto, un sintagma.

en su primera mitad:

> No me ciñas el cuello que creeré que se va a hacer de noche.

Es evidente que para el lector que se encara con esa frase, su trozo inicial («no me ciñas el cuello») cuando considerado en el instante anterior a la llegada del término que le sigue («noche») del que se ofrece como originador, no es una expresión simbólica, sino realista. Se trata de una expresión amorosa, y nada más: no le significa al lector sino lo que literalmente dice. He ahí, pues, algo que parece una grave contradicción de una tesis como la nuestra, que afirma el simbolismo de todo originador. Pero veamos: esa frase inicial, que para el lector no es efectivamente simbólica (al menos, en principio), ¿posee el mismo carácter no simbólico para el autor? Para entender la reacción emotiva del autor frente a la frase mencionada que él mismo acaba de escribir, nos basta con recordar la cosmovisión de Aleixandre, de la que resulta nervio central la idea del amor destructivo, del amor como muerte: muerte ésta que, para mayor complejidad, siendo una verdadera muerte, y por tanto algo grave y terrible, no deja por eso de ser, simultáneamente, algo oscuramente vital, y hasta, en un cierto sentido, algo oscuramente glorioso. Deseable y temible: eso es el amor para Aleixandre. Por eso dice: «no me ciñas el cuello», lo cual viene a significar algo como esto: «no me lo ciñas, pues me inspira temor; pero cíñemelo porque lo deseo ardientemente».

Sintiendo de ese modo el erotismo, no puede sorprendernos que Aleixandre experimente ante la idea amorosa contenida en la frase «no me ciñas el cuello» una emoción ambigua, dúplice, una emoción ambivalente, que mira a la derecha y a la izquierda, que es, por supuesto, positiva, pero que no carece de negatividad. Y como la emoción positiva viene ya dada en la noción misma amorosa que el acto de ceñir el cuello representa, le queda sólo al poeta por expresar, para ser fiel a su representación interior, la idea negativa, complementaria de la otra, de la positiva. Y así es como escribe la segunda parte de la frase:

> que creeré que se va a hacer de noche,

en la que se encierra la idea de muerte a la que antes me referí.

Digamos lo mismo, pero ahora en nuestra terminología técnica. Expresada de algún modo la compleja visión positivo-negativa del amor, propia de Aleixandre, en la frase «no me ciñas el cuello», lo que para el autor ese originador tiene de negativo entra en actividad produciéndole a aquél una emoción de esa índole, una emoción también negativa y grave, una emoción fúnebre. ¿Cómo ha sido posible tal emoción? Sin duda a través de un flujo preconsciente, basado en una identificación inicial, de esa misma clase, entre «ceñir el cuello» en sentido erótico y «ceñir el cuello» en sentido destructivo. Como Aleixandre siente que el amor es destrucción, la idea de un «ceñir» le trae a la memoria la idea de otro «ceñir», el «ceñir» que es apretamiento de un cuello humano hasta quitarle la vida, ceñimientos los dos que, siendo en la experiencia común tan distintos y radicalmente otros, no lo son para nuestro poeta, a causa de su particular modo de entender poéticamente el mundo, modo en que ambos vienen, precisamente, a reunión e identidad. (Ya sabemos, además, que las identificaciones preconscientes no precisan parecidos esenciales entre sus miembros: la menor semejanza basta para que la ecuación se instaure.) Y claro está, la noción de «ceñir destructivo» conlleva la noción de «muerte», y por consiguiente, la emoción que, en la conciencia, a «muerte» corresponde:

> no me ciñas el cuello (amorosamente) [= no me ciñas el cuello destructoramente = muerte =] emoción de muerte en la conciencia.

Con esto ha quedado deshecha la paradoja inicial y nuestro desconcierto: lo que para el lector es, en principio, una expresión, en efecto, puramente erótica, aunque inquietante en su formulación negativa («no me ciñas el cuello»), una expresión, pues, lógica y realista (y, en consecuencia, algo que parece negar nuestra concepción simbolista de los originadores), no posee ese mismo sentido para el poeta en el inicio de su proceso Y, pues, al ser «leída» por éste, esa expresión se le aparece como un símbolo, bien que un símbolo «de realidad».

Pero sigamos. El poeta se ha instalado ya en su emoción grave y fúnebre. Notemos, sin embargo, que esta funebridad y gravedad no son una gravedad y funebridad cualesquiera, pues no excluyen un inquietante punto de positividad vital, amorosa, que viene, sin duda, a alterar la simplicidad del significado. Y es que, como el originador es aquí *para el poeta* un símbolo «real», heterogéneo, mantiene en la conciencia la literalidad de su significación, y por tanto, aunque «no me ciñas el cuello» esté sugiriendo *al autor,* de manera irracional, «muerte», no por eso pierde su sentido lógico de «amor», con lo que ambos significados, lógico e irracional, se entrelazan y suman. Del mismo modo que cuando Lorca dice:

Los caballos negros son

siente el poeta, y *sentimos* nosotros con él, que esos caballos significan «muerte» sin abandono de su ser equino (ambigüedad de las ecuaciones preconscientes), ahora, cuando Aleixandre escribe:

No me ciñas el cuello

el autor experimenta la noción «muerte» sin mengua de experimentar como «amor» la frase que ha redactado. Declara ésta una cosa, «amor», y subdice otra, «muerte», con la misma energía, pues ya sabemos que las ecuaciones preconscientes son «serias», lo que equivale a sostener que los dos miembros de la serie, el primero, «amor», y el último, «muerte», se afirman con el mismo grado de realidad, como en seguida haré ver. Y de ahí la complejidad de lo que el poeta, en su espíritu, percibe: un amor que es muerte o una muerte que es amor. O sea: la idea tan aleixandrina del amor como destrucción, en el que ambos términos (destrucción y amor) corrigen y enderezan sus respectivas significaciones, a fin de hacerlas compatibles.

Tal vez pudiere preguntarse el lector cómo cabe averiguar algo que cae allende la propia conciencia, algo escondido en la mente de una persona ajena, la del poeta. Mi respuesta es que todo cuanto estuvo en la conciencia del autor *(por supuesto, si éste encontró expresión fehaciente para ello),* se hallará después (ya veremos cómo) en la conciencia del lector, el cual, mediante el auto-análisis, podrá determinarlo con relativa precisión, caso de que no le falte costumbre suficiente de esta clase de escrutinios. Más adelante habremos de probar, con razones acaso satisfactorias, lo que ahora digo sin pruebas, pese a lo cual era conveniente adelantarlo aquí, para la transparencia acabada de nuestra exposición de conjunto.

El desarrollo del proceso Y: serie sintagmática

Pero sigamos. Ha dado fin la «primera serie», la «serie emotiva» del proceso Y, y ahora dará comienzo la «segunda», la «serie sintagmática». Sintiéndose emocionado, el poeta necesita expresar su emoción. ¿Cómo lo hace? Dejando de nuevo su mente vacía, desprendida del cotidiano control práctico con que la razón nos atenaza, esto es, abandonándose a las asociaciones libres que le han de traer todo un nuevo proceso preconsciente, cuyo cese repentino con la llegada del originado está determinado de antemano por la búsqueda de una expresión poemática que, como ya dije, pueda encarnar, asociativamente, el núcleo significativo de la emoción. El originado será, a veces, un «desarrollo» del último término preconsciente de la serie sintagmática (el cual, sin embargo, permanece, como tal, fuera de la conciencia); pero con más frecuencia consistirá en un salto a otro ser. En ambos casos, se trata de un nuevo miembro de la serie, que se distingue de los anteriores solamente por su carácter lúcido, pese a lo cual, su nacimiento está presidido por las leyes mismas, tan conocidas nuestras, que han dado origen a sus nocturnos y ciegos hermanos: seriedad, posible inesencialidad, etc. Por tanto, su lucidez es sólo relativa. Es lúcida su existencia como tal, pero no lo es nada de lo mucho que le queda en su ser aparte de eso; el porqué de su estar ahí, y sus relaciones con los demás miembros de la serie, y, sobre todo, con el primero, con el originador, todo lo cual permanece secreto y misterioso, lejos de toda luz, ni siquiera emotiva, desde el punto de vista de los lectores, como pronto haremos constar. El originado muestra así, para éstos, ser *inconexo* con respecto al originador. A lo que más se parece es, por tanto, a una persona que ha perdido totalmente la memoria, sin perder, por ello, la conciencia. Esa persona sabe que existe, puede dar cuenta en todo instante del hecho de que vive, pero ignora en definitiva quién es, qué hace aquí, en esta calle de esta ciudad, con este sombrero en la mano y este indumento y zapatos que le visten y calzan. En más concisa expresión: lo conoce todo de sí mismo, excepto lo más importante: la significación de ese sí mismo que él es. Pues bien: el originado se comporta como este amnésico, que nos ofrece su rostro y no nos dice nada más, no nos dice lo que su mera existencia conlleva, haciéndola posible. De ese misterio partirá precisamente el lector, tal como adelanté y como veremos con mayor precisión en un próximo parágrafo. El lector frente al originado va a actuar como el policía frente al sospechoso, cuya conducta ambigua o dudosa resulta un incentivo para la tarea interrogativa o investigadora de aquél.

Pero dejemos, por el momento, tan decisivo asunto, y tornemos a nuestro instante intermedio entre las dos series, el instante de concienciación emocional dentro del caso concreto que explorábamos. Se trataba de una emoción de «muerte». La serie sintagmática comenzará, pues, por hacer preconsciente esa emoción de muerte que era consciente en el instante anterior. El preconsciente sigue de este modo:

> [emoción de muerte = tengo poca vida = no veo = oscuridad =] noche («que creeré que se va a hacer de noche»).

Con lo cual el proceso Y en toda su extensión nos daría el siguiente extracto:

> no me ciñas el cuello (amorosamente) [= no me ciñas el cuello destructoramente = muerte =] emoción de muerte en la conciencia [= emoción de muerte = tengo poca vida = no veo = oscuridad =] noche («que creeré que se va a hacer de noche»).

Originado-originador

Desde «no me ciñas el cuello» (amorosamente) hemos llegado a «que creeré que se va a hacer de noche». ¿Qué siente el poeta al alcanzar ese término segundo? Ese término segundo («noche») es un originado por lo que atañe a «no me ciñas el cuello», pero ese originado se convierte de súbito en originador respecto de la nueva secuencia «los truenos están bajo tierra». Y como es un originador, el poeta lo experimentará, si nuestra tesis general no yerra, como un símbolo. ¿Es, en efecto, así? Pero ¿por qué ha de ser simbólico ese vocablo, el vocablo «noche», para el autor? La respuesta es simple: por los mismos motivos que hacen que lo sea para el lector. Conviene, pues, antes de dar un nuevo avance a nuestro análisis del proceso Y, o del autor, proceder al análisis del proceso X, o del lector, en lo que toca al fragmento que, en dirección creadora, hemos ido dilucidando. Veamos, pues, lo que experimentamos como lectores.

El proceso X de inconexión: la retroactividad

Hemos leído, estrictamente, la frase «no me ciñas el cuello», esto es, sin sobrepasarla, y en ese primer instante en que aún no hemos llegado al término «noche», la entendemos, claro está, exclusivamente en su sentido amoroso, tal como sugerí, en correspondencia, añadamos ahora, con el autor, que, no en su momento de lectura (que califiqué antes de simbolizante), pero sí en su momento de creación, al ir a escribirla, la sintió también eróticamente y sólo eróticamente. El amor al que me refiero no es, por supuesto, un amor cualquiera, ya que la negación («no me ciñas el cuello») nos hace ingresar, pero lógicamente, en una atmósfera inquietante, que insinúa cierta posible (y sólo posible) negatividad, atmósfera que nos ha de facilitar después la comprensión, también negativa, aunque por vía esta vez irracional, de la frase. Pero, de momento, hay, en la expresión citada, sólo amor, que misteriosamente parece ser temido, a la vez que deseado por el poeta. No existe aquí, pues, simbolismo de especie alguna. La frase se manifiesta como lógica en toda su extensión, pues hasta lo es el punto de incertidumbre con que la negación «no me ciñas el cuello» nos acomete. Pero de pronto, ese logicismo se quiebra en la segunda parte de la oración: «que creeré que se va a hacer de noche». ¿Qué ha pasado aquí? No lo sabemos; no entendemos, en primer lugar, la relación lógica entre «ceñir amorosamente el cuello» y «creer que es de noche»; *pero tampoco tenemos a mano una explicación emotiva:* la emoción amorosa que hemos experimentado ante la primera frase (la de «ceñir amoroso») no concuerda con la negatividad sentimental de la segunda («creer que es de noche»). Y como no concuerda, como no entendemos de ninguna manera el dicho poemático [4] y estamos, sin embargo, en la creencia de que el

[4] Esa falta de concordancia, esa doble incongruencia (lógica y emocional) entre el originador y el originado, en el superrealismo, aunque nunca había sido analizada como nosotros lo hemos hecho (ya hablé de la mudez crítica respecto de la técnica en cuanto tal del movimiento que estudiamos) es lo que ha llevado a los críticos a hablar vagamente, eso sí, del absurdo, de la incoherencia del superrealismo, del encuentro inexplicable de dos realidades muy alejadas, etc. (Pero eso ocurre también en el irracionalismo anterior no superrealista.) Pocos autores dejan de citar, al propósito, la célebre frase de Lautréamont: «Bello como el encuentro fortuito, sobre una mesa de disección, de una máquina de coser y de un paraguas.» Para Max Ernst las imágenes superrealistas son «el acoplamiento de dos realidades, en apariencia incasables, sobre un plano que en apariencia no les conviene». Paul Éluard: «El poeta, alucinado por excelencia, establecerá a su capricho parecidos entre los objetos más disímiles.» Breton: «Comparar dos objetos lo más alejados posible el uno del otro o, con otro método, confrontarlos de un modo brusco y sorprendente, es la obra más alta que la poesía puede pretender» (para todas estas citas, véase Guillermo de Torre, *Qué es el superrealismo,* Buenos Aires, ed. Columba, Col. Esquemas, 1955, págs. 44-45). «No voy a ocultar que para mí la imagen más fuerte es aquella que contiene el más alto grado de arbitrariedad, aquella que más tiempo tardamos en traducir al lenguaje práctico, sea debido a que lleva en sí una enorme dosis de contradicción» [sea por otros motivos] (André Breton, *Manifiestos del surrealismo,* Madrid, Ediciones Guadarrama, 1969, pág. 59 («Primer manifiesto»). Véase, asimismo, Ro-

poeta es poeta, y no un alienado que desvaría, nos esforzamos por lograr una comprensión que de ningún modo nos llega ni por vía lógica ni por vía emocional. Agotadas nuestras fuerzas en esa doble dirección, ensayamos como recurso sustitutivo, como «mal menor», diríamos, un tercer expediente. Mas antes de declarar cuál sea ese expediente tercero a que nos aprestamos, debemos detenernos un momento aquí para considerar con mayor pulcritud algunas de las cosas que acabamos de expresar, sacando de paso alguna importante conclusión. Anotemos, por lo pronto, el hecho, al que más adelante habremos de sacar el debido fruto, de que la conciencia «prefiere» explicaciones racionales, y si se conforma en segundo lugar con explicaciones sólo emocionales de tipo personal es, en efecto, en segundo lugar, cuando no tiene más remedio, al haber fallado antes las otras. Sólo tras el fallo de la razón, y porque el fallo de la razón se ha producido, la conciencia se decide a ir por caminos segundos en los que deposita escasa confianza, y a los que acude de un modo que llamaríamos «vergonzante»: la mente intenta entonces buscar una congruencia emotiva entre el enunciado lógicamente incomprensible y el sentimiento en el que como lectores estamos. La emoción es consciente, y, por tanto, la conciencia puede utilizarla, exactamente como utiliza los conceptos lógicos: como un instrumento a su servicio. Pero ya hemos indicado que estos dos senderos apacibles, incluso el de la emoción personal, se encuentran impenetrables y cerrados en nuestro caso de ahora. ¿Qué hacer? Ir, como digo, por una tercera vía más dura y más inhóspita: buscar, como «última ratio», otra explicación emotiva también, pero emoción ya no propia, ajena: la del autor. O sea, intentar reconstruir la sucesión emotiva, de tipo preconsciente, distinta a la del lector, que haya podido conducir al autor desde el originador hasta el originado. En suma: perdidas nuestras esperanzas de explicación, tanto racional como sentimental, de tipo *personal,* desesperan-

---

bert Bréchon, *Le surréalisme,* París, Armand Colin, 1971, págs. 40, 42, 43, 170; Yvonne Duplessis, *El surrealismo,* Barcelona, Oikos-tau ediciones, 1972, págs. 55-58, etc.

do, pues, de nuestra *persona,* lógica y emotiva, nos contentaremos con esa explicación *extrapersonal* que tenemos en la reserva, como un cuarteto de relevos atlético suplente (si se me pasa tan peregrino símil) que no le llega al titular, pero que puede salir a la pista y ponerse a competir en caso de apuro. Y de este modo, intentamos tender un puente emocional, por el que nosotros previamente de ninguna manera íbamos, entre «noche» y «no me ciñas el cuello»; o, lo que es igual, intentamos tender un puente preconsciente de índole ajena, que suponemos el del autor, que venga a salvar nuestra apretada y conflictiva situación. Y entonces ambos términos, originador y originado («no me ciñas el cuello» y «noche»), se ponen a buscar lo que tengan emocionalmente en común, o sea, se ponen a emanar flujos confundentes que les sean hacederos hasta dar con aquellos que se hagan entre sí compatibles. Cierto que este momento de tanteo, de «ensayo y error», digamos, no se nos hace sensible, pero las actividades preconscientes son rapidísimas. El caso es que, tras el instante de vacilación y tiento al que me refiero, el originador («no me ciñas el cuello») y el originado («que creeré que se va a hacer de noche») hallan su emocional embocadura de encaje, tras emanar, cada uno de ellos, de por sí y separadamente, en nuestra mente de lectores, la única [5] corriente igualatoria (así: la única) que puede ser acoplada en la de su respectiva pareja. O dicho de otro modo, las dos frases se lanzan a chorrear un mismo y coincidente simbolizado: en nuestro caso, la idea de muerte. Por un lado el originado nos da esta serie, que, en el presente caso y en todos los casos de inconexión, es la misma del autor, *pero invertida* en cuanto a su orden de relación:

> que creeré que se va a hacer de noche [= oscuridad = no veo = tengo menos vida, poca vida = muerte =] emoción de muerte en la conciencia.

---

[5] En el capítulo XII examino, en los casos de mayor complejidad, cómo se produce esta doble corriente única, que es, precisamente, lo que hace que la simbolización sea objetiva, esto es, universal.

Y por otro, el originador nos entrega esta otra corriente igualatoria, que también en este caso y en todos los casos de inconexión sigue el orden del autor, sin invertirlo[6]:

> no me ciñas el cuello amorosamente [= no me ciñas el cuello destructoramente = muerte =] emoción de muerte en la conciencia.

Y como los dos términos simbolizan, esto es, como los dos términos nos producen en la conciencia una misma emoción, una emoción fúnebre, y se hallan, sin embargo, también en la conciencia, desconectados lógicamente entre sí, *ambos términos*, el originador y el originado, *se convierten para nosotros*, los lectores, *en símbolos*, pero símbolos igualmente desconectados, sueltos, independientes uno de otro.

Percatémonos bien de lo que ha sucedido aquí: el momento inmediatamente previo a esta simbolización de que hablo es aquel en que nuestra mente acaba de leer la palabra «noche», y ha dejado atrás (por tanto, en un tiempo precedente, en un «pretérito perfecto», si se me concede la expresión) la frase «no me ciñas el cuello». Pues bien: leída y recibida la palabra «noche» por el lector, es cuando ha sonado la hora de que ambas frases (la frase sobrepasada por nuestra lectura, «no me ciñas el cuello», y la otra en la que estamos, «que creeré que se va a hacer de noche») segreguen su respectivo simbolizado; en que ambas, pues, se entreguen al simbolismo. *Al mismo tiempo*, aparece entonces (dentro de la emoción simbólica correspondiente) un simbolizado, la idea de «muerte», en nuestro «pasado» verbal («no me ciñas el cuello») y (en las mismas condiciones emotivas) otro simbolizado, asimismo la idea de «muerte», en nuestro verbal «presente» («que creeré que se va a hacer de noche»). Podemos decir, pues, que el originado «noche» ha presionado sobre el originador «no me ciñas el cuello» obligándole a dar de sí con

---

[6] Insisto en que lo mismo la inversión del orden de la serie preconsciente que el originado incoa en el ánimo del lector, que la no inversión prelativa de la serie de esa clase incoada por el originador en quien lee, es una ley sin excepciones: siempre el lector vuelve del revés la serie sintagmática y recibe íntegra y al derecho la serie emotiva del autor.

notorio «retraso» un flujo confundente que termina en un simbolizado —el que dijimos— con su correspondiente emoción fúnebre. El simbolismo del originador es, pues, aquí y *siempre*, «retroactivo», mientras el simbolismo del originado es, también aquí y *siempre*, «actual», ya que simboliza en el ahora preciso en que el lector se halla. Distingamos, pues, la simbolización «retroactiva» de la «actual» y digamos: en el proceso X que las inconexiones incoan en el lector, el originador simboliza «retroactivamente» *lo mismo* que el originado simboliza «actualmente». Nos rinden ambos, en cuanto simbolizadores (pero cada uno por su cuenta, vuelvo a decir), un mismo simbolizado. Ese simbolizado es aquí, repito, la idea de «muerte».

Y en efecto: si leemos otra vez, con sensibilidad alerta, la frase

> No me ciñas el cuello que creeré que se va a hacer de noche

nuestra intuición emocional confirma lo que acabamos de sentar: desde la noción «noche», a la que como lectores llegamos, sentimos la idea fúnebre simbolizada doblemente: de manera «tardía» por el originador «no me ciñas el cuello», y de manera no tardía, puntual o «actual», por el originado «noche» en que nos hallamos. Pero notamos algo más que aún no expliqué: que esas dos frases simbolizadoras nos entregan, junto a la idea irracional de «muerte», otra noción de «amor». ¿Podremos explicarlo?

Símbolos heterogéneos anacrónicos y símbolos heterogéneos sincrónicos

Por lo pronto, es fácil hacerlo para el caso de la duplicidad semántica del originador «no me ciñas el cuello». No olvidemos que cuando ese originador se convierte en simbólico, nosotros, los lectores, hemos llegado ya al originado «que creeré que se va a hacer de noche» y recibido su significación, momento éste que es posterior, claro está, a aquel en el que el originador «no me ciñas el cuello» nos había otorgado su significado lógico de amor. Dicho de otro modo: primero esa frase era para nosotros una frase lógica, realista, puramente erótica, y sólo cuando ya la hemos superado en nuestra lectura y estamos en otra frase distinta («que creeré que se va a hacer de noche»), que también hemos leído ya, nos sorprende con la adquisición a destiempo de un nuevo significado, un significado esta vez irracional, con lo que tal frase se convierte en disémica de modo heterogéneo, puesto que su significado anterior lógico no lo ha perdido, aunque actúa en nosotros solamente en forma de «recuerdo».

Ahora bien: este simbolismo disémico de tipo heterogéneo que aparece en el originador de las inconexiones cuando aquél es, como aquí, exclusivamente lógico (exclusivamente lógico para el lector en el instante anterior a la llegada del originado), ¿tiene exactamente la misma estructura que el simbolismo heterogéneo que hasta ahora hemos conocido (el de «los caballos negros son», de Lorca, por ejemplo)? Evidentemente, no. Por lo pronto, el simbolismo que nos era conocido, el de los «caballos negros», no nacía de la actividad retroactiva de un originado de inconexión, sino que se engendraba de una forma distinta, que nos tocará estudiar más adelante. Su simbolismo no era inconexo, como el otro, sino, al revés, máximamente conectado a un contexto que en ningún momento perdía su logicidad. Pero esta primera diferencia arrastra una diferencia segunda: en la disemia heterogénea «conexa», llamémosla provisionalmente así, recibimos simultáneamente, *«sincrónicamente»*, los dos sentidos, el lógico y el irracional, porque su simbolismo es «actual», ya que se nos hace sensible en el momento justo de leer el simbolizador que lo encierra. Al hacernos con el verso «los caballos negros son», entendemos de un solo golpe la idea de muerte (irracional) y la idea de que los caballos son negros (lógica). En la disemia heterogénea inconexa, al ser, en cambio, retroactivo el simbolismo del originador («no me ciñas el cuello»), el sentido irracional (en ese ejemplo, la idea de muerte) *llega tarde* con respecto al lógico (la idea de amor), se desapareja cronológicamente con respecto a él, surgiendo así con un curioso «anacronismo». Simbolismo «sincrónico» de uno, frente al «anacrónico» del otro. Tal es la disparidad que esencialmente los separa[7].

Atendamos ahora al originado «que creeré que se va a hacer de noche». ¿Por qué esta última palabra, «noche», nos ofrece también, según proclama nuestra sensibilidad, mezclada a la idea simbólica de «muerte», esa otra noción, la de amor, que todo el párrafo viene insinuando? La respuesta a esta pregunta exige recordar ciertas propiedades de las ecuaciones preconscientes y aplicarlas justamente a la frase que estudiamos, cosa de que nos ocuparemos en el capítulo próximo. Para entonces dejo, pues, el asunto.

Y es que antes de entrar, con tal capítulo, en ese nuevo tema, aclarador, espero, de la cuestión planteada, será útil ver, por lo pronto, para familiarizarnos con ellos, algunos ejemplos más de disemia heterogénea anacrónica, semejantes al que acabamos de exponer. No necesitamos ir muy lejos para encontrarlos. El mismo párrafo de «El amor no es relieve» que ha sido objeto de nuestra reflexión presenta, entre otras, en un momento anterior al que nos cupo analizar, dos excelentes muestras más de lo mismo, que subrayo en este fragmento:

> *En tu cintura no hay nada más que mi tacto quieto. Se te saldrá el corazón por la boca mientras la tormenta se hace morada.* Este paisaje está muerto. Una piedra caída indica que la desnudez se va haciendo. Reclínate clandestinamente. En tu frente hay dibujos ya muy gastados. *Las pulseras de oro ciñen el agua y tus brazos son limpios, limpios de referencia.* No me ciñas el cuello que creeré que se va a hacer de noche. Los truenos están bajo tierra. El plomo no puede verse. Hay una asfixia que me sale a la boca. Tus dientes blancos están en el centro de la tierra.

Una de las dos frases a que aludo es la inicial del trozo transcrito, examinado parcialmente por nosotros más arriba, cuyo

---

[7] Más adelante hemos de percibir una diferencia aún más esencial. Y es que el hecho mismo de la inconexión arroja una cierta sospecha de irrealidad sobre el significado realista del originador, lo irrealiza, si se me permite el vocablo: véanse las págs. 210-212 del presente libro.

paralelismo técnico y de representación con el que hemos venido comentando en las páginas anteriores favorece mucho su análisis:

> En tu cintura no hay nada más que mi tacto quieto. Se te saldrá el corazón por la boca mientras la tormenta se hace morada.

Entre la oración primera, puramente erótica (el originador: «en tu cintura no hay más que mi tacto quieto») y la segunda, de ahogo mortal (el originado: «se te saldrá el corazón por la boca mientras la tormenta se hace morada») hay una inconexión lógica y emocional que el lector necesita superar y que, en efecto, supera, en su proceso X, del modo que sabemos: haciendo que ambas frases se busquen en una posible emoción común, que, por sí misma, de ningún modo se establecería. O de otro modo: que se busquen en un posible flujo preconsciente.

El hecho de que «el corazón» se salga «por la boca» (idea del originado) nos hace imaginar, del modo dicho, que el «tacto quieto» del originador, aparte de ser «tacto amoroso», sea «tacto homicida», «apretón mortal», con lo que ya tenemos la fórmula que en el autor (dirección Y) hubo de tener forzosamente esta orientación:

> tacto quieto en el sentido de caricia amorosa [= tacto quieto en el sentido de apretón mortal =] emoción de apretón mortal en la conciencia [= apretón mortal =] «se te saldrá el corazón por la boca».

pero que en el lector (dirección X) se manifiesta, en cierto modo, al revés: al tener a la vista los dos términos, el originador y el originado, uno frente al otro, el lector los constreñirá a simbolizar una misma significación. En esta estrechura, el originador se producirá, como sabemos, tal como se produjo en el ánimo del autor:

> tacto quieto en el sentido de caricia amorosa [= tacto quieto en el sentido de apretón mortal =] emoción de apretón mortal en la conciencia.

Y el originado se producirá de este otro modo, que invierte, según dijimos[8], las ecuaciones «creadoras» del proceso Y sintagmático:

> se te saldrá el corazón por la boca [= apretón mortal =] emoción de apretón mortal en la conciencia.

O sea: la inexplicabilidad de todo orden propia del originado («se te saldrá el corazón por la boca») oprime al originador para que éste se ponga «tardíamente» a gotear su simbolizado «apretón mortal», que él mismo, a su vez, simboliza. Se forma, como siempre, en el originado, un símbolo «actual», y en el originador, un símbolo «retroactivo», de disemia heterogénea anacrónica, pues «tacto quieto», que antes, al ser leído en soledad, sin haberse complicado mentalmente con el originado («se te saldrá el corazón por la boca») significaba sólo lógicamente para el lector «caricia amorosa», significará después, tras esa complicación, pero de modo irracional, mortal apretón. Como se ve, el mecanismo es idéntico al que veíamos en el caso de «no me ciñas el cuello», y la intuición poética que lo preside, la misma: la idea del «amor como muerte».

No sobrará comentar ahora el otro ejemplo que, líneas abajo, el mismo poema ofrece:

> Las pulseras de oro ciñen el agua y tus brazos son limpios, limpios de referencia.

El sintagma «las pulseras de oro» es una metáfora de tipo tradicional que podría, incluso, haber escrito Góngora: una metáfora basada, pues, en semejanzas lógicas: «el sol ciñe el agua con sus rayos y en eso se parece a las pulseras de oro». Tal es lo que el lector entiende, de primeras, cuando sólo ha leído la estricta frase «las pulseras de oro ciñen el agua», que va a hacer de originador. Pero, de pronto, este significado, plano y puramente racional, se le profundiza al lector doblándose de un significado irracional, al llegar a la segunda parte del párrafo, esto es, al llegar al originado («y tus brazos son limpios»), pues la

[8] Véanse las págs. 128-129 y la nota 6 a la pág. 129.

comprensión emocional de esta evidente fuga de ideas (ser limpios los brazos no tiene nada que ver, ni emotiva ni lógicamente, con que el sol brille en el agua) requiere que el originador prolifere de modo preconsciente, exige que «pulseras de oro», en el sentido de «rayos de sol que ciñen el agua», se identifique con «pulseras de oro» en el sentido de «pulseras de oro de verdad», no metafóricas, «pulseras de oro de mujer»:

> pulseras de oro en el sentido de 'rayos de sol que ciñen el agua' [= verdaderas pulseras de oro de mujer que ciñen el agua =] emoción en la conciencia de 'pulseras de oro de mujer que ciñen el agua' [= pulseras de oro de mujer que ciñen el agua = si ciñen el agua las pulseras de oro de mujer no ciñen los brazos de la mujer =] tus brazos están limpios (de pulseras de oro).

Ahora sí comprendemos: como esas «pulseras de oro» están en el agua, no pueden estar en los brazos de la amada, que aparecen «limpios»; limpios, por supuesto, «de pulseras». Lo que hace aquí Aleixandre es, nuevamente, ser fiel a su visión del mundo: en este caso, a su elementalismo cósmico, que ama lo natural e instintivo y repugna consiguientemente todo artificio, especialmente el artificio ornamental y decorativo. No cabe que la amada, en trance de supremo amor, que es para Aleixandre el amor pasión, se adorne y desvirtúe con «pulseras»: éstas se hallan, pues, lejos: en el agua.

¿Qué ha pasado aquí? Lo de siempre: cuando el lector está ya en el originado («y tus brazos son limpios»), un originador puramente lógico («las pulseras de oro ciñen el agua» en el sentido de «rayos de sol») desde su sobrepasada existencia, ha emanado, perezosamente, en simbolización «anacrónica», su irracional significado «retroactivo», «pulseras de oro de mujer». Y algo parecido, pero con «actualidad», ha hecho el originado, ya que la frase «y tus brazos son limpios» la entendemos emocionalmente como «limpios *de pulseras*»: ese «de pulseras» es, sin duda, un simbolizado [9].

---

[9] La crítica del superrealismo ha desconocido tenazmente hasta hoy cuanto llevamos dicho acerca del proceso Y, del proceso X y de sus pro-

EL PROBLEMA DE LA CONCIENCIACIÓN DEL ORIGINADO Y EL PROBLEMA DE LA CONCIENCIACIÓN EMOTIVA

Repitamos la idea central de este capítulo: todo proceso Y tiene dos momentos de concienciación: el momento emotivo y el momento sintagmático. Conocemos la razón de que el originado se conciencie, de que sea un determinado elemento y no otro el que desde el preconsciente aflore de modo lúcido en la mente del autor: esa razón es, dijimos, la voluntad consciente en el poeta de expresar la emoción que el originador le ha producido. Sólo se concienciará aquel ingrediente de la serie sintagmática que sea capaz de expresar esa emoción. Y así la emoción fúnebre que, dada su peculiar visión del mundo, le pro-

piedades (identificación de los términos sucesivos, seriedad de las ecuaciones; y luego inconexión emocional, etc.), y, por tanto, las razones precisas por las que las secuencias superrealistas se convierten en símbolos. Lo más que esa crítica ha llegado a decir es que el paso de un sintagma a otro se realiza, en algunos casos superrealistas, automáticamente, a través de términos terceros que permanecen tácitos. Es curiosa, pero no inexplicable, esta ceguera crítica frente a la expresividad tanto del simbolismo como del superrealismo. Parece como si un duro e insorteable prejuicio (el de que la poesía, el arte, irracionales no necesiten, durante el acto de la lectura, ser interpretados) estuviese impidiendo, desde el comienzo de la irracionalidad, un análisis suficiente del tema (o al menos un análisis encaminado hacia ello). Sólo, si acaso, se describen por fuera ciertos evidentes fenómenos, los cuales resultan entonces, ellos mismos, claro está, externos e irrelevantes (véase Michaël Riffaterre, «La métaphore filée dans la poésie surréaliste», *Langue française,* núm. 3, ed. Larousse, sept. 1969, págs. 46-60; y véase también Marguerite Bonnet, *André Breton. Naissance de l'aventure surréaliste,* París, Librairie José Corti, 1975, páginas 387-393). Tal vez se estén confundiendo dos cosas que deberían verse como separadas. Pues si bien es cierto que para emocionarnos no necesitamos entender distintamente un significado consciente, también es verdad que para penetrar en el conocimiento *científico* (indispensable) de la naturaleza del hecho simbólico y del hecho superrealista se hace preciso descifrar antes el secreto sentido del texto, a través, precisamente, del análisis de la emoción que hayamos experimentado previamente como lectores.

dujo a Aleixandre el originador «no me ciñas el cuello» en su sentido amoroso (ya que tal poeta suele relacionar las ideas de amor y muerte) queda expresada en la noción «noche» que escribe a continuación como originado, puesto que ese elemento puede ser conectado a esa emoción, a través de ecuaciones preconscientes:

> emoción de muerte en la conciencia [= muerte = no veo = oscuridad =] noche.

Nuestra pregunta inicial sobre el motivo de la concienciación del originado queda de este modo, a mi juicio, resuelta. Pero tal vez alguien, sustituyendo una cuestión por otra, traslade ahora su inquietud, desde el originado, que ya no le preocupa (si en efecto es así), al simbolizado de la «primera serie», que sigue siendo acaso para él un enigma. O sea: traslada en nuestro imaginario supuesto su interrogación y perplejidad, desde el final de la «serie sintagmática», al final de la «serie emotiva». ¿Por qué la «serie emotiva», o «primera», termina donde termina, y no antes o después? La contestación resulta aquí fácil y escueta: es obvio que ese hecho depende siempre, en primer lugar, de la visión del mundo del autor en relación con el objeto de que se trate, de su manera personal de sentir la vida, el mundo y las cosas del mundo; y luego, en segundo lugar (acudamos aquí al tópico «last but not least»), depende también de la variable y azarosa emotividad del autor en ese instante preciso en que escribe. Un mismo poeta puede reaccionar emotivamente, es ocioso decirlo, de maneras múltiples frente al mismo objeto incluso en el momento exacto en que escribe, aunque esto lo haga, al menos en sus momentos de plena autenticidad, dentro de los flexibles límites de una cosmovisión que le mueve en una determinada dirección predilecta, la cual afecta a su obra como conjunto, orientándola de un cierto modo. Se trata, pues, de un problema en gran medida personal, psicológico, y por tanto *impredecible* en su concreción, aunque sea con frecuencia *explicable,* una vez ocurrido, como sucede en los hechos de la historia. Conociendo, pongo por caso, la visión del mundo de Aleixandre, su idea del amor como muerte, aunque nadie, claro está, hubiere podido prever cuál iba a ser su respuesta emocional frente a la oración «no me ciñas el cuello», sí podemos entender (tras leer, por supuesto, el poema «El amor no es relieve») que ante ella el poeta haya reaccionado como reaccionó, esto es, que haya experimentado una emoción fúnebre que le condujo a escribir a continuación el originado, la frase «que creeré que se va a hacer de noche».

Las tres posibilidades de concienciación de la serie sintagmática

Un último punto quiero tocar antes de terminar este capítulo: el de las posibilidades de concienciación de la serie sintagmática. Dijimos más arriba que la serie sintagmática podía ser más o menos larga: desde tener un solo miembro preconsciente hasta tener muchos miembros. Pues bien: el número de sus unidades depende de lo que el autor haga con la emoción misma, que forzosamente habrá de ser una de estas tres cosas:

Primero, concienciar su núcleo significativo. Sin salir del gran párrafo de «El amor no es relieve» que antes copié tenemos un ejemplo:

> Se te saldrá el corazón por la boca mientras la tormenta se hace morada. Este paisaje está muerto. Una piedra caída indica que la desnudez se va haciendo.

En este fragmento hay una primera inconexión entre «se te saldrá el corazón por la boca» y «mientras la tormenta se hace morada» que, de momento, no nos interesa, pues su fórmula preconsciente tiene otra clase de interés distinta a aquella en la que ahora estamos: la de hallarse constituida por una sucesión de metonimias en lugar de metáforas [10]:

---

[10] Sobre lo que son las metonimias preconscientes y su diferencia con las conscientes véase el Apéndice cuarto, págs. 451 y sigs.

se te saldrá el corazón por la boca [= asfixia =] emoción de asfixia en la conciencia [= asfixia = rostro morado = realidad morada =] tormenta morada.

Lo que nos importa es la «inconexión» que viene después entre «tormenta morada» (originador) y «este paisaje está muerto» (originado), pues ahí yace la ejemplificación que buscamos. Veamos, en efecto, cuál es el flujo confundente desencadenado por el sintagma «tormenta morada»:

tormenta morada [= color oscuro = noche = no veo = tengo menos vida = estoy en peligro de muerte = muerte =] emoción de muerte en la conciencia [= muerte =] este paisaje está muerto.

Cuando ocurre esto, cuando la serie sintagmática ostenta su máximo de brevedad, *no hay posibilidad de simbolismo en el originado, ya que tal simbolismo coincidiría con su propio significado lógico* (aquí la idea de «muerte»). El simbolismo se produce sólo, retroactivamente, en el originador, donde la coincidencia, por definición, no se da. Y así la frase «mientras la tormenta se hace morada» simbolizará, de ese modo, ella sí, «muerte». Anotemos este importante hecho de la anulación del simbolismo del originado y no el del originador, en estos ejemplos extremosamente «breves», de *inmediata* concienciación del significado emocional, pues nos saldrá al paso más adelante con alguna frecuencia.

Segundo, en vez de concienciarse el núcleo significativo de la emoción, cabe que se conciencie solamente alguna de sus consecuencias significativas, un «desarrollo» cualquiera de su rehuida entidad, que, en cuanto tal, permanece escondida en el preconsciente. Ilustra a la perfección este caso la frase, analizada hace muy poco, de las «pulseras de oro»: «las pulseras de oro ciñen el agua y tus brazos son limpios», ya que siendo su esquema «mágico»[11] éste:

---

[11] Llamo «esquema mágico» al que sirve para representar a los procesos preconscientes, ya que éstos son, en efecto, idénticos a los que dan origen a las prácticas de la brujería y de la magia. Véase mi libro *El irracionalismo poético...*, págs. 245-250.

«pulseras de oro» en el sentido de «rayos de sol que ciñen el agua» [= pulseras de oro de mujer que ciñen el agua =] emoción en la conciencia de 'pulseras de oro de mujer que ciñen el agua' [= pulseras de oro de mujer que ciñen el agua = si ciñen el agua las pulseras de oro no ciñen los brazos de la mujer =] «y tus brazos son limpios» (de pulseras de oro de mujer),

es fácil ver que el originado «y tus brazos son limpios» es un «desarrollo» de la última ecuación preconsciente «pulseras de oro de mujer», que se nos aparece como una ecuación más de tipo metonímico [12] (ya que hay una relación de causa a efecto entre ambos miembros): puesto que las «pulseras de mujer» están en el agua, «tus brazos son limpios» de pulseras. En este caso, hay ya, por supuesto, doble simbolismo, tal como hace muy poco hemos visto.

Por último, tercero, es posible también no concienciar inmediatamente el núcleo significativo de la emoción, o una consecuencia suya, sino que, partiendo de la afirmación de tal núcleo semántico y emotivo en el preconsciente, prolongar la corriente identificativa «mágica» más allá de él, «saltar» a otro ser, en otra u otras ecuaciones, como comprobábamos hace poco en el ejemplo de «no me ciñas el cuello» en cuanto a su relación con «noche»:

no me ciñas el cuello (amorosamente) [= no me ciñas el cuello destructoramente = muerte =] emoción de muerte en la conciencia [= muerte = oscuridad =] (noche) «que creeré que se va a hacer de noche»;

y como hemos de ver en otros ejemplos a lo largo del presente libro, pues este caso es el más frecuente. No hay que decir, porque lo hemos dicho ya, que también aquí se da la simbolización dúplice del originado y del originador en el sentido que sabemos.

---

[12] Véase el significado de «metonimia preconsciente» en las páginas 451-454 de este libro.

Capítulo IV

LA SIMBOLIZACIÓN TRANSITIVA

Tres clases de metáforas preconscientes

Antes de continuar el análisis del párrafo de «El amor no es relieve» en que estábamos al comienzo («no me ciñas el cuello...»), nos convendrá hacer aquí un breve alto para, a la luz de lo que llevamos ya visto, fijar algunos conceptos terminológicos, que nos serán después de gran ayuda. Hemos llegado a la conclusión de que cualquier eslabón de la cadena preconsciente se ofrece como plano real, pero también como plano imaginario de cualquier otro previo, y que, concretamente, tal eslabón cumple ese oficio respecto del originador. En un proceso Y como éste:

A [= B = C =] emoción de C en la conciencia [= C = D =] E

o en fórmula simplificada:

A [= B = C = D =] E

en que A representa al originador y E al originado, podemos, pues, considerar que B es el plano imaginario de A; pero lo mismo nos pasará con E, al que igualmente podemos entender como metáfora de ese elemento primero. Cualquier miembro de la cadena es un plano imaginario del originador (y no sólo de él, dijimos). Pero la ecuación metafórica constituida por el originador y el originado

$$A = E$$

¿tiene la misma índole metafórica que, por ejemplo, la ecuación A = C? Evidentemente, no. De la primera (A = E) sabemos, por lo pronto, algo: los dos términos A y E (el plano real y el imaginario) se nos aparecen como vocablos o sintagmas que tienen un significado lógico, recibido, a través de la razón, por la conciencia (significado que puede ser, por supuesto, un despropósito, una irrealidad); pero además de tener significado lógico, esos sintagmas o vocablos tienen significado irracional, recibido, igualmente, por nuestra conciencia, pero ahora a través de la emoción. Y hay más: aunque nuestra razón ignore la relación identificativa entre A y E, entre originador y originado, nuestra emoción la sabe. El mejor nombre, pues, para estas metáforas constituidas por un originador y un originado será el de *«metáforas preconscientes escritas y no concienciadas». «Escritas»*, porque los dos términos A y E (plano real e imaginario) resultan sintagmáticos, han sido confiados al papel por mano del autor, y allí se ostentan legiblemente. *«No concienciadas»*, porque la noción *equiparativa* (el signo =) permanece oculta en el preconsciente y sólo se hace perceptible de manera emotiva. En frase breve: son éstas metáforas en las que sólo se ha hecho lúcida la mera existencia de sus dos planos, «real» e «imaginario», pero no lo que tienen de entes relacionados metafóricamente, lo que tienen precisamente de metáforas.

Las otras (las otras metáforas), es decir, las formadas por dos términos de la serie distintos de la pareja como tal originador-originado (sea, por ejemplo, A = B; o A = C; o C = D, etc.) presentan de algún modo carácter opuesto, pues somos perfectamente inocentes de ellas. Nuestra ignorancia en este caso es doble: lógica y emocional, de modo que carecen de existencia para nosotros en cuanto lectores, y si pese a todo podemos, en cuanto críticos, llegar a su conocimiento, es porque la mera existencia del originador, junto a la del originado, las está *postulando*. Por paralelismo con las anteriores, llamémoslas «metáforas preconscientes no escritas y no concienciadas». En efecto, no se escriben (el hecho de que el originador pueda ser uno de los miembros, no cambia la esencia del asunto, ya que al ausentarse del texto el otro término, falta lo principal, que es la relación sintagmática entre ambos, que el lector emocionalmente, preconscientemente, establece). Y al no estar escritas no las conocemos ni siquiera como significaciones. ¡Mal podríamos entonces conocerlas como tales metáforas! Son para nosotros realidades parecidas a lo que fueron los ángeles para Santo Tomás de Aquino, que tanto sabía de ellos, sin haberlos visto ni sentido, creo, jamás.

Más adelante tendremos ocasión de relacionarnos con un tercer tipo de metáforas preconscientes de las que sólo puedo avanzar aquí el nombre: son las que denominaremos «metáforas *preconscientes* escritas y *concienciadas*». No puedo, sin embargo, ser más explícito, pues me lo veda la necesidad de evitar desviaciones que nos aparten gravemente de nuestro tema estricto, y ésta, sin duda, nos habría de desviar. Sólo diré que hemos tocado aquí una de las cuestiones decisivas de nuestra investigación.

Simbolización transitiva e inconexión

Podemos, tras lo dicho, acometer la cuestión planteada más arriba: ¿por qué, nos preguntábamos, en la frase «no me ciñas el cuello que creeré que se va a hacer de noche», la palabra «noche», que simboliza «muerte», simboliza también «amor», y, por tanto, la noción compleja «amor destructivo»?

El análisis de la índole de las ecuaciones preconscientes realizado en el capítulo penúltimo nos permite ahora llegar a una respuesta clara. La fórmula «mágica» de la expresión

> No me ciñas el cuello que creeré que se va a hacer de noche

sería:

> no me ciñas el cuello amorosamente [= no me ciñas el cuello destructoramente = muerte =] emoción de muerte en la conciencia

[= muerte = tengo poca vida = no veo =] («noche»:) «que creeré que se va a hacer de noche».

Estas ecuaciones, al surgir con «seriedad», ostentarán entre ellas una identificación «realista», y, por tanto, se producirá en el conjunto el efecto de transitividad que ya conocemos. De modo que en el término último, «noche», que significa «muerte», estará el término primero, «no me ciñas el cuello amorosamente», y, en consecuencia, el erotismo en que éste consiste.

Los dos significados, «amor» y «muerte», se juntarán así en el término «noche», como simbolización compleja suya que ese término ha alcanzado, en virtud de dos mecanismos que aunque diferentes, coinciden en ser los dos frutos de la inconexión. En un primer instante, el lector, en su intento de superar la falta de ilación lógica y emocional con que el originado le inquieta, lanza, desde este último término («que creeré que se va a hacer de noche»), un puente que preconscientemente le pueda unir con el originador («no me ciñas el cuello»), con lo que surge, de rechazo, en su propio seno, el simbolizado «actual» «muerte». Y una vez que el «tendido» funciona, y se comunican ya originador y originado, ambos quedan mágicamente identificados «realmente» también en el ánimo del lector, por lo que en el segundo, «noche», estará el primero, «no me ciñas el cuello», o sea, la idea del «amor», temido a la vez que deseado.

Apuntemos, pues, en nuestra memoria este tipo de simbolización, la «transitiva», como distinta de las otras dos, la «retroactiva» y la «actual», que el fenómeno de la relación entre un originador y un originado produce.

CAPÍTULO V

LA «INCONEXIÓN» SUPERREALISTA Y LA «CONEXIÓN» DEL IRRACIONALISMO ANTERIOR NO VANGUARDISTA: EL PROCESO «Y» DE CONEXIÓN

LOS CONCEPTOS DE INCONEXIÓN Y CONEXIÓN

He querido comenzar la ilustración de nuestro concepto de inconexión superrealista con ejemplos claros (muy frecuentes, por otra parte, en esta poesía, como el lector, quizá, ha podido comprobar), a fin de otorgar máximo relieve y visibilidad a la diferencia que al propósito media entre superrealismo e irracionalismo no vanguardista. Dentro de los casos que estamos examinando de no concienciación del nexo metafórico que une preconscientemente en el ánimo del autor (proceso Y) al originador A con el originado E, diremos entonces: frente a la inconexión del superrealismo, la conexión del irracionalismo no vanguardista. Como tan concisa y tajante fórmula (que pretende apresar en rápida síntesis nada menos que la esencial discrepancia entre esos dos instantes de nuestra historia literaria) se presta al malentendido, conviene examinarla despacio.

Aparentemente, en notoria contradicción a nuestra tesis, no hay conexión en muchos momentos de la poesía no vanguardista, al menos en su zona más evolucionada y madura (por ejemplo, en algunas canciones lorquianas; pero, antes, también, incluso, en algún raro poema de Antonio Machado, el que lleva, digamos, el número XXVIII en sus *Poesías completas).* ¿Qué quiero dar a entender, pues, con ese término, «conexión»? ¿A qué «conexión» y a qué «inconexión» me refiero?

Empiezo por decir que en la poesía no vanguardista es frecuentísimo el irracionalismo heterogéneo y hasta el irracionalismo heterogéneo encadenado, donde la conexión lógica impera absoluta. No sólo la mayoría de los poemas de Antonio Machado [1] son así, sino también bastantes canciones del propio Lorca y, por supuesto, grandes trozos simbólicos de sus romances [2]. Tales casos no ofrecen problema. El lector encuentra en ellos una superficie lisa, de congruencia incesante, en la que el lector no tropieza. Nada tienen que ver estas facilidades con la fragosa y anfractuosa apariencia de la poesía superrealista, llena de roturas, interrupciones, quiebros, desvíos. Son mundos opuestos. Mas la oposición no es tan radical si de lo que hablamos es de ese otro tipo de poemas que hemos llamado «irrealistas», practicantes del segundo tipo de irracionalidad. Y es en ellos donde puede surgir el equívoco. Sería, sin embargo, un error, y muy grave, considerar que existe «inconexión» en tales poemas, usando el término en sentido superrealista. Pero «inconexión» en otro sentido sí lo hay: hay, en efecto, «inconexión lógica». ¿No estamos entonces, exactamente, en el mismo caso que tan minuciosamente hemos descrito para el fragmento de «El amor no es relieve»? Pues si en el irracionalismo «irrealista» de Machado y las *Canciones* de Lorca, etc. no se percibe conexión lógica, la única conexión que nos queda como posible para tal irracionalismo es precisamente la preconsciente, la emocional, que también, en tal circunstancia, el superrealismo nos ofrece. ¿No hay en tal circunstancia, contra todos nuestros pronósticos, vuelvo a preguntar, diferencia ninguna entre esas dos formas de irracionalidad?

Este es el espinoso problema que nos corresponde ahora resolver, y en el que confieso vine a tropezar en un primer ins-

---

[1] Ejemplo, el poema XXXII copiado en la pág. 61.

[2] Ejemplo, las frases «los caballos negros son», «las herraduras son negras» que hemos comentado en las págs. 28-30.

tante. El poeta irracionalista anterior a la vanguardia utiliza, en efecto, en estas piezas límite que consideramos, conexiones puramente irracionales, emotivas, en el tránsito entre un primer elemento y un elemento segundo del discurso, exactamente como lo hace el poeta superrealista. La diferencia, pues, no está aquí: los dos tipos de poeta realizan, no hay duda, una faena idéntica en lo esencial. Pasan, en una cadena *preconsciente,* de un término poemático a otro; pasan, pues, *emocionalmente.* ¿Dónde se halla, entonces, la separación entre ellos?

La separación no está en lo que hace *el poeta,* que es en este sentido lo mismo en cada caso, *sino en lo que hace el lector.* Pero no olvidemos que un poema es «lo-que-es-para-el-lector», no «lo-que-ha-sido-para-el-poeta». La discrepancia, pues, de «lectura» es la que cuenta. Pues bien: el lector, en el superrealismo, no acompaña al poeta desde el originador en su tránsito con acompañamiento tal que la meta, el originado, en cuanto surja, se le pueda hacer, a ese lector, emocionalmente comprensible. Al revés: el lector recibe en su espíritu el originador, y al recibirlo, lo entiende emocionalmente de modo *distinto* a como lo entiende el poeta, no experimentando ante él la emoción irracional que el autor, en cambio, experimenta. Y como sin esa emoción el originado no se explica, éste aparece, de hecho, para el lector, inexplicable, disparatado, inconexo, no sólo lógicamente, *emocionalmente también,* tal como me apresuré a adelantar páginas atrás, en ese primer instante que ahora describimos. Lo que para el autor había sido conexión emotiva entre originador y originado, *para el lector no lo es.* Para el lector es, al contrario, interrupción emocional, quiebra, inconexión, desatino. Y, como dijimos, es precisamente este rompimiento de la continuidad lógica y *emocional* lo que obliga al lector a reconstruir preconscientemente, emotivamente, lo que hubo de ser, forzosamente, el proceso asociativo, asimismo emotivo y preconsciente, del autor.

Lo opuesto ocurre en el caso no vanguardista, en que el *lector se emociona* frente al primer elemento del discurso *en la misma dirección y del mismo modo que el poeta,* por lo que va siguiendo a éste con fidelidad en su traslado preconsciente, y al seguirle no puede experimentar perplejidad (que es el sentimiento típico del lector de poesía superrealista) frente al originado, que sólo lógicamente (no emocionalmente, no preconscientemente) es absurdo. Pero ¿cómo ha sido posible esto? ¿Cuál es el requisito para que pueda darse esa identidad entre lector y poeta, en cuanto a la emoción que ambos reciben del originador? La respuesta es obvia: la condición única consiste en que el originador se constituya como un símbolo cuya expresividad *plena* dependa de un contexto *previo al originado,* un contexto que el autor *conozca,* por tanto, *en el mismo sentido que el lector.* O de otro modo: que el originador sea ya por completo, en el momento de ser leído por lector y poeta, un símbolo *poemático,* es decir, un símbolo *objetivo.* Lo que sucede en el superrealismo es que, al revés, el originador aparece ante el poeta *a causa de la visión del mundo de éste* (o, al menos, a causa de la visión *personal* de éste en ese exacto punto y hora) de un modo exclusivamente *subjetivo,* o sea, como lo que poemáticamente no es *aún.* Diríamos que el poeta, quien, como sabemos, es «lector» en la primera serie de su proceso Y, resulta, en estos casos, un «mal» lector, lee «mal», se «equivoca», desde el punto de vista poemático, en su lectura del originador, al que interpreta de un modo poemáticamente «caprichoso». De ahí la discrepancia con el lector, que, en cambio, cumple a satisfacción su cometido, lee «bien», entiende como es debido el originador, al que mira correctamente, o sea, con ojos estrictamente poemáticos.

Volviendo ahora a la inconexión superrealista, debo añadir, para completar nuestra concepción de ella, que, por supuesto, esa inconexión no es una verdadera inconexión, pues si lo fuese resultaría de demolición imposible. Se trata de una inconexión que aparece como tal sólo a los ojos *del lector* en *un primer instante* de su lectura, que luego puede éste superar, y que en efecto supera, en un momento segundo, a través de una labor restauradora que le hace ver la conexión oculta, manejada preconscientemente por el poeta. El hilván, pues, aunque secreto, existía, y por eso cabía encontrarlo, cabía que el desconcierto se deshiciese poco después; el bloque de inconexión entra en deshielo, y se derrite y trueca en una ola de súbita expresividad, en una como iluminación repentina, que se acompaña de alegría estética[3]: es el instante poético propiamente dicho.

EL PROCESO Y DE CONEXIÓN EN UN POEMA IRRACIONAL NO VANGUARDISTA: ANÁLISIS DE «MALESTAR Y NOCHE», DE LORCA

Un ejemplo concreto aclarará y mostrará, espero que con transparencia, la exactitud de nuestras aseveraciones. Y para que nuestra ilustración quede reforzada en su carácter de prueba, no elijamos como punto de referencia comparativa un poema cualquiera de entre el repertorio del irracionalismo no vanguardista. Tomemos, al contrario, un poema extremoso, máximamente irracional, pero perteneciente a esa tendencia cronológicamente anterior. Lo que vamos a comparar es, pues, una composición de irracionalidad «fuerte» e imperiosa, aunque no superrealista, con los fragmentos superrealistas que nos son ya familiares. Creo que la canción de Lorca «Malestar y noche» cumple a la perfección esas condiciones, con la ventaja adicional de que anteriores análisis en otros trabajos míos[4] nos la han podido hacer ampliamente conocida, lo cual contribuirá a abreviar sensiblemente nuestra exposición. Copiémosla:

Abejaruco.
En tus árboles oscuros.
Noche de cielo balbuciente
y aire tartamudo.

Tres borrachos eternizan
sus gestos de vino y luto.

---

[3] Expresión usada por Sartre, en vez de «placer estético». Véase Jean-Paul Sartre, *Qu'est-ce que la littérature,* París, ed. Gallimard, Col. Idées, 1969, pág. 73: el placer estético «que je nommerais plus volontiers, pour ma part, joie esthétique».

[4] Véase *El irracionalismo poético (El símbolo),* Madrid, ed. Gredos, 1977, págs. 205-208 y 211-214.

Los astros de plomo giran
sobre un pie.
Abejaruco.
En tus árboles oscuros.

Dolor de sien oprimida
con guirnalda de minutos.
¿Y tu silencio? Los tres
borrachos cantan desnudos.
Pespunte de seda virgen
tu canción.
Abejaruco.
Uco, uco, uco, uco.
Abejaruco.

Cuando en el comienzo del poema leemos:

Abejaruco.
En tus árboles oscuros,

experimentamos una impresión simbólica de misterio y de incognoscibilidad frente a esos «árboles oscuros» que suponemos ser los de nuestra selva interior, y frente a ese enigmático abejaruco, inexplicable en medio de tales árboles. Nuestras ecuaciones preconscientes serían entonces éstas:

Abejaruco en tus árboles oscuros [= no veo y no entiendo = incomprensibilidad misteriosa =] emoción de incomprensibilidad misteriosa en la conciencia.

Pero ocurre que, al parecer, *esas ecuaciones del lector coinciden exactamente con las del poeta,* puesto que la frase escrita por éste a continuación

Noche de cielo balbuciente
y aire tartamudo

las supone. En efecto: ¿cómo ha pasado el autor desde «Abejaruco en tus árboles oscuros» hasta los versos que acabo de copiar acerca de la «noche»? El puente es, a todas luces, preconsciente. Helo aquí en su doble actividad. Por un lado:

> Abejaruco en tus árboles oscuros [= no veo y no entiendo = incomprensibilidad misteriosa =] emoción de incomprensibilidad misteriosa en la conciencia [= incomprensibilidad misteriosa = no veo =] noche.

Por otro lado:

> Abejaruco en tus árboles oscuros [= no veo y no entiendo = incomprensibilidad misteriosa =] emoción de incomprensibilidad misteriosa en la conciencia [= incomprensibilidad misteriosa = realidad que balbucea, que tartamudea y dice incomprensiblemente su ser =] «cielo balbuciente y aire tartamudo».

Si comparamos ahora estos dos procesos Y del autor con el simbólico del lector que más arriba esquematicé, notamos que éste, el proceso simbólico del lector, repite, como adelantábamos, con precisión insuperable, la «serie emotiva» de ambos procesos del poeta. Mirado desde otra perspectiva: el lector recibe del originador *la misma emoción* que al poeta ha embargado antes. Pero esa emoción que al poeta ha embargado es la que, a través de dos series sintagmáticas convergentes, da lugar, inmediatamente después, al originado «noche de cielo balbuciente y aire tartamudo». ¿Qué se sigue de aquí? Que la emoción del lector, *en cuanto que es la misma del autor,* se relaciona con el originado hasta el punto de ser, de haber sido (en el autor) su causa directa, inmediata. El originado expresa la emoción que el lector siente: éste forzosamente tiene que percibir entonces ese originado a nivel preconsciente, o sea, emotivamente, *como máximo congruo*. Tal es lo que pretendíamos demostrar.

Estamos, pues, en las antípodas del superrealismo, que, de modo genial, invierte el sistema y hace seguir al lector un camino emocional *divergente* del que el poeta sigue en su hallazgo del originado. Las consecuencias de esta divergencia nos son ya conocidas, en su oposición a lo que acabamos de reconocer en «Malestar y noche»: primero, estupefacción del lector, al tropezar con la cerrazón pétrea del incomprensible originado, irrelacionable con lo que ese lector ha sentido y siente; y segundo, intento de salir de tal situación conflictiva por vías emocionales, preconscientes; y, por último, tercero, reconstrucción tranquilizadora del proceso del autor y establecimiento consiguiente de un simbolismo en el originador y de otro en el originado.

Los hechos son, en este punto, otros y opuestos, como dije, para el caso del irracionalismo no vanguardista que ejemplarmente refleja «Malestar y noche». El originado («noche de cielo balbuciente y aire tartamudo») es, en él y en todos los casos de esta especie irracional, de tipo ratificador. Y precisamente porque en lo esencial el originado confirma la emoción experimentada antes por el lector, éste no necesita buscar la emoción del autor, como cosa distinta de la suya, en un pasado verbal. El lector no se ve urgido a retroceder, a ser «retroactivo», pues dispone con «actualidad» y plenitud de la emoción del autor que es la suya. Se abre, pues (a través de un mecanismo que en el próximo capítulo me propongo describir), al nuevo simbolismo, al del originado. ¿Cómo? Tal simbolismo, como veremos, nace precisamente de la conexión (precisamente *de la conexión* y no de la inconexión como en el superrealismo) entre el originado y la previa emoción en que el lector está, a la que ofrece en otros campos de la realidad y de la vida. Ahora no son sólo los árboles los simbólicamente oscuros; lo es también, «conexamente», el ámbito entero, que se ha hecho nocturno («noche») con su cielo y su aire, de difícil percepción ambos en medio de la oscuridad, y por eso «balbuciente» (el cielo) y «tartamudo» (el aire).

El poema da un brusco giro («tres borrachos eternizan / sus gestos de vino y luto»), mas no por eso se produce el colapso mental, el cortocircuito de la emoción, el rompimiento de la cadena preconsciente en que el lector, junto al poeta, se halla situado. Estos borrachos (pronto lo hemos de ver) son emocionalmente «conexos» con los términos precedentes, los árboles oscuros, la noche, el cielo balbuciente, el tartamudo aire. Son otro símbolo de nuestra humana situación de ignorancia y desorientación acerca de nuestro destino. Hasta aparece el «luto», que, claro está, se relaciona con la oscuridad y nocturnidad anteriores. El poeta va como mirando alrededor y viendo confirmaciones sucesivas de su intuición inicial. Y el lector, siempre junto al poeta, se siente, a cada paso, ratificado y afianzado igualmente en sus sucesivas emociones, que se van ampliando, sin quebrarse en ningún instante. Así es como se explican, conexos con todo lo anterior, los «astros de plomo», que «giran» como en desconcierto y borrachera; y así es como se explica luego, del mismo modo conexo, la reiteración del estribillo («Abejaruco. En tus árboles oscuros»). Si se habla de «borrachos», es natural («conexión») que a continuación se mencione el «dolor de sien», ya que el exceso en la bebida comporta esas consecuencias desagradables. Pero como los «borrachos» eran símbolos del hombre perdido en la incomprensibilidad del mundo, y esta incomprensibilidad no era otra sino la que nos trae el misterio de la muerte y del tiempo, el dolor de sien resultará también trascendente y simbólico, aludirá al tiempo que pasa oprimiéndonos, angustiándonos: corona de espinas, guirnalda de minutos cruel:

> Dolor de sien oprimida
> con guirnalda de minutos,

no menos «conexa» al contorno verbal que cuanto le precede.

El poema va a terminar con una invocación al abejaruco:

> Uco, uco, uco, uco.
> Abejaruco.

Comprendemos finalmente por qué el poeta ha elegido como protagonista poemático a esta ave, al abejaruco. No sólo por la oscura *ú* acentuada de su nombre, que en su contexto sugiere irracionalmente «oscuridad», y por tanto también «incomprensibilidad», sino por la «intermitencia» de su canto («uco, uco, uco, uco»), perfectamente coherente entonces con el «cielo balbuciente», con el «aire tartamudo», y símbolo, en consecuencia, de lo mismo que esas realidades venían a simbolizar: hasta en este menudo pormenor el poema resulta, en nuestra definición, «conexo».

Pero tal vez surja en este punto una duda, que nos compete disipar. Hemos dicho que el verso penúltimo («uco, uco, uco, uco») ilumina el primero («abejaruco»), lo cual significa que «pone» en él una connotación simbolizante [5] que habrá que llamar «tardía»: la intermitencia del canto de ese pájaro, en cuanto símbolo de la incomprensibilidad con que la realidad se nos ofrece. La aparente similitud de este retrocedido simbolismo con el que la retroactividad del superrealismo manifiesta nos fuerza a un parangón.

¿Se trata del mismo fenómeno? De ninguna manera: más bien se trata de realidades en oposición. En el superrealismo, la retroactividad nacía de un previo tropiezo con el absurdo de lo inconexo. Porque se tropezaba con el problemático desatino, con el corte emocional y lógico, se intentaba adivinar la misteriosa concatenación creadora, y, de este modo, se retrogradaba, y se simbolizaba retroactivamente. En «Malestar y noche», por el contrario, se iba conexamente desde el originador «cielo balbuciente y aire tartamudo» al entonces comprensible originado «abejaruco uco uco uco uco». Y es al llegar a ese originado, a este abejaruco intermitente, *perfectamente inteligible en forma emocional desde el primer instante,* cuando se nos ilumina la significación del otro «abejaruco», el no explícitamente intermitente, en cuanto que ambos abejarucos son uno y el mismo. En suma: aquí no hemos ido hacia el verbal pretérito repelidos por el duro escollo de un problema que nos hiciere buscar una solución, sino, al revés, hemos ido hacia atrás *por haber dado* inopinadamente *con una solución,* que convirtió retrospectiva-

[5] Quiero decir que pone en él una connotación tardía que inicia de inmediato en el ánimo del lector un proceso simbolizante:

> Abejaruco [= canto intermitente = realidad intermitente = realidad que tartamudea, que balbuce su ser = realidad conocida de modo intermitente, realidad últimamente incognoscible =] emoción de realidad conocida de modo intermitente, emoción de realidad últimamente incognoscible (de realidad misteriosa).

mente en problema, *pero en problema resuelto antes de surgir,* a un elemento del pasado, que nunca habíamos percibido como, en ese sentido, problemático. Y como la solución llegó antes que el problema, en ningún momento nos hemos tenido que parar, momentáneamente paralíticos, frente al paredón del absurdo emocional. Dicho de otro modo: no fue *la inconexión* la que nos llevó a la simbolización retrasada y regresiva, sino que produjo ese efecto *la conexión,* con respecto al contexto precedente, de un término final, que al ser repetición de otro del comienzo, nos lo ilumina al iluminarse. Y como una de esas iluminaciones (la del término final) era conexa, conexa será la otra, su consecuencia, ya que ambas son, en definitiva, una iluminación sola de un solo término, situado, eso sí, en dos instantes verbales no coincidentes.

El irracionalismo no vanguardista y el superrealista se nos ofrecen, de este modo, como fenómenos exactamente contrapuestos en el decisivo punto de sus relaciones con el contexto. Y tal polaridad la expresamos, creo, fielmente con los nombres que hemos otorgado a su contraria actividad afín: conexión e inconexión.

Proceso Y de inconexión y proceso Y de conexión

Elevemos nuestro comentario a teoría general y digamos esto: hay, por lo pronto, dos clases de procesos Y, o del autor. Procesos Y de inconexión, que definen al superrealismo, y procesos Y de conexión, que definen a todo el período irracionalista, de Baudelaire para acá. Los primeros producen símbolos «inconexos» (retroactivos, actuales y transitivos). Los segundos producen símbolos conexos (cuya tipología dejo para instante más propicio, pero que constituyen, por lo pronto, una gran parte de las imágenes visionarias, las visiones y los símbolos que la poesía ha venido manejando desde el comienzo del período contemporáneo).

Capítulo VI

EL PROCESO «X» DE CONEXIÓN: LA SIMBOLIZACIÓN CONEXA

La simbolización conexa

Hemos intentado definir con claridad lo que es la inconexión superrealista, el proceso que en la mente del autor a ella conduce (el proceso Y de inconexión) y el triple simbolismo que es su efecto en nosotros («actual», «retroactivo» y «transitivo»), merced a un proceso X, que la relación originador-originado desencadena retroactivamente en todo lector. Y sabemos también, de rechazo, lo que es la conexión irracional, imperante con exclusividad en el período no vanguardista, pero rastreable también, sin embargo, después de ese período, muy aminorada, claro está, y reducida a un papel secundario, en relación con su poderoso y victorioso rival. Nos falta, en cambio, hablar, en cuanto a la conexión, de lo que sobre la inconexión ya sabemos: cómo y por qué se produce su simbolismo.

Lo mejor será verlo a través de los ejemplos concretos que nos brinda el poema «Malestar y noche». El poeta ha escrito sus dos versos iniciales, que van a actuar de originador:

> Abejaruco.
> En tus árboles oscuros.

Y ha sentido una emoción de misteriosa incognoscibilidad: «nuestro destino es oscuro, indescifrable», se nos viene a decir.

No es del caso averiguar, en el presente instante, cómo ha logrado el autor esa expresividad inicial (me ocuparé de ello muy pronto), pues lo que nos importa de momento es lo que a continuación se va a producir en el poema. Partamos, pues, como de un hecho, de esta expresividad de que hablo. Y lo primero que anotamos como diferencia entre el irracionalismo no vanguardista que ahora encaramos y el propio del superrealismo consiste en algo que, si conocido en parte por nosotros con anterioridad, no había sido aún suficientemente subrayado en nuestras palabras, que sólo lo dejaban entrever y al que esas palabras nuestras daban como por sentado. Pero conviene, en punto tan esencial, no dejar en implicación lo que puede ser explicitado y puesto a la luz: en la poesía no vanguardista, el poeta, frente al originador, se manifiesta como «buen lector». Recordemos que, en el superrealismo, al contrario, el poeta «leía mal» el originador, lo leía «caprichosamente», subjetivamente, y sin atenerse a lo que el poema como tal demandaba. Si hablamos de los casos de no concienciación del nexo A = E, tal era, precisamente, en definitiva, el rasgo innovador, que, desde el punto de vista técnico, aportaba primariamente ese movimiento literario, puesto que de él derivaban todas las otras diferencias que en este libro le hemos ido atribuyendo.

Pues bien: en los casos parejos de no concienciación del nexo igualatorio entre originador y originado (A = E) el poeta irracional no vanguardista, en la primera parte o «serie emotiva» de su proceso Y, «lee bien» el originador, ve al originador como el símbolo que, en efecto, es objetivamente en la composición que el poeta ha iniciado. Y como el poeta recibe la verdadera emoción exigida por el texto, la emoción que poemáticamente el originador debe inspirar a todo lector, poeta y lector quedan emotivamente unificados y acordes: de ahí la «conexión», no lógica, pero sí emocional, que caracteriza a este tipo de poesía.

Quedamos, pues, en que el lector, instalado en una emoción que es la misma que en el autor dio lugar al originado, habrá forzosamente de sentir la coherencia emotiva de este último. Tal es lo que el capítulo anterior nos decía, pero sin extraer de tan escueta noticia sus implicaciones y consecuencias. Pues

¿qué es, en realidad, sentir la coherencia entre emoción y originado? Sólo esto: *haber establecido,* sin percatarnos de ello, el puente preconsciente que une los dos términos, el inicial y el final, de la serie sintagmática: el núcleo significativo de la emoción y el originado.

«Haber establecido», he dicho. Observemos bien lo que con esa expresión en pasado intento sugerir como descripción acaso precisa de lo que aquí ha acontecido, y su diferencia con lo que, paralelamente, acaece en el superrealismo, en que el lector da, de manos a boca, con un originado hostil, hermético, incomprensible: no hay hostilidad, roqueña cerrazón, en el irracionalismo no vanguardista; no hay, pues, que ponerse a buscar una conexión irracional entre originador y originado *que aquí, ya en primera instancia, se percibe,* pues la emoción «representa» al originador, *es su equivalencia* en otro plano, y esa emoción representante la experimentamos conexa al originado, y ello con toda claridad, sin necesidad de esfuerzo, sin inquisición tanteante. No se busca, *se encuentra* la conexión entre emoción y originado, conexión que estaba ahí, como desde antes de ser hallada por nosotros. No hay dos momentos, como en el superrealismo había, uno de ceguera total y otro de visualidad y luz emotiva, sino sólo uno: el segundo, el de esclarecimiento. Llegar al originado es ya percibir la conexión entre éste y la emoción. Y como la conexión se percibe, se percibe también lo que emoción y originado tienen en común, con lo que tal comunidad se habrá de poner emotivamente de relieve. ¿Cómo? *Sin duda* en forma de emoción simbólica, implicitadora de un *simbolizado.* Enunciado todo ello con mayor economía y rapidez: la conexión que vemos ahí, ante nuestros ojos, entre lo sentido frente al originador, por un lado, y la percepción del originado, al que en nuestra lectura arribamos, por otro, obliga a simbolizar a este último la significación *intermedia,* que hace de *puente* entre ambos extremos. Como vamos comprendiendo, la diferencia con el superrealismo consiste en varias cosas y no sólo en una, pues no se limita al hecho de la conexión previa, sin búsqueda, de que hemos hablado, sino que se extiende también a la interesantísima cuestión de cuáles sean los soportes del puente establecido. Uno de ellos, el originado, resulta común a ambos tipos de irracionalismo; pero el otro, no: en el superrealismo la relación *buscada* desde el originado *se refiere al originador;* en el irracionalismo no vanguardista, la relación, *que brota sin buscarla desde ese mismo término,* se refiere *al núcleo semántico de la emoción.* Pero esta diferencia entre ambos hitos históricos acarrea otra aún, y decisiva: al ser, en la poesía anterior al superrealismo, sólo emotivo el elemento que determina el contacto con el originado, *sólo este último estará en disposición de simbolizar,* sólo él se convertirá en simbolizador, *pues sólo él posee naturaleza verbal, sintagmática.* En el superrealismo, al ser verbales, sintagmáticos, los dos soportes (originador y originado) de la relación forjada, ambos entrarán en el juego simbolizante, ambos se convertirán en símbolos, con lo que la expresividad, en este punto, aparecerá multiplicada, doblada. Volveremos más adelante sobre tan central asunto, tal vez el más importante de cuantos puedan ser aducidos en un imaginario «Elogio del superrealismo».

UN EJEMPLO CONCRETO DE SIMBOLIZACIONES CONEXAS

Comprobemos todo lo dicho en el poema «Malestar y noche», por lo que toca al concreto pasaje con el que iniciábamos nuestro comentario. Tras la emoción de «incognoscibilidad misteriosa» experimentada por poeta y lector frente al originador constituido por sus dos primeros versos,

> Abejaruco.
> En tus árboles oscuros,

el poeta escribe el originado,

> Noche de cielo balbuciente
> y aire tartamudo,

que el lector siente como «conexo» a tal emoción, lo cual, en nuestra interpretación, significa la percepción inmediata, por parte del lector, de la cadena preconsciente que enlaza emoción y originado:

> emoción de incognoscibilidad misteriosa en la conciencia [= incognoscibilidad misteriosa = *realidad que dice sólo a medias su ser* = = realidad que tartamudea, que balbuce su ser =] «noche de cielo balbuciente y aire tartamudo».

El elemento (subrayado) en el que confluyen los dos términos, esa emoción y ese originado que han entrado en relación, será lo propiamente simbolizado por este último, que en el presente caso, *y en todos* (nótese la generalización) *es* (si hacemos la transcripción como nosotros la hacemos) *el segundo miembro preconsciente de la serie sintagmática.* La expresión «noche de cielo balbuciente y aire tartamudo» (originado) simbolizará, en consecuencia, «realidad que dice sólo a medias su ser».

Ahora bien: lo que era originado respecto de los versos que le antecedían se convierte en originador de los que, del mismo modo conexo, le siguen inmediatamente después, como originado suyo:

> Tres borrachos eternizan
> sus gestos de vino y luto.

Partiendo de la emoción simbólica inherente a la idea «realidad que dice a medias su ser», se formará, con respecto a ese originado, la siguiente corriente igualatoria:

> emoción de «realidad que dice a medias su ser» [= realidad que dice a medias su ser = *personas que perciben a medias el ser de la realidad* =] borrachos [1].

---

[1] Nótese que el paso entre «realidad que dice a medias su ser» y «personas que perciben a medias el ser de la realidad» no es metafórico sino metonímico. Sobre la diferencia entre metáfora y metonimia y entre metonimia consciente y preconsciente véase más adelante el Apéndice cuarto (págs. 451 y sigs.).

donde se repite, mecánicamente, diríamos, el modelo mismo que nos presentaba el ejemplo anterior: el originado de reciente creación, «borrachos», tornará a simbolizar, tal como anunciábamos, la significación *que ocupa el segundo lugar en la cadena preconsciente.* Aquí, «personas que perciben a medias el ser de la realidad».

Un paso hacia adelante, y entraremos en otra simbolización más, y por tanto, en una reiteración de cuanto ya sabemos. De nuevo, lo que antes era originado, los «borrachos», se transforma en originador, haciendo de este modo posible la llegada del consiguiente originado:

> los astros de plomo giran
> sobre un pie,

a través de esta serie sintagmática:

> emoción de «personas que perciben a medias el ser de la realidad» [= personas que perciben a medias el ser de la realidad = *realidad a medias percibida* = realidad percibida como en una borrachera = realidad que da vueltas =] «los astros de plomo giran sobre un pie»,

en que volvemos al consabido sistema: el originado «los astros de plomo giran sobre un pie» segrega, como significación suya simbólica, el sentido que en el flujo confundente establecido va después del término que en nuestro esquema expresa el núcleo semántico de la emoción. El simbolizador será, pues, «realidad a medias percibida». De nuevo se trata del segundo miembro preconsciente.

¿Para qué seguir? Con lo dicho creo que basta para probar nuestros anteriores asertos acerca de la simbolización «conexa», como nacida siempre del puente que el lector intuye entre su emoción y el originado. Lo único que el presente análisis ha podido añadir a lo teóricamente previsto por nosotros es la localización exacta, *sin excepción ninguna, del simbolizado inmediatamente después del primer miembro identificativo,* cosa, por otra parte, muy explicable, puesto que forzosamente ese sitio ha de ser el que corresponde al elemento de enlace entre la significación de la emoción y el originado, el punto de intersección entre ambos términos, tal como nuestra tesis proclamaba.

Capítulo VII

PROCESO «Y» Y PROCESO «X» EN LAS IMÁGENES VISIONARIAS AUTÓNOMAS

El proceso Y de conexión y su relación con otro proceso Y autónomo o de autonomía

Si nos fijamos bien en los análisis que hemos realizado en los capítulos anteriores, caeremos en la cuenta de que toda sucesión de procesos Y «conexos», encadenados o enchufados unos en otros, sería, por definición, imposible, de no haber, en el comienzo absoluto de tal sucesión, un símbolo (el originador inicial) carente de «conexión» con otro anterior; un símbolo, pues, cuyo simbolismo no dependa sino de sí mismo, y que, por ese motivo de independencia, habría de ser denominado «autónomo». Tal, el que en el poema «Malestar y noche» está constituido por los versos «Abejaruco. / En tus árboles oscuros». Efectivamente: el simbolismo «conexo» consistía en que un originado se ponía a simbolizar, en virtud de su relación con una emoción simbólica previa, que un originador, entendido, por tanto, sin excepciones, como un simbolizador, deparaba a los lectores. Luego todo símbolo «conexo» *parece exigir la existencia de otro símbolo que le anteceda.* Ahora bien: esta cadena infinita resulta, por razones obvias, imposible. La «conexión» supone, en consecuencia, o bien un primer originador consistente en un especialísimo símbolo, el de realidad, cuyo mecanismo de producción no necesita, como veremos más adelante, la existencia de un originador «poemático» (aunque sí de un originador «vital»), o bien un primer originador que no sea simbólico objetivamente, esto es, que no lo sea desde el punto de vista *del lector,* bien que pueda serlo desde el punto de vista *del autor.* Pero tal es, hasta donde ha llegado nuestro conocimiento, el caso de «mala lectura» del originador que caracteriza a la «inconexión». ¿Habrá que sacar entonces de lo dicho la conclusión de que todo simbolismo «conexo» tiene forzosamente que comenzar, o en un simbolismo «de realidad», al que hemos denominado «especial», o en un simbolismo «inconexo»? Presentado en otra perspectiva, ¿deduciríamos que cualquier proceso Y de conexión, o cualquier serie de ellos, ha de ir encabezado, si no por una «realidad» simbólica, por un proceso Y de inconexión?

Hemos empezado en este libro por afirmar que la inconexión es un fenómeno tardío, propio del superrealismo, y añado ahora que ello es, además, explicable, dado el fuerte irracionalismo que toda inconexión supone. Descartada, por tanto, la inconexión como punto de partida de las tempranas sucesiones conexas, no tendremos más remedio que pensar en un simbolismo inicial, ni conexo ni inconexo, un simbolismo colocado más allá de ese dilema, situado lejos de esas dos formas contrarias de dependencia, un simbolismo que se baste a sí mismo, independiente entonces («autónomo», como empecé por sentar), que sea capaz de romper el círculo vicioso y poner en marcha el sistema de sucesividades (el simbolismo de «realidad» de que antes hablé no sería sino una de sus formas). En pocas palabras: la índole misma de la simbolización «conexa» implica, en el período de irracionalismo no vanguardista, su coexistencia con ese otro tipo de simbolización que acabamos de definir por su autonomía. Con esto sumarían tres los tipos de procesos Y creadores, o del autor, que se totalizarían en el irracionalismo verbal: un primer tipo «autónomo» [1]; otro, «conexo»

---

[1] Más adelante veremos que estos procesos Y autónomos pueden ser de realidad, como ya dije, o de irrealidad.

(ambos anteriores al superrealismo), y un tercero, «inconexo», específicamente superrealista; todos ellos con sus procesos X, o del lector, correspondientes, que serían, como sabemos, los propiamente simbolizadores, los propiamente expresivos [2].

Mas surge aquí una dificultad: el simbolismo requiere siempre la existencia de un originador; pero un originador, en el sentido otorgado al término, ha de ser forzosamente simbólico desde el comienzo, *al menos para el autor*. Si fuese esto último lo que sucediese, estaríamos en el caso de «mala lectura» que caracteriza a la inconexión. Y si lo que sucediese fuese lo opuesto, si el originador resultase simbólico también para el lector, y no sólo para el poeta, estaríamos en el caso de lectura correcta del originador que a la «conexión» caracteriza. Parece que no hay escapatoria, y que no queda sitio para nuestra tercera posibilidad, la de «autonomía», ajena a la disyuntiva «conexión-inconexión». ¿Nos hemos engañado, pues, en nuestra hipótesis? Caso de que no haya habido error por nuestra parte, ¿en qué podría consistir un proceso creador, o Y, que no sea ni «conexo» ni «inconexo», un proceso de naturaleza autónoma, y cómo habría de ser su mecanismo simbolizante, su proceso X correspondiente, o del lector?

El proceso Y de autonomía

En primer lugar existen, como en su sitio intentaré mostrar, originadores «vitales», esto es, no poemáticos, que producen (aunque no sólo eso) simbolismos autónomos de realidad. Este punto no puedo desarrollarlo por el momento, ya que su tratamiento precisa saber cosas, a las que aún no hemos llegado; pero el fenómeno, convenientemente expuesto, constituiría ya una salida del callejón oscuro en cuya pared parece que habíamos tropezado definitivamente. Pero, aparte de esta especie de simbolismo con su originador vital (cuya consistencia resulta aún enigmática para nosotros) que habría de sacarnos

[2] Estos procesos X serán estudiados por nosotros más adelante.

del apuro en que estábamos, hemos de adelantar aquí que se dan igualmente, y todavía con más frecuencia que las otras, autonomías de irrealidad, cuyos originadores son, pese a la contradicción que en ello veíamos, poemáticos. ¿Cómo puede ser esto que nuestras reflexiones anteriores parecen negar, descartándolo como cosa imposible?

Acudamos a un ejemplo muy conocido nuestro:

un pajarillo es como un arco iris,

en que el poeta se refiere, como sabemos, a un pájaro pequeño, *gris* y en reposo, tal vez un gorrioncillo posado en una rama. Se trata de una imagen visionaria: supongamos ahora que esa imagen inicia el poema, titulado acaso así: «Un gorrión». El verso citado es simbólicamente expresivo (se expresa en él la «inocencia» del ave en cuestión), y, no obstante, ni se nos hace visible un originador previo, objetivamente simbólico a su vez, que haga posible ese símbolo (caso de conexión), ni percibimos dos simbolizaciones en puntos no coincidentes de la frase (caso de la inconexión). Nos hallamos, pues, ante un simbolismo distinto, autónomo, en efecto. ¿Cuál puede ser su origen? Examinemos los entresijos de la imagen en cuestión.

Las imágenes visionarias de simbolismo autónomo: su proximidad y su diferencia con respecto a las inconexiones

El plano imaginario («arco iris») y el plano real («pajarillo») no tienen entre sí semejanza alguna perceptible: su similitud es, por lo visto, puramente emocional: el pajarillo produce en el poeta una emoción de inocencia, y lo mismo hace el «arco iris». ¿Cómo halló el poeta aquí el ingrediente comparativo?

La cosa no se ofrece como difícil de descubrir. Frente a la noción «pajarillo» el poeta hubo de sentir una emoción de inocencia, de ternura. Podía haber sentido, sin duda, en vez de ése, otros muchos sentimientos distintos entre sí, y hasta entre sí contradictorios. ¿Nos será dado averiguar la manera a cuyo través el autor ha llegado a tal emoción? ¿Se trata de una emoción racional, esto es, procedente de cualidades reales del «pajarillo»? Tentados estaríamos a creerlo así, si nuestro análisis de las páginas 33-38 no nos hubiese alertado sobre el asunto. Y es que a primera vista parece que la pequeñez del pajarillo es la que lleva al enternecimiento del autor y a su impresión de inocencia; pero debe recordarse que hay muchas realidades y seres que disfrutando de esa cualidad de pequeñez en grado más eminente que el pajarillo no merecerían del poeta el mismo sentimiento, sino otros en cierto modo opuestos. Una cucaracha, una sierpecilla venenosa, una araña mortífera, por pequeñas que sean, nos repugnarían u horrorizarían. No es, pues, la pequeñez, sino la pequeñez unida a la gracia y a la indefensión lo que evidentemente mueve al autor de ese modo, pero sólo, como ya dijimos más atrás, en cuanto que esas tres cualidades, al juntársele en la mente preconsciente, evocan en ella el recuerdo de un niño. Y como los niños son inocentes (no los pájaros o los arco iris en sentido propio), el poeta experimenta en la conciencia la emoción correspondiente: la emoción de inocencia, de ternura, sentimiento que entonces no es racional; es irracional, simbólico: el «pajarillo» y el «arco iris» no se asemejan en nada real; sólo se asemejan en simbolizar un mismo significado. Discúlpese la reiteración.

Desde la emoción en que, como digo, el poeta está, busca éste ahora, de manera intuitiva, un término que case con ella y que conviniéndole la pueda encarnar: el vocablo «arco iris». Ahora bien: estos actos mentales que acabo de describir ¿no son exactamente los mismos que ejecuta el poeta «inconexo»? Así es, en efecto. Son los mismos, pero el resultado no es precisamente ahora una inconexión, pues «pajarillo» y «arco iris» quedan, en el texto, *relacionados identificativamente entre sí de modo explícito* («un pajarillo *es como* un arco iris»). Veamos, pues, despacio esto que aquí ha sucedido, que tanto se parece y tanto se diferencia de las inconexiones. Por lo pronto, si la emoción sentida por el poeta es irracional, no hay duda de que «pajarillo» ha sido contemplado *por el poeta* como un símbolo, en cuyo caso esa palabra «pajarillo» está funcionando como un originador «mal leído», ya que la mente del autor que ha captado la frase «un pajarillo» y no ha llegado aún a su secuencia sintagmática («es como un arco iris») ha interpretado ese originador emotivamente, simbólicamente, en una forma que desde el punto de vista poemático no es obligatoria; una forma puramente personal (y por eso, claro está, inventiva: «mala lectura del autor» es tanto, pues, como lectura «creadora»):

> pajarillo [= pequeñez, gracia, indefensión = niño inocente = inocencia =] emoción de inocencia en la conciencia.

Ha terminado con esto la serie emotiva, y va a dar inicio la serie sintagmática. El poeta, según sabemos, torna preconsciente la emoción que acaba de experimentar (la emoción de «inocencia») y desde ese término, preconsciente ya, continúa desarrollándose el proceso identificativo hasta llegar a la noción «arco iris»:

> emoción de inocencia en la conciencia [= inocencia = colores inocentes = colores puros, lavados = colores del arco iris =] arco iris.

No sin cierto asombro, hemos, hace muy poco, concluido que en las imágenes visionarias el plano real es un originador; concluyamos ahora, completando esa observación nuestra preliminar, que el plano imaginario se comporta, a su vez, como el correspondiente originado. Y teniendo en cuenta que esta clase de imágenes se produce en el período no vanguardista, no puede menos de asombrarnos, con más fuerza todavía, otra cosa: que el proceso Y de que las imágenes visionarias son fruto, lejos de ostentar similitud con el proceso Y de conexión, que es el propio del período en que las imágenes visionarias se dan, a lo que ese proceso recuerda muchísimo es al proceso Y de inconexión, inherente al período siguiente superrealista. Y en efecto, se parece, por lo pronto, a la inconexión en ser resultado, en cuanto a la serie emotiva, de una «mala lectura» del originador por parte del poeta, en ser resultado de una lectura «creadora». Pero una ligera reflexión disipa nuestra sorpresa: dado que todo simbolismo requiere un originador que haga de símbolo, al menos en la mente del autor, las sucesividades conexas tendrán que atenerse a este simbolismo puramente personal, ligado sólo a la imaginación del poeta, pues si tal simbolismo tuviese, al contrario, objetividad poemática, precisaría, a su vez, de otro originador simbólico que lo engendrara, y así sucesivamente, tal como hace muy poco dijimos. En suma: el originador inicial, en estos casos de simbolismo irreal, forzosamente habrá de ser una expresión que no ofreciéndose al comienzo como simbólica, sea «erróneamente» interpretada por el autor, que, en una lectura en efecto equivocada, la tome por el símbolo que en principio no es. Y esto es lo que sucede en las inconexiones, pero también, según acabamos de saber, en las imágenes visionarias.

Causa de que sea el simbolismo autónomo y no el inconexo el encabezador de las conexiones

Y a lo que vamos: como de lo que estamos hablando es del irracionalismo en su primer gran período (el que corre entre Baudelaire y el momento inmediatamente anterior a la irrupción del superrealismo), las imágenes visionarias, y, en general, el irracionalismo irreal autónomo (que como veremos no se limita a ellas) tienen sobre las inconexiones la ventaja, que para el caso es enorme, de ostentar un irracionalismo *menos agudo y llamativo,* y, por consiguiente, un irracionalismo que la sensibilidad del momento *podía aún entender.* Es natural que esa sensibilidad les otorgase la preferencia, como cabecera de los procesos «conexos», en vez de otorgársela a las «inconexiones», de intelección comparativamente más difícil y hasta acaso históricamente a la sazón imposible. El cotejo a este propósito entre «inconexiones» e imágenes visionarias muestra con claridad la diferencia del respectivo grado de irracionalidad y, por tanto, de inteligibilidad emocional para una persona no por completo avezada, que es el caso de los lectores de la época:

en las inconexiones permanece preconsciente todo cuanto permanece de ese mismo modo en las imágenes visionarias. *Pero en las primeras,* en las «inconexiones», *hay un punto más de irracionalidad que en las segundas,* ya que, aparte de lo dicho, no se hace en aquéllas tampoco lúcida *la noción equiparativa entre originador y originado,* que las imágenes visionarias, en cambio, conciencian. El poeta dice en una imagen visionaria que «un pajarillo *es como* un arco iris». La ecuación entre «pajarillo» y «arco iris» no sólo comparece en nuestra lucidez; se ha, además, explicitado, ha dejado su huella sintagmática en forma de escritura. El nexo de identidad se escribe: «es como». En las inconexiones esto no sucede. Con frecuencia, el poeta yuxtapone simplemente originador y originado; pero lo más decisivo es que, yuxtapuesta o no, *ni autor ni lector toman nunca conciencia de la relación confundente entre ambos términos.*

Cuando Aleixandre dice:

> No me ciñas el cuello que creeré que se va a hacer de noche. Los truenos están bajo tierra. El plomo no puede verse,

ni él ni nosotros nos percatamos, en la simple lectura, de que se ha identificado la idea de «unir el cuello amorosamente» con la idea de «noche»; la idea de «noche» con la idea de «truenos bajo tierra»; y la idea de «truenos bajo tierra» con la idea de «plomo». Siendo ésta la fórmula abreviada [3] de las inconexiones (o de las conexiones):

A [= B = C = D =] E,

en donde los paréntesis cuadrados engloban el signo de identidad entre A y cuantos miembros le siguen, excluyendo al originado (el miembro E), la fórmula de las imágenes visionarias (y en general de las «autonomías») sería esta otra, donde tal signo de identidad se expresa en el sintagma poemático, con lo

[3] Abreviada, pues suprimo el momento emocional del proceso Y.

que, en nuestra representación esquemática, ha de aparecer fuera de los corchetes:

A [= B = C = D] = E[4].

Metáforas preconscientes escritas y concienciadas

Si el originador forma con el originado, en las inconexiones (y también en las conexiones), tal como dijimos en otro capítulo, una metáfora preconsciente «escrita», pero «no concienciada», en las imágenes visionarias esos dos términos formarían una metáfora asimismo «preconsciente» y asimismo «escrita», pero con la importantísima diferencia de su concienciación como tal metáfora. He aquí, pues, aquellas misteriosas «metáforas preconscientes escritas y concienciadas» a que aludí páginas atrás como fraternales compañeras de las comprendidas en los otros dos grupos metafóricos de esa misma especie «mágica»: las «no escritas y no concienciadas» ([B = C]) y las «escritas pero no concienciadas» (A [=] E).

Irrealidad e inconexión

¿Y cuáles son las consecuencias de esa discrepancia entre el proceso Y de inconexión, que no conciencia la noción iden-

[4] La crítica del superrealismo ha dado siempre como característica del movimiento «el acoplamiento de dos realidades en apariencia incasables» (Max Ernst), la aparente «arbitrariedad de la relación», entre ellas, la comparación de dos objetos muy alejados, que se recomiendan precisamente por su «alto grado de absurdo» (Breton). Recuérdese lo dicho en la nota 4 a la pág. 126, donde se consigna bibliografía al propósito. Ahora bien: las imágenes visionarias, que son las que cumplen con esas definiciones, resultan, como hemos venido comprobando, anteriores al superrealismo. No sólo Reverdy fue un antecedente, en cuanto al uso de tales tropos, del estilo que cuestionamos, como se pensaba hasta ahora. Se trata, en realidad, de un fenómeno generalizado ya en el período irracionalista previo a la escuela que nos ocupa. Véase mi libro *El irracionalismo poético...*, págs. 84-87. El superrealismo lo único que hizo fue un desarrollo cuantitativo de este hecho de expresión, establecido en la poesía con carácter previo a la irrupción revolucionaria de Breton.

tificativa (tampoco lo hace el de conexión, insisto) y el proceso Y de autonomía que, al menos en las imágenes visionarias (ya veremos que lo mismo ocurre en sus otras manifestaciones), sí la conciencia? La consecuencia fundamental de tal discrepancia consiste en algo aparentemente de escasa entidad, algo que semeja ser irrelevante y de poco bulto, pero que tiene importancia grandísima como en seguida comprobaremos. Esto: *en lugar de formarse una inconexión, lo que se forma es una irrealidad.* El «pajarillo» gris, pequeño y en reposo no ostenta similitud lógica alguna, ni en principio de otro género, con un «arco iris», cuya característica principal reside en la variedad y viveza de sus colores. Este pajarillo *gris* que se parece a un «arco iris» *de colores* es, pues, por definición, contradictorio, irreal. Y es que todo proceso Y iniciado en una lectura «creadora» (y por tanto, poemáticamente «errada» del originador) lleva necesariamente en el autor a una emoción que difiere de la del lector, con lo que el originado, conexo a la emoción *del autor,* resultará inconexo, inexplicable, *al pronto, para el lector.* Y esto que sucede en el proceso Y de inconexión ocurre también en el proceso Y de autonomía. Frente a una imagen visionaria, el lector experimenta la misma perplejidad, *tan emotiva como lógica,* que frente a un originado de inconexión, y por los mismos motivos. El lector empieza por no percibir parecido ninguno *racional* entre el plano real (u originador) y el plano imaginario (u originado), ya que, en los procesos preconscientes, toda similitud de esa clase se anula en el segundo eslabón, como sabemos. Pero tampoco siente, como sustitución o pieza de recambio, en ese primer instante, frente al plano imaginario u originado, una *emoción* que ligue con la que ha sentido frente al originador o plano real. En suma: el lector de una imagen visionaria se encuentra, de buenas a primeras, desconcertado *por completo,* a la vista de dos realidades que el poeta afirma como idénticas y que a él se le antojan, opuestamente, como totalmente irrelacionables y diversas. Lo que el poeta dice, la ecuación como tal que enuncia (A = E: «un pajarillo es como un arco iris») es cosa que ve incursa en franca alucinación, fantasmagoría, irrealidad. Y ello en el doble sentido antes indicado:

es irreal aquel dicho *para la razón,* pero igualmente lo es *para la emoción,* en ese primer momento en que lo encaramos.

Simbolización autónoma: proceso X o del lector en los casos de autonomía

Y ocurre aquí lo mismo que ocurre en las inconexiones: es ese absurdo total, *impropio de un poema,* el que nos invita y *fuerza* a la simbolización. Como aquello que leemos («un pajarillo es como un arco iris») no dice, en primera instancia, nada ni a nuestro corazón ni a nuestra cabeza, intentamos, desde nuestro naufragio mental, buscarle desesperadamente un sentido al que podamos asirnos. Y es este instante segundo que sigue al primero de desconcierto, cuando el enunciado poemático empieza a funcionarnos simbólicamente del modo tranquilizador que sabemos, pues ese modo es, en cuanto al pormenor de que hablamos, el mismo de las inconexiones: el originador o plano real («pajarillo») y el originado o plano imaginario («arco iris») se buscan entre sí una similitud emotiva, y la encuentran, claro es, simbólica: ambos términos, a través de sendos procesos preconscientes, se nos convierten entonces en símbolos. El originador, en el proceso X o del lector, da de sí estas ecuaciones que llevan (pero ahora gracias a la «retroactividad») la misma dirección que en el proceso Y o del autor (en la Introducción las hemos llamado «serie real»):

> pajarillo [= pequeñez, gracia, indefensión = inocencia =] emoción de inocencia en la mente lúcida del lector.

Por su parte, el originado, en ese mismo proceso X, entrega al lector unas ecuaciones «actuales» que son también las mismas del poeta, pero invertidas en cuanto a su orden de prelación (en la Introducción las denominábamos «serie irreal»):

> arco iris [= colores del arco iris = colores puros, lavados = colores inocentes = inocencia =] emoción de inocencia en la mente lúcida del lector.

Anulación de la duplicidad simbólica en los procesos X de autonomía

Ahora bien: esa duplicidad simbólica, idéntica en todo a la que veíamos, repito, en las inconexiones, dura, en el proceso X de autonomía, muy poco, poquísimo, un punto *inextenso*, porque nuestra razón inmediatamente *la desecha*, quedándose, a efectos emocionales, sólo con uno de los dos símbolos: el correspondiente al originador, esto es, el correspondiente al plano real[5]. ¿Por qué ocurre tan extraña substracción? *Precisamente porque es únicamente el originador el que asoma ante nuestros ojos como una realidad.* Aclaremos tan importante extremo.

Al haberse concienciado la noción identificativa entre el originador «pajarillo» y el originado «arco iris» («un pajarillo *es como* un arco iris»), resulta que el originador («pajarillo») se nos aparece como el plano real y el originado («arco iris») como el plano imaginario de una metáfora. Pero el mero hecho de que sólo uno de entre los dos miembros de la metáfora así surgida ante nuestra conciencia se nos manifieste *con carácter de realidad* arroja de inmediato, a nivel lógico, un total descrédito sobre el otro miembro, al que sabemos un puro término de comparación. Vemos en él no una realidad, distinta de la primera, sino una mera propiedad que la primera posee. Decir

Un pajarillo es como un arco iris

no es intuir dos criaturas reales, sino una sola, pajarillo, a la que por lo visto le pertenece una cualidad sorprendente y lógicamente incomprensible: la de parecerse al arco iris. (Asemejarse un objeto a otro es, en efecto, una nota suya, que los filósofos llamarían «irreal», en el sentido de ser relativa a otro objeto, pero que no por ello es menos suya que, por ejemplo,

[5] He aquí un ejemplo de eso que llamábamos «análisis de Psicología Semántica», ciencia inédita aún que anuncié como de creación indispensable en las «Palabras iniciales» del presente libro.

la morenez de un determinado rostro.) Y como sólo hay una realidad, el lector atiende con exclusividad a lo que se está diciendo irracionalmente *de esa realidad,* de ese pajarillo, no a lo que se dice, también irracionalmente, del «arco iris», que, en todo caso, es sólo un puro modo de hablar, cierto que con más energía o exactitud, pero justamente de aquél, de «pajarillo», del que «arco iris» predica, como antes dije, una cierta atribución. El originado («arco iris») se muestra, en fin, como una fantasía auxiliar, que, al no ser realidad, carecerá ante nuestros ojos de independencia expresiva y se hallará referida a lo que sí es real, al originador («pajarillo»), en el que vuelca la totalidad de su significado. En menos palabras: como el originado («arco iris») no es real, no lo podemos tomar en serio, ni en cuanto a su sentido lógico ni en cuanto a su sentido irracional. Aunque el lector reciba aquí, de manera irremediable, la simbolización del originado, de ese plano imaginario «arco iris», no hace caso de ella, la desdeña y niega, y mentalmente la omite, al considerarla como una forma de referirse al originador, a pajarillo, único ser al que de veras se alude. Sabemos, en efecto, que el autor habla de un pajarillo, y sólo de un pajarillo, lo mismo cuando menciona al «pajarillo» que cuando menciona al «arco iris». La simbolización del plano imaginario «arco iris» queda, de este modo, puesta en entredicho, desautorizada por la razón, y se sitúa fuera del juego semántico: el lector, desde la mente lúcida, la desecha y anula en cuanto significación emotiva real, la deja en suspenso y sin efecto alguno como tal significación independiente en nosotros. Generalizando el aserto, afirmaríamos que en todos los procesos X de autonomía ocurre, por las mismas razones, lo propio y hay, como consecuencia, en ellos *un solo sentido,* un solo simbolizado, no dos. Lo veremos muy pronto.

Tal vez sorprenda esta operación de cercenador desdén que nuestra mente ejecuta sobre una significación a la que ella misma había llegado previamente, y a la que, sin embargo, rae y destruye saturnianamente, diríamos, a continuación. Pero no se piense que el descrito es un ejemplo único, pues más bien asombra la frecuencia del caso. Pedro cuenta: «había una vaca en el camino»[6]. Es sabido que nadie puede emitir o recibir un concepto sino a través de una intuición, de manera que el oyente de la frase antedicha ha debido imaginar, en rapidísima intuición, una vaca concreta, por ejemplo, negra. Pero esa negrura que Juan percibe y la individualidad determinadísima que su imaginación le impone, resultan inmediatamente descalificadas, descreídas ante su propia razón, porque Juan las sabe *una mera fantasía* que sólo le es personal y que se le ofrece como un puro medio o instrumento de que ha de valerse para recibir la idea general «vaca», indeterminada de color y de forma, una vaca sin individualidad, que es lo único que el hablante ha querido transmitirle. La prueba de ello es que si alguien preguntase a Juan: ¿Qué te ha dicho Pedro?, aquél despreciaría por completo su intuición cromática y hablaría en su respuesta de «vaca» y no de «vaca negra», pues sabe que la negrura de la vaca que ha imaginado constituía precisamente eso, una imaginación, una fantasmagoría, no una realidad. Esta capacidad que, en virtud del sentido crítico que le caracteriza, tiene la conciencia de ser escéptica con respecto a sus propios productos; esta capacidad de diferenciar entre lo que en esos productos suyos es real y lo que es imaginación, opera de continuo en la comunicación conceptual propia del lenguaje; pero opera, asimismo, a más alto nivel, en la «reducción simbólica» de que, según dije, las imágenes visionarias se afectan.

COMPARACIÓN ENTRE «INCONEXIONES» Y «AUTONOMÍAS» A PROPÓSITO DEL NÚMERO DE SIMBOLIZACIONES

No estará de más, pese a la parcial repetición que ello suponga, recordar aquí el distinto modo que tiene la conciencia de comportarse frente a la doble simbolización inconexa, ya que la inconexión, por su misma índole, engaña a la razón, ocultándole el carácter metafórico de la relación entre el originador y el

[6] Otro análisis, pues, de Psicología Semántica.

originado. Al ignorar ese carácter, no puede aquélla, por consiguiente, en tales casos, declarar lúdico y únicamente equiparativo y ancilar a este último con respecto al primero, por lo que su significado irracional no aparece tachado y descreído, sino que es recibido con todos los honores por nuestra mente, que lo considera como algo serio y como algo aparte del significado, asimismo serio y aparte, del originador, con el que previamente nos hemos también hecho. Ambos términos, originado y originador, se disponen, pues, cada uno por su lado, a simbolizar *seriamente*. Sentimos en el originado un símbolo que declaramos «actual» porque estamos en él; y en el originador, aunque sobrepasado por nuestra lectura, otro, que experimentamos como «retroactivo».

Como se ve, la diferencia entre «autonomías» (que hasta ahora sólo conocemos en una de sus posibilidades) e inconexiones no es sólo de forma (concienciación de la relación entre el originador y el originado, en un caso; no concienciación de ella, en el otro); la diferencia es también de fondo. Expongámosla en una fórmula breve: simbolización sencilla de las «autonomías» frente a la simbolización doble de las «inconexiones». Las «autonomías» rezuman, en efecto, un solo simbolizado, emanado, hasta donde hemos llegado a saber, por el originador; las «inconexiones» rezuman, en cambio, dos simbolizados, uno que el originador emana y otro que emana el originado. Tal es la evidente ventaja del superrealismo, inventor y gran utilizador de inconexiones, sobre el irracionalismo no vanguardista anterior, que sólo empleaba conexiones y autonomías, ambas de simbolización singular. Entendamos que esto no equivale a reconocerle a aquél la superioridad estética de conjunto, cosa evidentemente disparatada. Pero aunque no hablemos aquí de supremacía jerárquica absoluta y total, sí podemos hacerlo en cuanto al detalle que nos ocupa. El superrealismo, al haber aportado a la poética contemporánea el procedimiento de la «inconexión», abre al poeta portillos de expresividad que antes permanecían cerrados. Podemos decir con alguna precisión, aunque sólo en un cierto plano, que la capacidad de expresar significaciones irracionales se multiplica ahora, en cuanto al pormenor que estudiamos, al menos por dos: no es ya sólo, como digo, el originador la fuente única del sentido; el originado disfruta de ese privilegio, en las inconexiones, tanto como el originador, en virtud, precisamente, permítaseme reiterarlo, de la independencia de que goza, a nivel consciente, con respecto a éste. Por eso, la diferencia entre el superrealismo, doblemente significativo en este punto, y el irracionalismo anterior no vanguardista (conexiones y autonomías) significativo en este punto de modo simple; o en más concreto y reducido parangón: la diferencia entre el simbolismo de inconexión y el de autonomía no es sólo externa y puramente configurativa. La diferencia es, sobre todo, de sentido. Se trata realmente, en la inconexión, de otra cosa: uno de esos hallazgos decisivos que el arte realiza únicamente de tarde en tarde.

El simbolismo único de las autonomías ¿es actual o retroactivo?

Por eso, nada importa que el mecanismo como tal de la expresividad en un caso y en otro, en las inconexiones y en las autonomías, coincida. Carece de relevancia que en los dos casos surja la simbolización como efecto del encuentro o choque entre un originador «mal leído» por el autor y un originado que el lector experimenta entonces como en principio absurdo; nada importa, puesto que el número de los simbolizadores discrepa en cada caso. En las inconexiones hay, claro está, dos simbolizadores: un simbolizador «actual», el originado, y un simbolizador «retroactivo», el originador, nacidos ambos de la relación no concienciada de ese par de agentes. En las autonomías, se da un simbolizador único. ¿Actual o retroactivo? Sabemos que la simbolización «actual», la del originado, sometida a la deshonra del descrédito, se nos ha anulado. Sólo restará, pues, en calidad de superviviente, la otra, la del originador, que es indiscutiblemente «retroactiva». Pero ocurre aquí un curioso espejismo, una pintoresca falacia de nuestra psique, mediante la cual se tergiversa, con un notable cambio, tan evidente hecho. Y es que como todo proceso Y autónomo engendra una irrealidad, un solo ser, bien que monstruoso, ese ser es el único al que cabe atribuir la simbolización; en nuestro caso ese pajarillo, al que acontece tener la rara propiedad de parecerse al «arco iris». El simbolizador, pese a hallarse en principio constituido por el originador y *sólo por él,* nos da entonces la impresión contraria de no hallarse constituido sólo por él. Para nosotros, el simbolizador es *la unión* como tal del originador y el originado, del «pajarillo» y del «arco iris» en cuanto comparados entre sí (A = B), ya que ambos forman un organismo único («pajarillo», que se parece al «arco iris»), y es ese organismo el que como conjunto simboliza. No nos damos cuenta, ni podemos dárnosla, sino tras fatigoso empeño, de que hay un «antes», el originador, como cuerpo distinto a un «después», el originado. El «antes» y el «después», el originador y el originado, aparecen bajo figura de una sola actualidad simbolizante. Pero no debemos creer que esto sea un «error» que padecemos, una pura ilusión tras la que se esconde una verdad, opuesta a ese error. Nos hallamos más bien frente a un nuevo acto mental, que no es ni menos verdadero ni más psicológico que el anterior, en que se daba la doble simbolización «actual» y «retroactiva». En los dos casos, se trata de fenómenos psíquicos en cuanto tales *verdaderos;* y de los dos, es el segundo (la simplificación y actualización del simbolismo) el que finalmente triunfa. Volveré sobre el tema.

Capítulo VIII

VISIONES Y SÍMBOLOS HOMOGÉNEOS AUTÓNOMOS

La visión autónoma

Ha llegado el momento de hablar de otras manifestaciones de los procesos «autónomos». Pues éstos, lo mismo que les pasa a los procesos «conexos» y a los «inconexos», pueden, por supuesto, adoptar las tres formas que conocemos de irracionalidad del segundo tipo. Hay procesos de autonomía resueltos en una imagen visionaria (caso de «un pajarillo es como un arco iris»); pero los hay resueltos en una «visión» o en un «símbolo homogéneo».

Empecemos a probarlo para el caso de la visión. ¿Cabe que una visión posea expresividad autónoma? Evidentemente, sí. Alguien, tras oír a un *cantaor* de cante flamenco, escribe:

tu voz tenía sonidos negros.

No hay duda de que sus palabras resultan poéticas. Esta expresividad será autónoma, ya que no cabe achacarla ni a conexión ni a inconexión. Probémoslo.

No hay conexión, pues el sintagma en el que reside la expresividad, «sonidos negros», carece de relación con un símbolo previo, poemáticamente objetivo, que, haciendo de originador, le proporcione la carga irracional de que se halla dotado. Tampoco hay inconexión, ya que de haberla existirían dos momentos simbólicos como efecto suyo, uno en el originador («sonidos»); otro en el originado («negros»). Aquí el simbolismo es, por el contrario, simple, como es propio de las autonomías, que no ofrecen al lector dos seres distintos entre sí, el originador y el originado, que puedan simbolizar por separado, sino un solo ser, bien que *irreal* (aquí, «sonidos negros»), que es el único al que el lector puede conceder capacidad de significación. Se repite, pues, en este caso, el fenómeno de reducción simbólica, por parte del lector, que el análisis de las imágenes visionarias autónomas nos había hecho ya conocer. Digamos en seguida que, en efecto, la simbolización había sido, como no podía ser menos, dúplice en principio, igual que ocurre en tales imágenes. Examinemos, pues, la formación de este doble simbolismo y su simplificación posterior.

El poeta ha escuchado al «cantaor», y los sonidos graves, cavernosos, de su voz le han producido una emoción fúnebre. Al escribir la frase

> tu voz tenía sonidos negros

ha plasmado de manera irracional esa emoción suya, con lo que tenemos ya completo un proceso Y con sus dos series, la emotiva y la sintagmática:

> sonidos [= sonidos graves, cavernosos = sonido que desciende en la escala = descenso = descenso vital = estoy en peligro de muerte = muerte =] emoción de muerte en la conciencia [= muerte = no veo = oscuridad] = negros.

Se dan en este proceso Y todas las características comunes a inconexiones y autonomías, que aunque sean varias pueden cifrarse en una sola, en cuanto que esa única característica produce, por su mera existencia, todas las demás: me refiero a la lectura «errónea», creadora, del originador, por parte del poeta: el vocablo «sonidos» en la frase «tu voz tenía sonidos» no obliga universalmente a una emoción fúnebre. Si el autor, frente a tal vocablo, recibe esa emoción, es por razones extrapoemáticas, puramente personales, que el lector no tiene por qué compartir: en nuestra hipótesis, haber escuchado a un concreto cantaor, cuya voz y precisa modulación de ella, en un determinado instante, son, por completo, ajenas al estricto quehacer del lector, atenido a la letra de la composición que tiene delante: capta el lector la palabra «sonidos» y si no ha llegado aún al calificativo que acompaña a esta palabra («tu voz tenía sonidos»), únicamente podrá ser movido poemáticamente por la presencia, nada patética, en su ánimo, de tal vocablo en cuanto unido sólo al contexto que precede al adjetivo «negros», tal como indiqué en el paréntesis. Al impresionarse el autor, por el contrario, patéticamente, fúnebremente, frente a la voz «sonidos» del poema, demuestra no haber realizado la lectura «correcta» del originador que caracteriza a las conexiones.

De nuevo, comprobamos que el fenómeno que pretendemos esclarecer difiere de la conexión. Se trata, naturalmente, de otra cosa: de una autonomía de irrealidad, que consiste siempre en una inconexión inicial, que desaparece como tal al hacerse consciente la relación identificativa entre el originador (en nuestro caso «sonidos») y el originado (en nuestro caso «negros»). Tratándose de la imagen visionaria autónoma, esa noción identificativa se expresaba por medio del verbo ser (un pajarillo *es* como un arco iris) o por medio de nexos equivalentes. Tratándose de visiones, ocurre igual, sólo que en abreviatura: la noción verbal se implicita. «Sonidos negros» equivale a «sonidos que *son* negros».

Al concienciarse así la relación identificativa originador y originado («sonidos negros» o que «son negros»), forzosamente habrá de desaparecer la inconexión *formal* entre ellos, pero no sin dejar en el sintagma, solidificado, y ya visible, por tanto, la formalidad representativa de su cuerpo, antes fantasmal, espiritado y de imposible percepción: esa criatura monstruosa, irreal, «sonidos negros», frente a la cual no cabe ya acreditar un doble simbolismo. Una vez que la voz «sonidos» se ha fusionado indestructiblemente en una sola pieza o cuerpo verbal («sonidos negros»), la simbolización separada y plural, del originado («negros»), por un sitio, y del originador («sonidos»), por otro, se imposibilita, como ya dije. La conciencia del lector no puede tolerar la duplicidad simbólica, a la que considera un disparate, en cuanto que no hay una correlativa duplicidad de sujetos semánticos a los que atribuirla. Anula, pues, esa conciencia uno de los dos simbolizados (en este caso se hace indiferente cuál de ellos sea, en contraste con lo que sucede en las imágenes visionarias) y retiene el otro. ¿A qué segmento verbal habrá de ser concedido como significado irracional suyo? Al único sujeto que se hace presente como tal: precisamente a esa irrealidad que la unión del originador y el originado constituye. El simbolizador será, pues, «sonidos negros»; su actividad, «actual». Que tras este resultado final exista otro previo muy distinto (la doble simbolización actual y retroactiva) es lo que menos importa, ya que nuestra mente, autora de tal geminación, la puede deshacer y en efecto la deshace con otro acto que es tan suyo y no más «puramente psicológico» que el anterior, tal como dije antes.

No debemos, por consiguiente, repito, llamar «auténtica» a la simbolización doble, «retroactiva» y «actual», y sólo «aparente» a la simbolización «actual» y sencilla que finalmente aparece. Hablaremos más bien de dos momentos mentales, dos actos realizados por la conciencia (ambos, pues, puramente psicológicos) que se siguen en sucesión lógica, no temporal, de tal forma que el segundo aniquila y sustituye al primero. La simbolización autónoma es genuinamente singular y genuinamente actual, aunque para existir y configurarse verdaderamente de ese modo haya debido darse previamente otra operación de carácter opuesto, puramente auxiliar, instrumental, destinada luego a la invalidez.

El símbolo homogéneo autónomo

Lo mismo diríamos del tercer y último tipo de autonomía irreal que nos es dado percibir: el constituido por símbolos homogéneos. También en esta clase de autonomías, la doble simbolización queda finalmente simplificada y actualizada. Pongamos un ejemplo de Antonio Machado:

Arde en tus ojos un misterio, virgen
esquiva y compañera.

No sé si es odio o es amor la lumbre
inagotable de tu aljaba negra.

Conmigo irás mientras proyecte sombra
mi cuerpo y quede a mi sandalia arena.

¿Eres la sed o el agua en mi camino?
Dime, virgen esquiva y compañera.

Estamos, sin duda, frente a un símbolo homogéneo, cuya característica es la inverosimilitud o la escasa verosimilitud, no la total y absoluta imposibilidad, como en los casos de visión («sonidos negros») o de imagen visionaria («un pajarillo es como un arco iris»). Podemos, sin embargo, hablar de «irrealidad» en cuanto que esa merma en lo verosímil es una forma de incongruencia que, pese a aparecer como objetivamente más atenuada que la otra, la de las visiones y la de las imágenes visionarias, no resulta subjetivamente menos ingrata para nuestra razón, por lo que ésta nos mueve, del mismo modo, a la búsqueda del sedante emotivo, es decir, simbólico. No es, en efecto, verosímil que «una virgen esquiva y compañera» acompañe al poeta, armada de «negra aljaba», noche y día, «mientras proyecte sombra» su «cuerpo y quede» a su «sandalia arena», etcétera.

Que no se trata de una simbolización conexa lo prueba el hecho de que aquí, desde el comienzo hasta fin de la composición, no hay más que un símbolo, aunque de gran desarrollo, el de esa virgen. Que tampoco se trata de inconexión lo probaremos en seguida.

Lamento haber tenido que elegir, en este caso, un ejemplo, cuya complejidad obliga a un comentario algo más arduo y detenido que en los anteriores casos. Machado ha escrito en su texto la palabra «virgen», que va a actuar de originador, pero que de momento es un originado, sólo que un originado muy especial, pues procede de la actividad de un originador que no ha llegado a escribirse, y que, por tanto, únicamente ha tenido existencia en la conciencia del autor. A esta clase de originadores puramente mentales, no escritos, los llamaremos en adelante «vitales» para diferenciarlos de los otros, que son, por el contrario, escritos, poemáticos. Reconstruyamos en este caso el originador «vital», pues esa reconstrucción va a aclararnos algo fundamental para nuestro análisis. El poeta ha pensado en la vida (originador) y la ha *sentido* como contradictoria (emoción correspondiente a ese originador). La vida es buena en cuanto vida, pero va hacia la muerte y es entonces mala. De esos dos aspectos o rostros de la vida, ¿cuál es el finalmente triunfante, el positivo o el negativo? El poeta no lo sabe, puesto que ello depende de otro gran enigma: que exista o no un Dios que salve al hombre en un Más Allá. El proceso Y que se le desencadena es entonces éste:

> vida [= enigma contradictorio =] emoción de enigma contradictorio en la conciencia [= enigma contradictorio = algo que por su contradicción es un enigma para nosotros, algo que se mantiene virgen a nuestra penetración intelectiva =] virgen contradictoria («esquiva y compañera»).

El poeta comienza su poema escribiendo el originado («virgen» contradictoria, esquiva y compañera), oriundo del proceso Y vital que acabo de esquematizar:

> Hay en tus ojos un misterio, virgen
> esquiva y compañera.

Ese originado «vital» (llamemos así a los originados que se engendran en procesos de idéntico vitalismo) pasará, desde el mismo instante de su comparecencia poemática, a ser un originador. Y como tal originador ha nacido en el poeta de la sensación contradictoria y enigmática que la vida le ha producido, según he dicho, y como, en consecuencia, le está simbolizando esa misma contradicción, al escribir ahora en la composición la palabra «virgen», la interpretará en ese sentido de un modo peculiar, personal, simbólico; modo que resulta ajeno, por completo, a la interpretación de sus lectores, que no han sufrido el proceso Y por el que la mente del poeta ha, en cambio, pasado y que, por tanto, se guían exclusivamente por la objetividad poemática. Gracias a aquella «mala lectura» del originador realizada por el poeta, fruto del proceso Y recién recordado, que sólo a él y no al lector compete, siente aquél a esa «virgen» como representación simbólica de nuestra conciencia de la vida, pero en cuanto que la vida va hacia la muerte. Nótese que la emoción correspondiente a este simbolizado es de gran entrecruce y complejidad, ya que la vida como tal es cosa para el hombre altamente positiva, y la muerte, por el contrario, se nos aparece dotada de una negatividad no menos alta. De esta doble veta partirán, en consecuencia, no una, sino varias series sintagmáticas, conducentes todas ellas a sendos originados igualmente contrapuestos. Pero claro está que tales multiplicaciones del proceso Y en cuanto a su serie sintagmática suponen multiplicaciones idénticas de ese mismo proceso en cuanto a su serie emotiva. Habrá, pues, varias de estas series, dominadas unas por el signo positivo y otras por el signo negativo que antes vimos, y es precisamente esta duplicidad contradictoria la que intensificada por reiteración, y juntada y apretada como conglomerado unitario en la emoción del autor, había creado en ésta aquel entreveramiento que antes mencioné.

Para no complicar inútilmente el análisis de los varios procesos Y incoados por el originador «virgen», vamos a elegir sólo dos, uno que represente a todos los que se definen por su positividad, y otro, a los que se definen por su negativismo. Empecemos por este último:

> virgen [= realidad que se mantiene virgen a nuestra penetración intelectiva a causa de su carácter contradictorio = realidad enigmática y contradictoria, vista en cuanto a su aspecto negativo = muerte =] emoción de muerte en la conciencia [= muerte = no veo = oscuridad = negrura = realidad negra] = aljaba negra.

En otros tres procesos Y de este mismo tipo negativo se llega sucesivamente a originados también negativos: «esquiva», «odio», «sed». Hago gracia al lector de su transcripción. Veamos, en cambio, ahora un ejemplo de los procesos Y positivos:

virgen [= realidad que se mantiene virgen a nuestra penetración intelectiva a causa de su carácter contradictorio = realidad enigmática y contradictoria, vista en cuanto a su aspecto positivo = vida =] emoción de vida en la conciencia [= vida = luz] = lumbre.

Otro trío de procesos Y positivos, en perfecta correspondencia con los negativos antes aludidos, llevan a originados de idéntica positividad: «compañera», «amor» y «agua».

Con esto, queda el poema, creo, perfectamente aclarado. El carácter contradictorio de la «virgen» o «vida» le sume al poeta en la perplejidad. Por eso, ve a su personaje como «misterioso»:

> Arde en tus ojos un misterio, virgen
> esquiva y compañera.

El sentido de la pregunta final («dime, virgen esquiva y compañera») será entonces una patética interrogación acerca de en cuál de esos dos términos («muerte», «vida») radica la victoria definitiva. Si nos salvamos en un Más Allá, la victoria corresponde a la vida; si no nos salvamos, la misma palma es de la muerte. El poeta deja en suspenso, sugeridoramente, la respuesta.

Contemplemos ahora la actividad X, propia de quienes se hacen con el poema. Como el poeta ha leído «mal» el originador, como lo ha leído «creadoramente», no puede ser seguido por el lector, ni en su compleja emoción, ni, por consiguiente, en sus diversas series sintagmáticas. Todos los originados son, para él, en consecuencia, despropósitos: despropósitos lógicos y despropósitos emocionales. Despropósitos lógicos, ya que, como dije, la inverosimilitud es, en definitiva, sinrazón. Y despropósitos emocionales, pues el lector, frente a la palabra «virgen» y dada la lectura incorrecta que el poeta ha realizado de ella, no experimenta el mismo sentimiento entremezclado y contradictorio de este último. Ante ese doble absurdo que debe ser salvado, reacciona el lector del modo que ya conocemos: con la retroactividad. No voy a repetir otra vez su mecanismo, que ya nos es sumamente sabido. Baste recordar el hecho de los dos simbolismos por cada proceso Y: uno que recae sobre el originador (que en este caso es siempre el término «virgen») y el otro que recae sobre el originado variable con cada proceso. Y así el originado «aljaba negra», y lo mismo los originados «esquiva», «odio» y «sed», llegarán a simbolizar «muerte» con «actualidad», mientras el originador «virgen» simbolizará lo mismo de manera «retroactiva». Por el contrario, el originado «lumbre» y también los originados «compañera», «amor» y «agua» simbolizarán vida «actualmente», en tanto que «virgen» lo simbolizará «retroactivamente».

Pero sucede aquí de nuevo (y a eso iba muy fundamentalmente) el fenómeno reductor a que ya nos hemos habituado: el doble simbolismo de cada proceso se simplifica en el mismo momento de su aparición, gracias a la actividad de nuestra conciencia, que al ver como protagonista poemático a una criatura tan sólo (esa «virgen», a la que le acontece ser «esquiva y compañera») no puede acreditar, a su vez, sino una sola simbolización, la que a esa criatura corresponde, y ello, además, como en los otros casos, de manera «actual».

La consecuencia de tan complicada maraña, pese a la final reducción del simbolismo, es la complejidad de nuestra emoción. Pues todos esos sentidos (contradictorios, unos, entre sí; ratificadores, y, por tanto, intensificativos, otros) se juntan en un solo simbolizado final de gran riqueza, matización y diversificación, donde chocan corrientes opuestas, que mutuamente se corrigen. Pues el conflicto, para hacerse significativo (y la conciencia necesita, y en consecuencia, busca un sentido a cuanto se le aparece como insensato) ha de superarse en una solución. ¿Cómo lograrla en este caso? Al ser la conciencia la que se siente inquieta ante el carácter paradójico de los productos emocionales que recibe del preconsciente, será ella misma la que deberá actuar ahora para conciliarlos, llegando así a un verdadero «compromiso» sintético: esa «virgen» se nos aparecerá simbólicamente como lo que fue, desde el principio, para el poeta: como la representación que tenemos de la vida, en cuanto que la vida va hacia la muerte [1].

[1] De nuevo, la Psicología Semántica de que hemos hablado.

Operaciones de la conciencia frente a los productos del preconsciente

Creo que es útil dejar constancia de esta última intervención rectificadora de nuestra mente lúcida; intervención con la que, siempre que como aquí se hace preciso, se completa y perfecciona o redondea en un, diríamos, «acabado» final, la masa de significación emotiva a que preconscientemente llegamos[2]. ¿Y cuál será el modo de la conciencia para realizar esta operación? ¿Trabaja directamente sobre los *significados* que se hallan dentro de las emociones? No, eso no puede hacerlo, *porque no los conoce*. Conoce únicamente las emociones que envuelven y ocultan tales significados. Y es a esas emociones, experimentadas en principio por ella como incasables entre sí, a las que obliga a congruencia. Pero al hacerse congruentes las emociones, se hacen congruentes, claro está, sus implicaciones semánticas.

Elevémonos ya con esto a una doctrina general. La conciencia «juzga» en todo caso implacablemente las emociones que del preconsciente recibe, y hace caso de ellas o no, las elabora o no, modificándolas acaso en ciertos extremos y pormenores, en la medida justa en que lo comprenda como necesario para sus fines intelectivos. Antes veíamos a la conciencia eliminar uno de los dos simbolismos de las autonomías, por considerar que tal simbolismo carecía de sentido. La vemos ahora, de otro modo, enderezar y moldear hacia la afinidad emociones entre sí discrepantes. Los dos hechos son, en el fondo, coincidentes, y revelan una misma actitud de vigilancia por parte de la mente lúcida frente a los materiales irracionales, a los que sólo permite ofrecerse en crudo cuando han sido cuidadosamente examinados y declarados aptos para la comprensión racional.

---

[2] Véase la nota anterior.

Momentos preconscientes y conscientes en el simbolismo de inconexión, de conexión y de autonomía

Como se ve, el simbolismo del «segundo tipo» (o simbolismo de irrealidad) consiste en una serie de operaciones, de las cuales, paradójicamente, *sólo una* es, en efecto, irracional (la emisión de ecuaciones preconscientes), mientras todas las demás, *que son mucho más numerosas*, resultan de carácter lúcido. Dejando a un lado, para no alargar innecesariamente nuestro análisis, las operaciones del autor, y refiriéndonos, por tanto, únicamente, a las del lector, hallamos que son conscientes en éste todos los momentos que el siguiente cuadro señala:

<table>
<tr><td rowspan="4">Momentos lúcidos del simbolismo de inconexión.</td><td>La percepción de la literalidad del originador y la del originado.</td></tr>
<tr><td>La sentencia de absurdo lógico y emocional referido a este último.</td></tr>
<tr><td>La búsqueda de un puente preconsciente entre ambos términos.</td></tr>
<tr><td>La aceptación de los dos simbolismos, actual y retroactivo, a causa de la desconexión en que éstos aparecen.</td></tr>
<tr><td rowspan="4">Momentos lúcidos del simbolismo de conexión.</td><td>La percepción de la literalidad del originador y del originado.</td></tr>
<tr><td>La sentencia de absurdo lógico referido a la relación de ambos términos.</td></tr>
<tr><td>La búsqueda del simbolismo del originador y del originado que explique el absurdo lógico.</td></tr>
<tr><td>La percepción de la afinidad emocional de estos simbolismos y la aceptación de ellos.</td></tr>
</table>

Momentos lúcidos del simbolismo de autonomía.	La percepción de la literalidad del originador y del originado. La percepción de la relación que les une y del doble absurdo de esa relación (emocional y lógico). La búsqueda de un puente preconsciente entre ambos términos, causa de un doble simbolismo, retroactivo y actual. La simplificación y actualización de tal simbolismo doble.

Autonomía del simbolismo homogéneo estudiado

Un último punto necesitamos aún comprobar: el hecho de que el simbolismo, de cuyo análisis venimos (el de la «virgen esquiva y compañera»), sea, en efecto, autónomo. Veíamos que no era conexo. ¿No podría entonces resultar inconexo? De la inconexión tiene sólo lo que tienen todas las autonomías de irrealidad: la «mala lectura» que el poeta hace del originador, y su consecuencia en el lector, la perplejidad emotiva (y no sólo lógica) frente al absurdo total del originado. Pero hay algo que le separa de las inconexiones y le incluye de lleno en las autonomías: la concienciación de la relación identificativa entre el originador y el originado *(«A es E»)*, con su consiguiente efecto irrealista, que toma aquí su forma «débil»: la de verosimilitud deficiente o bien la de franca inverosimilitud. Y tal es lo que de hecho vemos en el tipo de símbolos homogéneos que el ejemplo de la «virgen» representa. Igual que en el caso de la visión «sonidos negros», el originado «negros» resultaba ser un atributo del originador «sonidos», con lo que se hacía lúcida la verdadera relación (A = E) entre ambos términos, así ocurre, *mutatis mutandis,* en el presente caso de simbolismo homogéneo, sólo que ahora el atributo en que se convierte el originado, concedido al originador, no es imposible sino poco verosímil.

Aparece entonces una «virgen» (originador) que *es* «esquiva», que es «compañera», que es poseedora de una «negra aljaba», etcétera, originados todos ellos que, al manifestarse como cualidades del originador «virgen», conciencian la relación identificativa (A = E) entre ambos términos del proceso preconsciente, creando un ser de escasísima viabilidad realista y que, por tanto, el lector entiende de otro modo: simbólicamente.

Las tres formas del simbolismo que hemos estudiado

Tal vez no sobre reunir en un esquema final las características que hemos hallado para cada uno de los tres tipos de simbolización, que son éstos:

Primero, un simbolismo de conexión, propio de todo el período irracionalista, en donde el originador, en una «buena lectura», simboliza para el autor, en su proceso Y, lo mismo que para el lector en su proceso X; el originado se hallará de entrada, para la comprensión lectora, conexo al originador, aunque sólo emocionalmente, simbólicamente. Originador y originado serán, para autor y lector, símbolos, los dos, «actuales».

Segundo, un simbolismo de inconexión, propio exclusivamente del período superrealista, en donde el originador, al ser incorrectamente leído por el autor en su proceso Y, resulta simbólico para éste y, en cambio, no lo resulta en principio para el lector en su proceso X. El originado, conexo emotivamente al originador a ojos del autor, se hace así doblemente inconexo (inconexo emotivamente e inconexo lógicamente) a ojos del lector. Éste, desde su conciencia, para recobrar la perdida calma intelectiva, precisará, pues, reconstruir retrospectivamente la relación establecida por el autor entre originador y originado. Efecto de esta reconstrucción será que, en el proceso X, el originador se convierta en un símbolo «retroactivo», y el originado, en un símbolo «actual», con posibilidades, además, de simbolismo «transitivo».

Tercero, un simbolismo irreal autónomo, encabezador del simbolismo de conexión en el período no vanguardista, pero cuya expresividad tiene capacidad para manifestarse en plena soledad y con frecuencia lo hace. Es idéntico en todo al simbolismo inconexo, salvo en el esencial pormenor de la concienciación de la relación identificativa entre originador y originado. *Toda posible inconexión se destruye con esto* y queda sustituida por la aparición de una *irrealidad,* que obliga a la conciencia a simplificar y actualizar la duplicidad simbólica del originador y el originado, reducida de este modo a un único simbolismo «actual», que el lector, desde la mente lúcida, en su proceso X, atribuye al objeto irreal recién creado.

Todo ello podría ser reflejado en el siguiente cuadro:

Simbolismo de conexión que más adelante habremos de llamar «irreal».	No concienciación de la relación identificativa entre originador y originado. «Buena lectura» del originador realizada por el poeta. Incongruencia lógica entre el originador y el originado. Congruencia emotiva inmediata del originador con respecto al originado a ojos del lector. Doble simbolismo «actual».
Simbolismo de inconexión que más adelante habremos de llamar «irreal».	No concienciación de la relación identificativa entre originador y originado. «Mala lectura» del originador realizada por el poeta. Incongruencia lógica entre el originador y el originado. Incongruencia emotiva inmediata del originador con respecto al originado a ojos del lector. Doble simbolismo, retroactivo y actual.

Simbolismo de autonomía que hemos denominado y seguiremos denominando «irreal».	Concienciación de la relación identificativa entre el originador y el originado.
	«Mala lectura» del originador realizada por el poeta.
	Incongruencia lógica entre el originador y el originado.
	Incongruencia emotiva inmediata del originador con respecto al originado a ojos del lector.
	Doble simbolismo, retroactivo y actual, que luego la conciencia simplifica y actualiza.

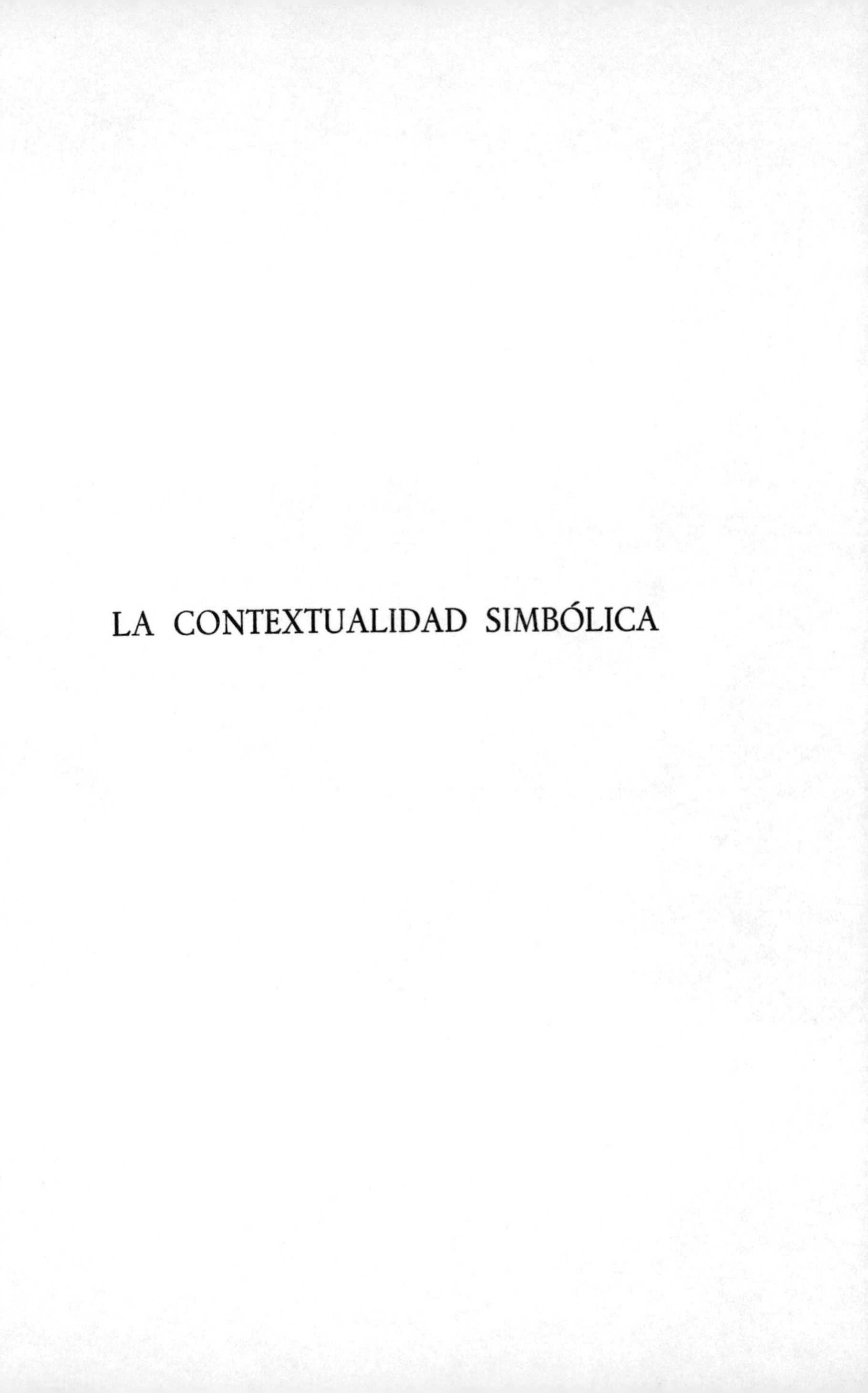

LA CONTEXTUALIDAD SIMBÓLICA

CAPÍTULO IX

LA CONTEXTUALIDAD SIMBÓLICA: PRIMERA OPERACIÓN DEL CONTEXTO

SIMBOLIZACIÓN, ABSURDO Y CONTEXTO

En las consideraciones que hemos venido haciendo acerca de la simbolización, salen, adelantándose hacia nosotros con naturalidad en un primer plano, dos grandes tesis, como explicación conjunta de que una expresión se nos torne simbólica. Estas dos tesis rezarían del siguiente modo: Primero, todo símbolo nace ante el lector del hecho de que éste, al leer, *tropieza de pronto con un absurdo*. Ésa es una ley sin excepciones. Ahora bien: ¿en qué proporción ese absurdo debe comparecer ante nosotros para ser simbolizante? Y, por otra parte, ¿en qué consistirá tal absurdo? La proporción puede ser muy variada. No es preciso que el absurdo sea grande: un punto de incomprensión por nuestra parte basta para que el texto se nos ponga a simbolizar. En cuanto a la naturaleza del absurdo, nuestra respuesta ya no es tan tajante, y sólo dice que, por lo pronto, ese absurdo es el que nos ofrece cierta expresión, el originador, en su relación con otra, el originado: «un pajarillo» (gris) «es como un arco iris» (de colores). Se trata, pues, aquí *y siempre*, de un absurdo que sólo contextualmente se produce.

Pero, segundo, no sólo es contextual el absurdo en cuanto tal absurdo; también es contextual su resolución: en las autonomías y en las inconexiones, por ejemplo, la sinrazón del originado en su vínculo con el originador se deshace al establecer el lector un puente preconsciente *entre ambos términos.* Son necesarios, en consecuencia, *esos dos* términos para que el conflicto de su recíproca insensatez se solucione. En las conexiones, el puente que el originado tiende no se dirige al originador, sino a la emoción, pero como esa emoción *la ha provocado el originador,* éste sigue siendo indispensable para el simbolismo del originado.

Todo esto nos está indicando que los símbolos son, por lo pronto, dos veces contextuales: contextuales, en cuanto que todo símbolo surge de un desatino, que es relativo, en efecto, a un contorno verbal; y contextuales también, en cuanto que sólo contextualmente cabe su arreglo o compostura (estableciendo una relación emocional no disparatada entre originador y originado o entre una emoción, nacida de un originador, y un originado).

Detengámonos un poco más en la primera tesis, esto es, en el hecho de que la simbolización, en cualquier caso («inconexiones», «conexiones» y «autonomías»), nazca de la sensación de absurdo que, dentro de un contexto, experimentamos frente a una palabra o sintagma. Añadamos: este absurdo no es siempre del mismo tipo. Puede ser sólo lógico (simbolismo de conexión), o además de lógico puede ser emotivo (simbolismo de inconexión y de autonomía). Al no encontrar sentido de manera espontánea a la expresión de que se trate, nuestra conciencia *(que supone en el autor*[1] *una intención significativa)* se esfuerza en buscarle a esa expresión un sentido distinto, un sentido no espontáneo, que es precisamente el simbólico. En el simbolismo de inconexión y en el de autonomía, lo que encontramos como lectores es el más grave de los absurdos, porque éste se refiere tanto a la logicidad del dicho como a la emoción que el dicho nos despierta. No sólo el originado en su relación con el originador ostenta una incongruencia; no hay tampoco un posible enlace preconsciente entre ese originado y *nuestra* emoción. Tenemos entonces que volver los ojos hacia atrás, hacia el originador por

[1] He aquí un buen ejemplo de lo que en mi *Teoría de la expresión poética,* 1977 (tomo II, págs. 268-322), fue llamado «supuestos de la poesía».

el que ya hemos pasado, intentando encontrar en él lo que no hemos hallado en nuestra propia reacción emotiva. El fracaso del que nos levantamos ha sido, pues, repito, doble: primero un fracaso lógico y luego un fracaso emocional. El recurso al originador es, por consiguiente, como dije en otro capítulo, una tercera intentona en una vía también tercera, a la que únicamente recurrimos, como instancia final, tras habernos fallado las otras dos, más inmediatas y naturales, ya que radican en nuestro propio ser: en nuestra cabeza y en nuestro corazón. Y es este expediente tercero, radicado fuera de nosotros, el que triunfa, provocándonos en la mente el doble simbolismo, «actual» y «retroactivo», del que tenemos ya, por capítulos anteriores, larga noticia.

En el simbolismo de conexión, nuestra situación no es tan extremosa, ya que sólo nos vemos conturbados en nuestra racionalidad. Situado el lector en la emoción simbólica que el originador le ha provocado, ve un originado que, por lo menos en su relación con el originador carece de sensatez, y al buscársela por debajo de la conciencia indaga, en primer lugar, dentro de sí mismo, y, al revés de lo que ocurría en el otro caso, encuentra entonces el simbolismo conexo (conexo a su propia emoción, dicho se está, aquella en la que, gracias al originador simbólico del que viene, el lector reside).

CASOS DE SIMBOLISMO CONEXO QUE PARECEN EXCEPTUARSE DE LA LEY DEL ABSURDO

Debemos hacer aquí, sin embargo, una advertencia. En el simbolismo de conexión no faltan casos en que, de pronto, un originado, en su literalidad, parece tener pleno sentido, pese a lo cual el lector lo siente como simbólico. ¿Se tambalea con esto nuestra doctrina del absurdo? Merece la pena examinar el caso.

En «Malestar y noche» Lorca ha escrito:

> Noche de cielo balbuciente
> y aire tartamudo,

originador de los versos que van a continuación:

Tres borrachos eternizan
sus gestos de vino y luto

que son el originado. Aunque la relación entre un originador y un originado sea, en principio, disparatada, pudiera darse, *como aquí*, el *azar* de que el juego identificativo preconsciente (A [= = B = C =] emoción de C en la conciencia [= C = D =] E) llevase a un originado E («Tres borrachos...») que no fuese lógicamente incompatible con el originador A («Noche de cielo balbuciente...»). Esto, insisto, es una pura casualidad, ya que lo normal es la incompatibilidad lógica. Ahora bien: esa casualidad no resulta impensable [2]. ¿Qué hará entonces el poeta para remover la mente lectora hacia la simbolización? Muy sencillo: hacer que ese originado casualmente no incongruente incurra en otra suerte de absurdo, con lo que en todo caso se salva nuestra ley. Tenemos, en el poema de Lorca, un ejemplo excelente de ese doble hecho. La idea de que «tres borrachos» «eternicen» «sus gestos de vino y luto», si entendemos en sentido figurado, pero lógico, alguna de estas palabras, no es, por supuesto, un despropósito, al menos manifiesto respecto de la noción noche de cielo balbuciente y aire tartamudo que le antecede. Pero he aquí que el extraño tono aseverativo y la solemnidad que a la frase le otorga, de un lado, la especificación numérica *(«tres* borrachos») y de otro el verbo «eternizar» («eternizan sus gestos...»), bastarían para hacernos entrar en un cierto grado de inquietud semántica, que es, sin duda, una forma, aunque palia-

---

[2] En toda serie preconsciente A [= B = C = D =] E, el paso del primer miembro (A) hasta el tercero (C) es, sin excepciones, lógicamente intransitable; y lo mismo el del tercero (C) hasta el quinto (E). Lo probable (lo *muy* probable) es, pues, que E no case, a su vez, con A; pero esto no resulta, *como lo anterior*, obligado. Ya no es una necesidad: un *azar* puede hacer que el dislate entre C y E sea inverso pero del mismo signo (digámoslo así) que el que media entre A y C, con lo que el salto de A a E no resultaría una inconsecuencia. Es decir: el delirio constituido por la identidad C = E vendría, en tal hipótesis, a deshacer la sinrazón primera (la de la igualdad A = C).

da y débil, de ininteligibilidad, y por lo tanto de absurdo, ya que ese tono y esa solemnidad *no se nos hacen inmediatamente comprensibles.* El desatino indispensable para que el lector se ponga a buscar a las expresiones un sentido escondido, preconsciente, en que la sinrazón quede superada, no necesita, como dije, ser grande. Basta, aquí lo vemos, una leve dificultad de intelección; basta una ligera resistencia a nuestro intento de captar un aspecto, acaso poco o nada esencial, de las cosas, para que experimentemos la desazón suficiente que nos ha de llevar al simbolismo. En el ejemplo de los «borrachos», favorece, además, esa clase de asociaciones irracionales otra cosa: el clima simbólico en que previamente el lector se halla sumergido cuando llega al pasaje en cuestión. Una de las leyes psicológicas a que hay que acudir con más frecuencia para explicar los fenómenos estéticos es, como ya sabe el lector, la ley de inercia. Metidos en faenas simbolizadoras, los lectores tienden a proseguir por el mismo camino. En nuestro caso, las expresiones previas, tan evidentemente irreales y simbólicas (ese «abejaruco» «en *tus* árboles oscuros», ese «cielo balbuciente», ese «aire tartamudo») nos empujan con fuerza a hacer, frente a esos «borrachos», lo que hacíamos frente a ellas mismas, intentando extraerles un significado preconsciente. Tan es así que a veces basta la ley de inercia para que una frase o un vocablo se pongan a simbolizar. No se falta con esto a la ley del absurdo, puesto que el absurdo existe en un momento anterior de la onda simbolizadora que nos arrastra. Lo hemos de comprobar más adelante.

Dos cuestiones

Todo esto plantea dos importantes cuestiones. Cuestión primera: averiguado por qué el símbolo ha de ser doblemente contextual, o sea, por qué han de ser dos las operaciones contextuales para que el simbolismo pueda manifestarse (tropezar con el absurdo y luego salir de él) nos resta por averiguar lo más importante: la causa de que necesitemos precisamente el desatino para el logro de las asociaciones irracionales; de que sólo chocando con el desatino las palabras se pongan a chorrear identificaciones preconscientes. Pues nótese que esto (sin duda la raíz de todo lo demás) no lo hemos, a su vez, razonado: lo presentábamos como un hecho del que partíamos.

Segunda cuestión: los símbolos heterogéneos sincrónicos [3] ¿no parecen negar con su simbolismo de realidad esta doctrina nuestra de que sea el absurdo requisito de la simbolización? En tales símbolos no se ve, al menos al primer pronto, absurdo alguno, sino precisamente realismo, logicidad. ¿Lograremos probar también para ellos nuestra doctrina del despropósito? Responder adecuadamente a estas dos preguntas constituirá la finalidad tanto del presente capítulo como del próximo.

Pragmatismo de nuestra mente y absurdo

Vayamos antes con el primer punto: la necesidad de absurdo previo para que las palabras puedan simbolizar.

La explicación de ese hecho hemos de buscarlo, creo, en la practicidad de nuestra mente. Nuestra mente es práctica, ya que el hombre procede del animal, cuyo pragmatismo es absorbente en grado sumo, y más cuanto más bajo se encuentre en la escala de los seres vivos. Todos los animales, incluyendo al hombre, perciben sólo lo que les interesa, porque la dureza de la vida así lo reclama, pero claro está que los intereses del hombre no pueden ser homologados con los intereses de los animales en punto a riqueza, variedad y posibilidades de espiritualidad. De ahí que su capacidad de percepción sea incomparablemente mayor. Si de lo que hablamos es de los animales inferiores, se hallan éstos tan atareados en el exclusivo afán de

[3] Véase, en las págs. 130 y sigs., lo que sean «símbolos heterogéneos sincrónicos». Son los símbolos heterogéneos que no nacen retroactivamente de una inconexión: los que hemos denominado en la «Introducción» «símbolos de realidad». Por ejemplo, los que vemos en el poema XXXII de Machado, analizado por nosotros en las págs. 61 y sigs.; o el que yace en el verso de Lorca «Los caballos negros son».

no morir, que la reducción y limitación perceptivas a que sus órganos llegan resultan máximas, y, por eso, las cualidades que del mundo externo recogen se estrechan hasta hacerse miserables: en su psiquismo se les representan nada más que aquellas notas que son indispensables para ese fin único, verdaderamente esclavizador. Sólo sus enemigos se destacan con alguna personalidad de la general indiferenciación; sólo ellos merecen el interés de una criatura cuya elementalidad y escaso desarrollo le imponen un pragmatismo extremo, en el que únicamente impera, como digo, el instinto de la supervivencia. Fuera de sus enemigos, el animúnculo ve a los demás seres vivos (e incluso a los no vivos: una piedra que obstaculiza el camino, etc.) como si fuesen la infinita repetición de un mismo modelo, ya que para sus inmediatas exigencias vitales, a las que se halla sometido por completo, todos ellos coinciden en lo que exclusivamente importa: su ausencia de agresividad. Pero ocurre, además, que de las criaturas hostiles antes mencionadas, el animal de referencia sólo capta algunos rasgos muy simples, los que le bastan para la huida o la defensa. No, por supuesto, la forma, que no aparece como inmediatamente servicial y que para ser percibida requiere un sistema nervioso más concentrado y complejo que el suyo[4]. O dicho desde otro punto de vista: un campo de intereses más libre. Según vamos subiendo hacia seres más complejos, y, sobre todo, conforme nos acercamos al hombre, la libertad del animal, en este sentido, se acentúa: va superando la practicidad inmediata, urgentísima, que antes le dominaba con violencia; en algún momento puede ya, incluso, vacar, con una cierta holgura, a menesteres menos perentorios. Al fin, en animales más evolucionados, aparece el juego, que representa una gran conquista. La vida ha perdido seriedad, lo cual quiere decir que ya no se gobierna por la necesidad pura. Asoma, torpemente, el espíritu, amigo del solaz y del lúdico esparcimiento. El hombre viene, por último, a coronar el ascenso en que estamos. Pero no se crea que su origen animal no le pesa con su carga

---

[4] Véase J. V. Uexküll: artículo de 1913 incluido en el libro de Pedro Laín Entralgo y J. M. López Piñera, *Panorama histórico de la Ciencia Moderna,* Madrid, 1973, ed. Guadarrama, págs. 773-779.

pragmática, que, si relativamente mucho más liviana que la visible en los animales superiores, tiene todavía poder suficiente para imponerle, con fuerza considerable, sus estructuras. La prueba más sencilla de que esto es así nos la proporciona la Lingüística.

Es sabido que en castellano el punto de articulación que tenga una nasal es diferenciador en principio de sílaba, y, como consecuencia, el hablante lo percibe. Todo español nota la distancia que hay entre la nasal *m* de «cama» (bilabial), la nasal *n* de «cana» (ápico-alveolar) y la nasal *ñ* de «caña» (linguopalatal). En cambio, en final de sílaba el punto de articulación no es diferenciador, y el hablante no reconoce como distintas entre sí las nasales de «un patio» (bilabial: *m* implosiva), «un lazo» (ápico-alveolar) y «un llanto» (palatal: *ñ* implosiva), aunque estas nasales difieren unas de otras tanto como aquéllas. En efecto: las nasales de «cama», «cana» y «caña» no están más diferenciadas que las de «un patio», «un lazo» y «un llanto». ¿Por qué en un caso sentimos la diferenciación y en otro no? La respuesta es perfectamente conocida: en «cama», «cana» y «caña» los rasgos diferenciadores deciden la significación de la palabra; en «un patio», «un lazo» y «un llanto» no la deciden. El cambio de punto de articulación en «cama» hace que el signo se modifique, que sea otro (que pase a «cana» o a «caña»). Ese mismo cambio de la nasal en «un patio» (o en «un lazo» o en «un llanto») no trastorna el signo, desde el punto de vista semántico, ni aun en lo más leve. Este signo (la nasal de «un patio») sigue siendo semánticamente el mismo, ya lo pronunciemos bilabialmente, ya apicoalveolarmente, ya palatalmente. Los distingos son útiles en «cama» y los percibimos; no lo son en «un patio», y por eso no los notamos. La practicidad de nuestra mente se comporta aquí de un modo que, en último término, no difiere más que en grado del animalillo inferior antes citado, que sólo lograba representar en su percepción, con algunas escasas cualidades diferenciadas, al enemigo del que tenía que defenderse, o al que tenía que atacar.

De todas maneras, el hombre consigue con frecuencia evadirse del pragmatismo. Pero lo consigue, claro está, *con esfuer-*

zo, y para esforzarse en esa tarea *necesita tener algún motivo* que a ello le induzca. Refiriéndonos al lenguaje, el pragmatismo consiste en conceptualidad, puesto que de los elementos lingüísticos, sólo el concepto, que indica relaciones entre cosas, resulta «útil». Las palabras, por tanto, tienden al puro conceptualismo. La practicidad de nuestra mente y de nuestra actitud frente a ellas así lo quieren y así lo determinan. En suma: los vocablos y frases de la lengua son, en principio, inertes, puramente conceptuales [5] y para hacerlos simbolizar, esto es, para hacerlos salir del pragmatismo en que normalmente vegetan es preciso oprimirlos contextualmente de un cierto modo, tal como vimos. O mirado desde la perspectiva psicológica: para que nuestra tendencia pragmática sea removida, y podamos percibir algo tan profundamente desinteresado como es el simbolismo, se hace necesario poner un obstáculo más o menos difícil de salvar, una dificultad, aunque no sea grande, en el camino de practicidad en el que nuestra mente, por lo regular, se mueve. Ese obstáculo es el absurdo en sus diferentes formas y grados. El absurdo se manifiesta como un reto. La reacción frente a éste nos impide el conceptualismo al que somos proclives.

Condición necesaria, aunque no suficiente, de la simbolización

Pero de nada serviría el absurdo, si el lector no supiera previamente que aquel texto que tiene delante, en el que el absurdo se incluye como un elemento más, es un poema y no, por ejemplo, una «carta», un «informe bancario» o una «tesis doctoral», ya que de tratarse de este otro tipo de escritos, *no se nos ocurriría salir del desatino por medio de la asociación irracional.* En tal caso, si había sinrazón en las palabras que leíamos, nos quedaríamos encerrados en la sinrazón, sin pretender una es-

[5] Incluso los sentimientos o las sensaciones que las palabras de la lengua usual nos proporcionan aparecen encauzadas conceptualmente: son, en realidad, universales de la sensación y del sentimiento.

capatoria. La conciencia de género literario, la conciencia en que debe estar el lector de que aquello que se propone recibir en su mente es precisamente un poema, se constituye, pues, como la condición necesaria (y sólo necesaria) del simbolismo, junto a la cual, la contextualidad absurda aparece como el complemento decisivo para que, entre las dos, se dé la condición suficiente que lo pueda poner en marcha. Preparados psicológicamente por nuestro conocimiento de que enfrentamos una composición poética, y no alguna manera de escritura «práctica», puede ya operar en nosotros el efecto simbolizante de la contextualidad absurda. Conté al propósito en uno de mis libros [6], la extraña experiencia que tuve al interpretar, voluntariamente y a modo de juego, como poema un trozo (que, curiosamente, lo toleraba, incluso muy bien) de un determinado ensayo científico. El resultado fue que mi sensibilidad acusó una notable diferencia semántica con respecto a la anterior lectura del mismo texto, en la que yo no había introducido trastorno alguno de disposición anímica por mi parte, y el fragmento en cuestión me había llegado como lo que era: como una página de «ciencia». La explicación que me di de hecho tan sorprendente y, en principio, enigmático, fue doble. Cuando oigo una conferencia o leo un ensayo, etc., yo recibo verdades, porque frente a su contenido, de modo explícito o implícito, activa o pasivamente, me pregunto: «¿es esto verdad?». Sólo formulando esta pregunta y respondiendo a ella afirmativamente, puedo hacerme con la verdad que de ese modo se me intenta expresar. Si no media, al menos, repito, tácita y pasivamente, la pregunta que digo, la verdad no puede alcanzarme. Y esto es lo que sucede en poesía. Frente a un poema, mi interrogación no inquiere acerca de su verdad, sino acerca de su verosimilitud, y, por tanto, lo que me llegan son verosimilitudes y no verdades, aunque de hecho sean verdades las que en el poema se enuncien.

Pero además, en el fenómeno descrito hay otra cosa que conduce igualmente a una disimilitud en cuanto al significado,

[6] En mi *Teoría de la expresión poética*, Madrid, 1977, ed. Gredos, 6.ª ed., t. II, págs. 137-138.

y esa cosa otra es precisamente la que aquí nos interesa y antes mencioné. Al escuchar el ensayo susodicho como «poema» y no como «ensayo», el lector se abre a las asociaciones irracionales (y a las connotaciones [7]) de las palabras y los sonidos de las palabras, si tales asociaciones pueden efectivamente darse en ese contexto, lo cual precisará el cumplimiento de la otra condición, estipulada más arriba: la del absurdo. Nada de esto pasa cuando escuchamos el ensayo en cuestión como, digamos, «ciencia», pues en tal caso «vamos al grano» y sólo para ese «grano» tenemos atención, ya que nuestra tendencia práctica opera y nos rehusamos a todo lo que sea externo a tal practicidad, que radica en el concepto y sólo en él. El género literario «poema» sirve precisamente para colocarnos en situación de salir de la sordera y cerrazón pragmáticas en que de ordinario yacemos, operando en nosotros una apertura hacia la libertad, donde puede el contexto, si cumple las condiciones para ello, operar sugeridoramente, simbólicamente.

A este efecto liberatorio coopera también la rima y sobre todo el ritmo; por supuesto, cuando ambos, o alguno de esos dos artificios, se dan. Llegamos con esto, al lado de la conciencia del género «poema», a una segunda circunstancia propiciatoria

---

[7] La diferencia entre connotación y significado irracional o simbólico la intenté precisar, como dije más atrás, en mi libro *El irracionalismo poético (El símbolo)*, ed. citada, págs. 175-204 (capítulo IX). Digo allí que el fenómeno connotativo se caracteriza por la racionalidad, mientras el fenómeno simbólico se caracteriza por lo opuesto. En ambas posibilidades las significaciones se parecen sólo en el hecho de ser marginales: se trata de sentidos que asociamos lateralmente a otro principal (el denotativo) que centra la palabra. Mas en un caso (en el caso de las connotaciones) este proceso es *lúcido*, mientras en el otro (en el caso simbólico) no lo es. Claro está que las connotaciones pueden resultar puramente emotivas; pero si tal sucede, la emoción de que hablamos ostenta, precisamente, *racionalidad* (véase en la nota 14 a la pág. 100 del presente libro el sentido que damos a este último concepto) y, en consecuencia, tal emoción es sentida por nosotros como *adecuada* respecto del término de que se parte, al revés de lo que ocurre en el simbolismo, que se define por lo opuesto, esto es, por la *inadecuación* emotiva. El efecto del simbolismo es, por otra parte, el sentimiento de misterio, sentimiento que no se produce en la connotación. (Véase la nota 15 a la pág. 100.)

del simbolismo que el contexto absurdo (y sólo él) produce. En efecto, el ritmo y en menor grado la rima, por su carácter obsesivo, y en cierto modo elemental, favorecen con medios idóneos la actitud psicológica de libertad asociativa, en un cierto sentido, frente al lenguaje, que es inherente a la poesía, en contraposición al lenguaje práctico no poético, frente al cual, precisamente a causa del pragmatismo de su naturaleza, no podemos sentirnos libres: quiero decir que un «poema» significa «todo» lo que ese poema sugiere a su lector universal, incluso aquello de que el poeta es inconsciente en el momento de escribir, como lo es el lector en el momento de leer, cosa (la de significar sugeridoramente cuanto le es posible a la expresión de que se trate) que no ocurre, para poner un ejemplo límite, en un trozo de prosa científica. Al leer un poema diríamos que «cerramos los ojos» y nos abandonamos libremente, en ese preciso sentido, a cuantas sugestiones y asociaciones emanen, necesariamente, eso sí, gracias al efecto del despropósito, desde el texto. El ritmo, tal el objeto brillante de que puede valerse un hábil hipnotizador, nos concentra como en un punto la atención, para que el resto de nuestro ánimo, tomado, en cierto modo, por sorpresa, pueda ser invadido por la irracionalidad del lenguaje. Y precisamente porque el ritmo satisface estas necesidades generales de la palabra del poeta, es por lo que su presencia en el poema resulta *casi* indispensable, a diferencia de los otros recursos retóricos, cuya presencia en un determinado texto se ofrece como, en principio, indiferente.

Pero bien entendido —quiero subrayarlo una vez más— que la conciencia de género literario, y la eventual apoyatura que esa conciencia puede recibir de la rima y sobre todo del ritmo, de ningún modo inducen las asociaciones irracionales. Son sólo «estímulos» que nos preparan psicológicamente para que la verdadera «causa», el contexto absurdo, pueda operar en nosotros simbólicamente.

Las dos operaciones contextuales

Es el contexto, en efecto, y sólo él, el encargado de realizar las dos clases de operaciones que transforman un vocablo o un sintagma en un símbolo: en primer lugar, nos hace, del modo que ya vimos, *sirviéndose para ello de algún grado de incomprensibilidad o de disparate, necesitar* la simbolización, que viene a salvarnos de la perplejidad, compañera del desatino (primera operación contextual). Y en segundo lugar, hace que esa concretísima simbolización se produzca, para lo cual es preciso que, de todos los que le resultan posibles al elemento verbal de que se trate, el contexto ponga en actividad sólo esta concreta corriente identificativa, ésta y no aquélla o aquellas otras, que contextos distintos podrían haber, en él, movilizado (operación segunda).

Vamos a examinar por separado estas dos funciones del contexto, empezando por la primera. De momento, se trata, pues, únicamente de inquirir con carácter general lo que para el simbolismo de inconexión o de irrealidad (conexiones y autonomías de esa especie irreal) ya sabemos: cómo se las arregla el contexto para que (con abandono o no de su literalidad en la conciencia) una expresión «se esfuerce», digámoslo así, en alcanzar un significado simbólico.

Nuestra tesis era muy simple: el absurdo, situado como un gran pedrusco en medio de nuestro camino mental, hace que nos desviemos fuera de su fácil pragmatismo y entremos en simbolización. Pero ¿qué pasa en el simbolismo de realidad, tan diferente del otro, el irreal que hasta ahora nos ha venido ocupando? La importancia de la pregunta que acabo de hacer exige que dediquemos a su respuesta el capítulo próximo.

Capítulo X

SIMBOLISMO DE REALIDAD Y ABSURDO

Simbolismo de irrealidad y simbolismo de realidad

Hasta ahora hemos estudiado el simbolismo «inconexo», el «conexo» y el «autónomo». Las «autonomías» a las que nos hemos venido refiriendo eran siempre autonomías de irrealidad, y así lo hicimos constar en el lugar oportuno. Es decir: se trataba de expresiones que nos ofrecían irrealidades simbólicas, criaturas de existencia no hacedera o poco verosímil: unos «sonidos negros»; un «pajarillo gris» que, en imposible acercamiento desde el punto de vista lógico, se equiparaba a un «arco iris»; una «virgen» portadora de «negra» «aljaba», seguidora incesante del poeta. Ahora bien: habría que aclarar en seguida que el simbolismo inconexo se hacía también, en lo decisivo, irreal, aunque cupiese que alguno de sus miembros tuviese, en consideración aislada, un carácter opuesto. Lo irreal sería aquí *la relación* que el lector debe adivinar entre el originador y el originado. Por lo demás, ambos términos, en cuanto tales, podrían perfectamente constituirse como reales. Así, el ejemplo «no me ciñas el cuello que creeré que se va a hacer de noche». Pedir a alguien que «no me ciña el cuello» (originador) o creer «que se va a hacer de noche» (originado) supone unas significaciones, cada una de las cuales se nos aparece como perfectamente pensable y unos respectivos referentes que igualmente se nos presentan como por completo hacederos, en el mundo de la realidad. Lo que resulta doblemente irreal es la relación de ambas expresiones: la relación de «ceñir» o «no ceñir» el cuello amorosamente y de «hacerse de noche» asoma como cosa, *en un primer momento,* desconcertante, imposible de establecer: irreal. Similar en todo a ésta se ofrece la posibilidad del simbolismo conexo, aunque aquí la irrealidad de relación sea sólo lógica. Hablaríamos, pues, de irrealidades «per se» (las autonomías de irrealidad) y de irrealidades «de relación» (las propias de las conexiones y las inconexiones). Advirtamos entonces que, en este último caso (en el de las irrealidades de relación, esto es, en el constituido por las inconexiones y las conexiones), el originador y el originado pueden ser términos tanto en sí mismos irreales como en sí mismos reales. Hablar de una irrealidad de relación no prejuzga, pues, la naturaleza real o irreal de los términos de ese modo relacionados.

Ahora bien: no hay duda de que el lector, al sentir la irrealidad con que el originador se junta contextualmente con el originado no cabe que experimente a esos dos términos, aunque aisladamente lo sean, como del todo reales, pues si lo fueran del todo habrían de conectar entre sí, habrían de ser compatibles uno con el otro, *como lo son todos los elementos de que la Realidad se compone.* La irrealidad de la coexistencia entre A y E implica, pues, en cierta forma pero sin vacilación, la irrealidad de los términos coexistentes A y E, de modo que no puede asombrar, en cuanto al esencial punto de las operaciones contextuales, que tanto el originador A como el originado E de una conexión o de una inconexión funcionen en cualquier caso como términos de naturaleza irreal. Tenemos, creo, derecho, en consecuencia, no sólo a hablar de autonomías de irrealidad, sino a designar con ese apellido («de irrealidad») a las inconexiones y conexiones que hemos estudiado hasta aquí, pese a los eslabones en ese sentido discrepantes (aunque sólo aparentemente discrepantes) que estas últimas maneras de simbolismo puedan poseer.

Frente al simbolismo que acabamos de definir por su irrealidad, alinearíamos un simbolismo diferente, definido por lo opuesto, por su realismo, ya que en este caso tal realismo no va a ser puramente aparente, digámoslo así, como lo era el otro cuando existía, sino que tendrá, asimismo, una peculiaridad de actuación en cuanto al modo contextual de engendrarse en él su dinamismo simbólico. En adelante, pues, cuando hablemos de simbolismo de realidad estaremos aludiendo, exclusivamente, a este simbolismo que ahora se nos ofrece como nuevo, y que es contextualmente distinto, efectivamente (como pronto se nos hará palmario), del irreal que hemos venido escudriñando hasta el presente instante.

EL SIMBOLISMO DE REALIDAD Y SU ORIGINADOR «VITAL» E «INDETERMINADO»

Y ahora percatémonos bien de un hecho que, por otra parte, nos es perfectamente conocido: ese simbolismo irreal de cuya referencia venimos hablando (el de las inconexiones, conexiones y autonomías) surge, sin excepciones, del encuentro o choque contextual entre un originador y un originado. Pues bien: no es tal el modo en que nace el simbolismo que en el epígrafe anterior hemos llamado «de realidad», y ello viene a establecer una tajante separación entre este tipo de simbolismo y el otro irreal, en sus tres variantes. Por supuesto, en el proceso Y, o del autor, las cosas suceden aún de una manera que no parece apartarse de lo consabido. Hay también, en ese proceso Y, un originador simbólico; hay, pues, una serie «emotiva» seguida de una serie sintagmática, que se cierra con la llegada de un originado. Pero la diferencia con respecto a lo que denominábamos «irrealidades» (inconexas, conexas o autónomas) es fundamental, pues en el simbolismo «de realidad» el poeta, en su proceso Y, aunque, como digo, parta de un originador, *no llega a escribirlo,* con lo que éste carece entonces de existencia poemática. Es un originador no literario, o sea, un originador «vital», en cuanto que se ofrece como un «secreto biográfico» del poeta. Aclaremos inmediatamente que lo nuevo y diferenciador del simbolismo de realidad no es, sin más, el hecho de que sea detectable *en algu-*

na de sus operaciones la presencia de un originador vital (pues eso lo hemos comprobado en el simbolismo de autonomía y podríamos haberlo comprobado también en otros casos). No. Lo extraño y sorprendente es que se nos manifieste como «vital», como no poemático, el originador precisamente, cuya consecuencia semántica u originado se dispone ahora a simbolizarnos del modo dicho [1]. En distinta y más relevante expresión: lo que tiene de único el simbolismo de realidad es que la significación irracional que le es propia no pueda producirse (según acontece sin excepción en todos los otros casos) como efecto de la relación entre un originador y un originado *poemáticos*, ya que falta el primero de esos dos elementos, que no se ha objetivado en la composición poética, sino que quedó guardado bajo siete llaves en el armario del autor. Hay entonces, por supuesto, como empecé por decir, un originador, o en frase más exacta, *ha habido* un originador *en el ánimo del poeta;* pero como ese originador no llegó a adquirir naturaleza poemática, como su naturaleza ha sido sólo «vital», es como si desde la perspectiva del lector (la única importante a este respecto) no hubiera existido nunca. Pues ocurre, además, que ese originador vital, ese originador que habiendo operado en el autor no puede operar de manera ninguna en el lector (ayudándole por algún sitio, o de algún modo, en la tarea simbolizadora), resulta imprecisable, en un posible trabajo extraestético, incluso por el crítico, caso de que éste, por un azar, lo deseara [2]. En suma: la existencia del originador permanece, por un lado, esencialmente «indeterminada» a los ojos del crítico, y por otro, ajena a los propósitos semánticos del lector. Imaginemos a Lorca en el momento de comenzar a escribir su «Romance de la Guardia Civil española»:

---

[1] En el simbolismo de autonomía irreal que hemos estudiado en las págs. 183 y sigs. el proceso Y vital a que allí aludíamos lo que hacía era obligar al poeta a «leer mal», a leer creadoramente un originador poemático. Un originador poemático, nótese, que es lo que precisamente no hay en el simbolismo de realidad a que me refiero.

[2] En cambio, el proceso Y vital al que se alude en la nota 1 podía ser, en todo caso, reconstruido por el crítico, basándose precisamente en la «mala lectura» del originador que el poeta ha realizado.

Los caballos negros son.
Las herraduras son negras.

¿Cuál fue el estímulo de estos dos versos, donde evidentemente se da un doble símbolo heterogéneo sincrónico, un doble símbolo, pues, «de realidad»? Hagamos la pregunta de manera más apretada: ¿Cuál fue el originador de ese originado dúplice, el constituido por tales versos? No lo sabemos ni podremos saberlo nunca, pues el originador, en éste y en todos los casos de simbolismo de realidad, permanece, según digo, «indeterminado», al no haber sido «escrito» por el poeta, ni dejado señales que nos permitan la reconstrucción posterior. Como críticos, y movidos sólo de una estéril e impropia curiosidad, podríamos lanzarnos a la inútil tarea de fijar el originador que se nos evade. El resultado habría de ser forzosamente vano: el originador será acaso éste, pero acaso este otro, o el de más allá. Cualquiera valdría, de entre los muchos que el poeta hubiere podido «leer» fúnebremente. Incluso sería pensable y válido un originador que nada tuviese que ver, de hecho, con el desarrollo posterior del poema, al que hubiese dado, sin embargo, pie, en tal hipótesis: su heterogeneidad a la composición, de él nacida, no sería óbice para su posibilidad. (De hecho, muchos poemas han nacido de tan disparatados originadores «vitales».) Fantaseemos. Lorca ha contemplado, digamos, en un instante psicológicamente propicio para ello, una cierta llanura esteparia, y ha sentido una emoción de «muerte». ¿Cuál sería la serie emotiva del proceso Y que desde ese originador («llanura esteparia») le ha conducido hasta su fúnebre emoción? La serie sería, por ejemplo, ésta:

llanura esteparia [= ausencia de vegetación = ausencia de vida = = muerte =] emoción de muerte en la conciencia.

Colocado el poeta en trance poético, al intentar expresar esa emoción, escribe, al fin, los dos primeros versos de un romance, cuyo sentido y desarrollo posteriores quizá el poeta ignore aún:

Los caballos negros son.
Las herraduras son negras.

El poeta ha llegado a tales versos a través, claro está, de la serie sintagmática que reproduzco:

> emoción de muerte en la conciencia [= muerte = no veo = oscuridad = realidad de color negro =] los caballos negros son.

Pero las cosas, por supuesto, pudieron muy bien no haber sido así, e incluso diríamos que es muy poco probable que, en efecto, se hayan ajustado al esquema descrito (no imposible, sin embargo, y eso nos basta para nuestra argumentación). Más normal sería que ese encabezamiento poemático hubiese nacido de otro modo, que tampoco (y eso es lo decisivo) vemos como obligado: el poeta ha pensado en sus protagonistas como antihéroes, y al hacerlo, le ha venido a la pluma el octosílabo inicial

> Los caballos negros son,

ya que en él se está refiriendo justamente a los caballos en que tales antihéroes van montados. Si los gitanos, según se evidencia en la composición, son sentidos por el poeta como «héroes», y los «guardias civiles» poemáticos de referencia como lo opuesto, las ecuaciones preconscientes que en la mente del autor han tenido que ponerse en marcha para, desde el originador «antihéroes», llegar al originado «caballos negros» habrían de ser las que constituyen estas dos series, enchufadas una en otra, emotiva la primera y sintagmática la segunda:

> antihéroes [= personas que hacen daño = personas que disminuyen mi vida = tengo menos vida = estoy en peligro de muerte = muerte =] emoción de muerte en la conciencia [= muerte = no veo = oscuridad = negrura = color negro =] caballos negros («los caballos negros son»).

La «indeterminación» del originador es, pues, evidente: ningún originador en que podamos pensar se nos impondría con carácter de necesario. Hemos imaginado dos, muy distintos entre sí («llanura esteparia» y «antihéroes»): podríamos haber imaginado muchos más. Pero lo esencial es que tales fantasías son irrelevantes. ¿Para qué dejarse llevar por ellas? Carecen por completo de sentido, puesto que el originador en estos casos «indeterminados» es, como dijimos, «vital» y no interviene para nada en el nacimiento de la simbolización dentro del proceso X o del lector. Me explicaré.

Acabamos de repetir que en el simbolismo «de realidad» el originador que engendra como originado el término que se dispone a simbolizar se ofrece con «indeterminación» al crítico: antes dijimos que no poseía índole poemática. ¿Es importante esta doble diferencia (que en el fondo constituye una diferencia única, vista en dos perspectivas diferentes), es importante esta diferencia con respecto al simbolismo de irrealidad (conexiones, inconexiones y autonomías), donde el originador (que al relacionarse con el originado produce el simbolismo) aparece escrito, es «poemático» y, por tanto, está presente, con toda la fuerza de su bulto, ante los ojos del lector? La diferencia es tan grande que modifica por completo el procedimiento de la asociación irracional. El originador, al ser ahora «vital» e «indeterminado» y carecer de realidad sintagmática, queda fuera de caja *y no cuenta para nada,* llegado el instante de la necesidad de simbolismo por parte del lector. Y como el originador no cuenta, como no puede cooperar al simbolismo (al revés de lo que sucedía en el caso de las irrealidades inconexas, conexas y autónomas), el autor necesita sustituir su presencia en el sintagma, tan eficaz y decisiva siempre, por la de algún otro medio contextual, que logre lo mismo de diversa manera. ¿Cuál será ese medio, por lo pronto en cuanto a la primera operación contextual?

La tesis general que hemos sostenido es que para hacer posible el simbolismo, el lector debe ser inquietado y sacado de sus tranquilas casillas pragmáticas por medio de un absurdo. Pero ya advertimos que no hay absurdo, al menos aparente, en el simbolismo de realidad. ¿Cómo se da, en este caso, la simbolización?

Causa de la simbolización de realidad

Examinemos el primer verso del «Romance de la Guardia Civil española» de Lorca, que tan familiar nos es:

Los caballos negros son.

Desde el instante inicial en que el lector tropieza con ese verso, lo siente como simbólico de algo negativo, grave, como amenazador. Sin duda, se le despierta ya en el preconsciente la serie igualatoria que sabemos:

> Los caballos negros son [= negrura = oscuridad, tiniebla, noche = no veo = tengo menos vida = estoy en peligro de muerte = muerte] emoción de muerte en la conciencia,

serie que luego queda confirmada en el segundo verso con el que el primero se encadena («las herraduras son negras»), y más aún en los octosílabos que vienen luego. Veremos pronto que, en los encadenamientos simbólicos como el que acabo de mencionar, el simbolismo nace de un modo específico que no es del caso en este instante. Y no es del caso, pues aunque la cadena, como se ve, existe, sólo existe *después, no ahora:* el lector no ha sobrepasado aún el verso primero, y, por tanto, no ha tenido tiempo de enlazar un eslabón con otro. A los efectos que nos importan, el octosílabo al que nos referimos, considerado en su momento de soledad y desligamiento con respecto al resto de la composición, es un símbolo heterogéneo *no encadenado,* puesto que todavía no lo está. ¿De dónde, pues, procede el simbolismo que tal verso ostenta?

Reparemos en que el simbolismo desaparece en cuanto cambiamos el orden sintáctico, y en vez de decir «los caballos negros son» decimos «los caballos son negros». Esta última frase («los caballos son negros») queda despojada de cualquier asociación de esa especie: es una pura observación realista. Lo cual sin duda nos está indicando que en la inversión del orden rutinario («negros son» en vez de «son negros») es donde hay que buscar la causa contextual, desencadenante del proceso identificativo preconsciente que conduce al simbolizado «muerte». Esa inversión (la colocación del atributo subjetivo, y en otro tipo de oraciones el complemento directo, delante del verbo, y no detrás, como es de uso más frecuente y natural) produce, en efecto, por su relativa rareza, una sensación de énfasis (compruébese lo mismo en la frase similar «sed tengo» en lugar de «tengo sed», que leemos en la traducción castellana del Evangelio). Énfasis que sirve para dotar al atributo «negros» de una inusitada importancia o relieve, en el interior de la frase en que está. Esa importancia que desusadamente cobra el adjetivo en cuestión, sentida por nosotros como *excesiva* con respecto a la que tiene ese mismo adjetivo en la frase «normal» («los caballos son negros») se nos antoja, al pronto, *incomprensible (y en ese sentido y medida, y sólo, claro es, en ese sentido y medida, absurda).* Y es la incomprensibilidad, inaceptable por nuestra razón, según hemos afirmado, lo que, también aquí, nos obliga a hacernos con una explicación que deshaga el momentáneo desconcierto, y tranquilice la desapacibilidad de nuestro ánimo. En el intento, pues, por nuestra parte, de entender el enigmático énfasis de que la palabra «negros» se reviste, el lector busca en ella un posible sentido trascendente que lo venga a justificar, y lo halla haciendo que el vocablo en cuestión vierta en nosotros la trascendente significación simbólica de que es capaz [3]. Significación que de esta suerte se moviliza y asoma de un modo que no difiere esencialmente del que hemos comprobado en las irrealidades (inconexas, conexas y autónomas), puesto que también aquí es un cierto género de incoherencia, dentro de un contexto, el factor que desencadena el proceso simbolizante.

En las autonomías de realidad no hay, por otra parte, problema alguno por lo que se refiere a la actualidad o retroactividad de su simbolismo. La explicación sedante que este simbolismo representa en nuestro ánimo no se halla nunca evidentemente referida al «pasado» verbal: la encontramos sin salirnos de la palabra misma que nos desasosiega, palabra que, de este modo, se dispondrá a simbolizar con «actualidad» desde sí misma.

---

[3] Ya veremos, en el capítulo próximo, la razón de que sea capaz de una determinada simbolización, y sólo de una.

SÍMBOLOS HETEROGÉNEOS ENCADENADOS Y ABSURDO

El simbolismo de disemia heterogénea que acabamos de examinar es evidentemente autónomo, lo cual significa que hay un simbolismo autónomo «de realidad» (éste, el de «los caballos negros son») paralelo a otro «de irrealidad» (el de «sonidos negros»; el de «un pajarillo es como un arco iris»). ¿Habrá también un simbolismo «conexo» «de realidad», lo mismo que existe un simbolismo «conexo» «de irrealidad»? No sólo lo hay, sino que, en una de sus posibilidades, es muy conocido nuestro: los que hemos denominado hasta aquí símbolos heterogéneos encadenados pertenecen, sin duda, a este grupo [4].

El problema que tal simbolismo encadenado o conexo «de realidad» plantea es el de cómo puede surgir en él la simbolización. Tampoco vemos aquí, por ningún sitio, «absurdo» de especie alguna. ¿No se dará, sin embargo, oculta bajo la máscara de su logicidad incesante, alguna forma de resistencia a nuestra comprensión, como vimos que sucedía en el caso de los «caballos negros» lorquianos, y antes en el caso de los «borrachos»?

Procedamos a un análisis que responda a la pregunta. Si elegimos, para evitar prolijidades, un ejemplo que nos sea conocido, digamos, el poema XXXII de Antonio Machado:

> Las ascuas de un crepúsculo morado
> detrás del negro cipresal humean.
> En la glorieta en sombra está la fuente
> con su alado y desnudo Amor de piedra
> que sueña mudo. En la marmórea taza
> reposa el agua muerta,

[4] No olvidemos que «conexión» quiere decir exclusivamente «conexión emocional»: autor y lector van juntos emocionalmente desde un término a otro del discurso, esto es, desde un originador a un originado. Ahora bien: esa conexión emocional puede acompañarse de inconexión lógica o bien de lo opuesto, de lógica conexión. En el caso de las «conexiones de irrealidad» se verifica la primera posibilidad (la «inconexión» lógica); en el caso de las conexiones de realidad, la segunda (esto es, la «conexión» lógica).

e intentamos inquirir qué hace el contexto en él para despertar el simbolismo heterogéneamente disémico de cada una de sus palabras esenciales («ascuas», «crepúsculo», «morado», «negro», «cipresal», «humean», «sombra», «de piedra», «sueña», «mudo», «reposa» y «muerta») hallamos esto que estimo generalizable: la voz inicial que se nos aparece encadenada («ascuas», en nuestro caso), sin duda habría de carecer de simbolismo en su escueto enunciado, separada del contexto que va a continuación, puesto que al ser la primera palabra del poema, ese contexto es todo el contexto, y ya sabemos que no hay símbolo que no sea contextual, en cuanto que se necesita una fuerza que mueva las asociaciones («primera operación contextual»), y en cuanto que se necesita, añadamos ahora (operación segunda) un elemento empobrecedor de la excesiva riqueza asociativa. Por consiguiente, su simbolismo ha tenido forzosamente que serle despertado por el desarrollo posterior del poema, donde se incluye, en efecto, una sucesión de palabras cada una de las cuales contiene un simbolizado fúnebre idéntico al que «ascuas» posee. Ahora bien: si el simbolizado de «ascuas» queda activado por la posterioridad sintagmática («crepúsculo», etc.), parece que habría de ser «retroactivo». Y así es, en efecto, aunque esta «retroactividad» nada tenga que ver con la de las inconexiones o la de las autonomías, en cuanto que aquí no hay absurdo en la relación lógica entre el elemento inicial y el que le sigue en la «cadena». Precisamente porque no hay absurdo en ese sentido, el caso nos interesa especialmente, como aparente excepción a la ley que buscamos establecer. Pero veamos si, pese a todo, ocurre que la excepción no existe. Averigüemos, pues, qué es lo que hace que en el encadenamiento simbólico que nos preocupa la segunda palabra reobre sobre la primera. No cabe duda que frente a la primera («ascuas»), en principio, nos hallamos en libertad: caben frente a ellas varias asociaciones, todas ellas posibles, y, en consecuencia, ninguna resulta obligatoria, ninguna se constituye en «deber». Pero la poesía es «un deber que tenemos que cumplir» [5], y si no hay «deber» en la asociación, ésta, de hecho,

[5] Véase René Wellek y Austin Warren, *Theory of Literature*, New York, A Harvest Book, Harcourt, Brace and Company, 1956, pág. 141: «the struc-

carecerá de realidad poemática. Diríamos que aunque se nos ofrezca a la intuición un buen golpe de asociaciones posibles, no hacemos caso de ellas, no las damos por buenas, ni, en consecuencia, se nos comunican poéticamente. Recordemos nuestra anécdota de la «vaca»[6] que en otro capítulo expusimos como ejemplo de estos desdenes de nuestra conciencia; recordemos también lo que pasaba en las dos simbolizaciones de las imágenes visionarias: la del originador o plano real y la del originado o plano imaginario. Por lo visto, el hecho del desprecio semántico por parte de la mente del oyente o lector se repite en bastantes campos, de modo que ahora ya no nos produce asombro. El caso es, pues, que las distintas asociaciones que puedan ocurrírsenos ante el vocablo «ascuas», aunque las percibimos, las percibimos *escépticamente,* sin incorporarlas emotivamente a nuestra auténtica lección poética, con lo que ese término, «ascuas», en una lectura que no lo sobrepase, no simboliza nada. Ahora bien: en cuanto lo sobrepasamos y damos con la segunda palabra del encadenamiento, los dos repertorios de posibles asociaciones que hemos percibido sin tomarlos «en consideración», los de la palabra «ascuas» y los de la palabra que le sigue, «crepúsculo», al comparársenos involuntariamente entre sí, nos hacen ver emocionalmente de pronto una asociación común, «muerte». Pero esto no bastaría para que esa asociación fuese aceptada y tratada como «seria» por nosotros, convirtiéndose así en simbólica. Para que tal título de seriedad recaiga sobre ella es menester otra cosa, que aquí, en efecto, se produce tam-

ture of a work of art has the character of a 'duty which I have to realize'». También Sartre viene a decir lo mismo: «Elle» [la obra de arte literaria] «se présente comme une tâche à remplir, elle se place d'emblée au niveau de l'impératif catégorique» *(Qu'est-ce que la littérature,* París, ed. Gallimard, Col. Idées, 1969, pág. 61). En carta de 16 de febrero de 1973, René Wellek me hace notar que «el sorprendente parecido», dice, entre el pasaje citado por mí en su libro y el otro de Sartre que también cito en esta nota «es debido, no a que uno de nosotros haya copiado al otro, sino a una fuente común», las husserlianas *Méditations cartesiennes* que el propio Wellek cita en su artículo «Theory of Literary History», publicado en el 4.º volumen de *Travaux du cercle linguistique de Prague.*

[6] Véanse las págs. 175-176. De nuevo, un análisis de Psicología Semántica.

bién. Y es que la insistencia en la misma asociación llama nuestra atención emotiva. Pero ¿qué implica ese simple hecho de que algo «nos llame la atención»? Nos llama la atención lo inesperado, aquello que viene a interrumpir el sistema de nuestras expectaciones y hábitos, el sistema de lo que, por definición, *no era un problema para nosotros.* Por eso, lo inesperado o sorprendente, opuesto a la no problemática habitualidad, *se nos mostrará siempre,* en principio, al revés, *como problemática.* No en vano la sorpresa nos hace abrir los ojos y la boca, en símbolo carnal inequívoco de que ante el objeto sorprendente nuestra alma se abre también, en un intento de acoger dentro de su seno, de asimilar *y comprender* aquello que, precisamente porque no lo esperábamos, *parece que no debía venir,* por lo que su manifestación «indebida» resulta, en algún punto, *incomprensible.* En suma, y aplicando lo dicho a nuestro caso: si la asociación común entre «ascuas» y «crepúsculo» nos obliga a atenderla es porque no la aguardábamos: dábamos por hecho, «contábamos» con que no iba a surgir. Su súbita aparición, al desconcertar nuestros supuestos y previsiones y ejecutar un acto anómalo se nos ofrece, al pronto, en algún punto, como *enigmática,* y en consecuencia como *inquietante* en la medida que corresponde a las exactas proporciones de tal enigma, del que, por tanto, necesitamos emerger. Y, en efecto, emergemos de él, atribuyendo la reiteración, no al insensato y, por tanto, desasosegante azar, sino al propósito intuitivo del autor. Pero si experimentamos como propósito del autor una asociación, no tenemos más remedio que darla por buena, ya que el poema es sentido siempre por nosotros como un decir que un autor nos está comunicando [7]. Mas darla por buena, aceptarla como una significación poemática, equivale a recibirla como un simbolizado.

---

[7] Esto no quiere decir que esa comunicación sea real, sino sólo que sentimos que el autor se comunica con nosotros. La comunicación es. pues, «imaginaria», como digo en mi *Teoría de la expresión poética,* 1977, t. I, págs. 43-58, pero eso no impide que debamos definir la poesía por el hecho de la comunicación en este sentido: la de que pertenece a la naturaleza del poema ser sentido como la comunicación de un autor, bien que de hecho pueda no ser así. No de otro modo, los filósofos contemporáneos,

Hemos encontrado así la «resistencia a la intelección», tras cuyo hallazgo andábamos, como removedor de nuestro pragmatismo conceptualista. Ciertamente esa resistencia no es exactamente igual que la propia de las «inconexiones» y de las «conexiones» o «autonomías» de irrealidad, cuya incomprensibilidad, además de poder ser emocional, era siempre lógica, ya que se refería a la relación entre términos (el originador y el originado) que, al estar escritos, asomaban con claridad en la conciencia: tal es lo que sucede en «sonidos negros», o «un pajarillo es como un arco iris», frases en las que lo incomprensible estriba en la articulación mental de unas palabras respecto de otras, la cual es rechazada por la conciencia, en cuanto pretensión de ser asumida. La incomprensibilidad de los encadenamientos es, al contrario, puramente emocional. No consiste en que una significación quiera habitar en la conciencia y resulte allí imposible. Lo que se hace inquietante en esa región lúcida es una reiteración emotiva que al pronto nos desconcierta en cuanto a su sentido como *tal reiteración.* Enunciado en diverso giro: lo que se ofrece como problemático es sólo la reiteración de un significado irracional, preconsciente, causa de que la conciencia se alarme frente a la correspondiente emoción, que le insinúa, a su modo, el enigma. Y como lo problemático se halla instalado en el preconsciente, se invisibiliza a los ojos de la razón, que sólo puede entonces percibirlo, como digo, en ese otro nivel (confuso por definición) que es el nivel emotivo. Nos explicamos, pues, que en primer acercamiento se nos escondiese el despropósito, movilizador de esta clase de simbolismo.

Debo añadir a nuestro análisis una consideración última, ya fuera de nuestro problema principal. Una vez logrado así el simbolismo en los dos eslabones iniciales (uno, de modo «retroactivo», y otro, de modo «actual»), es fácil de explicar el fenómeno en el resto de la concatenación, no sólo porque la causa no ha cambiado y sigue siendo la que era, sino porque se añade ahora

---

pese a partir de la noción cartesiana de que el mundo *acaso* sea ilusorio, no tienen más remedio que definir un yo en el que el mundo *aparece* como real.

una causa nueva, esta vez de tipo psicológico, a la anterior: la ley de inercia. Acostumbrado ya el lector a extraer de las palabras unas determinadas asociaciones irracionales, siempre idénticas, tiende, sin más, a proseguir por el mismo camino, extrayéndolas «actualmente» de las que vienen a continuación, a poco que éstas se presten para ello.

SÍMBOLOS DISÉMICOS NO ENCADENADOS QUE SE BENEFICIAN DE OTROS ENCADENAMIENTOS EN LOS QUE ELLOS MISMOS NO ESTÁN

El encadenamiento es, pues, la forma «normal» de que se vale el simbolismo de realidad para suplir la ausencia de un originador sintagmático que eficazmente produzca las asociaciones irracionales. Los casos de verdadera «autonomía» de esta especie son muy pocos, pues incluso ciertos ejemplos que parecen incluibles en esa clasificación revelan al análisis lo contrario: tales símbolos de disemia heterogénea se apoyan y reciben su ser de la relación que, más o menos secretamente, mantienen, de una u otra manera, con otros símbolos de la misma índole disémica, pero éstos encadenados. Un soneto de Machado constituye un excelente ejemplo de ello, con la ventaja de mostrarnos dos versiones muy diferentes del mismo hecho:

> Cómo en el alto llano tu figura
> se me aparece... Mi palabra evoca
> el prado verde y la árida llanura,
> la zarza en flor, la cenicienta roca.
>
> Y al recuerdo obediente, negra encina
> brota en el cerro, baja el chopo al río;
> el pastor va subiendo a la colina;
> brilla un balcón de la ciudad: el mío,
>
> el nuestro. ¿Ves? Hacia Aragón, lejana,
> la sierra de Moncayo, blanca y rosa...
> Mira el incendio de esa nube grana,

y aquella estrella en el azul, esposa.
Tras el Duero, la loma de Santana
se amorata en la tarde silenciosa.

El verso décimo nos da un símbolo heterogéneo en esa «sierra de Moncayo blanca y rosa», que viene a significar, de modo irracional («expresado simbólico», B), la ilusión con que los protagonistas ven, desde su mutuo amor, el porvenir. Aquí hay, sin duda, «encadenamiento». El simbolizado y el expresado simbólico de «sierra blanca» se reitera en la noción «sierra... rosa», de manera que aún no hemos tropezado con nada que contradiga nuestra tesis. El problema se plantea, sin embargo, a continuación, pues los versos

Mira el incendio de esa nube grana,
y aquella estrella en el azul, esposa

nos entregan dos símbolos heterogéneos, no sólo distintos a los anteriores, sino distintos también entre sí, símbolos que no parecen cobrar cuerpo de tales ni por «encadenamiento», ni por absurdo de ninguna clase: el incendio de la nube grana sería el incendio hermoso de la vida de los amantes y la estrella en el azul el destino de felicidad de ambos. ¿Cómo podríamos explicar aquí la aparición de tales «expresados simbólicos»?

El conflicto empieza a desvanecerse en cuanto nos percatamos de que aunque esos «expresados» son, en efecto, entre sí disparejos, tienen en común no poco: todos ellos ostentan un signo positivo y contribuyen a instaurar en su conjunto un clima de esperanza. Eso es ya, no el expresado simbólico, sino el simbolizado. Ese simbolizado más amplio en el que todos vienen a reunión y convivencia *permite que puedan darse luego y veamos como diferentes las indentaciones con que cada miembro del grupo se sale de la línea simbólica colectiva,* uno aludiendo más específicamente a la ilusión inocente («la sierra del Moncayo blanca y rosa»); otro a la hermosura del ardor amoroso de los protagonistas («mira el incendio de esa nube grana»); otro, al destino venturoso de éstos («y aquella estrella en el azul, esposa»). Una vez que el encadenamiento ha convertido en simbólica a cada una de las expresiones, y que el lector las ve como tales, nada más natural que percibir también las diferencias al propósito, precisamente porque se dan juntas y entre sí contrastantes: todas ellas simbolizan la esperanza, siente el lector, mas no del mismo modo: *el elemento de discrepancia en cuanto al expresado simbólico ha de acusarse de manera emotiva tanto como el elemento de coincidencia* en cuanto al simbolizado.

Se nos hace de este modo palmario que el simbolismo heterogéneo no encadenado se basa aquí en un encadenamiento de mayor generalidad que lo hace aflorar; encadenamiento en el que reside, de la forma que sabemos, el momento de desconcierto mental que la simbolización precisa, tal como sosteníamos al comienzo de estas reflexiones. Bien. Pero ¿qué ocurre con los dos versos que cierran el soneto

> Tras el Duero, la loma de Santana
> se amorata en la tarde silenciosa,

en los que, con toda evidencia, hay un simbolismo heterogéneo no encadenado, de índole distinta al de los endecasílabos anteriores? Sentimos, en efecto, ante esos versos, una impresión oscura, como de grave y fúnebre presagio (simbolizado). Esta impresión difiere notablemente de las que antes experimentábamos. Mas aunque indiscutiblemente otra, ¿carece realmente de conexión con ellas? Observemos que se trata de un sentimiento *opuesto* al que poco ha, también como simbolizado, se nos había hecho presente. Y esa oposición de los simbolizados ha nacido de un contraste anterior: el de los simbolizadores como tales. Antes, todo eran colores claros o encendidos (sierra «blanca y rosa», «incendio» de la nube, «estrella» en el «azul»); ahora todo es apagamiento, silenciación: la loma de Santana «se amorata»; la tarde sinestéticamente se ofrece de modo similar: como «silenciosa». Los opuestos tienen siempre en común un género próximo, por lo que su misma oposición hace que cada uno de ellos quede relacionado con el otro, al que ha de evocar y con el que se junta en nuestra mente. Pues bien: si los colores claros eran simbólicos de esperanza y de vida, nada más natural que nuestro preconsciente experimente estos otros colores antitéticos, oscuros, como simbólicos también, aunque su simbolizado sea, claro está, inverso: desencanto, muerte[8]. Digámoslo de un modo acaso más exacto: entre los dos versos finales y los precedentes hay algo en común, el uso de colores. Al ser simbólicos los colores primeros, por velocidad adquirida o ley de inercia, el lector tenderá a considerar, asimismo, simbólicos a los últimos, y, por tanto, se dispondrá a buscar el simbolismo que en ellos pueda darse. Pero como los primeros simbolizaban vida y esperanza, los segundos, al ser su exacta inversión, vendrán a decir lo contrario, según acabo de expresar. De nuevo hay aquí conturbación mental, pero referida al primer grupo simbólico, en el que se apoya el segundo, prolongando, a su modo, la cadena, a la que de hecho se incorpora, no importa que negativamente.

IRRACIONALISMO Y RAZÓN

Creo que hemos demostrado, pues, nuestro aserto: siempre, hasta cuando no lo parece (en los casos de heterogeneidad simbólica en que hay sentido lógico), el simbolismo exige, en un grado u otro, de una manera evidente o de una manera oculta, la previa existencia de un absurdo en el texto de que se trate, absurdo cuya superación viene dada, precisamente, por la significación irracional de que hablamos. La irracionalidad se nos manifiesta, paradójicamente, en consecuencia, como un modo de aliviar a nuestra soliviantada razón del naufragio en que desesperadamente bracea. El irracionalismo es el salvavidas de la razón, la solución en que el motivo de su inquietud se resuelve, y gracias a la cual, anulado el conflicto, descansa.

TRES FORMAS DE ANIQUILAR EL ABSURDO Y TRES ETAPAS DE LA POESÍA

Estamos, pues, ya, dispuestos a elevarnos a una consideración general: la conciencia necesita incesantemente la intelección. Si

---

[8] El «expresado simbólico» en este caso sería la adscripción de esa muerte a la mujer de Machado, en forma de presagio.

le ofrecemos un absurdo, algo irreal, lo primero que la conciencia hace es buscarle al dicho ininteligible un sentido lógico, distinto al incomprensible que de modo inmediato se le ofrece. Repitamos lo que en la pág. 127 hemos afirmado: la conciencia prefiere explicaciones racionales para los desatinos que encuentra ante sí, y es eso lo primero con que pretende satisfacerse. Si un poeta escribe: «tu cabello es de oro», el lector, desde su lucidez, ensaya el hallazgo de un significado igualmente lúcido, que pueda servir de contenido plausible a ese enunciado, cuya literalidad, por irreal, es inaceptable para la conciencia. El lector percibe entonces el lazo racional que une las nociones de «cabello» y de «oro», el color de ambos elementos, cuyo posible punto en común queda entonces significado por la frase del poeta: tal cabello es «todo lo áureo que un cabello puede ser». En este caso, la sustitución del significado racionalmente impensable por otro racionalmente pensable ha tenido éxito. Pero, según sabemos, no siempre ocurre así. A veces, la conciencia fracasa en su cometido lógico, y es entonces, y sólo entonces, cuando acude a una vía diferente, que se halla a trasmano del amplio camino real, de carácter lógico, predilecto de la conciencia. Esa nueva vía a que se recurre ante el fracaso de la primera consiste en lo que en el presente libro venimos llamando «conexión». Frente a un originado que disparata, intentamos, tras la invalidez del primer proyecto, vincularnos, ya que no desde *nuestra* fallida razón, al menos desde *nuestra* emotividad, esto es, desde la emoción *que hemos sentido* frente al originador, yendo entonces hacia el originado por un conducto preconsciente. Si este segundo recurso, todavía *personal*, falla también, la conciencia, caída en desesperación lógica y emocional, sólo puede instar a un último expediente, que resulta extremo por ser *extrapersonal*, ajeno, por completo, en efecto, a la *persona* del lector. Ya que éste no encuentra ni en *su* razón ni en *su* emoción el enlace con el originado, se verá precisado a salir de su propio ser, para inquirir la posibilidad de que el autor haya sentido ante el originador, leyéndolo «mal», una emoción distinta de la suya, que pudiere servir de vínculo con ese originado que tan extraño, inhóspito e impenetrable se muestra (simbolismo «inconexo»). Estas tres formas de desmontar el absurdo se corresponden, como se ve, a tres etapas en la historia de la poesía: primera, la etapa que llamaríamos tradicional o lógica (usando esta última palabra en el especial sentido que aquí le otorgamos, único que puede convenir al arte). Es un período que abarca toda la historia de la poesía hasta Baudelaire, poeta que se excluye ya, para algunas de sus composiciones, del sistema: se emerge de la irrealidad enunciada por el autor a través de un significado que, aunque indirecto, es lúcido. Segunda, la etapa de irracionalismo no vanguardista, que comprende a Baudelaire y llega a la vanguardia, sin entrar en ella: se evita el despropósito por medio de una «conexión» preconsciente con la emoción en que el lector se halla situado de modo previo, o bien por medio del efecto de una inconexión, siempre que esta última quede anulada y transfigurada en otra cosa («autonomía de irrealidad»), a causa de la concienciación del vínculo identificativo entre el originador y el originado. Tercera, la etapa superrealista, en la que triunfa la posibilidad «inconexa» propiamente dicha de un modo franco y en la plenitud de su ser.

El mero repaso que acabamos de hacer de estas tres fases por las que la poesía en sus relaciones con el absurdo ha pasado a lo largo de toda su historia, nos está indicando la gran importancia de la técnica superrealista, en la que se inicia nada menos que una manera completamente nueva de solucionar el conflicto mental que los dichos irreales provocan en el lector.

Capítulo XI

LA CONTEXTUALIDAD SIMBÓLICA: SEGUNDA OPERACIÓN DEL CONTEXTO

La segunda operación del contexto

En los dos capítulos anteriores hemos estudiado la primera de las dos operaciones contextuales: la de hacer que el lector se sienta, de un modo u otro, inquieto, incómodo en un punto del decir poemático, y por tanto impelido a abandonar en él, a través de la simbolización, la practicidad de sus actos mentales, que, en principio, o sea, en situación de sosiego y bienestar, tienden al más puro conceptualismo. En este capítulo examinaremos la operación segunda y ya decisiva que el contexto provoca en la mente lectora, determinando con precisión la asociación concreta que de hecho en ella se produce, de entre las múltiples posibles.

La segunda operación del contexto en los simbolismos inconexo y autónomo

Antes de ir hacia lo que todavía desconocemos, hagamos un breve repaso de lo que nos sea ya perfectamente conocido, pero de tal forma que se nos pongan en mayor resalte y a la luz que nos interesa esos materiales de los que ya tenemos noticia: en el simbolismo inconexo y en el autónomo de irrealidad, el contexto que nos obliga al cumplimiento de la primera operación contextual (incitarnos al esfuerzo simbolizante) es el mismo que nos permite llevar a cabo inmediatamente después la operación segunda (la creación efectiva del símbolo en cuestión): en los dos casos se trata de la relación entre el originador y el originado. Sólo que primero aparece esa relación en lo que tiene de absurda, y luego, de otro modo: en cuanto soporte, inicial y final, del puente preconsciente que el lector establece entre ambos términos. Lo mismo en la frase «inconexa»

No me ciñas el cuello que creeré que se va a hacer de noche

que en la frase autónoma de irrealidad

Un pajarillo es como un arco iris

los originadores («no me ciñas el cuello» y «pajarillo») *en su relación* respectiva con los originados correspondientes («noche» y «arco iris»), y viceversa, son, antes, motivadores, a causa de su absurdo, de la necesidad de simbolismo por parte del lector (primera operación contextual) y, en seguida, posibilitadores de él (operación segunda) en el sentido que sabemos.

La segunda operación del contexto en el simbolismo conexo de irrealidad

Por lo que toca al simbolismo conexo de irrealidad, el contexto que (operación primera) nos mueve al simbolismo (el absurdo racional que el originado nos ofrece en su relación con el originador) coincide también con el que (operación segunda) nos lo permite y hace posible. Lo que ocurre es que a veces, por casualidad, diríamos, el absurdo a que nos referimos es demasiado débil o incluso inexistente [1] y en tal caso habrá de reforzarse o engendrarse de diversa manera, por lo que las dos operaciones aparecen entonces diversificadas en cuanto a sus res-

[1] Véanse las razones de ello en la nota 2 a la pág. 200.

pectivos agentes, y así, en el poema «Malestar y noche», es el disparate, por ejemplo, del originado

> los astros de plomo giran
> sobre un pie

lo que nos impele a buscarle a la frase copiada un sentido irracional (primera operación contextual), pero este sentido (operación segunda) puede aparecer merced a la relación de tal originado con el originador

> tres borrachos eternizan
> sus gestos de vino y luto

en cuanto que ese originador nos emociona del modo indicado en otro capítulo.

La segunda operación del contexto en los símbolos de disemia heterogénea

Nos es más sabido aún a este respecto lo que pasa en la «conexión de realidad», en los que hemos llamado «símbolos heterogéneos encadenados»: en ellos, la asociación que se actualiza de entre las posibles (segunda operación contextual) es sólo una: la que todos ellos comparten. En el poema XXXII de Antonio Machado que hemos usado para probarlo, la palabra «crepúsculo», pongo por caso, llega a simbolizar «muerte», aunque podría, en principio, tener muchas otras asociaciones, diferentes y hasta contrarias entre sí (en vez de «muerte» acaso, por ejemplo, «hermosura», y por tanto incluso «vida»), y lo mismo sucede en los otros vocablos del poema. Y así, «sombra», que en el interior de éste simboliza lo mismo que «crepúsculo», ostenta, indiscutiblemente, positividad lógica, connotativa en la frase: «en el tórrido llano un bosquecillo arrojaba una fresca sombra», por lo que cabe que dentro de un cierto contexto tal positividad iniciase un proceso simbólico de signo igualmente positivo.

¿Por qué en ambas palabras, «crepúsculo» y «sombra» (y también en las restantes que hemos considerado) es «muerte» y no otro concepto el simbolizado que se instaura? Lo acabamos de recordar: el hecho ha de achacarse a la presión de la «cadena» como tal, esto es, de la cadena como conjunto, sobre cada uno de sus eslabones, todos los cuales tienen en común una posible, volandera y como irreal significación irracional que a través del mecanismo psicológico más arriba descrito se hace acto, es decir, se convierte en real, se «realiza» y fija en simbolizado. En este caso, el mismo contexto es el que, en una operación «primera», nos hace apetecer el mecanismo simbolizante, al alterarnos con el problematismo que supone la insistencia poemática en cuanto a cierta propuesta asociativa, y el que, a continuación, en una operación «segunda», produce, por otra parte, el simbolizado concreto que se aloja al fin en las sucesivas palabras del «encadenamiento».

Lo propio observamos en aquel tipo de símbolo heterogéneo aparentemente no encadenado, pero que se relaciona por oposición con una «cadena» anterior:

> ... Hacia Aragón, lejana,
> la sierra de Moncayo, blanca y rosa...
> Mira el incendio de esa nube grana,
>
> y aquella estrella en el azul, esposa.
> Tras el Duero, la loma de Santana
> se amorata en la tarde silenciosa.

La oposición misma, según vimos, entre los tonos claros de los cuatro primeros versos de este fragmento y el oscurecimiento representado por el último está, simultáneamente, realizando aquí las dos operaciones contextuales que nos interesan: de un lado, la «primera»: hacernos entender ese amoratarse de la loma de Santana como un simbolizador (naturalmente, heterogéneamente disémico), puesto que las claridades previas tenían ese carácter; y de otro, la «segunda»: obligarnos a recibir como simbolizado suyo la significación exactamente inversa a la que, también simbólicamente, la «cadena» anterior ostentaba. Si tal cadena simbolizaba «esperanza» y «vida», el amoratamiento de la loma de Santana simbolizará precisamente, a causa de esa antítesis, dijimos, prenuncio de «desilusión» y «muerte».

Segunda operación contextual y objetividad poemática

Se nos torna palmario, pues, que el contexto, en su «segunda» operación, lo que hace es eliminar la competencia asociativa a que habrían de entregarse las diversas posibilidades, en este sentido, de los vocablos, haciendo triunfar a una sola de entre ellas, para lograr de este modo la indispensable objetividad artística. De no ser así, cada lector convertiría el poema en el famoso test de Jung, eligiendo, de entre el repertorio asociativo que cada voz supone, aquel término a que su personal psicología y el estado momentáneo de su alma le inclinasen. Ejemplo de esta actividad objetivizante dentro del simbolismo retroactivo «irreal» podría ser el verso, tan conocido nuestro,

> un pajarillo es como un arco iris

donde el absurdo de comparar a un pajarillo gris y en reposo con un arco iris variadamente cromático nos lanza, desde esta última palabra (u originado), «arco iris», a buscar la asociación irracional que el otro término, el originador «pajarillo», pueda tener en común con ella. El repertorio asociativo de «pajarillo» es sin duda muy amplio («libertad», «delicadeza», «levedad», «inocencia», etc.), y no menos amplio resulta el poseído por «arco iris» («color», «vida», «hermosura», «viveza», «lluvia», «inocencia», etc.). Pero esas amplitudes y opulencias se angostan, estrechándose hasta la unicidad, si lo que buscamos es exclusivamente la zona semántica de coincidencia entre los dos repertorios. La pluralidad de posibles asociaciones desaparece y lo que nos resta tras la cuantiosa substracción es una única asociación posible, «inocencia», en la que ambos términos se dan la mano a través de terceros.

Contextualidad aparentemente «deficiente»: símbolo autónomo de disemia heterogénea

El contexto es, pues, en todo caso, el necesario empobrecedor de la excesiva riqueza potencial en significados irracionales poseída por las palabras. Pero ¿es esto cierto y controlable incluso en aquellos casos en que un vocablo se dispone a simbolizar algo sin aparente apoyatura contextual en este sentido? Tomemos el verso de Lorca que tantas veces hemos traído a cita:

Los caballos negros son.

Sin duda el contexto («negros son» en vez de «son negros») hace que el verso se convierta en simbólico. Pero nótese que si bien ello es verdad en cuanto a lo que venimos llamando «primera operación contextual», no lo es en cuanto a lo que llamábamos «operación segunda». El énfasis de anteponer el atributo «negros» al verbo subraya y da, pensábamos, una desconcertante importancia a ese negror equino, desconcierto que necesitamos resolver y que resolvemos intentando ver tal color como simbólico de algo que pueda justificar el relieve inusitado que le hemos concedido intuitivamente. La función del contexto en este caso es, pues, como siempre, romper nuestra inercia conceptualista, incitándonos al esfuerzo simbolizante. Pero hasta aquí no hemos dado sino con aquella operación suya que hemos numerado como «primera». ¿Qué pasa con la «segunda», esto es, con la que nos impone como «deber» un concretísimo simbolizado y sólo uno (que a veces es complejo) de entre los varios que le son hacederos a la expresión de que se trate? ¿Actúa el contexto de ese segundo modo objetivizante en el octosílabo mencionado? ¿En qué sentido el contorno verbal que ese octosílabo constituye obliga a que el adjetivo plural «negros» nos lleve a la noción «muerte»?

El verso lorquiano de que hablamos, por ser el primero del romance y constar de tan pocas palabras, se presta como pocos para que veamos claro en tan importante cuestión. Si se da algo en él que pudiere determinar el simbolizado habría de ser el sustantivo «caballos», pues, fuera del adjetivo «negros», no restan en el citado octosílabo sino un artículo, «los», y un verbo, «son». Ahora bien: en la noción «caballos» no se hace perceptible nada que nos fuerce al significado fúnebre en cuestión. ¿Será entonces que existen palabras, y «negros» habría de constituir un ejemplo, asociativamente monosémicas, y que al serlo impondrían un único significado irracional, una vez despertado —«operación primera»— el mecanismo simbolizante?

La falsedad de tal suposición es manifiesta. No hay palabras con esa especie de monosemia. «Negros» podría asociarse, por ejemplo, con «sombra», y «sombra» llevarnos a la idea de «frescura en un día abrasador de estío», idea que, a su vez, acaso atrajese las nociones de «agrado» y de «plenitud vital». ¿Por qué no ocurre aquí esta serie identificativa en lugar de la que se remata y corona con la idea de «muerte»?

No se diga tampoco que el énfasis de la construcción sintáctica («negros son» como opuesta a «son negros») elimina de entrada todas las asociaciones que carezcan de trascendencia (sólo un significado trascendente puede, en efecto, justificar la importancia que tal énfasis está atribuyendo al adjetivo «negros»). Eso es verdad, sin duda, pero no explica que quede fuera de juego la asociación del adjetivo «negros», a través de «sombra», con «vida», ya que la idea de «vida» es para nosotros tan relevante y prestigiosa, y aún con carácter más primario y esencial, que la fúnebre mencionada.

Al llegar aquí en nuestro razonamiento nos damos cuenta de que la serie preconsciente «negros = fresca sombra en un caluroso verano = vida plena» (y lo mismo diríamos de otras varias), aunque podría darse en nosotros, ello nunca ocurriría con la facilidad y espontaneidad con que se nos puede imponer la serie «negros = noche = muerte». Quiero decir que para darse precisaría un fuerte apoyo contextual, que la simbolización fúnebre, en cambio, de ningún modo necesita.

Llegamos, pues, a la conclusión de que, pese a que todas las palabras sean capaces de incoar diversos flujos confundentes, algunas llevan adscrito uno sólo como «principal», que se actualiza (operación segunda) en cuanto el contexto realiza la operación «primera» que sabemos. Pero ello sólo sucede si no hay en el contexto nada que se oponga a esa principalía semántica, pues bien pudiere ocurrir que el alrededor verbal favorezca y logre un diverso simbolizado que la expresión tenga en su reserva de posibilidades, y hasta, según hemos de ver, que favorezca y logre un simbolizado imprevisible, situado allende los límites de sus disponibilidades habituales.

Esto significa que incluso en estos casos en que triunfa el simbolizado «principal», la operación segunda del contexto toma la forma de «eliminación de competencias asociativas», aunque de momento, y sólo de momento, debamos añadir aquí que, al parecer, sólo por omisión de hostilidad hacia tal «principalismo». Es una manera de actividad, que no por ser negativa carece de entidad propia, y la prueba de ello es que el simbolizado que en este contexto surge *podría desaparecer en otro contexto distinto.* Luego son las peculiaridades de *este* contexto las que, del modo especial que antes dije, lo hacen real, lo convierten en cosa experimentable y fehaciente. Todos los símbolos son, pues, contextuales, ya en este sentido y sin acudir a otro sentido más decisivo que inmediatamente expondré, y lo son por partida doble: en cuanto a una actividad suya inicial que nos coloca en situación de esfuerzo simbolizante, y en cuanto a una actividad posterior, que determina el simbolismo concreto que va, de hecho, a producirse. Pero esto último es verdadero, como vengo insinuando, en un sentido aún más estrecho del que acabamos de otorgarle: me aventuro a sostener que en los casos de «principalía» irracional no sólo el contexto actúa, en cuanto a su segunda operación, del modo pasivo o «deficiente» que acabamos de reconocerle, sino que actúa también *de modo activo* y pleno. En otras palabras: que la «deficiencia» que hemos considerado es sólo aparente, pues todos los casos son equivalentes en lo esencial, y en definitiva, todos resultan últimamente «normales». Si esto es cierto, en el verso lorquiano que nos preocupa («los caballos negros son») ha de haber, aunque no lo parezca, un contexto *que activamente* nos obligue al concreto simbolizado «muerte».

¿Dónde se encuentra ese huidizo contexto que se nos escapa? Dar con él requiere un comentario previo que nos aclare cuál sea el motivo de la «principalía» asociativa que algunas palabras poseen. La causa ha de buscarse, creo, en una característica de los símbolos en la que aún no hemos tenido ocasión de reparar: su carácter repetitivo [2]. A los símbolos les acontece lo que se ha dicho tantas veces de las situaciones dramáticas, y es que su número no es ilimitado. Y la razón de ello estriba, a mi juicio, para ambos casos, en lo mismo: la terrible limitación, a su vez, de la condición humana. El mundo se ofrece como vario, pero no en cuanto a sus reflejos esenciales o universales en la psique del hombre, que es lo que constituye materia artísticamente utilizable. Esto no supone monotonía, pues los símbolos pueden manifestarse como últimamente idénticos en medio de la más grande diversidad. ¿Quién diría que estos versos de Juan Ramón Jiménez:

> Silencio, tú surjías de nosotros. Las manos,
> más blancas que la luna, entibiaban su anhelo,
> y, bajo los pinares, nuestros ojos cercanos
> se ponían más grandes que la mar y que el cielo.
>
> (Poema 116 de la *Segunda Antolojía Poética*),

y éstos de Aleixandre:

> Sí, poeta, arroja este libro que pretende encerrar en
> sus páginas un destello de sol,
> y mira la luz cara a cara, apoyada la cabeza en la roca,
> mientras tus pies remotísimos sienten el beso postrero
> del poniente,
> y tus manos alzadas tocan dulce la luna,
> y tu cabellera colgante deja estela en los astros.
>
> («El poeta», de *Sombra del Paraíso*),

llegan a un resultado simbólico genéricamente común a través de simbolizadores que poseen, asimismo, comunidad genérica? En los dos fragmentos se expresa, en efecto, una grandeza es-

[2] El carácter repetitivo de los símbolos ha sido visto por otros autores. Así, Svend Johansen, *Le symbolisme. Étude sur le style des symbolistes français*, Copenhague, 1945, pág. 219; Anna Balakian, *El movimiento simbolista*, Madrid, 1969, ed. Guadarrama, pág. 134; Amiel, *Fragments d'un journal intime*, 27-XII-1880; T. de Visan, *Paysages introspectifs. Avec un essai sur le symbolisme*, París, 1904, págs. L-LII.

piritual por medio de una grandeza física. Y sin embargo, ¡qué distinta es la emoción, y hasta el significado concreto, en uno y otro caso! Juan Ramón expresa (expresado simbólico B) la plenitud e intensidad del amor que en un determinado instante unos amantes experimentan, presentando el agrandamiento de los ojos de cada uno de ellos al aproximarse a los de su pareja. Aleixandre sugiere, por su parte, la súbita riqueza anímica de un poeta o lector que se pone en contacto con la naturaleza (expresado simbólico B), atribuyéndole cualidades irreales de tamaño, que aparece como cósmico. No siempre, sin embargo, la reiteración simbólica deja tan amplio margen a la capacidad de invención estilística, y entonces ciertos símbolos, reiterados con mayor proximidad formal entre sí, y entre ellos algunos de modo más frecuente, a causa de su también mayor frecuencia e inmediatez en la vida del hombre, van decantando en nosotros una costumbre asociativa que se nos impone por ley de inercia. En el fondo, lo que indudablemente hacemos en estos casos de «principalía irracional» es introducir el vocablo o sintagma que tenemos delante en una «cadena» simbólica, sólo que esa cadena resulta racionalmente imperceptible, pues no se halla ahora ante nuestros ojos como antes, sino que opera *en ausencia,* a través de nuestra memoria: hablo de la «cadena», en efecto, ausente, constituida por esa misma noción *en otros textos,* donde tuvo el significado simbólico que en el instante actual le detectamos. La «espontaneidad» con que el viejo simbolismo reaparece en la nueva expresión es entonces únicamente externa e ilusoria, ya que el contexto no deja aquí de darse, aunque por modo invisible: se trata del «encadenamiento» al que me acabo de referir, que actúa mnemotécnicamente desde nuestra psique, inyectando, repito que por ley de inercia, en el simbolizador presente, la significación que estábamos habituados a otorgarle en precedentes ocasiones: las constituidas por cada «eslabón» o «momento» en que con anterioridad el simbolizador había surgido. Así sucede, por ejemplo, en el caso de la negrura de los caballos que vemos en el romance de Lorca. ¿Cuántas veces, antes de este poeta (y no sólo en la literatura) habrá servido lo negro o lo oscuro como símbolo de «muerte»? Al leer el octosílabo lorquiano, se nos agolpa en la imaginación, formando un «encadenamiento» espectral, el tropel de esas simbolizaciones pretéritas, encadenamiento que los «caballos negros» de nuestra cita enriquecen, pues nada hay en el texto que a ello se oponga, con un miembro más, que recibe, por velocidad adquirida, el sentido irracional que el encadenamiento había ido sucesivamente reiterando. ¿No es, en el fondo, exactamente el mismo fenómeno que hemos analizado en los símbolos heterogéneos encadenados, a partir de su tercer eslabón, por ejemplo, en el poema XXXII de Machado, en que tendemos a hallar en cada vocablo (y hallamos de hecho en los que se prestan para ello) el simbolizado «muerte», llevados por la inercia de haber ejecutado ese mismo acto en los dos eslabones iniciales? De otro modo, ocurriría lo propio en el soneto machadiano transcrito parcialmente más arriba, pues en él la acción de amoratarse la loma de Santana se convertía en simbólica al conectar con una «cadena» previa, a la que tal acción venía, asimismo, a prolongar, bien que sólo por oposición, variante esta última que no introduce en el hecho ningún esencial cambio.

Todo ello expresa que la contextualidad de la clase de símbolos en que actúa sin más lo que hemos denominado «principalía irracional» no difiere de la contextualidad normal, sino en la cuestión, completamente accesoria, de que el contexto esté en nuestra memoria, en vez de estar en el poema mismo. E insinúo que el matiz es irrelevante y por tanto desdeñable, puesto que al ser psicológicos *todos* los fenómenos estéticos, no hay contexto que no opere desde la mente del lector y *sólo* desde ella. ¿Qué importa entonces que opere así porque éste *lo acabe de recibir* en la lectura del poema mismo en que está, o porque lo haya recibido con antelación en otras lecturas [3]?

---

[3] Contexto ausente es también el caso de «oh marmol sin sonido», analizado pormenorizadamente en las págs. 395-402 de mi libro *El irracionalismo poético...*, ed. cit. Pero la existencia de contextos «ausentes» da lugar, asimismo, a fenómenos muy distintos a los que acabo de recordar. En mi *Teoría de la expresión poética*, se analizan algunos de ellos (las «rupturas del sistema formado por una frase hecha», por ejemplo). Consignaré

Encadenamiento y autonomía de disemia heterogénea en un mismo texto

Debo hacer notar, por último, para el caso que acabamos de analizar, el curioso hecho de que, si no ha habido error en nuestras anteriores apreciaciones, el verso

Los caballos negros son

contenga un símbolo de disemia heterogénea que es «autónomo» *en cuanto a la primera operación,* pero que es «encadenado» o «conexo» (aunque fantasmalmente conexo o encadenado) *en cuanto a la operación segunda.* Lo cual, a su vez, evidencia el hecho de que ambas operaciones están llevadas, también en este caso, por contextos distintos: de la operación «primera» se encarga la enfática construcción que consiste en poner el atributo «negros» delante del verbo «ser» («negros son» y no «son negros»), puesto que es tal énfasis lo que al lector no se le hace al pronto inteligible; y se encarga de la operación «segunda» el contexto «ausente» que ya dije: las numerosas veces

---

en esta nota uno más que difiere tanto del aludido en el texto como de los que mi citado libro estudia.

Se trata de lo siguiente. Gerardo Diego, en un artículo publicado en la tercera página del diario madrileño «ABC» a fines de 1974 o comienzos de 1975, venía a decir muy agudamente, a propósito del «padrenuestro», que los rezos aprendidos en la infancia eran sentidos por nosotros como rítmicos, y en consecuencia como «versos», aunque de hecho estuviesen escritos en prosa, sin cadencia alguna que justificase nuestra sensación. Gerardo Diego no intenta indagar en la razón de tan sorprendente fenómeno, pero a la luz de lo que acabamos de exponer, esa causa no debe ya ocultársenos. Pues ¿qué es el ritmo? Sin duda, la reiteración de una disposición acentual. Ahora bien: cualquier trozo verbal, sea el que sea, aprendido de memoria y repetido mecánicamente una vez y otra vez, como les ocurre precisamente a las plegarias (el avemaría, la salve, el credo, el padrenuestro) ha de cumplir fatalmente, por muy en prosa que esté, con la definición de ritmo que acabamos de hacernos, ya que la repetición misma de la piadosa oración hace que ésta reproduzca exactamente, en efecto, un previo esquema acentual: el constituido por esa misma oración en sus anteriores recitados.

que lo negro u oscuro, antes de Lorca y en el propio Lorca, nos han llevado a la noción fúnebre indicada.

Hipercontextualidad

Del estudio de la contextualidad aparentemente «deficiente» en cuanto a la «segunda» operación de esa clase, pasemos al fenómeno opuesto, referido también a la mencionada operación «segunda»: el de la contextualidad «rebosante» o «saturada», que denominaremos, más precisamente, «hipercontextualidad». Consiste en que, en ella, *todo* es contextual, o, si se prefiriese la expresión negativa, que nada resulta en ella extracontextual, nada tiene raíces fuera del contexto de que se trate. En los símbolos de contextualidad que llamaríamos «normal», la expresividad deriva buena porción de su energía de fuente que no es el poema, sino el mundo objetivo que está más allá de él. Como el sol es amarillo, pero también son amarillas las hojas otoñales y el rostro de los muertos, etc., la noción de amarillez, aparte de otras posibilidades, posee la de simbolizar «vida» (cuando el contexto permita, digamos, asociarla a «sol») o vejez o muerte (cuando el contexto permita asociarla, digamos, a «hojas otoñales», etc.). Esta variedad asociativa que la noción de amarillez comporta, no le viene a ésta del contexto, del mundo de la fantasía artística, sino de la realidad en que vivimos y somos. El contexto cumple al revés, como sabemos, el oficio contrario: el de empobrecer esa riqueza, el de conseguir que lo múltiple se haga uno. En el siguiente fragmento de Lorca:

> Ajo de agónica plata,
> la luna menguante pone
> cabelleras amarillas
> a las amarillas torres,

lo amarillo junto a los adjetivos «agónica» y «menguante», por «encadenamiento» y «ley de inercia», se ve forzado a asociarse con «muerte». Por el contrario, en estos versos de Juan Ramón Jiménez, *Segunda Antolojía Poética*, poema 106,

Abril venía lleno
todo de flores amarillas.
Amarillo el arroyo,
amarillo el vallado, la colina,
el cementerio de los niños,
el huerto aquel donde el amor vivía.

El sol unjía de amarillo el mundo
con sus luces caídas.
Ay, por los lirios áureos
el agua de oro tibia,
las amarillas mariposas
sobre las rosas amarillas.

Guirnaldas amarillas escalaban
los árboles. El día
era una gracia perfumada de oro
en un dorado despertar de vida.

Entre los huesos de los muertos
abría Dios sus manos amarillas,

al rodearse la amarillez de todo un ambiente primaveral (y pese a las palabras «cementerio» y «muertos», cuyo sentido en el poema no impide las asociaciones que digo) la relación que triunfa es con «sol», y, por tanto, con «vida» [4]. La discrepancia y extrañeza anejas a la hipercontextualidad reside en que su capacidad simbólica no se halla, como en los casos de simple contextualidad, *despertada* por el contexto, sino *creada* por el contexto. En los símbolos de contextualidad normal, en efecto, el simbolismo, vuelvo a decir, les viene de ciertos hechos extracontextuales, aunque sea el contexto el que lo haga despabilarse; mientras que en los símbolos hipercontextuales el simbolismo les viene *y* se despabila, si se me permite decirlo así, contextualmente y sólo contextualmente. Por eso hablo de «hipercon-

---

[4] En mi *Teoría de la expresión poética,* Madrid, 1976, ed. Gredos, 6.ª edición, t. I, págs. 56-58, hago ver que ese poema admite dos lecturas emocionalmente disímiles. Pero la posible variación sólo afecta a nuestra comprensión del final poemático. Lo dicho en el texto es, pues, válido para el par de diferentes interpretaciones.

textualidad», en cuanto que los dos actos, repartidos antes entre la realidad extracontextual y el contexto ahora confluyen en uno sólo del que se responsabiliza *por entero* este último, con lo que parece que comparativamente el contexto funciona dos veces y no exclusivamente una, como en los casos simplemente contextuales. El sintagma «cabelleras amarillas» del poema lorquiano que antes mencioné posee desde siempre en su interior la posibilidad de simbolizar «muerte», por razones que se hallan a extramuros del poema (los rostros de los muertos o las hojas del otoño son amarillas, etc.), bien que el contexto poemático sea el que, en último término, decida que esa posibilidad se actualice o no. En cambio, no es eso lo que ocurre en la hipercontextualidad, en la que las palabras, antes de ser usadas en el poema, carecen de la dirección asociativa que, sin embargo, el contexto a un tiempo les proporciona como posibilidad y les actualiza de hecho como acto. En este caso, la adquisición, por un lado, de la posibilidad y, por otro, su realización no se constituyen como dos actividades diferentes y separadas, sino como una sola actividad que de un solo golpe se cumple. Pongamos un ejemplo donde el fenómeno se dibuja con nitidez. En «Fuga a caballo», de *Pasión de la tierra,* nos presenta Aleixandre un mundo de engaño y frustración, un mundo falso que, al no ser lo que debiera, se muestra como contradictorio:

> Hemos mentido. Hemos una y otra vez mentido siempre. Cuando hemos caído de espaldas sobre una extorsión de luz, sobre un fuego de lana burda malparada de sueño... (...) Todo es mentira. Soy mentira yo mismo, que me yergo a caballo en un naipe de broma (...) Es mentira que yo te ame. Es mentira que yo te odie (...) [5].

Dice el texto poco después:

> ¡Qué hambre de poder! ¡Qué hambre de locuacidad y de fuerza abofeteando duramente esta silenciosa caída de la tarde, que opone la mejilla más pálida, como disimulando la muerte que se anuncia, como evocando un cuento para dormir!

[5] Este fragmento se analizará con pormenor en las págs. 277-292.

Al lado de lo anterior, comprendemos el significado de ese «poder», de esa «locuacidad» y de esa «fuerza». Es la energía de la indignación contra un mundo inauténtico: poder verbal de apóstrofe colérico («locuacidad»), y poder físico que golpea y castiga duramente la realidad frustrante y negativa, representada aquí, paradójicamente (por razones en las que no voy a entrar para no complicar inútilmente la exposición), en un elemento bello y delicado: «esta silenciosa caída de la tarde». Lo que ha querido expresar el poeta con todo ello es algo puramente desiderativo: ser su voluntad hasta tal punto poderosa («¡qué hambre de locuacidad y de fuerza!»), que frente a la furia que la realidad reprobada le suscita, esta última se hubiese de mostrar sometida y débil. La debilidad y sometimiento al castigo es lo que queda simbolizado en la «silenciosa caída de la tarde que opone la mejilla más pálida» a la dura bofetada ética que el narrador poemático estaría dispuesto a propinarle [6].

Veamos ahora el carácter hipercontextual de los símbolos que se han producido. Tomemos la frase «¡qué hambre de locuacidad y de fuerza abofeteando duramente esta silenciosa caída de la tarde!». En seguida nos percatamos de que aquí el término «silenciosa» se opone, y, al oponerse, adquiere su sentido simbólico del término «locuacidad»; y que lo propio le sucede al término «caída de la tarde» (en cuanto que connota algo fino y manso), que al oponerse al término «fuerza», recibe de él, por contraste, la significación irracional con que lo sorprendemos. El poeta ha elegido, por pura oposición, los materiales verbales que significan lo inerte y no reactivo («caída de la tarde», «silenciosa»), o sea, lo que es incapaz de responder y defen-

[6] Claro está que, inmediatamente, el autor se da cuenta de que eso a que aspira es, en efecto, una mera fantasía irrealizable: la «silenciosa caída de la tarde» encierra y disimula, tras su aparente suavidad y mansedumbre, lo contrario de tales apariencias, pues lo así encerrado y disimulado consiste en contundencia e inexorabilidad, al presentarse como muerte indefectible a corto plazo («muerte que se anuncia»: la «caída de la tarde» se convierte también, de pronto, ahora, retroactivamente, en símbolo de muerte, como se ve). No en vano la susodicha «caída de la tarde» representa al mundo mentiroso, donde no hay auténtica vida.

derse frente a la agresión (significada por las palabras «fuerza» y «locuacidad»). Pero no se trata sólo ni principalmente de que el simbolizado, «debilidad indefensa», con que se nos ofrecen los términos «silenciosa» y «caída de la tarde» haya sido engendrado por antítesis respecto a los otros términos mencionados (locuacidad y fuerza). Ése es fenómeno que ya conocemos y que en sí mismo nada tiene que ver con la hipercontextualidad. Lo nuevo e interesante para nosotros es que tal oposición hace surgir aquí al simbolizado de referencia («indefensión»), *sin aprovechar para ello una previa tendencia de ambas expresiones en ese sentido.* Por sí y ante sí ni el adjetivo «silenciosa» ni el sintagma «caída de la tarde» contienen, ni aun en aquel estado de hibernación capaz de reanimarse, el simbolizado «indefensión»: paradójicamente, ese simbolizado sólo aparece como posibilidad en el mismo instante en que aparece como acto, al enfrentarse las dos expresiones mencionadas («silenciosa» y «caída de la tarde») con sus respectivos opósitos («locuacidad» y «fuerza») [7].

[7] Nos hallamos aquí, pues, sin duda, ante el fenómeno de la hipercontextualidad, aunque con un matiz de diferencia en cada caso. La hipercontextualidad del elemento «silenciosa» es aún más intensa, se eleva a una potencia mayor, que la hipercontextualidad de «caída de la tarde». Al sacar fuera de la composición a ambas expresiones, las dos pierden, en sentido absoluto, *toda relación* con la idea de indefensión y debilidad. Pero colocada extracontextualmente, «caída de la tarde» evoca aún, como posibilidad, la asociación, al menos, con las ideas connotativas de «suavidad» y «delicadeza», asociación que en el interior del contexto da paso a las mencionadas, las de «debilidad» e «indefensión», mientras «silenciosa», en idéntica situación no poemática, ha perdido incluso tal posibilidad. La discrepancia en cuestión entre ambas palabras, se establece por el hecho de que el contrario de «silenciosa», «locuacidad», *ha adquirido también hipercontextualmente su significado de «agresividad»*, al alinearse en el mismo «equipo» de «poder» y de «fuerza»: «qué hambre de poder, qué hambre de locuacidad y de fuerza abofeteando duramente esta silenciosa caída de la tarde». La palabra «locuacidad» no conlleva, en efecto, por sí misma, en calidad de potencia que le venga de una realidad extracontextual la asociación con la idea de agresividad: esta asociación se nos manifiesta igualmente como fruto de la hipercontextualidad en que se halla el vocablo «locuacidad» dentro del párrafo susomentado. Y una vez que hipercontextualmente el sustantivo «locuacidad» se ha cargado del belicoso

sentimiento que de hecho nos entrega, es cuando el adjetivo «silenciosa» puede adquirir, por oposición a la otra voz, el significado de «debilidad inerme». La hipercontextualidad entonces del vocablo «silenciosa» resulta serlo en segundo grado. No es tan grave, en cambio, lo que le acontece al sintagma «caída de la tarde». La idea de indefensión es en él hipercontextual, pero sólo en grado primero, ya que en las palabras «fuerza» y «poder», a las que se opone, la noción de agresividad no les es hipercontextual, sino contextual únicamente. De ahí, repito, el distinto comportamiento de ambos elementos verbales, «silenciosa» y «caída de la tarde», cuando los recibimos allende su circunstanciación sintagmática. Todo lo anterior nos dice que son tres los términos que tienen hipercontextualidad: de un lado, «locuacidad»; de otro, «silenciosa» y «caída de la tarde».

Capítulo XII

MONOCONTEXTUALIDAD, BICONTEXTUALIDAD, POLICONTEXTUALIDAD

Monocontextualidad y bicontextualidad

En los ejemplos de contextualidad que en los tres últimos capítulos hemos ido sucesivamente considerando, la doble actividad contextual se nos ha manifestado en dos formas marcadamente discrepantes entre sí. Según la primera de esas formas, un solo contexto realiza las dos operaciones que a los contextos en general competen: tal es lo que acontece en todos los casos de «encadenamiento» disémicamente heterogéneo, o conexión de realidad, trátese de aquellas «cadenas» cuyos eslabones se engarzan por coincidencia, trátese de aquellas otras cuyos eslabones se engarzan por contraste. Pero tal es también lo que normalmente pasa en los casos de «inconexión» o de «autonomía irreal». Hemos visto, asimismo, que, al contrario, cabe, con idéntica frecuencia, que la doble actividad contextual, en vez de ejecutarse desde un único contexto, sea asumida por dos contextos diferentes, uno de los cuales se encarga de la operación primera, y el otro, de la segunda: sucede así en las conexiones irreales; sucede así, igualmente, en el ejemplo de los «caballos negros». En él se ocupa de la operación primera un contexto «presente» («negros son» en vez de «son negros»), y de la operación segunda aquel contexto «ausente» que, actuando exclusivamente desde nuestra memoria, se halla constituido por el recuerdo de cuantos textos anteriores han usado la noción «negrura» como símbolo de «muerte». Algo parecido observamos en el ejemplo de hipercontextualidad que hemos analizado hace un instante. En la frase

> ¡Qué hambre de poder! ¡Qué hambre de locuacidad y de fuerza abofeteando duramente esta silenciosa caída de la tarde...!

la primera operación contextual, la del esfuerzo en pro de un simbolizado, se moviliza a causa de la sensación de disparate que nos suscita el hecho de que cierta «hambre de locuacidad y de fuerza» pueda abofetear una «silenciosa caída de la tarde». Pero, como vimos, la operación segunda no consiste en esa doble «visión», en esa doble atribución de funciones imposibles a los objetos «locuacidad», «fuerza» y «silenciosa caída de la tarde» (a dos de ellos, «locuacidad» y «fuerza», el poeta concede, en efecto, la función imposible de abofetear; al otro, «silenciosa caída de la tarde», la igualmente imposible de ser abofeteado). No: esa segunda operación se emprende ahora desde otro contexto que nada tiene que ver con el que acabo de mencionar, contexto que, por otra parte, no es ahora «ausente» como el de «caballos negros»: hablo del contexto formado por la *oposición* («presente» a los ojos del lector) entre «locuacidad» y «silenciosa», de un lado, y entre «fuerza» y «caída de la tarde», de otra.

Brotan así dos nuevos conceptos, con los que debemos aumentar nuestra terminología: el de «monocontextualidad», cuando las dos operaciones contextuales son llevadas por un solo contexto, y el de «bicontextualidad», cuando las dos operaciones se reparten entre un par de contextos entre sí distintos («ausente» el segundo algunas veces, aunque «presente» las más).

Bicontextualidad de la operación segunda

Acabamos de forjar el término «bicontextualidad» para referirnos con él al fenómeno de contextualidad simbolizante cuando son dos y no uno los contextos que actúan en el par de operaciones de que hablamos. Tan sencillo esquema se nos complica, sin embargo, en ocasiones, pues, en ellas, ya no se trata de necesitar *dos* contextos para *las dos* operaciones, sino de necesitar *dos* contextos para *una sola* operación, la «segunda» (la realmente productora de un concreto simbolizado), ya que esta operación «segunda», en tales ocasiones, se ofrece como de imposible cumplimiento por un solo contexto, el cual se muestra, en efecto, como incapaz de eliminar por sí mismo y a solas la competencia asociativa. Se precisa echar mano entonces, para lograrlo, de un contexto segundo que apoye y complete la tarea iniciada tan torpemente por el primero.

¿Qué ocurriría de no darse, en tales casos de ineficacia, este contexto supernumerario y completivo? Que al no poder suprimirse la rivalidad de las diversas asociaciones que entran en liza, nuestra mente no tomaría ninguna «en serio», y, por tanto, no habría simbolismo, no habría expresividad. Si en vez de decir

un pajarillo es como un arco iris

(en que el diminutivo nos permite asociar la idea de «pajarillo», una vez puesta esta palabra en relación con «arco iris», a las nociones de «pequeñez», «gracia» e «indefensión», que nos han de conducir, por último, a la de «inocencia»), si en vez de decir eso, el poeta hubiese escrito, refiriéndose también a un ave gris y en reposo,

un pájaro es como un arco iris,

no sentiríamos ninguna emoción. ¿Por qué? Porque ambas nociones («pájaro» y «arco iris»), incluso unidas metafóricamente entre sí, se hallarían demasiado libres y ricas de asociaciones hacederas. De este modo, cada lector podría seleccionar a capricho, y por tanto sin obligatoriedad, la asociación que quisiese, y no le cabría sentir esta asociación suya *como querida por el autor,* lo cual le impelería, irremediablemente, *a no tomarla «en serio».* De nuevo nos hallamos frente al hecho de que la insobornable conciencia lectora descree y anula productos que ella misma acaba de elaborar un momento antes: en este caso, descree su propia elección semántica al no manifestarse ésta como pretendida y buscada por el poeta. Comprobamos, una vez más, y por camino inesperado, la realidad de que la poesía sea comunicación, aunque «imaginaria» [1], entre un autor y un lector: se evidencia, en efecto, que cuando somos incapaces de experimentar el significado obtenido como comunicación necesaria del texto, o sea, de un autor, lo significativo, esto es, lo poético, al quedar descalificado, no se produce.

Volviendo al verso

un pájaro [gris] es como un arco iris,

observemos que su carácter absurdo no es irreversible e irremediable, ya que si un contexto adicional (y a eso iba) nos hiciese pensar a ese «pájaro» como, por ejemplo, leve, gracioso e indefenso, la asociación objetiva con la idea de «inocencia» sería un hecho, y con ello sería un hecho también la estética expresividad. Es palmario que, en tal caso, la operación segunda estaría conducida, no por uno, sino por dos contextos: el formado por la relación «originador («pájaro») — originado» («arco iris») y el formado por esas otras hipotéticas palabras anteriores en cuanto ligadas a la imagen susodicha; palabras que en nuestro supuesto nos habrían de sugerir la levedad, indefensión y gracia del pájaro en cuestión.

Tal es lo que, *mutatis mutandis*, sucede, aunque en este caso por modo «ausente», en la expresión

tu voz tenía sonidos negros

que pusimos como ejemplo de visión autónoma. Es autónoma esta «visión» en lo que atañe a la primera operación contextual (la que tiene como finalidad arrastrarnos a apetencias simbóli-

---

[1] Véase mi *Teoría de la expresión poética*, 6.ª ed., Madrid, 1976, ed. Gredos, págs. 43-52, y nota 7 a la pág. 222 del presente libro.

cas) o en lo que atañe a un contexto «presente», que, evidentemente, no hay. Pero si nos referimos a un contexto «ausente» que se haga cargo de la operación segunda, la cosa cambia, ya que lo afirmado para el caso de «los caballos negros» se vuelve a repetir en éste. De no darse aquí, como se da, «principalía» asociativa, no habría de bastar la relación entre «sonidos» y «negros» para hacer que el sentido irracional «muerte» existiese sin rivalidades. Es, otra vez, la espectralidad de la cadena que sabemos la que toma sobre sí la misión de asolar el repertorio asociativo y dejar triunfante un solo candidato de esa clase, que entonces aparece en forma de simbolizado. Con esto, la segunda operación contextual queda al cuidado de dos contextos, uno «presente» (la relación entre el originador «sonidos» y el originado «negros») y otro, el «ausente» ya dicho.

OTRAS FORMAS DE BICONTEXTUALIDAD EN CUANTO A LA OPERACIÓN SEGUNDA: CRUCE ENTRE «AUTONOMÍA» Y «CONEXIÓN» IRREALES

Dentro del estudio de la bicontextualidad con que a veces se nos ofrece la operación segunda, hay que situar un hecho bastante frecuente del que apenas hemos hecho mención en el presente libro: la posibilidad de cruce entre conexión y autonomía irreales, es decir, la posibilidad de que un símbolo «irreal», cuya expresividad exista de por sí («autónomamente», por tanto), *refuerce* ese simbolismo suyo, al vincularse, en calidad de originado, en una sucesividad «conexa». Se trata, pues, de que un símbolo «conexo» sea, al propio tiempo, «autónomo». Y como el simbolizado que posee en cuanto símbolo conexo *es el mismo* que posee en cuanto símbolo autónomo, la consecuencia semántica del doblaje a que me refiero no puede ser otra sino una mayor intensidad o relieve del simbolizado mismo en cuestión (ya sabemos que las reiteraciones superlativizan las significaciones a las que afectan). Aunque no lo hicimos resaltar así en nuestro comentario de «Malestar y noche» (porque no era eso lo que entonces nos interesaba), no hay duda de que tal es lo que sucede en la compleja «visión» autónoma contenida en los versos tercero y cuarto con que empieza el poema citado:

> Abejaruco.
> En tus árboles oscuros.
> Noche de cielo balbuciente
> y aire tartamudo.

Esa «visión» «noche de cielo balbuciente y aire tartamudo», aislada y por propia virtud («autonomía»), ya significaría irracionalmente «realidad que nos dice sólo a medias su ser». Ahora bien: ese significado simbólico se realza fuertemente al conectar con la emoción que al lector ha producido previamente el originador «abejaruco en tus árboles oscuros». No hay duda de que aquí son dos los contextos que están actuando en la operación segunda, sólo que ahora el simbolizado como tal podría existir sin uno de ellos, no así *la intensidad* que alcanza. Esos contextos son: por un lado, la relación entre el originador autónomo «noche» y su originado correspondiente «de cielo balbuciente y aire tartamudo»; por otro, la relación entre el originador conexo «abejaruco en tus árboles oscuros» y su correspondiente originado «noche de cielo balbuciente y aire tartamudo».

Y aunque en el párrafo de «El amor no es relieve» que hemos traído a cita varias veces,

> No me ciñas el cuello que creeré que se va a hacer de noche. Los truenos están bajo tierra,

hay bastantes elementos que hemos reconocido como característicamente inconexos, también existe, diremos, alguna relación conexa [2]. Así, la que une al originador «noche» en cuanto símbolo de amor destructivo con el originado «los truenos están bajo tierra». Gracias a esa conexión, o dicho más precisamente: gracias a la conexión que el lector entabla entre el originado «los truenos están bajo tierra» y la emoción de «amor destructivo» que experimenta frente al originador «noche», puede nacer y

[2] Adelanto aquí lo que diré mejor en págs. 270-271.

nace, en ese originado, un significado simbólico: «terribilidad amenazante». Pero cabe fácilmente comprobar que ese mismo simbolizado es el que tiene de nación, «autónomamente», la expresión «los truenos están bajo tierra», que sin otra ayuda que su propio texto, nos está hablando irracionalmente de lo cavernoso y sordo (expresado simbólico), lo terrible y amenazador (simbolizado) de los «truenos» a que se alude. Nos hallamos otra vez frente al fenómeno de la reiteración simbólica, y por tanto, frente al fenómeno de superlativización que antes mencioné. Merced al doble simbolismo (autónomo y conexo), lo terrible y amenazador de esos truenos alcanza más viveza, se acusa emocionalmente con una fuerza superior. En suma: resulta más significativo y poético.

De nuevo, los contextos determinantes de la operación segunda son dos: uno, la relación originador-originado «autónomos» (la relación entre el originador «los truenos» y su originado respectivo «bajo tierra»); otro, la relación originador-originado «conexos» (la relación entre el originador «noche» y su originado respectivo «los truenos están bajo tierra»).

Saquemos la conclusión a que nuestro análisis nos aboca, conclusión sólo rápidamente apuntada más arriba: la duplicidad contextual en cuanto a la operación segunda puede ser indispensable para la existencia misma del simbolizado que se busca, que no se daría en absoluto de no mediar la doble contextualidad. Pero del mismo modo, puede tal duplicidad dispensarse sin que el simbolismo como tal desaparezca: lo que desaparece, eso sí, es la intensidad con que tal simbolismo se nos ofrece, la fuerza poética con que surge.

Definición del simbolismo autónomo

No es preciso añadir que en bastantes ocasiones los símbolos son sólo conexos, y carecen de sentido autónomo. Quiero decir que, sacados de la cadena irreal en que se han instalado, pierden por completo su significación irracional, y ya no expresan nada. Así, por ejemplo, la visión

Los astros de plomo giran
sobre un pie

sólo logra significar «realidad vista como a través de una borrachera» en «conexión» con el originador

Tres borrachos eternizan
sus gestos de vino y luto

que le precede. ¿Por qué es esto? Responder a esta pregunta importa, ya que esa respuesta nos hará entrar a fondo en el problema de lo que sean las autonomías. Supongamos que esa «visión», «los astros de plomo giran sobre un pie», fuese autónoma. Su originador sería «los astros de plomo», cuyo correspondiente originado habría de estar constituido por la frase «giran sobre un pie». Pero ocurre que al intentar establecer una relación *única* entre el originador y el originado, el lector fracasa y la expresividad no se produce. Ya hemos dicho la razón de ese fracaso: no el defecto, sino, por el contrario, el exceso de posibilidades asociativas. El motivo de que el poeta haya podido decir de los «astros» «que giran sobre un pie» acaso pudiera interpretarse como «desorden de la naturaleza», o «maldad de la naturaleza», o bien la idea de que «el mundo está mal hecho», o que «nuestro destino es delirante», y varias cosas más, entre las que se halla, por supuesto, también la noción que luego la conexión susodicha pone de relieve: «mundo visto como a través de una borrachera». Son demasiadas interpretaciones, y aunque el lector elija una sola de entre ellas, su vigilante conciencia, tal como dijimos en otro caso, no le permite tomar en serio esa selección suya, a la que entonces desacredita y tacha, acusándola de caprichosa, de ajena a las intenciones artísticas del autor [3], con lo que ese sentido, tan arbitrariamente seleccionado entre muchos, no puede configurarse como simbolizado. El símbolo se convierte de este modo en absurdo, del que en el texto citado podemos salir únicamente merced a la conexión con

[3] Otra vez se comprueba que la poesía es comunicación («imaginaria», vuelvo a decir).

la emoción que el originador «tres borrachos eternizan sus gestos de vino y luto» nos ha ocasionado previamente, ya que entonces la pluralidad asociativa queda reducida a una sola posibilidad, que, por consiguiente, se actualiza.

Si las vías son varias, hay que «taponarlas» por medio de nuevos contextos. Uno de estos contextos obturadores es el que la conexión proporciona; otro, el que proporciona la inconexión. Pero no se agota con esto el repertorio contextual. Existen taponamientos contextuales que se hallan al margen de las posibilidades que hemos descrito como fundamentales (conexión, inconexión, autonomía). Son contextos inclasificables, puramente ocasionales, que sirven de apoyo a aquellos otros más sustantivos y permanentes. Uno de estos contextos ocasionales ya lo conocemos: el que se caracteriza por su «ausencia». Pero hay más. Merece la pena su examen.

Policontextualidad de la operación segunda: contextos ocasionales

Lo dicho supone o permite, al menos, imaginar que los contextos que se hacen precisos para aniquilar la supervivencia de contricantes semánticos, llegada la hora de la simbolización (segunda operación contextual), pueden ser más de dos. Cuando Juan Ramón Jiménez dice, en un poema suyo,

> (Quisiera ser para ti)
> la paloma inmortal que alcanzaran tus manos

ha establecido una imagen visionaria autónoma, cuyo plano real u originador, «yo» (la persona del narrador poemático), resulta ser demasiado extenso, o sea, demasiado cargado de posibilidades irracionales, incluso tras su relación con el plano imaginario u originado «paloma», para que ambos términos pudieran llegar, sin más, a un acuerdo simbólico, que ha de ser, como vengo repitiendo, de carácter único y excluyente. Pese a que no todas las palomas sean blancas, en el término «paloma» del poema está funcionando, por supuesto, un contexto «ausente», según el cual la paloma simboliza «pureza» *por su blancura.* Ese contexto va a proporcionar, pues, al concreto ejemplo que analizamos, la nota de «pureza». Pero este resultado queda modificado por otros contextos, éstos «presentes», que afectan también al originado «paloma»: se trata del adjetivo «inmortal» (la paloma «inmortal») y de la oración de relativo «que alcanzaran tus manos». No es ya ésta una paloma cualquiera; es una paloma «inmortal». Si, por otra parte, el poeta aspira, como a un «desiderátum», a que las manos amadas puedan alcanzar a esa inmortal paloma es porque, de hecho, la paloma de la que habla resulta inalcanzable, lo cual, a su vez, supone, en esa paloma, la connotación de «vuelo» y la connotación también, por tanto, de estancia en regiones elevadas y aéreas: he ahí los contextos ocasionales a que antes me referí.

Cuatro notas determinan ya, con esto, a nuestra poemática paloma: ser «pura», «inmortal», «inalcanzable» y «colocada en lo alto». Todo ello, en conjunto, nos hace sentir a esa ave como representación simbólica del ideal. Aparte del contexto que es comportador de la operación primera, signada por la existencia de un absurdo (disparata, en efecto, no poco la relación entre el originador «yo» y el originado «paloma»), hay aquí, pues, cuatro contextos más que permiten la operación segunda, la restrictiva: uno de ellos, «ausente» (las numerosas veces que la noción «paloma» ha sido símbolo de «pureza») y las otras tres, «presentes»: por un lado, la relación entre el originador, «paloma», y el originado, «yo»: lo que «paloma» signifique tendrá que ser algo que el hombre pueda desear (cosa, como se ve, demasiado amplia aún, a efectos simbólicos); de otro, el adjetivo «inmortal», y por fin, la frase «que alcanzaran tus manos».

¿Por qué, en este caso, no ha bastado el contexto «ausente» para lograr la simbolización? Porque lo que poéticamente Juan Ramón Jiménez intuitivamente pretendía no era llegar al simbolizado «pureza» que ese contexto aportaba, sino al simbolizado «idealidad», del cual la «pureza» sólo constituía una nota. El contexto «ausente», en este caso, ha servido únicamente para proporcionar una ayuda más en la dura faena de la limitación del ancho campo asociativo que la palabra «paloma» posee.

Reunidos los cuatro contextos en esa sola actividad compleja que venimos llamando «segunda», el término «paloma» reduce su baraja semántica a una sola carta, a una sola posibilidad que forzosamente habrá entonces de actualizarse, convirtiéndose así en simbolizado, tras lo cual, el acto final de descrédito, propio de la conciencia cuando de planos imaginarios de una metáfora se trata, hace que ese significado irracional se traslade desde el término «paloma», que queda descalificado por irreal, al plano real «yo»: es la persona del poeta la que quisiera ser, para la amada, el ideal.

CONTEXTO AUSENTE EN SEGUNDO GRADO

Nos inspiran especial curiosidad aquellos momentos irracionales, que, a fin de poder cumplir la segunda operación contextual (la determinante de la asociación irreflexiva), necesitan recurrir a un contexto «ausente», el cual, siendo en sí mismo simbólicamente indeterminado, ha echado mano, a su vez, para precisarse en ese sentido, *de otro contexto* de la misma índole espectral. Este contextualismo ausente en segunda potencia es el que vemos en algunos de los pasajes aleixandrinos que niegan a los objetos ciertas cualidades irreales («tiniebla *sin* sonido», «trajes *sin* música», «florecillas *sin* grito»), recurso no infrecuente en Aleixandre, del que nos hemos ocupado ya en otro sitio, aunque desde una diversa perspectiva [4]. Nuestro estudio había tomado entonces como objeto principal de análisis la frase de *Pasión de la Tierra* «oh mármol sin sonido», que pertenece a ese mismo género de expresiones. Volvamos de nuevo a ella.

Dije allí que se trata, bien que sólo en principio, de una observación puramente realista: el «mármol» es siempre y por naturaleza, claro está, insonoro. El problema planteado por la frase en cuestión se hace con esto doble, ya que se nos presenta en ella tan enigmático el modo de realizarse la operación «pri-

[4] En el libro *El irracionalismo poético...*, ed. cit., capítulo XX (páginas 395-402).

mera» como el modo de realizarse la «segunda». ¿Damos aquí con algún absurdo (operación primera) que nos obligue a buscar un simbolismo? Aparentemente, como tantas otras veces, el absurdo no existe. El dicho, lejos de proclamar un disparate, enuncia una gran verdad: que el «mármol» carece de «sonido». El absurdo no consiste, pues, en eso; no estriba en lo que la frase dice, sino *en el hecho mismo de decirlo,* ya que frente a lo evidente y por todos conocido, la actitud razonable es el silencio. «Lo consabido se calla», sentencia un viejo apotegma popular. Decir lo que nadie pone *ni puede poner en duda* parece improcedente y fuera de sitio: una falta, en último término, de cordura, una sinrazón. Esa sinrazón es el obstáculo que se nos atraviesa en el camino, conminándonos al simbolismo.

¿Y cómo se efectúa (operación segunda) éste? Lo hemos descrito, aunque sólo parcialmente, en otro lugar. Al ser obvia la literalidad de la frase que se nos ofrece («oh mármol sin sonido») y esperar nosotros del poeta actitudes verbales que añadan algo a lo que desde siempre sabemos, procuramos hallar tras el sentido literal obvio (que, en realidad, no nos significa *nada,* es insensato, puesto que no nos significa *nada nuevo),* un sentido no obvio, o sea, un verdadero sentido: el simbólico. Acostumbrados, por la lectura de composiciones poéticas contemporáneas cronológicamente anteriores, al uso de irrealidades poseedoras de significados simbólicos, relacionamos la frase «oh mármol sin sonido» con su opuesta, de carácter irracional, «mármol con sonido», interpretando la primera de modo inverso a como interpretamos la segunda. «Mármol sin sonido» vendría entonces a significar algo que nosotros podríamos representar gráficamente con la fórmula «— mármol con sonido». El contexto ausente de que antes hablé como activador de la frase «oh mármol sin sonido» estaría constituido por el conjunto de todas las irrealidades simbólicas que el lector guarda en su memoria, entre las que cuenta como una más (pero una más que se le destaca, por oposición, en un primer plano) el sintagma «mármol con sonido», del que la otra frase, «mármol sin sonido», sería la contrafigura. Frente al sentido positivo de «mármol con sonido» tendría «mármol sin sonido» negatividad. Si la frase primera («mármol con sonido») alude a plenitud de algún género, la otra («mármol sin sonido») aludiría a lo contrario. Mas ¿de dónde procede la positividad de la expresión «mármol con sonido»? Aquí es donde interviene un nuevo contexto ausente que permite a «mármol con sonido» concretar y perfilar un simbolismo, que, sin tal contexto, sería indeterminado y múltiple, y, por tanto, emocionalmente inoperante en la conciencia lectora, que, como sabemos, requiere sentir a la asociación irracional mencionada como ambicionada por el autor. De no poder sentirla así, nuestra vigilante lucidez no daría paso libre a ese significado simbólico, y éste, de hecho, como consecuencia, se invalidaría. Las muchas veces que las ideas de «sonido» y «música» han sido tomadas en el sentido positivo de «orden», «concordia», «felicidad» y hasta «paraíso», y, por consiguiente, en el sentido de «perfección», forman un encadenamiento espectral, en el que la frase «mármol con sonido» ingresa como un eslabón, que se obliga, en consecuencia, al mismo simbolismo de sus compañeros. Precisado fantasmalmente de este modo el sintagma, a su vez fantasmal, «mármol con sonido», queda precisado, de rechazo, el sintagma «mármol sin sonido», en cuanto que éste viene a querer decir, de manera simbólica, exactamente lo opuesto a lo que aquél pretendía significar. Si «mármol con sonido» sugería «plenitud», «mármol sin sonido» sugerirá forzosamente su total ausencia, o mejor aún, una plenitud revesada, de orden negativo. Repitiendo lo mismo en orden inverso: «mármol sin sonido» se concreta, como símbolo, en su relación con el contexto ausente «mármol con sonido»; y, por su parte, «mármol con sonido» se concreta, simbólicamente asimismo, al ponerse en contacto con otro contexto, ausente también: el que acabo de recordar.

CONTEXTOS AUSENTES Y CONTEXTOS PRESENTES

El conjunto de las reflexiones anteriores nos induce a la conclusión de que los contextos «ausentes» no sólo ostentan una eficacia muy similar a la de los contextos «presentes», sino que su comportamiento respectivo es igualmente parecido en todo lo demás. Y así vemos que el ingreso del miembro de que se trate en una cadena «ausente» puede verificarse de los dos modos que para las cadenas «presentes» habíamos constatado: si generalmente *por coincidencia,* algunas veces *por oposición.* En el poema XXXII de Antonio Machado que empieza

> Las ascuas de un crepúsculo morado
> detrás del negro cipresal humean

todos sus elementos («ascuas», «crepúsculo», «morado», «negro», «cipresal», «humean», etc.) se encadenan «presentemente» por coincidencia; pero de ese mismo modo se relaciona también con respecto a una cadena, esta vez «ausente», la frase «los caballos negros son». En cambio, si es oposición «en presencia» lo que rige, por un lado, el simbolismo de realidad del verbo «amoratarse» en un soneto de Machado que más arriba estudiábamos,

> ... ¿Ves? Hacia Aragón, lejana,
> la sierra de Moncayo, blanca y rosa...
> Mira el incendio de esa nube grana,
> y aquella estrella en el azul, esposa.
> Tras el Duero, la loma de Santana
> se amorata en la tarde silenciosa,

y, por otro, el simbolismo de irrealidad de la expresión «silenciosa caída de la tarde» en un fragmento de *Pasión de la tierra:*

> ¡Qué hambre de poder! ¡Qué hambre de locuacidad y de fuerza abofeteando duramente esta silenciosa caída de la tarde...!

ocurre que, haciendo más acusado e irrefutable el paralelismo y semejanza entre cadenas «ausentes» y cadenas «presentes», también hemos comprobado para el caso de las primeras, para el caso de las cadenas «ausentes», esta extraña posibilidad de inclusión contrastante. Tal es lo que acabamos de reconocer en el ejemplo del «mármol sin sonido», cuya relación con «mármol con sonido» procede patentemente por inversión.

COMPLEJIDAD DE LAS RELACIONES ENTRE EL ORIGINADOR Y EL ORIGINADO

Capítulo XIII

HIBRIDISMO ENTRE CONEXIÓN E INCONEXIÓN

Caso de un originador de inconexión poemáticamente simbólico

Creo que antes de entrar en el problema central de la parte que ahora abrimos del presente libro, problema que va a consistir en el estudio de la complejidad con que puede ofrecerse la relación entre los originadores y los originados dentro de la poesía superrealista, nos conviene tratar otro problema con el que aquél a veces viene enredado: el hecho, curiosísimo por lo que en seguida diré, de que un originador de inconexión sea, previamente *y de modo poemático,* un símbolo y, en consecuencia, lo sea para el lector tanto como para el autor. Este símbolo, recibido inicialmente (por autor y lector, vuelvo a decir), «correctamente» como tal símbolo, es, inmediatamente después, recibido, pero ahora sólo por el poeta (precisamente al utilizarlo éste como originador) en otro sentido simbólico que nada tiene que ver con el primero y, por lo tanto, como resultado de una «mala lectura». Lo sorprendente del caso consiste en la implicación que lleva dentro. Pues el caso implica, en efecto, que un entero símbolo (símbolo = simbolizador + emoción simbólica que incluye un simbolizado), en el momento de ser tomado como originador, se haya puesto inesperadamente a simbolizar, en el ánimo del poeta, otra significación diferente, esto es, se haya convertido en un mero simbolizador. La cosa es ya, sin entrar en otros pormenores, asombrosa; pero lo es aún más este otro hecho que el primero lleva siempre adosado y sobre sí: lo que tal símbolo, o sea, lo que tal unión de un simbolizador A y un simbolizado C simboliza (lo que simboliza, pues, en segundo grado) consiste nada menos que *en la letra de ese mismo simbolizador A.* Creo que lo mejor será poner cuanto antes un ejemplo. En «El solitario», de *Pasión de la tierra,* un jorobado (símbolo del hombre abrumado por la amargura de vivir sin destino) monologa. Desde el resentimiento de su condición, pronuncia palabras vengativas. Dice irónicamente refiriéndose a una muchacha:

> Sólo me ha faltado para que la hora quedase aún más bella, hacerle unas estrías con mis uñas. *Déjame que me ría sencillamente, lo mismo que un cuentaquilómetros de alquiler. No quiero especificar la distancia.* Pero no puedo menos de reconocer que mis manos son anchas, grandísimas y que caben holgadamente cuatro filas de desfilantes.

La risa de que habla el fragmento subrayado es evidentemente una risa sardónica, amargamente burlesca. El giboso degrada su propia risa al compararla con el ruido que pueda hacer un «cuentaquilómetros de alquiler». He ahí una imagen visionaria, ya que lo importante no es el parecido objetivo, inexistente aquí, entre el sonido de la «risa» y el del «cuentaquilómetros de alquiler», sino el efecto emocional de degradación que el lector experimenta ante la equiparación de ambos términos. «Cuentaquilómetros de alquiler», por su mecánico ruido degradador y por el degradador atributo que el texto le concede («de alquiler») es entonces un simbolizador que expresa cierta cualidad desprestigiadora o descalificadora que tal risa tiene. Ahora bien: este «símbolo», o sea, este simbolizador *en cuanto* poseedor del significado irracional que acabo de decir, se convierte ahora, inesperadamente, para el autor, en un originador de inconexión, que aquél, en efecto, «lee mal», entendiéndolo no como lo que poemáticamente significa («risa degradante»), sino como «cuentaquilómetros de verdad», sentido este último a todas luces delirante desde el punto de vista poemático. Percatémonos bien que únicamente porque el poeta ha experimentado *emocionalmente* al «cuentaquilómetros» de referencia como un «cuentaquilómetros real» y no metafórico, puede luego escribir el originado, en el que se habla de «distancia», ya que un «cuentaquilómetros» puramente metafórico, que sólo aluda a cierta clase de risa, es incapaz de realizar mediciones ni contabilizar cosa alguna. ¿Es que tiene «risa» algo que ver con «distancia»? Y puesto que «cuentaquilómetros de alquiler» (A) fue *sentido* (subrayo la expresión) por el poeta como «cuentaquilómetros efectivo y medidor» (B), como tal fue la *emoción* que ante él ha recibido; se sigue que en una lectura «errónea» ese significado segundo B se le ha manifestado al autor como dicho o *simbolizado* por el primero, por A. En más clara expresión: el término «cuentaquilómetros de alquiler», *en cuanto simbolizador de risa degradadora,* surge, a su vez, ante Aleixandre, *en calidad de simbolizador de cuentaquilómetros en su sentido literal.* La cosa resulta inesperada en grado máximo, pero no por eso deja de ser, a mi juicio, palmariamente verdadera. Nos maravilla, en efecto, que con toda evidencia una expresión que ya es simbólica de por sí («cuentaquilómetros de alquiler» = carácter degradador de una risa) se convierta en el simbolizador de un distinto simbolizado (cuentaquilómetros = cuentaquilómetros). O dicho de otro modo: nos maravilla que el simbolizador que aquí está significando para el poeta la idea de «cuentaquilómetros» sea ya para él, con anterioridad, un símbolo (recuérdese que símbolo es la *unión* de un simbolizador y un simbolizado). El simbolizador de ese simbolizado «cuentaquilómetros de verdad», no puede, en efecto, consistir en el *mero* significante «cuentaquilómetros». Si tal ocurriera, no habría simbolización, sino logicidad, y aquí, evidentemente, no se trata de un significado racional, sino emocional, simbólico. No: el simbolizador es, vuelvo a decir, «cuentaquilómetros *en el sentido no de cuentaquilómetros, sino en el sentido simbólico de burla degradante*», elemento doble que, efectivamente, se pone ahora, súbitamente, en aberrante operación, a simbolizar. Y no sólo eso: la significación simbolizada resulta inesperada también, pues consiste nada menos que en su propia letra. Y para mayor suspensión de nuestro ánimo, acontece que, fenómeno de tanta perplejidad para nosotros y que pensaríamos raro, lo tropezamos incesantemente en el superrealismo, hasta el punto de convertirse en constitutivo de esa escuela.

La serie emotiva del proceso Y ha sido, pues, ésta:

> cuentaquilómetros de alquiler en el sentido de risa degradadora [= cuentaquilómetros de alquiler en el sentido de cuentaquilómetros de alquiler =] emoción de cuentaquilómetros de alquiler en la conciencia.

Desde esa emoción de cuentaquilómetros fehaciente y medidor el poeta inicia su serie sintagmática en busca del originado «no puedo especificar la distancia»:

> emoción de cuentaquilómetros de alquiler en la conciencia [= cuentaquilómetros de alquiler que mide distancias de verdad =] no puedo especificar [pese a todo] la distancia.

Hemos hallado, pues, que aquí ha habido, indudablemente, tal como más arriba indicábamos, «mala lectura» del originador por parte del poeta, ya que en «buena lectura», en lectura estrictamente poemática, que es siempre la del lector, el término «cuentaquilómetros de alquiler» no puede ser entendido en su letra de «cuentaquilómetros», sino sólo puede ser entendido simbólicamente, esto es, sólo como simbolizador de «burla degradante». El efecto de esa «mala lectura», de esa lectura «creadora» que el autor realiza, es que el lector sienta una inconexión al llegar al sintagma «no puedo especificar la distancia», y que, por consiguiente, se produzca en su ánimo el intento de salir del absurdo así producido, a través de un puente preconsciente que enlace el originado «no puedo especificar la distancia» con el originador «cuentaquilómetros de alquiler». El resultado final habrá de ser la doble simbolización que sabemos: «retroactiva» en el originador y «actual» en el originado. De este modo, el originador «cuentaquilómetros» en el sentido de «risa degradante» simbolizará retroactivamente lo mismo que el originado «distancia» simboliza actualmente: la idea de «cuentaquilómetros de verdad». Habrá, pues, en ese originador al término del proceso dos sentidos simbólicos completamente entre sí distintos: «risa degradante» en cuanto simbolismo actual que de antemano le corresponde, y «cuentaquilómetros de verdad» en cuanto simbolismo retroactivo, según acabo de indicar.

Hibridismo entre conexión e inconexión. Hibridismo encubierto

Tan pasmoso caso puede aún complicarse, si el símbolo inicial del que parte el proceso Y del autor produce consecuencias sintagmáticas («originados») no sólo al ser «mal leído», sino también, simultáneamente, al ser leído «bien». El fruto de esta doble lectura, «buena» y «mala», será un originado «híbrido», que tendrá un aspecto «conexo» (el derivado de la «buena» lectura) y otro «inconexo» (el derivado de la lectura «mala»), con sus secuelas simbolizadoras corespondientes, entre sí igualmente contrapuestas. Tal es el caso puro, que podríamos llamar, para entendernos, caso A. Pero también puede ocurrir (caso B) que este hibridismo de los originados y las simbolizaciones quede disimulado, o en alguna medida encubierto, por el hecho de que la parte «inconexa» del originado *se explique, asimismo, desde la «conexión»*. O en otros términos: se explique por la existencia, para esa parte del originado, de dos fuentes contrarias: «conexa» una e «inconexa» la otra. Empecemos por este segundo caso, que el párrafo de «El amor no es relieve», del que en nuestras reflexiones hemos partido, nos muestra con claridad:

> No me ciñas el cuello que creeré que se va a hacer de noche. Los truenos están bajo tierra. El plomo no puede verse.

Habíamos averiguado páginas atrás que el originado «noche», gracias a sus relaciones con el originador «no me ciñas el cuello», alcanzaba a simbolizar «actualmente» «muerte» y transitivamente «amor». Ambas nociones ascienden en forma emocional hasta la conciencia del lector, y como son entre sí contradictorias, al hallarse ahora a merced del juicio racional que las presiona a un compromiso, en su enfrentamiento y choque habrán de modificarse y mutuamente corregirse. El resultado de todo ello será que ese «amor», sin dejar de ser «amor», se convertirá en «muerte»; que esa «muerte», sin deponer su significado de tal, se convertirá en «amor». «Amor como destrucción» y «destrucción como amor»: ése es el sentido de «noche»[1]. Lo único que «noche» no significa ahí es precisamente su literalidad. En «buena lectura» «noche» no significa, en efecto, «noche». Anótese esto, para su recuerdo posterior, a que habremos de recurrir.

De momento, lo que observamos es que, en cuanto al significado simbólico de «noche», poeta y lector se encuentran de acuerdo. De este acuerdo van a partir ambos, en el sentido que ahora mismo diré. Pero antes debemos hacer constar que «noche», de ser originado con respecto a «no me ciñas el cuello», pasa a ser originador de la frase que viene después: «los truenos están bajo tierra». ¿Cómo llega a ella el autor en su proceso Y? Como siempre, el proceso Y comienza por una «lectura» del originador. Ahora bien: en una zona esencial, esa «lectura» es ahora, a diferencia de lo que pasaba en la anterior secuencia del mismo párrafo (el que va de «no me ciñas el cuello» a «que creeré que se va a hacer de noche») una lectura «correcta»: por eso dije hace un instante que autor y lector vienen a coincidencia por lo que toca a su entendimiento emocional de la palabra «noche», al menos en este importante aspecto. Los dos la interpretan, en efecto, como lo que poemáticamente es: como un símbolo del amor destructivo. La serie emotiva del proceso Y del autor estaría entonces constituida por las siguientes ecuaciones:

> noche [= no veo = tengo menos vida = estoy en peligro de muerte = muerte =] emoción de muerte en la conciencia; lugar en que esa emoción se junta a la emoción de «amor» que, a su vez, procede, por transitividad, del término «no me ciñas el cuello» inmediatamente anterior; *emoción, pues, de amor como muerte, de amor destructivo.*

---

[1] He ahí otro análisis de Psicología Semántica.

La serie sintagmática, a través de la cual el autor aspira al logro del originado, tendría, por su parte, la siguiente configuración:

> emoción de amor destructivo en la conciencia [= amor destructivo = terribilidad amenazante =] truenos.

Hasta aquí, el proceso Y se está comportando como «conexo», y claro está que, en cuanto a lo descrito, el proceso X o del lector habrá de actuar en conformidad a esa conexión. Ya sabemos que en las conexiones el lector busca relacionar con el originado, no el originador (como en las inconexiones), sino la *emoción* que el originador le ha producido, emoción que se halla en perfecta coincidencia con la emoción que ese originador le ha suscitado también al poeta (aquí, la emoción de «amor destructivo»). Sabemos igualmente que en las conexiones de que hablamos hay una sola simbolización, la del originado, «actual» sin excepciones, que viene a ser, en todo caso, el término que en la serie sintagmática va inmediatamente después del que en nuestro esquema representa al significado de la emoción (o sea, el segundo elemento sintagmático). La expresión «truenos» simbolizará, de esta manera, «terribilidad amenazante», término situado exactamente en ese privilegiado lugar.

Ahora bien: en el originado vemos algo más que el vocablo «truenos», pues tales «truenos» resulta que están «bajo tierra». ¿De dónde ha salido ese aditamento semántico, esa extraña localización irreal de que la noción «truenos» se acompaña? No hay duda de cuál sea la procedencia, al menos en una de sus direcciones: radica, por supuesto, en el originador, en el término «noche», sólo que no por lo que toca a su sentido simbólico, sino por lo que toca a su literalidad. La idea de «noche» como «noche real», entendida, pues, en su pura letra, es uno de los motivos esenciales (hay otros, como veremos) que ha podido conducir al autor hacia el originado, hacia el sintagma «bajo tierra». Prescindiendo, por el momento, de esos otros motivos insinuados en el paréntesis, que enmascaran en cierto grado el procedimiento, nos hallaríamos aquí, pues, exactamente en el mismo caso del cuentaquilómetros: un símbolo (ahora, noche), que primero ha sido «bien leído» («noche = amor destructivo»), ha sido leído «mal» posteriormente (noche = noche); y esa «mala» lectura produce un originado que en cuanto a este nacimiento suyo «erróneo» se muestra como «inconexo», con sus consecuencias de doble simbolismo, «actual» y «retroactivo», que ya nos son familiares. El proceso Y completo, en sus dos series, emotiva y sintagmática, nos dibujaría, por consiguiente, el esquema que sigue:

noche en el sentido de amor destructivo [= noche en el sentido de noche =] emoción de noche en la conciencia [= noche = no veo = = realidad que por oculta no puedo ver =] bajo tierra (los truenos).

A la vista de tales formulaciones, puede deducirse lo que nuestra simple sensibilidad, sin análisis de especie alguna, está dispuesta a proclamar: el originado «bajo tierra» y el originador «noche en su sentido de amor destructivo» simbolizan, al unísono, un mismo simbolizado: «noche en su sentido literal». Pero claro es que uno, el originador, lo hace «retroactivamente»; el otro, el originado, lo realiza, en cambio, con «actualidad».

La diferencia con el caso del «cuentaquilómetros» reside, exclusivamente, en que este último no tenía consecuencias sintagmáticas: «cuentaquilómetros» en cuanto símbolo de degradación burlesca no daba a luz ningún originado; por el contrario, «noche», considerado como símbolo de «amor destructivo», ha engendrado la parte esencial del originado, la idea de «truenos», además de originar, en otra lectura, esta vez «mala», el originado «bajo tierra», y no sólo eso, pues debo advertir que en la descripción que acabo de realizar he simplificado algo los hechos, a fin de presentarlos con máxima diafanidad. Completemos, pues, y maticemos ya nuestras palabras. Por un lado, según sabemos por el capítulo anterior, «truenos bajo tierra» se nos ofrece, además de todo lo dicho, como una visión autónoma, en la que la localización irreal, «bajo tierra», expresa («expresado simbólico») lo grave y simboliza lo oscuro del sonido en que consisten los truenos, con lo que éstos pueden convertirse en símbolo de «amenazante terribilidad». Y por otro lado, tal localización, al poder expresar esta última idea, la de «terribilidad amenazante», no hay duda de que la llega a expresar al relacionarse también, de manera esta vez conexa, con el originador «noche» en el sentido de «amor destructivo». En mi análisis anterior he prescindido de estas complicaciones (que nublan la pureza del hibridismo, enmascarándolo en alguna medida, pero que de ninguna manera lo desvirtúan) a fin de hacer ver con nitidez el hecho, frecuente en el superrealismo, de que un sólo originador (en nuestro caso «noche» en el sentido de «amor destructivo») *sea leído por el autor de dos modos distintos,* que le conducirán a dos emociones simbólicas dispares, una conexa («noche» con la emoción de «amor destructivo») y otra inconexa («noche» con la emoción de «noche»), cada una de las cuales producirá su propia serie sintagmática y por consiguiente su propio originado, no importa que parcialmente coincidente con el de la otra («noche» como «amor destructivo» producirá el originado conexo truenos —o si se quiere «truenos bajo tierra»—; «noche» como «noche» producirá el originado inconexo «bajo tierra»). Ambos originados poseen, en consecuencia, naturalezas heterogéneas: la una conexa y la otra inconexa. He ahí el hibridismo. Y como los originados son heterogéneos, híbridos, lo habrán de ser también sus respectivas simbolizaciones, conexa la una, inconexa la otra.

Cuando, como aquí, los originados que un mismo originador («noche») produce se congregan en un solo significado, forzosamente, en tal caso, complejo («truenos bajo tierra»), uno de ellos hará de cuerpo sustancial: lo llamaremos originado «sustantivo» (en nuestro ejemplo, «truenos»). Y el otro o los otros (pues los originados pueden ser más de dos) harán un papel meramente atributivo: los denominaremos, dando al término un sentido amplio, originados «calificativos» (en nuestro caso, «bajo tierra»).

La consecuencia de la complejidad con que la relación originador-originado puede ofrecerse habrá de ser la polisemia. «Noche», que significaba ya dos cosas bien distintas entre sí, «amor» y «muerte», pasa ahora a querer decir, además, en forma retroactiva, «noche»; la frase «los truenos están bajo tierra», que simboliza, de un lado, esta misma noción, «noche», simboliza, asimismo, «terribilidad amenazante».

Pero el cuadro semántico no se ha completado aún, pues falta por consignar en él para la expresión «los truenos están bajo tierra», amén de su significado «autónomo» «sonidos cavernosos, graves», el efecto de la «transitividad». Puesto que todos los miembros sintagmáticos «no me ciñas el cuello» (A), «que creeré que se va a hacer de noche» (E), y «los truenos están bajo tierra» (I), han sido unidos preconscientemente en ecuación seria y totalitaria (A = E = I: «metáforas escritas y no concienciadas», las hemos llamado más arriba), cada uno de ellos habrá de comunicar transitivamente su entera significación al compañero situado a su derecha. Por tanto, «truenos» se beneficiará, de este modo transitivo, de las nociones de «amor» y de «muerte» que le vienen directamente de su inmediato a látere «noche». De esta manera, el término «truenos», unido a la noción «bajo tierra», ostenta hasta este preciso instante los siguientes cinco significados: «amor», «muerte» (o sea, «amor destructivo»), «noche», «terribilidad amenazante» y «sonidos graves, cavernosos».

Hibridismo manifiesto

Dada la complejidad del caso B que acabamos de examinar, conviene que nos detengamos ahora en el caso A, mucho más simple, en donde el procedimiento se manifiesta en toda su pureza. El poema «El solitario», mencionado páginas atrás, empieza así:

> Una cargazón de menta sobre la espalda, sobre la caída catarata del cielo, no me enseñarán afanosamente a buscar ese río último en que refrescar mi garganta.
>
> (Giboso estás, caminando camino de lo descaminado...) (...) haré mi solitario olvidándome de mi joroba. (...) Alardeo de barbas foscas, entremezclando mis dedos y mis rencores.

La expresión «una cargazón de menta sobre la espalda» es, sin duda, un símbolo autónomo, una «visión», cuyo significado irracional podría acaso expresarse en la frase «amontonada agriedad del vivir que pesa en mi ser». Ese símbolo produce en el autor, como adelanté, dos lecturas diferentes, una «buena» y otra «mala», y las dos con consecuencias sintagmáticas. Según la «mala lectura», tendríamos el siguiente proceso Y:

> cargazón de menta sobre la espalda en el sentido de amontonada agriedad del vivir que pesa en mi ser [= cargazón física =] emoción de cargazón física [= cargazón física =] giboso.

Según la «buena lectura», el proceso Y sería éste:

> cargazón de menta sobre la espalda en el sentido de amontonada agriedad del vivir que pesa en mi ser [= resentimiento =] emoción de resentimiento [= resentimiento =] «alardeo de barbas foscas, entremezclando mis dedos y mis rencores».

Comentemos el cuadro en pocas palabras: el simbolismo inicial, el constituido por el originador, en cuanto que ha sido «mal leído», hace nacer la metáfora «cargazón en el sentido espiritual = cargazón en el sentido físico», y produce el originado «giboso»; en cuanto que ese mismo símbolo u originador ha sido «bien leído», produce la «calificación» de «agrio resentimiento» de que el personaje se reviste: «alardeo de barbas foscas, entremezclando mis dedos *y mis rencores*».

CASO EN QUE EL SIMBOLISMO, «CONEXO» O «INCONEXO», NO LLEGA A PRODUCIRSE

Pasemos ahora a los simbolismos engendrados en los procesos X o del lector que corresponden al ejemplo en que estamos, pues hay en ellos una anomalía que nos importa considerar. Por el lado de la «mala lectura», todo es aquí perfectamente normal: el originado «giboso» simbolizará «actualmente» «cargazón en sentido físico», y lo propio le ocurrirá, sólo que retroactivamente, al originador «cargazón de menta sobre la espalda». La excepcionalidad no yace, pues, ahí, sino en el proceso X correspondiente a la «buena lectura». Sabemos que el simbolismo que es propio de toda lectura «correcta» resulta siempre de tipo conexo y que el simbolismo conexo no es doble, como el inconexo, sino simple: sólo se da en el originado y viene a coincidir, sin excepciones, con el segundo elemento sintagmático. Apliquemos estas conclusiones nuestras al ejemplo concreto que ahora enfrentamos. ¿Qué resultado obtendremos de nuestra investigación? Que, en nuestro caso, el simbolismo conexo a que se dispondría el originado «alardeo de barbas foscas, entremezclando mis dedos y mis rencores» habría de ser la noción de «resentimiento». Pero ocurre que esa noción se halla *lógicamente* implícita en tal originado, por lo que no puede aparecer en forma de simbolismo: lo lógico y lo irracional son cosas contrarias, que se excluyen, claro es, mutuamente. ¿Qué ha pasado, pues, aquí para que el simbolismo se haya hecho imposible? Sencillamente algo que ya conocemos: que la serie sintagmática del proceso Y conexo ha sido, en este caso (azarosamente, diríamos), *demasiado breve,* ya que se ha limitado a concienciar la significación emotiva. Vuelvo a formular con más precisión la ley general que más arriba anunciábamos: cuando un proceso Y, sea de conexión, como aquí, o sea, de inconexión, consta de un solo término preconsciente que inmediatamente se conciencia de un modo directo o indirecto en el originado, éste, por lo antes dicho, no puede simbolizar. Los ejemplos con que cabría ilustrar el aserto no habrían de ser, agreguemos, escasos, aunque, por supuesto, lo más frecuente, con mucho, sea la simbolización.

Capítulo XIV

MULTIPLICIDAD DE «MALAS LECTURAS» DE UN SÓLO ORIGINADOR Y MULTIPLICIDAD DE ORIGINADOS PARA CADA MALA LECTURA

Nuevas formas de complejidad: varias malas lecturas del originador y varios originados para cada mala lectura

El capítulo anterior ha empezado a mostrarnos la complejidad con que puede ofrecerse la relación entre el originador y el originado: un originador («noche» en cuanto símbolo de «amor destructivo») leído «bien» y leído «mal» producía un originado cuya complejidad consistía en un hibridismo de «conexión» e «inconexión». Pero claro está que la complicación puede ascender nuevos tramos si las «malas» lecturas realizadas simultáneamente por el autor se multiplican (tipo A), o si *una sola mala lectura* tiene, en vez de uno, *varios* originados (tipo B). A fin de ahorrar palabras, he optado por un ejemplo que junte estas dos formas distintas de complicación, la A y la B. En el caso que me propongo analizar, no sólo el poeta lee «mal» de tres modos distintos el originador (tipo A), sino que cada una de esas «malas lecturas» acarrea varios originados (tipo B). «Fuga a caballo», de *Pasión de la tierra,* empieza así:

> Hemos mentido. Hemos una y otra vez mentido siempre. Cuando hemos caído de espaldas sobre una extorsión de luz, sobre un fuego

de lana burda mal parada de sueño. Cuando hemos abierto los ojos y preguntado qué tal mañana hacía. Cuando hemos estrechado la cintura, besado aquel pecho y, vuelta la cabeza, hemos adorado el plomo de una tarde muy triste. Cuando por primera vez hemos desconocido el rojo de los labios.

Todo es mentira. Soy mentira yo mismo, que me yergo a caballo en un naipe de broma, y que juro que la pluma, esta gallardía que flota en mis vientos del Norte, es una sequedad que abrillanta los dientes, que pulimenta las encías. Es mentira que yo te ame. Es mentira que yo te odie. Es mentira que yo tenga la baraja entera y que el abanico de fuerza respete al abrirse el color de los ojos.

El superrealismo, en general, y el de Aleixandre, en particular, es, entre otras cosas, una protesta contra el convencionalismo social, y una exaltación de lo elemental y primario, opuesto a tal convencionalismo. El hombre, situado en una sociedad falsa, queda automáticamente falseado, *mentido*. Por eso dice el protagonista poemático: «Hemos mentido. Hemos una y otra vez mentido siempre». Tal es el originador, del que dependen, entre otros que no copio y van en el poema a continuación de éstos, los siguientes originados:

1 «cuando hemos caído de espaldas»
2 «sobre una extorsión de luz»
3 «sobre un fuego de lana»
4 «lana burda»
5 «lana mal parada de sueño»
6 «cuando hemos estrechado la cintura, besado aquel pecho y, vuelta la cabeza, hemos adorado el plomo de una tarde muy triste»
7 «vuelta la cabeza»
8 «Soy mentira yo mismo, que me yergo a caballo en un naipe de broma»
9 «y que juro que esta pluma, esta gallardía que flota en mis vientos del norte es una sequedad»...
10 «Es mentira que yo te ame. Es mentira que yo te odie»

He aquí ya la complicación que nos proponemos estudiar: un solo originador («hemos mentido... siempre») ostenta una larga cola de originados de especies entre sí distintas, como luego veremos, de los que sólo he mencionado una parte, pues en el texto son analizables más.

Falsa concienciación de la relación originador - originado

¿«Originados»? ¿Se trata, en efecto, de originados? Hagamos aquí un paréntesis, que al responder a tal interrogante, nos aclare, de paso, todo el párrafo transcrito y los importantes fenómenos, específicamente superrealistas, que en él se dan.

Empiezo por la cuestión que acabamos de plantear acerca del nombre de «originados». Tal vez el lector se extrañe, en efecto, de que hayamos otorgado tal denominación a unos elementos cuya relación con el originador consiste en negar explícitamente toda posible ecuación con éste, ya que se nos ofrecen unidos a él, pero según nexos que no son los de identidad: «cuando» («cuando hemos caído de espaldas»), «sobre» («sobre una extorsión de luz»), etc. No nos sorprende, por supuesto, que en el fragmento aleixandrino la idea de equiparación entre el originador y el originado permanezca escondida en el preconsciente: esa ocultación es natural, no sólo al irracionalismo de inconexión con que venimos definiendo el superrealismo, sino también al irracionalismo conexo anterior. Lo que resulta nuevo para nosotros no es, pues, eso, sino, como digo, el hecho más grave de que se establezca taxativamente en el texto una relación, *a todas luces falsa,* entre los dos términos conscientes del proceso Y, falsa relación cuyo mero enunciado está negando, como antes dije, la relación verdadera que, sin duda, se ha irracionalizado. En vez de decir: «A (originador) *es* E (originado)», el poeta dice: «A *cuando* E»; o sea, dice «hemos mentido» (originador) «*cuando* hemos caído de espaldas» (originado), en sustitución de «nuestro mentir es como caer de espaldas», etc. Los sucesivos elementos u originados del texto aleixandrino («caer de espaldas», «extorsión de luz», etc.) son entonces, como antes insinué con otras palabras, «metáforas preconscientes escritas y no concienciadas», es decir, inconexiones, sólo que ostentan una *falsa* concienciación del nexo entre el originador y el originado, con lo cual el nexo verdadero (A = B: «nuestro mentir *es* como caer de espaldas», etc.) *queda aún más oculto,* más irracionalizado y en definitiva más inconexo. No confundamos, pues, estos casos de falsa concienciación con los de concienciación verdadera (A = E: «un pajarillo *es* como un arco iris», «sonidos negros», «virgen esquiva y compañera»). Los casos de concienciación verdadera (autonomías de irrealidad) son *menos* irracionales que las inconexiones normales; los casos de concienciación falsa muestran, en cambio, un irracionalismo mayor que el de estas últimas. El superrealismo alcanza, así, una de sus máximas cotas.

Lo que el poeta viene a insinuar en el texto copiado sería, pues, lo siguiente: «nuestro mentir es como caer de espaldas, como una extorsión de luz, como un fuego de lana, como una lana burda, como una lana mal parada de sueño», etc.

Pues bien: fenómenos como el que acabamos de analizar son frecuentes en el superrealismo, y en este mismo libro, más adelante, cuando estemos ya preparados para ello, lo habremos de comprobar con la debida calma. La necesidad, sin embargo, de exponer con claridad el análisis del trozo aleixandrino que nos ocupa me obliga a adelantar ahora algo de lo que entonces será preciso, con mejor sazón y más copia de datos, afirmar. Me apresuro, pues, a decir que es tendencia del preconsciente, y por tanto del superrealismo, la confusión de las *relaciones* entre las cosas, como un caso particular de su tendencia general a confundir las realidades en cuanto éstas tengan *algo que ver entre sí, por pequeño que sea el parecido.* Pues en el preconsciente pueden identificarse *cosas* que se asemejan sólo trivialmente, no hay motivo alguno para que en tal región de nuestra psique no puedan identificarse también las *relaciones* entre ellas, ya que las relaciones todas, por definición y sin más, se asemejan entre sí, al menos de ese modo, remoto y baladí, de que hablamos: una relación se parece a otra... justamente en ser relación. Cabe, pues, que el preconsciente del poeta superrealista las confunda, lo mismo que confunde, pese a la lejana y débil conexión, la idea, por ejemplo, de «pulseras de oro» en el sentido de «rayos de sol que ciñen el agua» con «pulseras de oro» en el sentido de «pulseras de oro de mujer».

Tal es lo que acontece en el fragmento aleixandrino sometido a estudio. Vemos precisamente en él que una relación de *identidad* («mentir *es* caer de espaldas») se ha expresado por medio de una relación de *simultaneidad* («hemos mentido *cuando* hemos caído de espaldas»), e incluso por medio de una relación prepositiva con referencias de lugar —«sobre»— («cuando hemos caído de espaldas *sobre* una extorsión de luz, *sobre* un fuego de lana...»)

Digamos lo mismo de una forma más precisa y comprensible: en el superrealismo la relación de identidad entre el originador A y el originado E puede transformarse en otras cualesquiera, gracias a la actividad de un proceso Y de tipo servil que influiría sobre el principal (justamente el que ha engendrado al término E partiendo de A). Al sentir el preconsciente del autor que entre los miembros A y E existe una relación de identidad reaccionaría del siguiente modo (serie sintagmática):

> emoción de una relación de identidad entre A y E [= relación de identidad entre A y E = relación entre A y E =] (relación de simultaneidad, etc., entre A y E:) «hemos mentido cuando hemos caído de espaldas, etc.».

Y este proceso Y daría lugar a otro X, desde el que los lectores, partiendo del originado («relación de simultaneidad», etc., entre A y E), sentirían *como simbolizado* la «relación de identidad» entre A y E [1].

---

[1] El falseamiento de la relación verdadera entre el originador A y el originado E es lo que vemos en el párrafo tan estudiado en este libro que empieza:

> No me ciñas el cuello que creeré que se va a hacer de noche

pues la relación de identidad entre «ceñir el cuello (amorosamente)» y «noche» se muda en una relación consecutiva.

OCULTACIÓN DE LA INDEPENDENCIA DE CADA ORIGINADO CON RESPECTO AL ORIGINADOR

Detengámonos aún un instante en el estudio del párrafo en que estamos, pues su complejidad e irracionalidad son mayores aún. Y es que el ocultamiento preconsciente de la pretensión identificativa que hemos examinado antes puede en el superrealismo, y aquí lo hace, intensificarse, envolviéndose en mayores tinieblas, al complicarse con otra irracionalización diferente: la que viene a ocultar la *independencia* que cada plano imaginario ($A = E_1$; $A = E_2$; $A = E_3$...) guarda con respecto a todos los demás. Esta independencia queda, en el trozo que investigamos, irracionalizada, en cuanto que ha desaparecido del texto y sólo nos es dable percibirla a través de nuestra emoción. En el texto, los términos E_1, E_2, E_3... se intrincan y empalman unos en otros según relaciones que falsean la perfecta separación que, en realidad, y más allá de tales apariencias, esos términos mantienen entre sí. En vez de decir algo como esto:

> Hemos... mentido siempre (A) como cuando caemos de espaldas (E_1) o cual si fuésemos una extorsión de luz (E_2), un fuego de lana (E_3) o lana burda (E_4), lana mal parada de sueño (E_5), etc.

donde no sólo apareciese la conciencia de las metáforas establecidas, sino la de la autonomía y soledad de cada plano evocado frente a sus compañeros, el poema de Aleixandre hace lo contrario: elimina ambas cosas, de forma que, por ejemplo, el primero de los planos imaginarios, E_1 («caer de espaldas»), se entremete y como injerta en ciertos planos segundos («hemos caído de espaldas *sobre* una extorsión de luz», E_2, «*sobre* un fuego de lana», E_3), alguno de los cuales hace lo mismo con otros planos terceros («un fuego de lana —E_3— burda —E_4— malparada de sueño —E_5—»). ¿Cuál es el motivo de tales conglomerados o congregaciones? Yo estimo que, en el presente caso, distintos planos evocados (E_1, E_2, E_3...) se pueden fundir en un solo conjunto *por hallarse referidos a la misma realidad* («hemos mentido»).

Puesto que el plano real es uno sólo y se identifica con cada uno de los originados, el autor siente como igualmente idénticos entre sí a todos ellos. Ya que A (el originador) es *realmente* («realismo» de las ecuaciones preconscientes) igual a E_1 (primer originado), a E_2 (originado segundo), a E_3 (originado tercero), etcétera, E_1, E_2, E_3, etc. serían, a su vez, realmente iguales entre sí ($E_1 = E_2 = E_3$, etc.). Se produciría entonces aquí de nuevo un proceso Y auxiliar que rezaría del modo siguiente en su serie sintagmática:

> emoción de una relación de identidad entre todos los originados [= relación de identidad entre todos los originados = relación entre todos los originados =] (relación sintáctica entre todos los originados:) (hemos mentido) «cuando hemos caído de espaldas sobre una extorsión de luz, sobre un fuego de lana burda mal parada de sueño, etc.».

No es preciso añadir que ese proceso Y tiene como consecuencia un proceso X simbolizador: la relación sintáctica entre todos los originados simbolizaría en el espíritu del lector «relación de identidad entre todos los originados».

Comprobaría nuestra tesis de la existencia de estos procesos X e Y auxiliares (los que acabamos de ver ahora y el que hemos descrito hace poco) el hecho de que en el superrealismo, como hemos de comprobar, se repitan una y otra vez tanto los fenómenos del entrelazamiento aglutinante de los originados que proceden de un solo originador, como el trueque de la relación verdadera (la identificativa) entre el originador y el originado por otra relación falsa. Lejos de ser los descritos casos excepcionales, son, diríamos, regla.

CUÁDRUPLE IRRACIONALIZACIÓN

Se nos ha hecho patente, en suma, que el irracionalismo de las concretas metáforas «escritas» u originados que hemos estudiado se muestra como cuádruple, ya que a lo expuesto debemos añadir aún el irracionalismo del simbolizado que tales imágenes implicitan, tal como veremos: lo que ese «mentir» y ese «caer de espaldas», etc... están emocionalmente expresando. En concreto: la irracionalización en el fragmento sometido a estudio afecta al significado metafórico, que es simbólico [2], a la idea de comparación de los términos enunciados, que no se conciencia [3], a la independencia respectiva de los planos imaginarios, que aparece negada en el poema y sólo experimentable en la emoción [4], y a las relaciones explicitadas entre originador y originados que son realmente otras de las que en el texto se expresan [5]. De estas cuatro cosas sólo dos (la simbolización de las metáforas como tales y la no concienciación de la idea comparativa) se daban con anterioridad al movimiento superrealista. Las otras dos deben catalogarse entre las novedades que esta escuela aporta: conviene subrayarlo porque ello nos servirá después para poder definir, en cierto modo, las características de tal escuela con algo más preciso que las vaguedades al uso.

TRES FAMILIAS DE ORIGINADOS

Aclarado en el paréntesis que ahora cerramos el sentido general del párrafo transcrito, pasemos al sentido particular de éste, en cuanto a cada uno de esos simbolizados que hace un instante mencioné. Para ello debemos preguntarnos, ante todo, qué es lo que permite la relación entre el originador «hemos mentido» y todas sus secuencias u originados, tan delirantes y

---

[2] El significado simbólico de «hemos mentido», de «caer de espaldas», de «extorsión de luz», etc.

[3] No se conciencia la identidad entre «hemos mentido», «caer de espaldas», «extorsión de luz», etc. O sea, el poeta no dice «hemos mentido como caer de espaldas», como «extorsión de luz», etc.

[4] El poeta dice «hemos mentido (...) cuando hemos caído de espaldas sobre una extorsión de luz», etc., en vez de decir «hemos mentido como si cayésemos de espaldas, como una extorsión de luz», etc.

[5] Son relaciones de identidad, pero en el texto esas relaciones de identidad se falsean. En vez de «hemos mentido *como* si cayésemos de espaldas» se dice «hemos mentido (...) *cuando* hemos caído de espaldas *sobre* una extorsión de luz», etc.

diferentes entre sí, al menos en la apariencia. Lo primero que observamos es que tales originados se nos agrupan en tres «familias» entre sí diferentes, en cuanto que cada una de ellas viene sellada por una noción distinta: la idea de revesamiento (A), la idea de oposición entre un mal triunfador y un bien vencido (B) y la idea de contrasentido (C). Y así, la noción A se representa en «caer de espaldas» y más abajo en «vuelta la cabeza», pues ambas expresiones indican, claro está, «revesamiento»; la noción B («oposición entre un mal triunfador y un bien vencido») se enuncia primero en «extorsión de luz», pues «extorsión» alude a «daño» o «usurpación violenta» y se opone victoriosamente a «luz», que es para nosotros «benignidad», «bien»; pero esa misma noción B vuelve a tener representación en la frase «desconocer el rojo de los labios», ya que se trata de un bien negado, y de un modo más claro y perfecto aún en la noción de «erguirse a caballo», acto valioso de afirmación y vida que la frase contraria, «en un naipe de broma», anula. Lo propio le ocurre a la «gallarda pluma», otro valor, suplantado a su vez por la idea de «sequedad». Por último, la noción C, la de «contrasentido», tiene amplia acogida, y está dada en «fuego de lana», ya que la unión de esos dos elementos es una paradoja viva; en «lana burda», pues lo propio de la lana es, opuestamente, lo blando y suave; en «lana mal parada de sueño», ya que la lana comporta la idea de un buen dormir; en «estrechar la cintura y besar el pecho», en cuanto equivalentes, en el poema, a adorar «el plomo de una tarde muy triste», ya que el amor, connotado por las dos primeras frases, conlleva alegría, positividad, mientras es tristeza y negatividad lo que se expresa en la frase última.

Y de la misma suerte acontece hasta el fin del párrafo transcrito: hallamos contradicción, asimismo, que no precisa de comentarios en las frases: «es mentira que yo te ame. Es mentira que yo te odie». Y si en el trozo poemático que investigamos se dan nociones no contradictorias ni revesadas («cuando hemos abierto los ojos y preguntado qué tal mañana hacía»), dentro de su contexto, ese hecho, al homologarse junto a los otros, viene a sugerirnos que hasta en tales casos en que no lo parece se esconde la mentira, la inautenticidad, que en los otros se da patentizada, evidenciada.

Tres malas lecturas del originador

El análisis que acabamos de realizar revela que en la mente del poeta ha habido tres «malas lecturas» del originador. Para verlo más claro, digamos antes cuál ha sido la «buena lectura» de ese mismo originador, ejecutada también por el poeta, sólo que sin fruto sintagmático. «Hemos mentido» en «buena lectura» quiere decir «hemos sido inauténticos». Los originados no procederán de esta significación metafórica, sino del significante correspondiente «mentira» o «mentir». O sea: la mala lectura consistirá en leer «hemos mentido» no en su sentido metafórico, sino en su sentido real: «hemos mentido» en su sentido de «hemos mentido», de «hemos dicho mentiras». Pero esto no así, de modo simple y sin más, como vimos en otras ocasiones. La noción de «mentira» la va a entender preconscientemente el poeta de esas tres maneras que acabamos de ver reflejadas en las tres familias o «tribus» de originados que hemos designado con las letras A, B y C: mentira como un revés, el revés de la verdad (A); mentira como mal que triunfa sobre el bien contrario (B), y mentira como mera contradicción de la verdad y, por tanto, como contrasentido, paradoja, absurdo (C).

Veamos la serie emotiva de esa primera lectura «incorrecta» que hemos llamado A y que consiste en «revesamiento»:

> Mentira en cuanto inautenticidad [= mentira como revés de la verdad = revesamiento =] emoción de revesamiento en la conciencia.

Desde tal emoción de «revesamiento» parte el autor ahora hacia la expresión correspondiente: lo nuevo para nosotros es que en vez de un proceso sintagmático vemos aquí dos. Uno éste:

> emoción de revesamiento en la conciencia [= revesamiento =] hemos caído de espaldas.

Y el otro éste:

> emoción de revesamiento en la conciencia [= revesamiento =] vuelta la cabeza.

Los procesos Y (en sus dos series, emotiva y sintagmática), correspondientes a la mala lectura que denominábamos B, nos sorprenden aún más que los procesos A anteriores, pues ahora los originados, y por tanto los procesos sintagmáticos, son nada menos que cuatro:

> Mentira en cuanto inautenticidad [= oposición entre un mal triunfador, la mentira, y un bien vencido, la verdad, al que aquel mal sustituye = oposición entre un mal triunfador y un bien vencido al que aquel mal sustituye =] emoción correspondiente a la oposición entre un mal triunfador y un bien vencido [= oposición entre un mal triunfador y un bien vencido al que aquel mal sustituye = oposición entre un mal triunfador, extorsión, y un bien vencido, luz, al que aquel mal sustituye =] extorsión de luz.

> Mentira en cuanto inautenticidad [= oposición entre un mal triunfador, la mentira, y un bien vencido, la verdad, al que aquel mal sustituye = oposición entre un mal triunfador y un bien vencido al que aquel mal sustituye =] emoción en la conciencia correspondiente a la oposición entre un mal triunfador y un bien vencido al que aquel mal sustituye [= oposición entre un mal triunfador y un bien vencido al que aquel mal sustituye = oposición entre un mal triunfador, «desconocer el rojo de los labios», y un bien vencido, «no desconocer el rojo de los labios», al que aquel mal sustituye =] desconocer el rojo de los labios.

> Mentira en cuanto inautenticidad [= oposición entre un mal triunfador, la mentira, y un bien vencido, la verdad, al que aquel mal sustituye = oposición entre un mal triunfador y un bien vencido al que aquel mal sustituye =] emoción, en la conciencia, correspondiente a la oposición entre un mal triunfador y un bien vencido al que aquel mal sustituye [= oposición entre un mal triunfador y un bien vencido al que aquel mal sustituye = oposición entre un mal triunfador, «erguirse a caballo en un naipe de broma», y un bien vencido al que aquel mal sustituye, «erguirse a caballo de verdad» =] «erguirse a caballo en un naipe de broma».

Mentira en cuanto inautenticidad [= oposición entre un mal triunfador, la mentira, y un bien vencido, la verdad, al que aquel mal sustituye = oposición entre un mal triunfador y un bien vencido al que aquel mal sustituye =] emoción, en la conciencia, correspondiente a la oposición entre un mal triunfador y un bien vencido al que aquel mal sustituye [= oposición entre un mal triunfador y un bien vencido al que aquel mal sustituye = oposición entre un mal triunfador (la sequedad) y un bien vencido (esta pluma, esta gallardía que flota en mis vientos del norte) al que aquel mal sustituye =] «esta pluma, esta gallardía que flota en mis vientos del norte es una sequedad».

Y a su vez, los procesos Y a los que asignaríamos la letra C, la idea de contrasentido o paradoja, nos darían estos otros esquemas, que se elevan nada menos que a cinco, con sus correspondientes originados:

Mentira en cuanto inautenticidad [= mentira como falsedad y contrasentido =] emoción de contrasentido en la conciencia [= contrasentido =] fuego de lana.

Mentira en cuanto inautenticidad [= mentira como falsedad, como contrasentido =] emoción de contrasentido en la conciencia [= contrasentido =] lana burda.

Mentira en cuanto inautenticidad [= mentira como falsedad, como contrasentido =] emoción de contrasentido en la conciencia [= contrasentido =] lana mal parada de sueño.

Mentira en cuanto inautenticidad [= mentira en cuanto falsedad y contrasentido =] emoción de contrasentido en la conciencia [= contrasentido =] «hemos estrechado la cintura, besado aquel pecho y, vuelta la cabeza, hemos adorado el plomo de una tarde muy triste».

Mentira en cuanto inautenticidad [= mentira en cuanto falsedad y contrasentido =] emoción de contrasentido en la conciencia [= contrasentido =]. «Es mentira que yo te ame. Es mentira que yo te odie».

La expresividad o proceso X del lector frente al caso estudiado

Desde el análisis del proceso Y, o del autor, traslademonos ahora al estudio de la expresividad, esto es, al estudio de los procesos X, o del lector, en el fragmento investigado.

Sabemos que, en las inconexiones, el lector desde el originado reconstruye el puente preconsciente que el autor, en su proceso Y (con sus dos series, emotiva y sintagmática), ha tendido entre el originador y el originado. Sabemos también cuál es el resultado de esta reconstrucción: el originador y el originado se convierten en símbolos, uno «retroactivo», el originador, y el otro «actual», el originado, cuya doble significación es exactamente coincidente: tanto el originador como el originado simbolizan en tal caso para el lector lo que el originador le simbolizó primero al autor en su «mala lectura». Teniendo esto en cuenta puede comprenderse cuál resultará la consecuencia semántica de que el originador haya sido «mal leído» por el autor nada menos que tres veces simultáneas en forma diferente y que luego, además, cada «mala lectura» haya producido varios originados. Esa consecuencia consistirá en una multiplicación y una potenciación extrema de las cargas simbólicas soportadas por el sistema verbal de que hablamos en su conjunto, pero especialísimamente por el originador, que al ser sólo uno para las tres «familias» o «tribus» de originados, forzosamente habrá de beneficiarse de todas las retroactivas simbolizaciones que desde éstos, desde los originados, el lector llega a establecer. Cada «corte» o «familia» de originados contribuye a que el originador reciba el tipo de simbolizado que a esa «familia» o «corte» corresponda tantas veces como miembros ésta posea. Al ser tres las familias, tres veces se repetirá el fenómeno descrito, con lo que el originador se va, de este modo retrospectivo y tardígrado, enriqueciendo, hasta lograr una verdadera plétora de sentido. Comprobamos así algo que podemos dar como ley general. Esto: la complicación y enredo verbal del superrealismo, cuando no media fraude o fracaso artístico, se halla al servicio de la expresividad, y lejos de ser inútil retórica, resulta estrictamente funcional: *a mayor complicación debe corresponder, si no hay fallo estético, una mayor plenitud de contenido en las palabras poemáticas.*

En nuestro ejemplo, el originador «hemos mentido» ha sido triplemente «mal leído»: como «revesamiento» (A), como «mal que triunfa sobre un bien» (B) y como «contrasentido» (C). Por otra parte, cada una de esas «malas lecturas» aporta, dijimos, múltiples consecuencias sintagmáticas: la «mala lectura» A nos proporciona dos originados; la «mala lectura» B, cuatro; la «mala lectura» C, cinco: nueve originados en total (y no han entrado en el cálculo todos los que podrían haberlo hecho). ¿Cuál será el efecto de tanta complejidad? Que no sólo esos nueve originados se truequen en otros tantos símbolos «actuales», sino que el originador «hemos mentido» se transforme retroactivamente en un simbolizador múltiple que encubra la friolera de nueve simbolizaciones, una por originado: tres entre sí diferentes (los correspondientes al primer miembro, digamos, de cada tribu de originados) y el resto repetitivos, y por tanto meramente intensificativos de los anteriores [6]. El originador «hemos mentido», gracias a los originados:

1.º hemos caído de espaldas
2.º vuelta la cabeza

simboliza «revesamiento» dos veces; ese mismo originador, gracias a los originados:

1.º extorsión de luz
2.º hemos desconocido el rojo de los labios
3.º me yergo a caballo en un naipe de broma
4.º esta pluma, esta gallardía que flota en mis vientos del norte es una sequedad

simboliza «mal que triunfa sobre un bien» cuatro veces; finalmente, idéntico elemento, gracias a los originados:

[6] Nótese que la intensificación de un significado es una significación en sí misma.

1.º fuego de lana
2.º lana burda
3.º lana mal parada de sueño
4.º hemos estrechado la cintura, besado aquel pecho y, vuelta la cabeza, hemos adorado el plomo de una tarde muy triste
5.º Es mentira que yo te ame. Es mentira que yo te odie

volverá de nuevo a simbolizar, pero esta vez «contrasentido», cinco veces. El significado irracional obtenido vendría entonces a decir, con una fuerza correspondiente a la intensificación, que las cinco simbolizaciones idénticas acarrean, más o menos, lo siguiente: «nuestro modo de vivir en una sociedad tan falsificadora como la que nos ha cabido en suerte quita todo sentido a nuestra vida».

Por supuesto, el originador, «hemos mentido», hace, a su vez, simbolizar «actualmente» a cada uno de esos originados lo mismo que él, por su parte, está simbolizando retroactivamente merced a la ayuda que en cada caso ellos le prestan. Y así, «hemos caído de espaldas», etc., llegan a simbolizar con «actualidad» «revesamiento»; «extorsión de luz», etc., «mal que triunfa sobre un bien»; «fuego de lana», etc., «contrasentido».

Se nos confirma, en suma, lo antes anunciado: la doble complicación superrealista, estudiada por nosotros en este capítulo, que consiste en simultanear varias lecturas «incorrectas» de un solo originador y multiplicar los originados de cada «mala lectura», enriquece enormemente el texto desde el punto de vista simbólico: las «malas lecturas» del autor en su proceso Y proporcionan, desde el proceso X, sendas parejas de simbolizados, actuales y retroactivas; por su parte, los varios originados para cada «mala lectura» potencian el simbolismo correspondiente de tales parejas, o sea, hacen que tal simbolismo resulte más intenso (y no olvidemos que «más intenso» quiere decir, en principio, más significativo, más poético). Si nos referimos concretamente al originador, su sentido total tórnase no sólo vivo y eficaz, sino multitudinario. Muchas voces parecen cantarnos desde él diferentes canciones, hasta formar una verdadera polifonía constituida por tres coros. Un arco iris de significaciones se levanta por detrás de esa expresión poemática, otorgándole reflejos y tonos distintos que vulneran así diversamente nuestra sensibilidad.

Capítulo XV

DISEMIA O POLISEMIA EN LOS ORIGINADOS

Una complicación más sobre el esquema anterior: el doblaje de algunos originados

El anterior esquema puede aún complicarse con un elemento más. Supongamos que no sólo se dan, por parte del poeta, varias «malas lecturas» del originador y todo un séquito de originados por cada «mala lectura», sino que algunos de estos originados se convierten en miembros «dobles», al entrar, al mismo tiempo, en varios «séquitos» o «familias», igual que un criado puede «doblarse» y servir, simultáneamente, a diversos señores.

Al existir, en efecto, más de una de estas «cortes» o «familias», todo invita a esa duplicidad, con las consecuencias que se le habrán de seguir, al miembro así entremetido y pluriempleado, de doble, triple, cuádruple, etc. simbolismo «actual» según sean dos, tres, cuatro, etc., las familias o cortes en las que ha penetrado. En efecto: cada «familia» de originados tiene su simbolismo propio. Si un miembro ingresa en la familia A tendrá el simbolismo «actual» que es inherente a esa familia; pero si ingresa *además* en la familia B, poseerá dos simbolismos, actuales los dos: el que le corresponde como miembro de la familia A y el que le corresponde como miembro de la familia B.

Ejemplo y comentario inicial

Un poema de *Pasión de la tierra* comienza así:

> Perdidamente enamorada la mujer del sombrero enorme, caía torrencialmente en forma de pirata que viene a sacudir todos los árboles, a elevar hacia el cielo las raíces desengañadas que no sonríen ya con sus dientes de esmeralda. ¿Qué esperaba? Tras la lluvia el corazón se apacigua, empieza a cantar y sabe reír para que los pájaros se detengan a decir su recado misterioso. Pero la prisa por florecer, ese afán por mostrar los oídos de nácar como un mimo infantil, como una caricia sin las gasas, suele malograr el color de los ojos cuando sueñan. ¿Por qué aspiras tú, tú, y tú también, tú la que ríes con tu turbante en el tobillo, levantando la fábula de metal sonorísimo; tú, que muestras tu espalda sin temor a la risa de las paredes? («El mundo está bien hecho».)

Lamento que para hacer ver con suficiente nitidez lo que aquí sucede tenga que recurrir a un comentario previo, y a una parcial racionalización del lenguaje (en el poema exclusivamente simbólico), y ello forzosamente habrá de resultar, a más de destructivo de toda expresividad y poco ameno, menos breve, en este concreto caso, de lo que sería aconsejable. La mujer «perdidamente enamorada» que surge en el inicio de la composición es uno de tantos «héroes» aleixandrinos, cuya característica es amar. Todo en Aleixandre (sean minerales, vegetales, animales u hombres) ama; todo es amor. Realizar el amor es el bien; ocultar o impedir el amor es el mal. El convencionalismo general de la sociedad aparece, precisamente, en nuestro poeta como el impedimento mayor que coarta y sale al paso de ese impulso total de la naturaleza hacia la realización de sí misma. En Aleixandre, ese convencionalismo se simboliza de varios modos: uno de ellos es la ciudad; otro, el vestido, y más aún el aderezo, el adorno [1]. Aquí, en este poema, vemos que la mujer de la que

[1] Véase mi libro *La poesía de Vicente Aleixandre*, Madrid, 1977, ed. Gredos, págs. 51-52 y 95.

se habla lleva un «sombrero enorme». La enormidad de ese sombrero se acompaña en el primer párrafo poemático de otras enormidades. Asoma lo excesivo, ya por sobrepasar las normas sociales («pirata»), ya por sobrepasar las normas habituales del tamaño («sombrero enorme») o las de la cantidad («perdidamente enamorada», «caía torrencialmente»). ¿Qué se nos dice con todo esto? Creo que la clave está en ese «sombrero enorme» del comienzo, que, dentro del mencionado sistema aleixandrino, no puede ser sino símbolo del grotesco convencionalismo social en su máxima intensidad negativa. Sólo un gran poder puede oponerse a otro gran poder: frente al fuerte amor de la mujer «perdidamente enamorada», la fuerte oposición constrictora de la sociedad: la enormidad del sombrero expresa la enormidad del convencionalismo que la restringe y sujeta. Y como el amor es potente y busca salida y cumplimiento, ha de realizar, para ello, en vista del descomunal obstáculo, un esfuerzo descomunal, que en la composición se enuncia por medio de simbólicas desmesuras: «caía torrencialmente», «en forma de pirata», «que viene a sacudir todos los árboles [2], a elevar hacia el cielo las raíces desengañadas, que no sonríen ya con sus dientes de esmeralda» (es decir: que no sonríen ya con sus esmeraldinas hojas, pues todo se ha invertido: debajo, las hojas; arriba, las raíces; y como éstas no sonríen, están «desengañadas»). El poeta, refiriéndose a la mujer del gran sombrero, pregunta entonces: ¿Qué esperaba tras su acto trastornador? Esperaba, tras él, un frenesí de vida auténtica. «Tras la lluvia» que tal mujer era («caía torrencialmente»), «el corazón se apacigua, empieza a cantar», colmado, y sabe reír para que «los pájaros» nos digan «el recado» de la naturaleza perfecta, o sea, la noticia de nuestra comunión y comunicación con ella. Todo esto es lo que la mujer tiene la ilusión de lograr tras su torrencial acometida amorosa. «Pero la prisa por florecer», agrega inmediatamente el texto, o en palabras equivalentes no poéticas, la prisa por

---

[2] He aquí un nuevo ejemplo de lo que el anterior parágrafo nos enseñó: cómo se funden en un conglomerado aquellos simbolizadores que simbolizan lo mismo.

recuperar la armonía del mundo elemental (armonía, se nos viene a decir, como la del niño no adulterado aún) suele malograr la consecución de los sueños. El pretendido acuerdo se hace así imposible, y el poeta vuelve a sus interrogaciones: ¿Por qué entonces aspiras tú a eso que está condenado a malograrse? Y lo mismo te digo a ti, añade, y a ti, mujer del sombrero, «la que ríes con el turbante en el tobillo». Debo aclarar, pues la trasparencia es, en este punto, indispensable a nuestro empeño, el significado de la última frase. La mujer de la que se habla quiere ponerse bella, o sea, congruente con la realidad natural y lo que alcanza es lo opuesto a sus intenciones. Tal inadecuación entre lo buscado y lo conseguido encuentra en el poema formulación irracional por medio de una inadecuación indumentaria: el turbante de la protagonista se halla colocado en el tobillo, sitio, evidentemente, impropio. El texto añade: «levantando la fábula de metal sonorísimo». En vez de «levantar» la falda, levanta «la fábula» (*«levantando la falda» = «levantando la fábula»*). Lo que aquí se sugiere es la inadecuación y la irrealidad («fábula») de eso que se levanta: una especie de trompeta mágica o «metal sonorísimo», pero, por supuesto, quimérica, cuya música conjugase con la armonía del cosmos. El poema sigue:

> tú, que muestras tu espalda sin temor a la risa de las paredes.

De nuevo, el revesamiento: de espaldas. La protagonista poemática, «la mujer del sombrero enorme», todo lo hace impropiamente y al revés. Se expresa de nuevo así lo que antes el poema había expresado ya: la disonancia entre el deseo armonizador y la realidad contraria, disonancia irrisoria «que hace reír a las paredes». Lo irrisorio de la pretensión tuvo, asimismo, cabida en el texto desde su mismo arranque, que, como es notorio, ostentaba un indudable carácter de esa especie:

> perdidamente enamorada la mujer del sombrero enorme, caía torrencialmente en forma de pirata...

Comprendemos ahora el por qué de tan disparatado simbolizador: era una forma de darnos la sensación de lo grotesco, que va a tener después la descendencia que acabamos de comprobar.

LAS TRES MALAS LECTURAS DEL ORIGINADOR

Discúlpeseme por este exordio de tan cansada exégesis, en nombre de la claridad que puede arrojar a nuestros razonamientos. De los anteriores análisis, importa recoger la complejidad con que, también aquí, ha sido leído el originador «perdidamente enamorada la mujer del sombrero enorme». La «buena» lectura, la que hace el lector (y antes, por supuesto, el autor), es indudablemente, en este caso, la que entiende el enunciado poemático en su mera literalidad (que cierta «mujer», «perdidamente enamorada», lleve un «enorme» sombrero). Pero esta comprensión «correcta» del originador no va a tener consecuencias sintagmáticas. Son las «malas lecturas», realizadas por el poeta a continuación de la lectura «buena», las que permitirán a éste el hallazgo de numerosos originados, los cuales se mostrarán entonces como inconexos.

La primera lectura del originador en esta fructífera dirección «errónea» de que hablo será la que suscita en el autor el sentimiento de lo grandioso natural en cuanto inútilmente opuesto a lo grandioso convencional. He aquí la serie emotiva:

> Perdidamente enamorada la mujer del sombrero enorme [= realidad natural grandiosa que se opone inútilmente a lo grandioso convencional =] emoción de realidad natural grandiosa que se opone inútilmente a lo grandioso convencional.

Este mismo proceso Y tendrá tantas series sintagmáticas como originados. La primera serie nos proporciona la fórmula que sigue:

> emoción de realidad natural grandiosa que se opone inútilmente a lo grandioso convencional [= realidad natural grandiosa que se opone inútilmente a lo grandioso convencional =] caía torrencialmente (pero de modo inútil).

Las otras series de esa especie que corresponden al proceso Y en cuestión son idénticas a la copiada, salvo en el estricto pormenor de los originados, que varían. Se reducen a dos:

1.º en forma de pirata (pero inútilmente)
2.º que viene a sacudir todos los árboles, a elevar hasta el cielo las raíces *desengañadas*, que no sonríen ya con sus dientes de esmeralda.

Fijémonos en el participio que forma parte del último originado: «desengañadas». Antes le dimos una primera significación: esas raíces están «desengañadas» porque «no sonríen», como sonreirían las esmeraldinas hojas a las que vienen a suplantar (vienen a suplantarlas puesto que las raíces están al aire y parecen una falsa fronda). Pero esa expresión «desengañadas», y ese «no sonreír», alude, asimismo, al hecho de la frustración del empeño amoroso, que no tiene poder frente al convencionalismo representado por el enorme sombrero: de esta manera expresa que lo «torrencial» y «piratesco», lo incontenible del impulso erótico fracasa en su cometido.

Y aquí viene la segunda «mala lectura». Como todo esfuerzo resulta inútil, la sociedad falseadora es la que triunfa: el hombre no se asimila a la naturaleza, y lo que en la mujer de referencia puede más es su «enorme» «sombrero» y no el hecho de estar «perdidamente enamorada». Por tanto, el originador

Perdidamente enamorada la mujer del sombrero enorme

vendrá leído, en vía «errónea», como «inadecuación que vence a la autenticidad humana del amor». La serie emotiva la tendríamos en este esquema:

Perdidamente enamorada la mujer del sombrero enorme [= realidad inadecuada que triunfa sobre la autenticidad natural del amor =] emoción de realidad inadecuada que triunfa sobre la autenticidad natural del amor.

Las series sintagmáticas serían, también aquí, varias. Transcribo únicamente la primera de ellas, como modelo de todas las demás:

emoción de realidad inadecuada que triunfa sobre la autenticidad natural del amor [= realidad inadecuada que triunfa sobre la autenticidad del amor =] tú la que ríes con tu turbante en el tobillo.

Las otras series, iguales al modelo transcrito, con la excepción de su respectiva consecuencia sintagmática, nos darían dos originados:

1.º levantando la fábula de metal sonorísimo (en vez de la falda)
2.º tú que muestras tu espalda (tu revés, lo contrario de lo que deberías mostrar).

El convencionalismo que triunfa de un modo inadecuado puede ser visto como grotesco, en cuanto el poeta, como aquí, adopte una actitud de represalia frente a ese fracaso, con el que Aleixandre, en definitiva, se viene a identificar: ahí tenemos, pues, la tercera «mala lectura» que del originador «perdidamente enamorada la mujer del sombrero enorme» el autor realiza. Como se ve, las tres lecturas «erróneas» se siguen la una de la otra, y lo único que asombra es que un mismo originador («perdidamente enamorada la mujer del sombrero enorme»), en el especialísimo caso consecutivo que estamos considerando, pueda soportarlas a las tres dentro de su propio seno y sin que el autor salga para nada de él. Leído, pues, el originador de manera «incorrecta» en esta tercera actitud de doloroso sarcasmo o burla, nos entregaría la serie emotiva que copio:

Perdidamente enamorada la mujer del sombrero enorme [= realidad grotesca =] emoción de realidad grotesca en la conciencia.

De esa serie emotiva nacerían nada menos que cuatro series sintagmáticas, que habrían de seguir el dechado que va a continuación:

emoción de realidad grotesca en la conciencia [= realidad grotesca =] «caía torrencialmente».

Los otros tres originados «grotescos», digámoslo así, estarían constituidos por las siguientes expresiones:

1.º en forma de pirata
2.º tú la que ríes con tu turbante en el tobillo
3.º tú que muestras tu espalda sin temor a la risa de las paredes.

¿Qué intenta, pues, Aleixandre expresar en su proceso Y con su triple lectura «equivocada»? Sin duda, estas complejas nociones: que el mal, el convencionalismo social, puede más que el bien, lo natural instintivo (primera lectura); que esa victoria del mal sobre el bien produce la discordancia y el absurdo (segunda lectura), conducentes, por su parte, a una configuración grotesca de la realidad (lectura tercera). De otro lado, la simultaneidad del trío de lecturas nos dice también algo: que esos tres enunciados están en una relación tal que uno supone el otro, y que, en definitiva, los tres constituyen una sola realidad. Tal es lo que el poeta pretende intuitivamente decir, y lo que luego el proceso X, o del lector, llevará a cumplido término. Pero antes de entrar en el estudio de ese proceso X, debemos referirnos a un último punto del que sólo nos hemos ocupado por alusiones al comienzo del presente capítulo.

DOBLAJE DE LOS ORIGINADOS EN VARIAS FAMILIAS O CORTES

Me refiero al doblaje de los originados. El mero repaso de las conclusiones que el anterior análisis arroja nos hace ver con claridad la superior complejidad de este ejemplo con respecto al estudiado en el capítulo anterior. Pues si formamos tres listas que incluyan los originados que, en el proceso Y, cada «mala lectura» del originador ha producido, resultaría lo siguiente. La lectura en que domina la nota de enormidad o grandeza inútiles tendría tres originados:

1.º caía torrencialmente
2.º en forma de pirata
3.º que viene a sacudir todos los árboles, a elevar hasta el cielo las raíces desengañadas, que no sonríen ya con sus dientes de esmeralda.

La lectura en que prima la idea de inadecuación ostentaría, asimismo, un trío de consecuencias sintagmáticas:

1.º tú la que ríes con tu turbante en el tobillo
2.º levantando la fábula de metal sonorísimo (en vez de la falda)
3.º tú que muestras tu espalda (tu revés, lo contrario de lo que deberías mostrar) sin temor a las risas de las paredes.

En cambio, serían cuatro los originados «grotescos»:

1.º caía torrencialmente
2.º en forma de pirata
3.º tú que ríes con tu turbante en el tobillo
4.º tú que muestras tu espalda sin temor a la risa de las paredes.

El cotejo de las tres listas nos manifiesta que todos los originados «grotescos» reiteran miembros de las dos familias anteriores: «caía torrencialmente» y «en forma de pirata» reiteran los miembros primero y segundo de la especie «grandiosa»; «tú que ríes con tu turbante en el tobillo» y «tú, la que muestras tu espalda sin temor a la risa de las paredes» reiteran los miembros primero y tercero de la especie «inadecuada». Dicho de otro modo: los dos primeros originados («caía torrencialmente» y «en forma de pirata») son miembros «dobles» en la corte de lo «grandioso» y en la corte de lo «grotesco»; los dos originados últimos («tú, la que ríes con tu turbante en el tobillo» y «tú, la que muestras tu espalda sin temor a la risa de las paredes») son miembros «dobles» en la corte de lo «grotesco» y en la de lo «inadecuado».

EL PROCESO EXPRESIVO: EL PROCESO X O DEL LECTOR

Pasemos con esto al estudio de la expresividad, o sea, al estudio del proceso X, propio de quien lee. El paralelismo entre el ejemplo que en el presente capítulo nos hemos propuesto y el que nos habíamos propuesto en el capítulo anterior, paralelismo exacto en cuanto a todos sus puntos (tres malas lecturas y un séquito de originados por cada mala lectura), exceptuada, eso sí, la cuestión del doblaje de algunos originados (que no existía antes y existe, en cambio, ahora), nos permite aquí un mayor desembarazo expositivo. La expresividad, como sabemos, consiste en esto: el primer originado de cada «corte» o «familia» simboliza «actualmente» y ayuda al originador a simbolizar «retroactivamente» lo mismo que el autor «leyó» de modo «erróneo» en tal originador. Los otros originados de cada séquito repiten, a su vez, lo que el primero ha hecho en punto a simbolismo, con lo cual vienen a reiterar tal significado irracional, intensificándolo, esto es, haciéndolo más poético.

Descendamos al concreto ejemplo que nos compete investigar. Dentro de la «primera lectura», el originado

> caía torrencialmente,

de modo inicial, y luego repetitivamente los originados

> en forma de pirata

y

> que viene a sacudir todos los árboles, a elevar hasta el cielo las raíces desengañadas que no sonríen ya con sus dientes de esmeralda

simbolizan «actualmente» «realidad natural grandiosa que se opone inútilmente a lo grandioso convencional». Por su parte, el originador

> perdidamente enamorada la mujer del sombrero enorme

simbolizará lo mismo, aunque, claro está, en forma «retroactiva».

Algo similar acontecerá en el sistema formado por las otras dos «malas lecturas». Empecemos con la que se distingue por el signo de la impropiedad o inoportunidad. Los originados

> tú la que ríes con tu turbante en el tobillo

y

> tú que muestras tu espalda (tu revés, lo contrario de lo que deberías mostrar) sin temor a la risa de las paredes

simbolizarán «actualmente» «realidad inadecuada que triunfa sobre la autenticidad del amor», mientras el originador que sabemos («perdidamente enamorada la mujer del sombrero enorme») simbolizará otro tanto de modo «retroactivo».

Finalmente, en cuanto a la lectura «grotesca», el originador en cuestión, que no cambia («perdidamente enamorada la mujer del sombrero enorme»), simbolizará de manera «retroactiva» «(y los originados correspondientes

> caía torrencialmente
> en forma de pirata
> tú que ríes con tu turbante en el tobillo
> tú que muestras tu espalda sin temor a la risa de las paredes

simbolizarán de manera actual)» la noción de «realidad grotesca».

Observamos de nuevo aquí lo que se nos hizo notorio en el ejemplo de «hemos mentido»: que el originador («perdidamente enamorada la mujer del sombrero enorme»), al ser invariable en las tres «malas lecturas», recibe tantas simbolizaciones como originados ha hecho nacer: en el presente ejemplo, la cantidad de ellas sube hasta una cifra que no deja de producir algún asombro: diez. De ese número, sólo tres simbolismos son «originales» (los correspondientes al primer originado de cada «mala lectura»). Los otros siete tienen, sin embargo, la misión importantísima que ya dijimos: intensificar, elevar a una potencia estética de exponente mayor al mencionado trío de significaciones «innovadoras».

La expresividad del doblaje de los originados

Pero, según dijimos, no sólo hay en el ejemplo que hemos tomado en consideración tres «malas lecturas» y todo un cortejo de originados por cada «mala lectura». Hay también el hecho importantísimo de que algunos de esos originados son miembros «dobles», cuya actividad se manifiesta simultáneamente en dos sistemas disparejos. Dentro del ejemplo concreto que nos ha tocado en suerte, esos dos sistemas son: el sistema «grotesco» y el «inadecuado», en un caso, y el «grotesco» y el «grandioso», en otro.

Se nos plantea entonces un problema general, cuya solución nos ayudará a resolver todos los casos particulares que se nos puedan ofrecer: el de cuál sea la expresividad inherente al «doblaje» de los originados como tal. La solución del enigma no tiene ya dificultades para nosotros, dado que hemos llegado a saber que todo originado simboliza «actualmente» lo que su originador simboliza «retroactivamente»: la significación «leída» por el autor en ese originador. Pues bien: al entrar al mismo tiempo en dos familias de originados entre sí distintas (familias *que responden a lecturas* igualmente diferentes del originador), estos miembros «dobles» forzosamente habrán de adquirir el simbolismo que es propio a cada una de las familias en las que han ingresado. Yendo nosotros ahora al ejemplo concreto que hemos manejado hace poco, tendremos que los originados

> caía torrencialmente

y

> en forma de pirata

en cuanto términos pertenecientes a la familia «grotesca», simbolizan «realidad grotesca»; pero en cuanto miembros de la familia «grandiosa» simbolizan «realidad natural grandiosa que se opone inútilmente a lo grandioso convencional». De modo semejante, los términos:

> tú que ríes con tu turbante en el tobillo

y

> tú que muestras tu espalda sin temor a la risa de las paredes,

en cuanto pertenecientes a la familia «grotesca», simbolizan «realidad grotesca»; en cuanto miembros de la familia «inadecuada» simbolizan «realidad inadecuada que triunfa sobre la autenticidad natural del amor».

¿Para qué sirve, pues, el doblaje de los originados desde la perspectiva de la expresividad? Sirve para conseguir algo que no hemos comprobado aún que se logre por otro medio: la disemia y hasta la polisemia simbólica de tales originados. Todo originador «mal leído» por el poeta en su proceso Y se torna disémico desde el proceso X del lector, e, incluso, si tales lecturas erróneas son varias, se torna polisémico. Mas los originados, dentro de los sistemas expresivos que hasta ahora hemos traído a estudio, resultan siempre, en principio, simbólicamente monosémicos. Ahora bien: el «doblaje» les otorga, como vimos, disemia, y aún podemos añadir que, si en vez de entrar simultáneamente en dos familias tan sólo, entrasen en más, sería polisemia lo que con el doblaje se obtendría [3].

---

[3] La disemia o polisemia de los originados puede, sin embargo, obtenerse de otra manera: utilizando dos o más originadores para un solo originado.

Para entender del todo el ejemplo que luego pondré, conviene que hagamos aquí un alto, a fin de considerar que la posibilidad de varios originadores confluyentes en un solo originado, receptor así de varios sentidos, tiene, en su esquema general y *mutatis mutandis,* un curioso paralelismo con cierto procedimiento que anda muy lejos de ser simbolizante y preconsciente. Diríamos que, por el contrario, es el equivalente *lógico* del procedimiento *irracional* que acabamos de definir. En «Agua sexual» de Neruda se dice del «semen»:

> Solamente es un soplo...
> un líquido, un sudor, un aceite sin nombre,
> un movimiento agudo,
> haciéndose, espesándose...

Notamos, en nuestra lectura, que «espesándose» tiene, en este fragmento, dos sentidos, lúcidos los dos, claro es, aunque, por supuesto, marginales. De un lado, ese gerundio se refiere lógicamente a «haciéndose», y significa un grado superior y más logrado de ese «hacerse»; de otro, se refiere a «aceite», que es «espeso», y se obtiene, al parecer, «espesando» el movimiento agudo, en cuanto que

semen = aceite

y

semen = movimiento.

Dos cosas iguales a una tercera son iguales entre sí: se identificarán *(en la conciencia)* «aceite» y «movimiento agudo», y siendo «espeso» uno,

Complicación y expresividad

Los anteriores análisis vienen, en suma, a confirmarnos en nuestra tesis inicial: la complicación superrealista de las rela-

---

el aceite, lo habrá de ser el otro, el movimiento, de modo que éste se logrará «espesándose». Nada de esto queda velado y por debajo de la vigilancia racional. El resultado será, pues, lógico: «espesándose» se relacionará, por consiguiente, de ese modo, con las dos nociones, «haciéndose» y «aceite»; somos, en efecto, lateralmente conscientes de la conexión. Los significados lógicos serán, por tanto, dos:

> «espesándose» en el sentido de 'hacerse el movimiento de un modo más acabado y pleno'

y

> «espesándose» en el sentido de 'hacerse el aceite al adquirir espesor'.

No podemos hablar aquí de dos «originadores» (que serían «aceite» y «haciéndose») para un solo originado (que sería «espesándose») puesto que falta lo principal: el carácter preconsciente del proceso engendrador. Pero es evidente que, a su manera lúcida, el esquema de la expresividad no difiere, en el presente ejemplo, del que vemos cuando las dos significaciones del originado nacen oscuramente, fuera del control intelectual, con la única diferencia de que, en un caso, ambos significados son conscientes, y, en el otro, simbólicos.

Pueden darse también posibilidades intermedias, híbridas de racionalidad e irracionalidad. Tal es lo que sucede en el poema «Del color de la nada» de *Pasión de la tierra.* Se expresa primero en ese poema, por medio de una «visión», el horror que representa la muerte:

> Se veía venir el minuto en que los ojos salidos de las órbitas acabarían brillando como puntos de dolor, con peligro de atravesarse en las gargantas.

Poco después el poema añade:

> Se adivina (...) el día en que se aplastaría la existencia como un huevo vacío que acabamos de sacarnos de la boca ante el estupor de las aves pasajeras.

¿Qué sentido tiene el hecho de que ese «huevo vacío» nos lo saquemos «de la boca ante el estupor de las aves pasajeras»? La última parte de la frase no ofrece problema alguno: las aves se quedan estupefactas al ver que somos nosotros, y no ellas, quienes sacamos un huevo de nuestro cuerpo. La parte inicial es la que constituye, en principio, un enigma, que

ciones entre el originador y lo que ese originador «origina» se halla al servicio de la expresividad: al aumentar la complicación, debe aumentar, si no hay fallo estético, dijimos, el contenido semántico de las expresiones, y por tanto su intensidad poemática. Cada «mala lectura», cada «originado» que se añade a cada «familia», cada «originado» que se «dobla», o bien cada «originador» que se agrega al sistema expresivo, tienen, o deben tener, consecuencias simbólicas, *pues ése es su mecanismo*. Del talento del poeta depende, por supuesto, que ese «mecanismo»

---

el análisis resuelve, sin embargo, con facilidad. Nuestra primera observación de lectores es que sentimos, sin duda, disemia en la palabra «huevo», en cuanto que, por una parte, ese vocablo se relaciona en el poema *lógicamente* con la noción de «existencia frágil» (existencia tan fácil de aplastar, dice el autor, «como un huevo vacío»), y por otra se relaciona inconexamente con el originador «ojos salidos de las órbitas (...) con peligro de atravesarse en las gargantas», a través de un proceso Y:

> ojos salidos de las órbitas (...) con peligro de atravesarse en las gargantas [= ojos que se han atravesado en nuestras gargantas = ojo que tenemos atravesado en la garganta =] emoción de ojo que tenemos atravesado en la garganta [= ojo que tenemos atravesado en la garganta = huevo que tenemos atravesado en la garganta =] huevo (...) que acabamos de sacarnos de la boca.

El salto de «ojo» a «huevo» se debe al parecido físico de ovalada redondez entre ambas realidades. Pero, como dije, «huevo» tiene también otra raíz, otro «originador» (si se me permite denominar tan impropiamente, y sólo para entendernos, a un término cuya relación con lo que metafóricamente llamaríamos su «originado» no es, vuelvo a decir, preconsciente): la comparación antes mencionada de la precaria existencia humana con un «huevo vacío» que puede fácilmente aplastarse (por eso se dice precisamente que ese «huevo» es «vacío»: la vaciedad intensifica la sensación de fragilidad a la par que indica la invalidez de la existencia que se aplasta). El resultado de este doble origen, ciego y no ciego, es la duplicidad semántica del originado «huevo», híbrida también, pues uno de los sentidos es lógico (el que nace de la relación de esa clase entre «huevo» y «existencia frágil») mientras el otro es irracional (el que nace de la relación correspondiente entre «huevo» y «ojos salidos de las órbitas»). «Huevo vacío» significa, pues, dos cosas: 1.º, ostentará un significado lógico, existencia de máxima precariedad, expuesta a una inminente destrucción; y 2.º, ostentará también otro sentido muy distinto, éste simbólico, nacido gracias al proceso X que esa palabra, ahora en cuanto verdadero «originado», desencadena: «ojo que tenemos atravesado en la garganta».

cumpla su misión, y que la cumpla del todo, o sólo a medias e imperfectamente. No es esto último lo que ahora debatimos [4].

---

[4] Las autonomías y las conexiones admiten también la complejidad, en el mismo sentido que las inconexiones, pero para no cansar al lector he creído conveniente estudiar este tipo de complicaciones (que a veces hacen superrealista al procedimiento en cuestión) en un mero Apéndice (véase el «Apéndice quinto»).

RELACIONES ENTRE LOS DISTINTOS COMPONENTES DE UN MISMO ORIGINADO

CAPÍTULO XVI

RELACIONES ENTRE LOS DISTINTOS ELEMENTOS DE UN ORIGINADO DE TIPO COMPLEJO

PLANTEAMIENTO DEL PROBLEMA

Hasta ahora hemos estado considerando el paso de un originador, simple o complejo, a un originado, igualmente complejo o simple. Lo que pretendo ahora estudiar, en la parte de nuestra obra que ahora abrimos, es otra cosa: cómo, desde el proceso Y, se plasma, en el originado, la complejidad de lo que luego, en el proceso X, va a constituir el simbolizado (llamémoslo desde ahora, para ahorrar palabras, cuando lo sorprendamos en el proceso Y, «el simbolizable»). Y es que media entre esos dos términos, «originado» y «simbolizable», como nos es notorio, una relación de efecto a causa: la complejidad del simbolizable produce, en el proceso Y, la complejidad del originado. Añadamos que, en el proceso X, tal originado se convierte, de hecho, en simbolizador efectivo, cuando se trata de conexiones y de inconexiones; y en simbolizador sólo momentáneo, puntual y no efectivo, cuando se trata de autonomías. Pero aunque en estas últimas el originado sólo es simbolizador en principio (ya que inmediatamente después, en una operación segunda, el lector atribuye el simbolismo formado al organismo irreal que el originador y el originado constituyen), nadie puede eliminar la conexión que ha mediado, en el proceso Y (y que, por tanto, sigue mediando, incluso en tales casos), entre la estructura del simbolizable y la estructura de su consecuencia, el originado; y, por consiguiente, entre la complejidad, cuando existe, del primero de esos dos elementos y la complejidad del segundo. Siempre, pues (y ello lo mismo en las inconexiones que en las conexiones o en las autonomías), la riqueza y variedad de los componentes del «simbolizable» producen, en el proceso Y, como resultado, la riqueza y variedad de los componentes del originado. Nuestra tarea va a consistir ahora no en el examen de esa relación, puesto que ésa ya la hemos examinado, sino en el de un punto muy concreto de ella que he insinuado al comienzo y que luego especificaré con mayor pormenor. Para lograrlo, nos importará remontarnos, en algún caso, hasta la consideración de la complejidad del originador, que es, sin duda, su causa inicial.

Para facilitar nuestra empresa, comencemos por una cuestión terminológica. Hemos hablado del «simbolizable»: conviene recordar a qué realidad exacta responda este nombre dentro del proceso Y. Puesto que se trata de aquel miembro de ese proceso del autor que luego, en el del lector, se ha de convertir en el simbolizado, está claro que el «simbolizable» coincidirá, en las inconexiones y en las autonomías, con lo que hemos denominado «término emocional del proceso Y»; y en las conexiones, con el segundo elemento sintagmático. También necesitamos definir ya con precisión dos términos que no nos son como tales desconocidos, referidos a los componentes de las complejidades a cuyo análisis vamos a proceder (sea la complejidad del originador, sea la del simbolizable o la del originado). Y es que dividiremos el cuerpo semántico de tales complejidades en dos secciones, a las que distinguiremos como «sección sustantiva» y «sección calificativa» (usando esos apellidos en un sentido amplio y metafórico). La «sección sustantiva» sería la que hace de cuerpo semántico principal en la complejidad de que se trate; la «sección calificativa», la que hace, en tal complejidad, un papel, en ese sentido, puramente ancilar y atributivo. Lo que nos interesa determinar aquí es si la esfera calificativa (llamemos a sus componentes e_1, e_2, e_3...) y la sustantiva (llamémosla E) del originado se adaptan semánticamente una a la otra, o si, por el contrario, conservan, en este sentido, una plena libertad, atentas sólo a su relación respectiva de tipo «mágico» con las dos esferas, la «calificativa» (llamémosla a_1, a_2, a_3...) y la «sustantiva» (llamémosla A) del «antecedente» (sea éste el originador o sea el simbolizable). Adelanto ya que ambas cosas son perfectamente posibles: desde la esfera «antecedente» (la del originador o la del simbolizable, vuelvo a decir), los atributos a_1, a_2, a_3... de A pueden ir hasta la esfera del originado de dos maneras distintas: o adecuándose realísticamente a la naturaleza de E, de forma que los miembros e_1, e_2, e_3..., se hagan coherentes con este último (y entonces las dificultades de comprensión pueden aumentar, paradójicamente, por la distorsión que esa auténtica «elaboración secundaria» representa) o sin adaptación ninguna (con lo cual se nos impondrá en el originado una impresión de desorden y absurdo, pues en tal caso los miembros e_1, e_2, e_3... resultarán heterogéneos y disparatados con respecto a E).

La adecuación de la sección calificativa del originado a su sección sustantiva

Pongamos un ejemplo de lo primero, un ejemplo de adaptación. En el poema «Rosa y serpiente» de *Pasión de la tierra* se simboliza el poeta a sí mismo, en un momento de sufrimiento (en cuanto que el sufrimiento envilece, en ciertos aspectos, al hombre) bajo figura de «serpiente». Pero como ese sufrimiento es muy grande, la serpiente que el poeta es aparecerá como «muy larga»:

> Soy largo, largo. Yazgo en la tierra y sobro.

Este ejemplo tiene la ventaja de ofrecernos con rapidez un modelo muy claro de cómo un originado «calificativo» se apropia las cualidades del término igualmente calificativo del «antecedente» (da igual aquí, y en todos los demás casos, considerar como «antecedente» el originador o el simbolizable). Sabemos que todo tránsito entre un originador y un originado se realiza a través de la lectura emotiva del originador por parte del poeta. Éste se halla, aquí, en trance de traducir la compleja noción del originador «yo» en cuanto «yo sufro un gran dolor» (o mucho dolor). Descompone entonces ese cuerpo semántico en las dos secciones antes indicadas: la «sustantiva» y la «calificativa». La primera se hallaría constituida, en este ejemplo, por el sintagma «yo en cuanto que sufro»; la segunda, la «calificativa», por el sintagma «un *gran* (dolor)» —«o *mucho* (dolor)»—. Ambas secciones emprenden juntas su proceso Y:

> Yo (en cuanto que sufro mucho) [= persona muy envilecida =] emoción de persona muy envilecida [= persona muy envilecida = = criatura muy vil] = serpiente muy larga.

Proceso en el que podemos observar las alteraciones que ambas secciones, la sustantiva y la calificativa, experimentan. La sección sustantiva del originador («yo en cuanto que sufro») se transforma primero (dentro del momento emocional del proceso Y) en la noción «persona envilecida», y aparece finalmente en el originado representado por la expresión «serpiente». ¿Qué le ocurre a la sección calificativa («mucho»)? Le ocurre esto: que en el momento emocional o simbolizable, esa sección no sufre, en cierto modo, ningún esencial cambio, precisamente por tratarse de una sección ancilar y desaparecer su actividad por lo que toca a las mutaciones de su sección «sustantiva»: de «mucho» se pasa a «muy» («muy envilecida»), lo cual viene a ser lo mismo. Pero, por el contrario, la noción que nos ocupa experimenta una gran modificación y trastorno al llegar al originado: la idea de «abundancia» que tal sección representaba dentro del originador y en el momento emocional, o simbolizable, se trueca en la idea de «largura» dentro del punto terminal del proceso Y. ¿A qué se debe esta última gran mudanza? Sin duda, a la necesidad de adaptar la sección calificativa del originado a su sección sustantiva. Dado que se habla de una serpiente, ¿en qué sentido una «serpiente» puede ser «abundante»? Tal vez en la longitud: la serpiente en cuestión será «larga».

Tras este análisis se comprenderá por qué dije más arriba que da igual, aquí y en todos los casos, considerar como «esfera antecedente» al originador o al simbolizable, ya que en ambos casos existen complejidades equivalentes, y entre sí conectadas, que son las que luego se responsabilizan de la complejidad del originado: y efectivamente hay en los dos casos, dentro del cuerpo semántico que consideremos, una sección sustantiva (que aquí es «yo sufro» para el originador; y «persona envilecida» para el simbolizable) y una sección calificativa —(sufro) «mucho» para el originador; «muy» (envilecida) para el simbolizable— que luego resultan igualmente analizables en el originado, pues se ha creado en este último, en virtud de los «antecedentes» indicados, una complejidad («serpiente larga») donde podemos ver que la sección calificativa («larga») se ha adaptado a la naturaleza de la sección sustantiva correspondiente («serpiente»). La serpentina largura viene, en efecto, de amoldar simbólicamente la demasía de dolor que padece el poeta a la naturaleza de la criatura llamada «serpiente», que, en el texto, traduce a este último.

La adecuación de la sección calificativa a la sustantiva del originado no tiene pretensiones realistas

Debo observar, sin embargo, que el ajuste al que nos referimos, de ningún modo busca justificaciones realistas, sino emocionales. Se trata de que el objeto «sustantivo» que aparece en el originado surja con propiedades emotivamente equivalentes a las estéticamente interesantes del objeto correspondiente, también sustantivo, que percibimos en el originador, o en el simbolizable. Y una de las dos posibilidades para ello es la que hemos denominado «adecuación». La prueba de la indiferencia del poeta en lo atañente a la reproducción naturalista o no naturalista del mundo objetivo la hallamos sin necesidad de salir del ejemplo de la «serpiente». Nos hace éste ver que la atención del poeta mira hacia la emoción experimentada y no hacia el mundo real, que, indiscutiblemente, le ha dejado de importar. La noción de «largura», dijimos, es consecuencia de verter al originado, a través del momento emocional del proceso Y (donde se hace aceptable en forma de un sentimiento de «abundancia»), la noción «gran» o «mucho» (en cuanto referido a «dolor») del originador. Bien; pero si esa sensación de «abundancia» se hace aún más intensa, hasta llegar, digamos, a un punto extremo, ¿qué ocurrirá con la largura? Sin duda que ésta aumentará. Mas ¿se detendrá este aumento en el límite impuesto a las serpientes por lo considerado posible dentro del mundo objetivo? De ningún modo. Para el poeta irracionalista de la generación del veintisiete (y en escala mucho menor, para el poeta irracionalista precedente) la «verdadera realidad», la realidad respetable, es la interior, la emocional, no la externa (subjetivismo contemporáneo [1]). Hay que ser fiel al orbe de las emociones, no al de los objetos. Nada importará, por tanto, exceptuarse de las normas de éste si no nos salimos de las de aquél. La largura de la serpiente no se atendrá a la longitud que resultaría verosímil en una serpiente de verdad, sino cuantitativamente a la «abundancia» de que nos hablaba el momento emocional del proceso Y, que al ser un puro reflejo, en ese sentido, de la demasía de dolor que nos presentaba el originador, carecerá de límites reconocidos, como todo lo que pertenece a la subjetividad. Al ser, por lo visto, inconmensurable aquella «abundancia», la del sufrimiento (a que la lectura emotiva del proceso Y alude, a su modo, también) lo será, asimismo, la «serpiente», hasta el punto de faltar el tamaño de ésta a todas las leyes de la experiencia:

> Soy largo, largo. Yazgo en la tierra y sobro. Podría rodearla, atarla, ceñirla, ocultarla, podría ser yo su superficie.

¡Una serpiente mayor que la tierra! La responsabilidad del disparate ha de ser adjudicada a la dictadura de la emoción, que hace, en toda la época, dijimos, de verdadera «realidad» [2].

---

[1] Véase mi libro *Teoría de la expresión poética*, Madrid, ed. Gredos, 1977, t. I, págs. 230-231.

[2] Como vemos, las «visiones» no siempre resultan de elementos del simbolizado que no se adecúan al simbolizador; la largura desmesurada de

EL SIMBOLISMO «LIBRE», «PRIMARIO» O SIN ELABORACIÓN SECUNDARIA

Pero otras veces la sección calificativa del originado no se adapta a su sección sustantiva ni incluso se adaptan entre sí los distintos elementos de cada sección. Dicho en otro giro: las cualidades que pasan del simbolizable al originado pueden irrumpir en la nueva región sintagmática sin consideraciones ni respeto alguno a lo que, en sentido realista, llamaríamos la naturaleza semántica de los otros elementos que allí se hacen, al mismo tiempo, constar.

Pongamos un ejemplo extremo. En el poema titulado «El solitario», se halla el poeta, desde el simbolizable, en trance de hacer que tome cuerpo simbólico en el originado esta idea: «hecha la mirada dulzura sin negatividad alguna que pueda rodear amenazadoramente». Lo que escribe entonces es esto: «hechos los ojos azules suspiros sin humo que merodee». En vez de «mirada», vemos, en el originado, su metonimia: «ojos». La idea de «dulzura» sube asimismo al originado y en parte se amolda al término «ojos» recién escrito: los ojos serán, en efecto, simbólicamente, «azules». Pero una porción de la idea de «dulzura» rezuma hacia otro horizonte, escapando a la adecuación y los ojos azules aparecen «hechos suspiros». ¿Casará con «ojos» o al menos con «suspiros», al transfigurarse simbólicamente, la noción «sin negatividad», que viene después? Nada de eso. Con extraña y admirable libertad, esa noción, en trance tal, ni se corresponde con uno ni con otro, y así, en vez de «sin negatividad» halla expresión su símbolo, «sin humos», que no tiene cosa que ver ni con «ojos» ni con «suspiros». ¿Y la idea «que pueda rodear amenazadoramente»? ¿Se transformará irracionalmente en algo que armonice con alguno de los términos anteriores? El poeta hallará al fin la frase «que merodee», la

---

serpiente es aquí una «visión»; pero no procede de una inadecuación, sino, justamente, de lo contrario, en el sentido que digo en el texto.

cual ni dice con «ojos», ni con «suspiros», ni con «humo». La consecuencia es una retahíla, cuya valiente incoherencia no puede superarse:

«hechos los ojos azules suspiros sin humo que merodee».

Capítulo XVII

EL ILOGICISMO IRRACIONALISTA DE LOS NEXOS SINTÁCTICOS

Los disparates e incongruencias del superrealismo

El resultado de la inadaptación que entre sí muestran a veces los distintos componentes del simbolizable al pasar a la esfera del originado es, desde el punto de vista lógico, la sensación de disparate que éste nos ha de producir, como puede fácilmente colegirse. Inmediatamente después de anotar esto, nos damos cuenta de que tal hecho (el uso de despropósitos e incoherencias incesantes) se nos aparece como la característica más externamente sobresaliente del superrealismo [1], por lo que debemos investigar sus diferentes causas y manifestaciones.

---

[1] Por supuesto, de esta característica del superrealismo han hablado numerosos críticos, aunque sin mencionar otra cosa (cuando se menciona) que la muy vaga de ser la famosa «escritura automática» expresión del inconsciente. Véase Robert Bréchon, *Le surréalisme*, París, Armand Colin, 1971, págs. 40, 42, 43, 170; Yvonne Duplessis, *El surrealismo*, Barcelona, Oikos-tau Ediciones, 1972, págs. 55-58; André Breton, *Manifiestos del surrealismo*, Madrid, Ediciones Guadarrama, 1969, págs. 57-59 (en el «Primer manifiesto»); Guillermo de Torre, *Qué es el superrealismo*, Buenos Aires, ed. Columba, Col. Esquemas, 1955, pág. 45 (comenta frases de Paul Éluard, Breton, Max Ernst, al propósito), y, sobre todo, pág. 51, etc.

Sus diferentes causas, he dicho. El lector de la presente obra sabe ya que lo anotado al comienzo es sólo una de ellas. Otra más central y de principio sería, por supuesto, la inconexión lógica que forzosamente ha de mediar siempre entre el originador y el originado [2]. Pero como el asunto tiene pormenores de gran interés, hagamos en este punto un alto para considerarlos.

Ilogicismo de los nexos sintácticos en el superrealismo: por alusión al simbolizable

Empecemos por la cuestión de los nexos sintácticos que aparecen como incongruentes en relación con el contexto. Se trata de algo que, aunque marcadamente peculiar y frecuente dentro de la técnica del superrealismo, no deja de tener representación (en otro grado, con mucha menos frecuencia y en forma apenas perceptible, o imperceptible por completo a los ojos del lector) en el irracionalismo anterior, en el no vanguardista. ¿A qué se debe tan llamativa particularidad? La causa, por supuesto, no es única. A veces, la anomalía viene dada por el hecho de que tales nexos hacen referencia, no a la materialidad concreta del originado en el que se han instalado, sino al simbolizable. Son elementos que han ascendido crudamente a la esfera del originado; crudamente, o sea, sin sufrir menoscabo ni transformación ningunos. Podríamos enunciar lo mismo de otro modo diciendo: se trata de ingredientes del simbolizable que se han concienciado, pues al ser los nexos a que aludimos cifra de relaciones y no de cosas, no han sabido encontrar una vía de formulación simbólica, y se constituyen en testimonio y supervivencia de las conexiones que median entre los términos del simbolizable. Tales nexos, al situarse ahora en un plano muy diferente (el del originado) a aquel con el que realmente se vinculan (el del simbolizable), se nos aparecen con un carácter monstruoso, pues no casan con la naturaleza de las conexiones

[2] Véanse págs. 105-107.

que los elementos del originado deberían mantener entre sí. El motivo de ello es que, como en la conciencia del autor perdura la *emoción* de las relaciones con que se intrincan entre sí los elementos del simbolizable, el poeta obliga a los elementos del originado que son, a sus ojos, los representantes emotivos de los primeros, a guardar unos con otros y a respetar con justeza aquellas mismas relaciones que de hecho ahora no les corresponderían. Por tanto, aunque el fruto de esta fidelidad al simbolizable se nos manifiesta en el originado como una escandalosa incongruencia, su motivación es, paradójicamente, la ausencia precisamente de irracionalidad con que en el originado asoman las relaciones de los ingredientes del simbolizable. Esas relaciones, al no haber sido irracionalizadas, esto es, sometidas a una «elaboración» preconsciente y transformativa que las hubiese hecho adaptarse a los otros componentes del originado, se ostentan en toda su inadecuación con respecto a éste, dándonos entonces, paradójicamente, vuelvo a decir, una impresión de desorden y sin sentido. Pero en cuanto sustituimos cada elemento del originado por su correspondiente elemento del simbolizable, el nexo, ofrecido en el texto poético como ilógico, recupera la plenitud de su logicidad.

En la poesía de intención superrealista, este fenómeno, rarísimo y absolutamente excepcional en el período anterior, se convierte en norma. «El solitario», de *Pasión de la tierra,* refiriéndose a un rey de la baraja (símbolo de la falta de verdad fresca y natural que es propia del hombre inserto en una sociedad injusta), reza así:

> Sobre los terciopelos viejos, una corona de lirismo haría el efecto de una melancolía retrasada, de un cuento a la oreja de un anciano sin memoria. Por eso se te ladean las intenciones. Por eso, el rey (...) sabe sesgar sus espadas de latón y conoce muy bien que las cacerolas no humean bajo sus pies, pero hierven sobre las ascuas, aromando los forros de las guardarropías.

La locución conjuntiva «por eso» («por eso se te ladean las intenciones»; «por eso, el rey —...— sabe sesgar sus espadas de latón») no hace aquí sentido; pero, tal como anuncié, el sentido aparece en cuanto del texto simbólico extraemos el correspondiente simbolizado, o sea, cuando de este modo nos percatamos de la naturaleza del simbolizable en el proceso Y. Lo que se nos ha venido a decir ha sido, en efecto, algo como lo siguiente:

> la vida social somete a los hombres [simbolizados en el irrisorio rey de la baraja] a una honda desnaturalización que los hace tan distintos a lo que debieran ser e inadecuados como una corona sublime de rey sobre un viejo traje de guardarropía. *Por eso,* correspondientemente, todo en esos hombres o en el rey de la baraja que los simboliza, y aun en cuanto se les relaciona, resulta como fuera de sitio, desencajado, destituido de su verdadera esencia, de su verdadero lugar y destino. Por ejemplo, tus intenciones, que no van por donde deben, no se enderezan debidamente, se ladean. *Por eso* también, el rey simbólico de que antes hablé, sesga una espada que es de latón en vez de ser de acero, y por tanto para nada sirve (lo inadecuado no puede cumplir su fin), y así el rey conoce por propia experiencia que la inadecuación hace inútiles, inservibles, las cosas: sabe que las cacerolas no humean bajo sus pies, sitio a todas luces impertinente, pero hierven sobre las ascuas, por ser éste el lugar indicado. Así, los hombres serían otra cosa de lo que son en el mundo, de no mediar la honda desvirtuación que los inutiliza.

Párrafo éste en el que vemos cómo el sintagma conjuntivo «por eso» recobra, en efecto, la sensatez, que antes quedaba enmascarada por el simbolismo contextual [3].

---

[3] El párrafo sometido a consideración es un excelente ejemplo de lo que páginas adelante (págs. 482 y sigs.) se consignará e ilustrará con otras citas (lo que demuestra que no se trata de un azar estilístico, sino de un verdadero sistema expresivo). Me refiero al hecho de que el poeta suele simbolizar, 1.°, la intensidad de la emoción, cuando ésta es grande, en que un simbolizable único consiste, por medio de la pluralidad de los planos metafóricos en el originado; y, 2.°, suele simbolizar, a su vez, esa unicidad del simbolizable, por medio de las relaciones que esos diversos planos metafóricos establecen entre sí. Aquí el simbolizable se ofrece, en efecto, como singular: la «inadecuación entre lo que el hombre es y lo que debiera ser». Tal simbolizable se representa en el sintagma poemático u originado por medio de las siguientes metáforas, reducibles también de varios modos, todas ellas, a las nociones de discordia, desajuste, impropiedad:

Algo semejante acontece en otros muchos casos. Dice el narrador poemático a la amada:

> Las nubes no salen de tu cabeza, pero hay peces que no respiran.
> («El amor no es relieve»)

La adversativa «pero», ilógica en el sintagma poemático, no lo es referida al simbolizable. Mas como el simbolizable, en el proceso Y, coincide exactamente con el simbolizado en el proceso X, nos basta con determinar, como antes hicimos, la naturaleza de este último, que sorprendido en su contexto completo podría enunciarse así:

> Es asombroso que las nubes, tan dependientes de ti, pues el amor nos identifica y sume en la naturaleza, no salgan de tu cabeza; *pero* hay peces que no respiran, cosa más pasmosa todavía y que sin embargo se da: si se produce este prodigio, no debe maravillarnos tanto el otro.

Lo mismo este «pero» de ahora que aquel «por eso» de antes cobran, repito, una súbita cordura al ser reinstalados en el ámbito verbal que los ha engendrado, lo cual demuestra nuestros anteriores asertos: las partículas ilógicas en cuestión son restos en el originado de las relaciones del simbolizable, y de este modo, al hallarse sin máscara tales residuos en un mundo carnavalesco se produce en el lector el desconcierto y la sensación de absurdo. Lo ocurrido en el texto se parece bastante a un rey y su criado que se disfrazasen de campesinos para conseguir

---

1 «Sobre los terciopelos viejos, una corona de lirismo».
2 «una melancolía retrasada»
3 «un cuento a la oreja de un anciano sin memoria»
4 «se te ladean las intenciones»
5 «el rey sabe sesgar sus espadas de latón»
6 «las cacerolas no humean bajo sus pies»

Pero esas seis metáforas quedan, como digo, entrelazadas lógica y sintácticamente: los nexos concretos que las unen aquí, a todas ellas, en un solo conglomerado, serían: «haría el efecto de», «por eso» (término reiterado) y «conoce muy bien que».

cierto propósito, pero que siguiesen guardando entre ellos el respeto protocolario, por una parte, y el señorío, por otra, que corresponden a la relación entre un soberano y su doméstico. Y lo mismo que esa inconsecuencia nos podría llevar a la sospecha de la superchería y a adivinar la verdadera personalidad que se oculta tras la apariencia de los supuestos rústicos, así también el ilogicismo sintagmático, en general, y el de los nexos, en particular, es uno de los ingredientes fundamentales de nuestra comprensión emocional del texto superrealista, y, por tanto, de nuestra comprensión, si extraestéticamente la deseáramos, de los significados irracionales latentes.

El ilogicismo de los nexos sintácticos por alusión al simbolizable en el irracionalismo no vanguardista

El irracionalismo no vanguardista, incluso el irracionalismo del primer tipo, el irracionalismo de realidad, podía, en algunos casos en cierto modo excepcionales, utilizar este mismo tipo de ilogicismo de los nexos sintácticos, siempre que el resultado no se hiciese, pese a todo, verdaderamente escandaloso desde el punto de vista racional. Todo ello nos dice (y quiero subrayarlo por ser definitorio) que, en este punto, el superrealismo trajo como novedad, con respecto al irracionalismo anterior, estas dos cosas: primero, intensificar grandemente la frecuencia del procedimiento, y segundo, mostrarlo en toda su crudeza, dándonos una fuerte impresión de sinrazón y, por tanto, de sorpresa. Tal es lo que hemos visto en los ejemplos anteriores de *Pasión de la tierra* (el que se concentra en la locución «por eso» y el que lo hace en la adversativa «pero»). No podríamos, en efecto, hallar ejemplos que cumpliesen ese par de requisitos en los raros ejemplos del recurso que nos sería dado rastrear en la poesía contemporánea precedente. Pero vuelvo a decir que el artificio como tal sí se produce. En el «Romance sonámbulo» de Federico García Lorca hallamos el fragmento que sigue:

Verde que te quiero verde.
Grandes estrellas de escarcha
vienen con el pez de sombra
que abre el camino del alba.
La higuera frota su viento
con la lija de sus ramas,
y el monte, gato garduño,
eriza sus pitas agrias.
Pero ¿quién vendrá y por dónde?
Ella sigue en su baranda,
verde carne, pelo verde,
soñando en la mar amarga.

Se trata de la segunda estrofa o apartado de la famosa composición. Antes, el autor había presentado la angustia amorosa de la protagonista poemática, abandonada, como se nos sugiere después, por su novio o amante. Y como la angustia es una dislocación anímica, una posición y torcimiento anómalos del alma, en que ésta queda profundamente extrañada y suspensa de su verdadero ser, el poeta expresa tan enajenante sentimiento, atribuyendo a la cara y al pelo de la muchacha un también extraño color irreal:

Con la sombra en la cintura,
ella sueña en su baranda,
verde carne, pelo verde,
soñando en la mar amarga.

Que nuestra interpretación es correcta, parecería indicarlo, más adelante, el propio poema: el «compadre» del novio, o acaso el propio autor, increpa al novio, que al fin regresa, pero sólo para morir, herido en reyerta, o tal vez en lucha contra la Guardia Civil, que le persigue:

Compadre, ¿dónde está, dime,
dónde está tu niña amarga?
Cuántas veces te esperó,
cuántas veces te esperara,
cara fresca, negro pelo,
en esta verde baranda.

Cuando la muchacha tenía esperanza, su aspecto era, pues, normal: «cara fresca, negro pelo»; pero ahora, en el comienzo del poema, la muchacha se encuentra angustiada, con el pelo y la cara verdes, absorta en su dolor, sin ojos para las cosas que le rodean:

> Bajo la luna gitana,
> las cosas la están mirando,
> y ella no puede mirarlas.

A continuación viene el fragmento que nos importa: el que copié al principio. Su análisis tiene, creo, interés. Es el amanecer: escarcha en las hierbas del campo, huida de las sombras nocturnas:

> Grandes estrellas de escarcha
> vienen con el pez de sombra
> que abre el camino del alba.

Este «pez de sombra» produce en nosotros una sensación de misterio. ¿A causa de qué? El motivo yace en un fenómeno que no desconocemos: la tendencia irracionalista a emitir metáforas «acústicas», fenómeno que podríamos denominar «fe preconsciente en la literalidad». El lector interpreta primero el dicho racionalmente, esto es, como una metáfora de estructura tradicional. «Pez de sombra»: «sombra huidiza y fugaz como un pez». Pero, en efecto, la «fe en la literalidad» le lleva a entender también, esta vez irracionalmente, al «pez de sombra que abre el camino del alba» como «un pez de sombra», que, en efecto, realiza ese misteriosísimo acto. El hecho, entendido así literalmente, se nos aparece como «incomprensible» y nos envía, al verlo de ese modo, una vaharada de misterio.

Sumergidos de esta manera en una atmósfera sin duda misteriosa, avanzamos un poquito más en la lectura, y pronto nos damos cuenta de que ese misterio se empieza a perfilar como temor, un temor a algo que no sabemos qué es, y que por eso resulta, vuelvo a decir, enigmático. El monte es «un gato garduño que eriza sus pitas agrias»: los gatos erizan el pelo y arquean el lomo cuando sienten miedo, luego comprendemos emocionalmente que la naturaleza se halla intimidada. El erizamiento temeroso lo había ya expresado Lorca inmediatamente antes con otra imagen, la «lija» de la «higuera»:

> La higuera frota su viento
> con la lija de sus ramas.

El significado irracional de todo el trozo, estrechado a una breve frase, sería, pues, éste: «la naturaleza teme algo». Y entonces el poema añade: «*Pero* ¿quién vendrá? ¿Y por dónde?» Detengámonos en esta adversación, «pero», donde se concentra y concreta cuanto ahora nos importa más. Se trata, en sí mismo, de un nexo eminentemente lógico. Mas ¿a qué está referido? No al contenido precisamente lógico tras del que viene, como sería lo normal, sino al contenido puramente emocional, «irracional», de los versos precedentes: a ese miedo del que Lorca sólo nos había hablado, imperceptiblemente para la razón, por debajo de cuanto lógicamente nos iba diciendo. Desde el punto de vista lógico, el poema había aludido de modo exclusivo a la huida de las sombras con la llegada del alba; a una higuera de ásperas ramas movidas por el viento; a un monte lleno de rígidas y levantadas pitas. El «pero» carece así de racional sentido. No obstante, sacando a luz lo que se halla en la sombra, la incongruencia desaparece: «la naturaleza siente un misterioso temor, *pero* ¿por qué?; ¿quién vendrá, y por dónde, que infunde este recelo erizante al monte y a la higuera?» Todo parece seguir igual; nada se ha alterado. Ella continúa donde estaba:

> Ella sigue en su baranda,
> verde carne, pelo verde,
> soñando en la mar amarga [4].

[4] La escena siguiente, yuxtapuesta a la que acabamos de comentar y ofrecida sin explicación ni inciso alguno por parte del autor, nos aclara el misterio: quienes llegan son dos gitanos; uno, el novio de la muchacha, herido de muerte; otro, probablemente un viejo, que en disemia heterogénea de tipo simbólico encarna algo así como el destino trágico. Cuando ambos llegan a las barandas, la muchacha ha muerto, sin duda por suici-

El procedimiento ilogicista a que se somete la adversativa «pero» que aquí vemos no resulta, en cuanto tal, diferente del que hemos percibido en la poesía superrealista de *Pasión de la tierra.* Lo que difiere, en ambos casos, es, tal como anunciábamos, el grado de pasmo y sin sentido con que en ellos se acomete al ánimo lector. Los ejemplos de Aleixandre examinados son, al primer pronto, altamente desconcertantes. Su incongruencia se ofrece contundente y definitiva. No así el fragmento de Lorca, en que el ilogicismo de la adversación apenas se percibe. Esta discreción suprema del recurso es típica, repito, del período que antecede a la llegada del superrealismo, y se pierde por completo y de pronto en cuanto tal movimiento hizo su aparición.

ILOGICISMO DE LOS NEXOS SINTÁCTICOS EN EL SUPERREALISMO POR HABER SUFRIDO TRANSFORMACIONES EN UN PROCESO Y

Los nexos sintácticos del simbolizable pueden pasar, pues, al originado sin sufrir ninguna transformación: ello ocurre, sobre todo, en el superrealismo, aunque también, alguna rara vez, en el período anterior no vanguardista. Tal es, en síntesis, lo que los epígrafes anteriores nos han mostrado. Pertenece en exclusiva, por el contrario, al superrealismo, el caso opuesto, en que los nexos sufren un hondo cambio, para el cual habría dos posibles causas, muy distintas entre sí; pues, o bien lo que oca-

---

dio. El poema termina reiterando el estribillo con que se inició, que tras lo narrado resulta grandiosamente doloroso y sarcástico:

> Verde que te quiero verde.
> Verde viento, verdes ramas.
> El barco sobre la mar
> y el caballo en la montaña.

Cada cosa continúa donde «debe»: el barco, sobre la mar; el caballo, en la montaña. Nada, pues, ha ocurrido de auténtica importancia para el mundo. El sufrimiento humano carece de valor, pues que, tras él, todo permanece idéntico a como era, inamovible.

siona la mutación del nexo sería un proceso Y que afecta a la relación misma de que el nexo resulta expresión; o bien lo que mueve el trueque sea la necesidad de adaptación que, como sabemos, sienten a veces unos componentes del originado con respecto a los otros. En este último caso, el cambio experimentado por el nexo no es fruto, como antes, de un proceso Y que le sea propio a él como tal nexo (en cuanto que lo es a la relación por el nexo expresado), sino que se halla al servicio de la adaptación que antes dije, operada, *ya en la conciencia,* en ciertos materiales semánticos, que son los que realmente han sufrido un proceso de esa índole preconsciente. Veamos, por lo pronto, la primera posibilidad, que conocemos ya, por lo que me limitaré aquí a recordarla.

Me refiero al hecho de que el preconsciente no sólo tiende a confundir dos cosas en cuanto medie entre ellas una relación cualquiera, sino que, más extrañamente todavía, puede confundir, asimismo, a esta última, a esa relación «cualquiera» real con otra que, en el proceso X aparecerá como no real, es decir, como puramente simbólica. Y es que dos relaciones se parecen siempre en algo. Pero ocurre que es sólo un algo, por mínimo que sea, lo que el preconsciente precisa para poner en marcha sus tendencias identificativas. ¿Y en qué pueden parecerse dos relaciones? Precisamente en eso: *en ser relaciones.* Las que se asimilan entonces no son ya, por tanto, cosas, sino, extrañamente, relaciones entre cosas: he ahí otra razón de ilogicismo para los nexos sintácticos. Volveré a poner, para ahorrar palabras, un caso que nos es muy conocido: aquel en que una relación de identidad (A = B) propia del simbolizable se trocaba, al pasar al originado, en una relación de simultaneidad (A cuando B). Ni que decir tiene que el nexo, así transformado («cuando») habría de cargarse de absurdo, si erróneamente lo entendiésemos en su literalidad, que es lo primero que hacemos en un primer pronto. En otro capítulo [5] veíamos cómo un proceso Y muy peculiar se responsabilizaba del fenómeno: y así, tendríamos el originador en esa relación de identidad que de-

[5] En el capítulo XIV.

cimos, originador que «bien leído» produciría en la conciencia del autor la emoción correspondiente. La serie sintagmática se encargaría, en este caso, de la misión modificadora:

> emoción de una relación de identidad en la conciencia [= relación de identidad = relación =] relación de simultaneidad.

Tal como ya dije en otro capítulo. El mecanismo que aquí se manifiesta es, pues, el mismo que el preconsciente aplica siempre para crear sus originados. Recordemos ahora el texto que a este mismo propósito nos sirvió en aquel lugar:

> ... Hemos mentido siempre. Cuando hemos caído de espaldas sobre una extorsión de luz, sobre un fuego de lana burda mal parada de sueño.

Según llegábamos a averiguar en el capítulo XIV[6], estamos aquí frente a una serie de planos metafóricos (caer de espaldas, E_1; extorsión de luz, E_2; fuego de lana, E_3; lana burda, E_4; lana mal parada de sueño, E_5) que corresponden a un solo plano real, A, «hemos mentido». El poeta ha identificado nuestro «mentir» (plano real A) con «caer de espaldas», E_1, con «extorsión de luz», E_2, con «fuego de lana», E_3, etc., en virtud de razones que expliqué páginas atrás y que no vienen al caso. No es eso, pues, lo que ahora vamos a considerar. Nos importa, en cambio, reconocer de nuevo, porque eso sí nos atañe en el presente instante, que el nexo de identidad o de comparación propio de las metáforas *(A es E* o *A es como E)* ha sido, en el actual fragmento, suplantado por un nexo de simultaneidad (A cuando E: «hemos mentido ...cuando»), con las consecuencias de más profunda inconexión de que ya dimos cuenta hace mucho.

Otro ejemplo muy semejante al que acabamos de recordar sería el que puede rastrearse en la frase, tan conocida nuestra:

> No me ciñas el cuello que creeré que se va a hacer de noche.

Pues también aquí la relación de identidad entre la noción de «ceñir el cuello» y la de «hacerse de noche» se cambia (hora es

[6] Páginas 282 y sigs.

ya de decirlo) en una relación causal, ya que la frase poemática equivale a esta otra: «no me ciñas el cuello, porque creeré que se va a hacer de noche».

No siempre, por supuesto, se trata de trocar por otras «falsas» las relaciones «verdaderas» de identidad que median entre un originador (o un simbolizable) y un originado, aunque este tipo de mudanza tenga importancia especialísima, en cuanto que afecta al carácter mismo de la inconexión, que se hace más honda. El trueque vinculativo puede, en efecto, ser de otro orden. Una relación de finalidad en el originado estará sustituyendo acaso a una relación de consecuencia en el simbolizable. En «El mundo está bien hecho» hay esta frase:

> Tras la lluvia, el corazón se apacigua, empieza a cantar y sabe reír *para que* los pájaros se detengan a decir su recado misterioso.

Lo que el poeta expresa de ese modo es que el corazón humano prorrumpe en un cántico feliz, al sentirse inmerso en una naturaleza que en ese instante se le aparece como armónica, con lo que los pájaros, en momentánea concordancia con los hombres, pueden comunicarse con ellos, pueden decirles su misterioso recado: el de su inesperado acuerdo. La relación que media en el simbolizable entre los «pájaros» y el «corazón» es, pues, distinta a la que el texto literalmente parece sugerir: no se trata, en realidad, de que el corazón cante y ría «para que», sino «con la consecuencia de que» los pájaros digan su recado.

Ilogicismo superrealista de los nexos por adecuación de unos componentes del originado con respecto a los otros

Hay ahí aún otro ilogicismo de los nexos sintácticos, que es exclusivamente peculiar del superrealismo. Para hacerlo ver debemos retornar al ejemplo que antes escrutábamos:

> Hemos... mentido siempre. Cuando hemos caído de espaldas sobre una extorsión de luz, sobre un fuego de lana burda mal parada de sueño.

Habíamos observado en él, páginas atrás, la tendencia superrealista a enlazar sintácticamente entre sí los elementos que resulten ser metáforas de una misma realidad. Como aquí las expresiones «hemos caído de espaldas», «extorsión de luz», «fuego de lana», «lana burda» y «lana mal parada de sueño» son cinco imágenes (aunque con el nexo equiparativo «enmascarado», según afirmábamos hace muy poco) que poseen, todas ellas, el mismo plano real («hemos mentido»), el poeta ha expresado esa identidad de significación irracional, enlazando sintácticamente los distintos términos metafóricos: puesto que cada uno de los términos tiene algo en común con los demás (aludir a un mismo simbolizable), cabía, en efecto, expresar irracionalmente esa relación por medio de otra relación: la sintáctica que he dicho. Pero ¿qué clase de nexos la vendrían a establecer? Aquí es donde quería venir a parar, por ser éste el sitio en el que yace el sistema expresivo que nos interesa descubrir. Contestemos, pues, la pregunta que acabo de formular. Hablando en general, diremos que como, de hecho, es indiferente cuál sea el nexo que se emplea, habrá de utilizarse, en cada caso, el tipo de enlace que se *adecúe* y preste (otra vez la adecuación) a la naturaleza del concreto originado de que se habla. Tomemos un ejemplo de ello en el fragmento cuyo análisis nos interesa ahora: ¿se trata en él de poner en contacto la expresión «hemos caído de espaldas» con «extorsión de luz», con «fuego de lana», etc.? Como cuando «caemos» lo hacemos «sobre» algo, el nexo que se aviene a tal acción verbal, y el que, por tanto, empleará el autor será esta última preposición:

> ... hemos... caído de espaldas *sobre* una extorsión de luz, *sobre* un fuego de lana...

Y como al escribir el poeta tales expresiones, le ha salido al paso el sintagma «fuego de lana», y existen otros dos elementos, de «lana» también («lana burda» y «lana mal parada de sueño»), que es preciso introducir en la frase poemática, resultará expresivamente económico «fundir», sin más, estas nuevas «lanas» con la primera (puesto que tal fusión es un modo superlativo de contacto entre ellas), diciendo:

> sobre un fuego de lana burda mal parada de sueño,

como si se tratase de una única «lana» con varias propiedades.

El resultado de toda esta compleja operación vinculatoria será un fortísimo ilogicismo, puesto que las uniones de unos elementos con otros (la que procede de la preposición «sobre», reiterada, y la que se deriva de la mera fusión del término «lana» con sus otros dos sinónimos) no sólo producen dislates en el originado, sino que, en éste, ostentan un valor de que en el simbolizable carecían. Si comparamos, por ejemplo, el ilogicismo de la preposición «sobre» de nuestro ejemplo actual con el ilogicismo de la locución conjuntiva «por eso», que veíamos en el primer apartado del presente capítulo, nos damos cuenta de la enorme distancia que al propósito media entre ambos casos: la locución «por eso» era, sin duda, ilógica, en cuanto que no hacía sentido en el contexto del concreto originado en que se encontraba; pero lo hacía, al menos, en el contexto del simbolizable de donde procedía, cosa que a nivel emotivo, el lector no deja de percibir. La locución «por eso» del originado recuperaba, en efecto, su significación literal en el simbolizable; la preposición «sobre», en cambio, *no significa en el simbolizable* (ni luego, claro está, en el simbolizado del proceso X) *cosa alguna.* Tal vacuidad semántica nos indica el alto grado de ilogicismo a que aquí se ha llegado. Pero si el nexo «sobre» carece de todo sentido, sea éste lógico o sea irracional, ¿cuál es su papel poemático? Sólo éste: establecer una conexión entre las diversas metáforas («hemos caído de espaldas», «extorsión de luz», «fuego de lana», etc.) del plano real «hemos mentido», y ello precisamente para hacer *sentir* al lector (sentir, no saber) que todas esas metáforas lo son de una realidad única. La preposición que nos ocupa cumple entonces una misión, aunque únicamente ancilar, en el poema: reforzar la comprensión lectora (comprensión, por supuesto, exclusivamente emocional) de ciertas palabras, pero (nótese) de ciertas palabras *otras,* ciertas palabras que no son ella (las reitero: «hemos caído de espaldas», «extorsión de luz», etc.). Saquemos la conclusión de tal hecho, adelantada antes por nosotros: el nexo «sobre» se ha vaciado, *en cuanto tal nexo,* de todo sentido. Su ilogicismo es, pues, absorbente y total. Sólo es preciso añadir que este tipo de ilogicismo absoluto se presenta de diversas formas en el superrealismo, de cuya especificación podemos prescindir.

Capítulo XVIII

ILOGICISMO DE LOS NEXOS SINTÁCTICOS QUE PUEDE O NO SER IRRACIONALISTA

En contraste con lo que hemos visto en el capítulo anterior, presentaré en éste un caso de ilogicismo de los nexos sintácticos que en el superrealismo (y fuera de él) puede tener a veces, paradójicamente, significado lógico, aunque con menos frecuencia lo tenga irracional, cosas las dos explicables por las especiales razones que espero podamos esclarecer. El poeta expresa su dolor del siguiente modo («Ser de esperanza y lluvia»):

> Soy un plano perfecto donde las pisadas no se notan *con tal que* las pongáis en mis ojos. *Con tal que* cuando señaléis el horizonte en redondo no sintáis el latido subiendo a vuestra frente.

La locución de período hipotético «con tal que», reiterada en el párrafo copiado, resulta ilógica, pero su ilogicismo difiere, según acabo de decir, del que hasta ahora hemos venido estudiando. Lo que el poeta nos da a entender aquí es, en primera aproximación, más o menos, esto:

> Soy una especie de miserable tabla tirada en el suelo [el poeta dice irónicamente «un plano perfecto»], donde vuestras pisadas crueles

> no se notan *con tal que* las pongáis en el sitio más doloroso para mí, en mis ojos. *Con tal que* cuando miréis el mundo hermoso y amante os sintáis impasibles ante él.

La segunda condicional del texto aleixandrino arroja luz sobre la primera: el poeta, aunque habla desde sí mismo, toma irónicamente (con ironía dolorosa, patética) el punto de vista de los seres insensibles y crueles a los que se dirige: «las pisadas, dice, no se notan: basta para ello que carezcáis de sentimientos». La locución «con tal que» intensifica la idea de insensibilidad a través de un procedimiento que ya he mencionado en este libro, y que fue estudiado, hace ya muchos años, en mi *Teoría de la expresión poética* bajo el nombre de «ruptura del sistema»[1]. Al leer: «las pisadas no se notan con tal que las pongáis...», esperamos, claro está, una expresión que designe alguna parte del cuerpo poco dolorosa. Como lo que viene en el poema es, opuestamente, la referencia a una zona sensibilísima del cuerpo (los ojos), notamos no sólo la ironía mediante la cual el poeta ha adoptado la perspectiva y el criterio mismo de sus oponentes, sino el hecho de que lo más objetivamente doloroso es lo que a éstos les parece menos doloroso. El medio expresivo por el que se llega a tal significación está constituido, justamente, por el que acabo de indicar: el quebrantamiento de un molde lógico («ruptura del sistema») experimentado por el lector como un bloque unitario: un elemento intruso, *b*, suplanta, en ese bloque unitario o «sistema», a cierto elemento, *a*, que normalmente forma parte integrante de él. En vez del sistema íntegro *A-a*, el sistema roto *A-b*, donde *b* expresa, repito, el ingrediente nuevo que viene a sustituir al ingrediente *a* que acompaña «sistemáticamente» al radical *A* en el empleo ordinario de la lógica del idioma. Como el lector conoce a la perfección el «sistema», y, por tanto, se halla a la expectativa de uno de sus trozos o componentes (el término *a*) que aún no ha sido expresado, lo anticipa, sin darse cuenta, de modo imaginativo, con lo que *a* se junta al término *b* sorprendentemente enunciado.

---

[1] Véase el libro citado, Madrid, ed. Gredos, 1977, t. I, págs. 492-572.

El chiste utiliza este procedimiento lo mismo que la poesía. Alguien pregunta, dirigiéndose a un hombre: «¿Es usted casado o feliz?» Como tras «casado» (*A*) aguardamos «soltero» (*a*), el oyente dice para sí lo que el autor no dice, y, de este modo, «feliz» (*b*) llega a significar, al mismo tiempo, «feliz» (pues lo manifiesta expresamente el autor) y «soltero» (pues el lector, a su vez, también lo verbaliza, aunque a su manera tácita).

En el caso que vemos en el texto Aleixandre se vale de idéntico recurso, con resultados parejos. El sistema estaría formado por una frase como ésta:

> Soy un plano perfecto donde las pisadas no se notan con tal que (*A*) las pongáis en la parte de mi cuerpo más dura e insensible (*a*),

donde el radical *A* lo constituiría la apódosis de la oración condicional, más la locución de período hipotético «con tal que» («soy un plano perfecto donde las pisadas no se notan con tal que»), mientras el «consecuente sistemático» (*a*) lo constituiría la prótasis sin tal locución («las pongáis en las partes, etc.»). Pero en el poema el «sistema» se «rompe», y en vez de *a*, aparece *b*: «con tal que las pongáis [las pisadas] en mis ojos» (*b*).

¿Cuál es el resultado semántico de introducir tal mutación (*b*) en el «sistema»? El fenómeno que se produce es por completo semejante al que hemos analizado en el chiste que cité hace muy poco. En el fragmento aleixandrino, como en la humorística interrogación, y por los mismos motivos (la ley de inercia, tan conocida nuestra), el lector coopera con el autor poniendo de su propia cosecha, al lado de lo que éste dice, lo que éste ha rehuido y callado. El hábito que tenemos de asociar los dos miembros del sistema (*A* y *a*) nos fuerza a anticipar ahora y verbalizar mudamente, en cuanto que lo esperamos, lo que el poeta ha preferido silenciar, con lo que las dos significaciones, la significación aguardada *a* y la significación exteriorizada *b*, coinciden y se juntan en nuestra mente de lectores (las ideas de «soltero» y de «feliz», en el caso cómico que mencioné antes).

Hay, sin embargo, en el texto aleixandrino, algo que no había en la frase de humor: una incompatibilidad racional entre *a* y *b*, entre lo expresado y lo no expresado, y esta diferencia establece también una discrepancia operativa y semántica, aunque no esencial, que separa en un punto ambos casos. En efecto: al ser, en el texto de Aleixandre, inconciliables entre sí las dos significaciones recibidas por la conciencia lectora, no hallan en ésta modo de convivencia pacífica, y entonces cada una de ellas actúa corrosivamente sobre la otra, hasta el punto de destruir, por absurda, la disemia precedente, y formar una significación, por supuesto, muy compleja, pero sin desapacibles contradicciones internas, donde el par de sentidos rivales llegan a algo así como un compromiso[2]. Veamos por qué. El producto semántico que habría de alcanzarse con la ruptura del sistema de que hablamos tendría que expresar, en principio, la identidad de los dos términos, el *a* y el *b* (en el chiste citado se produce, en efecto, la identidad entre «feliz» y «soltero» cuando el humorista dice solamente la palabra «feliz»); pero en el trozo poemático de Aleixandre, al resultar absurda la ecuación (lo más doloroso = lo menos doloroso), ésta, *momentáneamente*, se imposibilita. El lector se ve obligado a resolver previamente la paradoja, y, en efecto, la resuelve, no atribuyendo los dos términos de ella a la objetividad, sino sólo uno, mientras el otro se entiende no como objetivo, sino como pensado por la impiadosa subjetividad de los personajes a los que el poeta interpela. Modificadas de este modo las dos significantes, y deshecho el disparate, pueden ya aquéllas conjugarse identificativamente (ahora sí) con apacibilidad. Y así el párrafo copiado vendría a decir:

> con tal que pongáis las pisadas en la parte de mi cuerpo que en verdad es la más dolorosa (los ojos), aunque a vosotros se os aparezca como la menos dolorosa, ya que todo lo ajeno os merece el mismo trato inhumano e injusto, a causa de vuestra indiferencia e inmisericordia.

Como se puede comprobar, se han identificado, en efecto, aquí los términos *a* y *b* (lo mismo que en el chiste antes citado

---

[2] Otro ejemplo de ese tipo de análisis que hemos denominado de Psicología Semántica.

se identificaba «soltero», *a*, y feliz, *b*). Y así se han dado como equivalentes lo objetivo (la parte del cuerpo más dolorosa) y lo subjetivo, en la subjetividad oponente (lo que aparecía a los ojos de los «insensibles» como lo menos doloroso).

Queda aún por mostrar, tras lo dicho, lo que antes adelanté: que estos productos semánticos procedentes de rupturas del sistema no tienen por qué ser, en principio, irracionales, lo cual no obsta para que, a veces, tales rupturas manifiesten, según acabamos de comprobar, una fuerte dosis de ilogicismo, engendrador en el lector de un acto semántico, que, en cuanto tal, es preconsciente. ¿No hay aquí un contrasentido? ¿Es casable el carácter preconsciente *del acto* semántico que el ilogicismo provoca en el lector y el carácter consciente *del resultado* de tal acto? Examinar este problema requiere una consideración previa.

Como el sistema, en cuya ruptura consiste el recurso en cuestión, es un hábito mental nuestro, la anticipación del término elidido *a*, con que nosotros respondemos al hecho de enunciar el autor el término *A* o radical, esa anticipación, repito, se produce, sin duda (fijémonos bien) *mecánicamente*, como siempre que se trata de rutinas. Es evidente que los automatismos (cuyo caso extremo serían, por ejemplo, los actos reflejos) se realizan *inadvertidamente*, precisamente por asociación que un hábito provoca. Pero he aquí que, aunque no nos demos cuenta *de la operación* mediante la cual, en las rupturas del sistema, añadimos un significado nuevo al expresado por el autor, se nos ha de hacer, por el contrario, consciente, en principio, vuelvo a decir, el resultado de ese acto (la significación misma añadida) *a causa de la sorpresa* que recibimos ante el elemento *b*, que el autor hace irrumpir súbitamente en el sistema. La interrupción de nuestras maquinales costumbres mentales nos obliga a concienciar rápidamente el elemento rutinario elidido, por los mismos motivos que el molinero, acostumbrado al ruido de su molino, no lo oye, pero se percata de él cuando, de pronto, al hacerse el silencio, lo echa de menos. Algo semejante ocurre siempre que la sorpresa de un elemento viene a suplantar a otro con el que informuladamente *contábamos*. Cuando vamos a salir a la calle, viene a decir Ortega, no pasa por nuestra cabeza la idea de que el suelo es resistente o de que existe el mundo exterior, pese a lo cual *contamos con* ambas cosas [3]. Creo recordar que ni Ortega ni sus discípulos utilizan la palabra «preconsciente» para designar el lugar en que reside aquello *con que contamos* de ese modo que acabamos de ver, pero sin duda Freud estaría de acuerdo en denominar así tales hechos mentales [4]. Ortega sigue diciendo, aunque con otras palabras: probaría que, en efecto, contamos con eso que, sin embargo, no hemos formulado, la sorpresa que habríamos de recibir si, al salir del edificio donde, en nuestro supuesto, nos hallábamos, diésemos, no con la calle, sino con el vacío, o con una acera que en vez de sólida resultase ser fluida como el agua. Añado yo ahora: tal sorpresa nos haría repentinamente conscientes de aquello que nos falta, y precisamente porque nos falta.

Pues bien: en las rupturas del sistema, el significado que nosotros verbalizamos y añadimos, el del término *a*, aunque lo añadamos y verbalicemos, a causa de la asociación *preconsciente*, provocada en nosotros por puro hábito, de ese término *a* con el término *A* que el poeta escribe, se nos ha de hacer aquél, en

---

[3] José Ortega y Gasset, «Ideas y creencias», en *Obras Completas*, t. V, Madrid, ed. Revista de Occidente, 1947, pág. 382.

[4] Escrito el texto, veo en la página citada en la nota anterior que Ortega toma en cuenta la posibilidad de que los fieles al psicoanálisis (no el propio autor) echen mano de la terminología freudiana para explicar la noción de «creencia»: «El psicólogo nos dirá que se trata de un pensamiento habitual y que por eso no nos damos cuenta de él, o usará la hipótesis de lo subconsciente, etc. Todo ello, que es muy cuestionable, resulta para nuestro asunto por completo indiferente. Siempre quedará que lo que decisivamente actuaba en nuestro comportamiento, como que era su básico supuesto, no era pensado por nosotros con conciencia clara y aparte. Estaba en nosotros, pero no en forma consciente, sino como implicación latente de nuestra conciencia o pensamiento» *(op. cit.*, págs. 382-383).

Quiero aclarar, por mi parte, que en el psicoanálisis la palabra subconsciente es voz muy genérica que abarca tanto lo que específicamente se denomina «inconsciente» como lo que específicamente se denomina «preconsciente». Las creencias orteguianas de ningún modo pertenecen al «inconsciente»; son, sin duda, productos preconscientes, tal como digo en el texto.

principio, insisto, consciente (bien que en percepción marginal y de manera, por supuesto, desconceptualizada), precisamente a causa de la sorpresa que nos da la inesperada intromisión de *b*, que viene a reemplazarlo. La sorpresa dice a nuestra conciencia que aquello no es lo aguardado por nosotros; y al decirle esto, le insinúa, asimismo (sólo que en modo oblicuo y, en consecuencia, nebuloso y como remoto) cuál sea el objeto de nuestra expectación: el término *a*, que en consecuencia queda concienciado; concienciado de esa manera lejana y vaga que digo, claro es, aunque la concienciación admite, en este caso, grados, y sea más clara cuanto mayor haya sido la sorpresa en cuestión, y menos clara, pudiendo incluso llegar a anularse (de ahí mis paliaciones anteriores), según la sorpresa disminuya. Por lo que entiendo, habría un grado de sorpresa que haría de barrera de concienciación, por debajo de cuya linde el significado permanecería en la sombra del preconsciente, caso éste que tiene para nosotros la gracia no despreciable de ofrecernos un tipo de irracionalismo o significado irracional que no procede de las relaciones entre un originador y un originado, sino de otro mecanismo (la «ruptura del sistema») que merecería la pena estudiar despacio en este sentido[5]. Todo lo dicho nos hace comprender por qué en el chiste antes mencionado, donde la discrepancia entre lo esperado y lo dicho es muy violenta y nítida, la concienciación se torna más evidente, mientras posee evidencia mucho menor en el caso del fragmento aleixandrino: el lector llega a saber que se le habla de la insensibilidad de los interlocutores del poeta y de su crueldad, pero todo ello sin la articulación raciocinante y denotativa que nosotros le hemos prestado en nuestra transcripción. Precisamente, el tipo de logicidad que posee en la conciencia el término *a* del sistema (el término no enunciado por el autor, pero verbalizado por el lector), lejos de ser denotativo, se parece mucho al que es propio de las connotaciones, que pueden ofrecerse también como más o menos brumosas y esfumadas, tal como se desprende del aná-

[5] Veremos otro en las págs. 437 y sigs. (especialmente pág. 446): el caso de ciertas visualizaciones de lo irreal.

lisis que de ellas hice en mi libro *El irracionalismo poético (El símbolo)*[6]. Igual que en las connotaciones, el componente *a* de las «rupturas» asoma sin conceptualizarse y en forma lateral con respecto a un significado central o principal, que en las connotaciones sería el elemento denotativo de la palabra, y aquí el ingrediente *b* que el poeta hace ingresar súbita e inusitadamente en el sistema. La disparidad entre ambos medios retóricos se halla igualmente a la vista: en las connotaciones, el significado central o principal (principal sólo en el sentido de «central»), la denotación, con respecto al cual ellas se marginan, no constituye sorpresa para el lector, ni es elemento sobre el que el poeta cargue el peso de la intención estética; en las «rupturas», por el contrario, ese significado central resulta ser el ingrediente pasmoso que nos maravilla y en el que su autor se apoya con más fuerza para suscitar la emoción de quien lee (así, la palabra «feliz», en el chiste antes mencionado). Por aquí, sí, ambas marginalidades semánticas, connotaciones y miembros *a* de un «sistema» «roto», vienen, en efecto, a disconformidad y oposición.

[6] Madrid, ed. Gredos, 1977, págs. 175-204.

Capítulo XIX

ILOGICISMO IRRACIONALISTA EN POEMAS DEFINIDOS POR EL SIMBOLISMO DE REALIDAD

Ilogicismo irracionalista en los símbolos de irrealidad y de inconexión

No sólo, por supuesto, los nexos sintácticos pueden hacerse ilógicos a causa del irracionalismo. Los sintagmas, las frases y las oraciones quedan sometidas también (y con más frecuencia aún) a idéntico vaciamiento de la logicidad. La causa fundamental de este fenómeno se nos transparentó claramente en el capítulo II, pues vimos en él que las ecuaciones del proceso Y, al ser preconscientes, se manifestaban como serias y totalitarias, y este hecho llevaba consigo otro: el salto desde un originador a lo totalmente discrepante, ya a partir del segundo miembro de una serie mágica cualquiera, y por supuesto, en cuanto al originado. La relación identificativa entre esos dos polos de la irracionalidad (originador y originado), si se hace consciente (imágenes visionarias, visiones y símbolos homogéneos) se nos ofrece entonces como disparatada («un pajarillo es como un arco iris»; «sonidos negros»); si no se hace consciente, se nos ofrece como incoherencia, mayor aún en el caso de las «malas lecturas», pues entonces tal incoherencia no sólo es lógica, sino emocional. En cualquier circunstancia de las mencionadas, aparecerá, forzosamente, pues, la ilogicidad.

Por otra parte, la complejidad del originador, o, lo que viene a ser lo mismo, la del simbolizable, contribuye también, del modo que sabemos, a la sinrazón e inconsecuencia del originado, pues los distintos componentes de que éste ha necesariamente de constar pueden muy bien no casar entre sí («hechos los ojos azules suspiro sin humo que merodee»). Todo lo cual nos es familiar y palmario, y las páginas anteriores abundan en ejemplos de cuanto aquí decimos, por lo que dedicaremos este capítulo a examinar esta clase de ilogicismos e incoherencias en sitio no obvio y hasta verdaderamente inesperado: en poemas que en su textura fundamental se definen por el simbolismo de realidad.

ILOGICISMO DE CONEXIÓN IRREAL EN EL SIMBOLISMO DE REALIDAD

El ilogicismo que puede subrepticiamente deslizarse en poemas hechos de simbolismo de realidad, aunque muy infrecuente, lo hemos comprobado ya para los nexos («pero ¿quién vendrá y por dónde?»). Comprobémoslo, asimismo, para las frases y oraciones, donde alguna rara vez asoma. Un breve poema de Juan Ramón Jiménez (poema 102 de la *Segunda Antolojía)* reza así:

Cesó el clarín agudo, y la luna está triste.
Grandes nubes arrastran la nueva madrugada.
Ladra un perro alejándose, y todo lo que existe
se hunde en el abismo sin nombre de la nada.

La luna dorará un viejo camposanto.
Habrá un verdín con luna sobre una antigua almena...
En una fuente sola habrá una luna en llanto.
Habrá una mar sin nadie, bajo una luna llena...

Los tres primeros versos de la breve composición están constituidos por símbolos de realidad, concretamente símbolos heterogéneos encadenados, pues aunque hay literalmente una irrealidad en el verso segundo («las nubes» no pueden arrastrar a «la nueva madrugada»), esa irrealidad la entiende el lector lógicamente, aunque de modo no literal: es el viento el que arrastra; y son las nubes, en la nueva madrugada, las arrastradas. Y puesto que hay disemia heterogénea de tipo simbólico, sucede aquí lo que sucede siempre en este tipo de recursos: lo primero que advertimos, aparte del sentido racional, es la emoción; una emoción, en el presente caso, melancólica, que el análisis extraestético revela como lógicamente «inadecuada»: he aquí el síntoma evidente de la disemia heterogénea de que hablo. No hay razón alguna para que, en sí mismos, nos den tristeza el cese de un «clarín», el alejamiento de «un perro», o el hecho de que las «nubes» sean arrastradas por el viento en el amanecer. No tendrían por qué darnos tristeza estas cosas, repito, pero, en su contexto, nos la dan. Y no sólo a nosotros, los lectores, sino, literalmente, a la luna («y la luna está triste»): luego volveré sobre este punto. ¿Por qué? Sin duda porque en los tres casos hay una cesación, un apagamiento, que nosotros, sin darnos cuenta, interpretamos emotivamente (en el plano, pues, irracional) como una cesación o disminución de la vida: el clarín cesa, la luz de la madrugada es arrastrada; por tanto, envilecida (el envilecimiento es una pérdida de la integridad, de la plenitud), acaso retirada; el perro se aleja. Los procesos X o del lector serían éstos:

«cesó el clarín agudo» [= cesó una realidad = cesó una vida = muerte =] emoción de muerte en la conciencia.

«grandes nubes arrastran la nueva madrugada» (en el sentido de «el viento arrastra grandes nubes en la nueva madrugada») [= grandes nubes arrastran la nueva madrugada (en el sentido literal de que «grandes nubes» arrastran, en efecto, a la nueva madrugada) = realidad envilecida = realidad que pierde la integridad, la plenitud = disminución del ser = vida disminuida = muerte =] emoción de muerte en la conciencia.

ladra un perro alejándose [= ladrido que disminuye = realidad que disminuye en su ser = muerte =] emoción de muerte en la conciencia.

El poema viene a confirmar nuestro análisis:

> y todo lo que existe,
> se hunde en el abismo sin nombre de la nada.

El examen de esta última expresión nos revela una paradoja: que su significado es, en principio, lógico, pero que su relación con los significados precedentes de igual índole carece de logicidad. «El abismo sin nombre de la nada» es la muerte. Mas desde los conceptos manifestados *en el plano lúcido* ¿hablaban acaso de muerte los versos anteriores, o hablaban, al menos, de algo que tuviese alguna relación con la muerte? No. Lo que allí se mencionaba eran cosas muy distintas: un «clarín» que cesa, unas «nubes» movidas por el viento, un «perro» que «ladra» «alejándose». Nada más. Decir luego «y todo lo que existe se hunde en el abismo sin nombre de la nada» es, por consiguiente, en cuanto a ese mismo plano de lucidez, aunque sólo en cierto modo [1], una incongruencia, una interrupción de la fluencia lógica anterior. Se trata, en definitiva, de algo que lógicamente es, en esa forma que digo, incomprensible. Su entendimiento sólo lo podemos lograr teniendo en cuenta la emoción y nada más que la emoción producida por los versos anteriores. Pero si la comprensión de la frase «y todo lo que existe...» la obtenemos por vía exclusivamente emotiva, nos encontramos con que, paradójicamente, tales elementos lógicos, los de la frase citada, al haber irrumpido en el texto por ese camino no lógico, se han hecho rigurosamente ilógicos e irracionales. Se trata de un originado que es fruto de la «buena lectura» de un triple originador («cesó el clarín», «grandes nubes arrastran...», «ladra un perro alejándose»), como consecuencia de concienciar, de modo inmediato, el significado del aumento emocional del también triple proceso Y. Transcribiré sólo las ecuaciones correspondientes al originador postrero:

> «ladra un perro alejándose» [= ladrido que disminuye = realidad que disminuye en su ser = muerte =] emoción de muerte en la

---

[1] No es una incongruencia en cuanto a que es *posible* una relación *azarosa* entre «ladra un perro alejándose» (y lo anterior) y la frase que viene después en el texto («y todo lo que existe»); pero sí lo es cuando lo que buscamos es una relación necesaria de causa a efecto entre esas nociones, relación esta última que es la que el lector indaga aquí cuando lee.

conciencia [= muerte =] «y todo lo que existe se hunde en el abismo sin nombre de la nada».

La brevedad de la serie sintagmática del proceso Y conexo que se ha producido impide el simbolismo del originado («y todo lo que existe se hunde en el abismo sin nombre de la nada»), ya que tal simbolismo habría de ser el segundo elemento sintagmático que aquí no existe. Pero la emoción de muerte que previamente habíamos experimentado ante el triple originador que dije («cesó el clarín», etc.) nos hace sentir como emotivamente congruente, y por tanto como *asentible,* a ese originado, que, por insensato desde el punto de vista lógico, lo disentiríamos en caso contrario.

Hallaríamos otro ejemplo parecido, pero donde la conexión irreal llega, por el contrario, a efecto y realización, en un trozo cuya textura simbólica es también, en todo lo demás, realista. Abramos el poema «El viajero» que inicia las *Poesías Completas* de Antonio Machado. Ha regresado al hogar un hermano del narrador poemático, tras larga ausencia en el extranjero, quizá en la América de lengua castellana, que es donde iban los españoles a la sazón. Partió joven: regresa cansado, experimentado, canoso, doliente:

> Él ha visto las hojas otoñales,
> amarillas, rodar, las olorosas
> ramas del eucalipto, los rosales
> que enseñan otra vez sus blancas rosas.

«¡Otra vez!» El secreto de la emoción que sentimos yace en esa frase: la llegada «otra vez» de la nueva estación expresa, en el interior del poema, todo él cargado del melancólico sentimiento del tiempo, el tránsito de los años, pero como esta estación es precisamente la primavera con sus rosas recientes, se produce en nosotros una impresión muy compleja. Se habla de rosas y de rosas tempranas, pero se alude con ellas al correr del tiempo: por tanto, de hecho, implícitamente, a la vejez y a la muerte. En cuanto juveniles, esas rosas nos agradan; y nos duelen, por el contrario, en cuanto símbolos del paso de la edad.

La duplicidad sentimental que así se produce, contradictoria en el plano lógico (y por eso cargada de misterio), aunque no en el psicológico (y por eso no absurda), es lo que resulta muy moderno. Experimentamos (de una manera, por supuesto, puramente emocional) desconfianza y pena ante la belleza juvenil de esas rosas, que, en su hondo sentido, representan y dicen todo lo contrario de lo que aparentan, y sentimos al mismo tiempo añoranza de esa misma apariencia juvenil, por engañosa que sea, y precisamente porque lo es. Estas ideas, de las que el poeta al escribir, como nosotros al leer, no ha sido consciente sino en forma afectiva, ascienden en el autor de pronto, por repentina intuición, al plano lúcido, y el poeta dice entonces:

> y este dolor que añora o desconfía,

verso que es, sin duda, el originado de un proceso Y que podría ser representado del modo siguiente:

> «los rosales, que enseñan otra vez sus blancas rosas» [= paso de las estaciones y por tanto del tiempo expresado por medio de rosas jóvenes = paso del tiempo expresado por medio de rosas jóvenes =] emoción del paso del tiempo expresado por medio de rosas jóvenes [= paso del tiempo expresado por medio de rosas jóvenes = *desconfianza* ante *esas* rosas jóvenes que significan vejez, y añoranza de otras rosas que fuesen verdaderamente juveniles =] y este dolor que añora o desconfía.

Enfrentamos de nuevo un originado que, siendo en sí mismo lógico, resulta ilógico en el concreto contexto en que yace, ya que antes de su aparición el poeta no había hablado, para nada, ni de «desconfianza» ni de «añoranza». Como resulta que el proceso Y que acabamos de analizar de conexión irreal (igual que lo eran los analizados anteriormente), el simbolismo correspondiente que a partir de él habrá de producirse en el lector se dará sólo en el originado, y consistirá en el segundo elemento sintagmático, esto es, consistirá, por un lado, en la atribución de la desconfianza de que se habla en el texto a las rosas juveniles en cuanto significativas del paso del tiempo, y, por otro, en la atribución de la añoranza a unas verdaderas rosas jóvenes, esto es, a una verdadera juventud, que es la que el protagonista del poema precisamente ha perdido ya.

Lo característico de estos dos ejemplos (el de los «rosales» y el del «perro alejándose»), lo que nos llama en ellos la atención y lo que los hace dignos de nuestro interés analítico, es que los poemas en que se encuentran no se definen (como se definía, por ejemplo, «Malestar y noche» de Lorca) por el simbolismo conexo, que es, en definitiva, *irreal,* sino, al revés, por el simbolismo de *realidad,* de modo que aquí la conexión diríamos que queda como disimulada, asumida y disuelta en el vasto contexto de otra índole, al contrario exactamente de lo que ocurría en «Malestar y noche», donde el posible realismo se «irrealizaba» (digámoslo así) al formar parte de la general conexión.

Mala lectura del originador en textos que se definen por el simbolismo de realidad

Y aún los poemas hechos de simbolismo de realidad pueden sorprendernos, en casos totalmente excepcionales, con algo por completo inesperado: con la presencia de originados que son fruto de una «mala lectura» del originador. ¿Tendremos, en tales coyunturas, superrealismo, al menos en pequeñas dosis? Pese a que la técnica pudiere parecer la misma, el superrealismo no se da aquí, ni aún en esa mínima porción, porque el ámbito realista en que la «mala lectura» se desenvuelve hace que no llegue a producirse, en ningún momento, una verdadera inconexión *lógica,* lo mismo que pasaba, y aquí aún con mayor evidencia, en las autonomías. Sin salir del poema «El viajero», antes comentado, podríamos probarlo. Después de su segunda estrofa, la pieza continúa del modo siguiente:

> Deshójanse las copas otoñales
> del parque mustio y viejo.
> La tarde, tras los húmedos cristales,
> se pinta, y en el fondo del espejo.

El rostro del hermano se ilumina
suavemente: ¿Floridos desengaños
dorados por la tarde que declina?
¿Ansias de vida nueva en nuevos años?

¿Lamentará la juventud perdida?
Lejos quedó —la pobre loba— muerta.
¿La blanca juventud nunca vivida
teme que ha de cantar ante su puerta?

¿Sonríe al sol de oro
de la tierra de un sueño no encontrada;
y ve su nave hender el mar sonoro,
de viento y luz la blanca vela hinchada?

El ha visto las hojas..., etc.

¿Por qué se ilumina «suavemente» el rostro del hermano? Sin duda, porque le da la luz que el espejo refleja. Ésa es la «buena» lectura de la frase, puesto que la realizan juntos autor y lector. Ahora bien: esa frase que así ha sido primero «bien leída» por el poeta es a continuación leída por éste «mal». Veamos la razón de ello. Como la expresión «iluminarse el rostro» ha ido, en otros contextos, acompañada de la idea de «sonrisa» («se le iluminó el rostro en una sonrisa») o incluso ha significado sin más tal idea, puede ahora el poeta «leer mal» el mencionado pasaje exactamente en tal dirección:

«El rostro del hermano se ilumina» en el sentido de 'recibe el reflejo del espejo' [= el rostro del hermano se ilumina en una sonrisa].

La iluminación procedente del espejo al ser, en el rostro del protagonista, el reflejo de un reflejo, aparecerá como iluminación suave. El rostro entonces se iluminará «suavemente». «Suavemente» en el significado que he dicho, pero la identificación mágica «iluminarse en cuanto recibir la luz del espejo = iluminarse en cuanto sonreír» hace que, a su vez, la suavidad «de la luz» la comprenda el autor, dentro de su proceso Y, como suavidad «de la sonrisa». Ahora bien: sonrisa suave, en el melancólico contexto en que se halla, sugiere tristeza. Se llega así a la noción de que la sonrisa de que se habla es triste. Todo el trozo que va en el poema a continuación es un amplio originado correspondiente al proceso Y que acabo de describir, y que podríamos representar con la formulación que sigue:

> «El rostro del hermano se ilumina suavemente» en el sentido de 'recibe el reflejo suave del espejo' [= el rostro del hermano se ilumina en una sonrisa triste =] emoción de 'el rostro del hermano se ilumina en una sonrisa triste' [= el rostro del hermano se ilumina en una sonrisa triste =] «¿floridos desengaños dorados por la tarde que declina? (...) ¿Sonríe al sol de oro de la tierra de un sueño no encontrado...?»

Comentemos este complejo originado. La contradicción entre «sonrisa» y «tristeza», elementos que sólo están en el preconsciente del autor, se conciencia correlativamente en las expresiones del originado: «desengaños», pero «floridos»; «dorados», pero «por la tarde que declina»; «sol de oro», pero «de la tierra de un sueño no encontrada». Hasta el verbo «sonreír» se hace finalmente, en ese originado, explícito: «¿Sonríe al sol de oro...?» No hay duda de la existencia de la «mala lectura». Pero, al mismo tiempo, debemos observar que tal «lectura mala» no produce, a nivel psicológico (que es el que importa en poesía, ya que el arte no es sino una experiencia de esa índole), nociones inconexas, aunque de hecho éstas existan. Existen, pero no las notamos, no aparecen como tales en la mente del lector, sino, en todo caso, en el análisis del crítico que interroga sus impresiones fuera de texto. La discreción del procedimiento se debe a que cada una de las expresiones que forman parte de él tiene, en sí misma, sentido, *y ese sentido casa muy bien con el de sus compañeras*. Hablar sucesivamente de una tarde que se pinta en el espejo, de la iluminación del rostro del hermano y cuestionar después ciertos posibles desengaños floridos, etc., no constituye, aparentemente, ningún cortocircuito de la mental ideación. Se trata de oraciones que pueden convivir pacíficamente en un texto normal. De ahí que la mala lectura del originador sea, en este caso, admisible, incluso para un irracionalismo tan poco desarrollado como el que representa Machado en este poema. El realismo heterogéneamente disémico de la composición disimula la mala lectura y anula con su logicidad la escandalosa inconexión, que queda así escondida, latente.

Esto mismo (la anulación a nivel psicológico de la inconexión, y, por tanto, en definitiva, de la técnica específicamente superrealista) es lo que vemos en otro ejemplo que hemos citado ya, pero sin comentarlo en este sentido. Me refiero al verso:

> Cesó el clarín agudo y la luna está triste.

Al leer «cesó el clarín agudo» sin sobrepasar esa frase, no hay aún un simbolismo heterogéneo en ella, ya que este primer elemento no ha podido todavía enlazarse con el segundo de la cadena simbólica. En «buena lectura», «cesó el clarín agudo» significa sólo lo que literalmente se enuncia. Pero la frase que viene a continuación «y la luna está triste» indica que en el espíritu del autor, hubo, además de la «buena lectura» una lectura «mala», según la cual, «cesó el clarín agudo» hubo de emitir ciertas ecuaciones preconscientes, explicativas del sintagma susodicho:

> cesó el clarín agudo [= cesó una realidad = cesó una vida = muerte =] emoción de muerte en la conciencia [= muerte =] «y la luna está triste».

El originado «y la luna está triste», en el proceso X, simbolizará, con actualidad, «muerte»; y hará lo mismo, por modo retroactivo, el originador «cesó el clarín agudo».

Como se ve, el mecanismo desencadenado es el de la inconexión; e inconexo es el doble simbolismo que aquí percibimos. Pero, sin embargo, no podemos hablar de superrealismo, *porque los dos elementos comprometidos* en el sistema expresivo de referencia, y lo mismo la relación que ambos entre sí mantienen, *guardan todas las apariencias de la lógica.* La racionalidad no queda, en efecto, quebrantada, en este caso, por la llegada del originado. No es de ningún modo absurdo que tras decir «cesó el clarín agudo» se diga que «la luna está triste», ya que la luna puede, sin la menor incongruencia, «estar triste» (esto es, tener una luminosidad pálida de cierto tipo) cuando un clarín cesa. Ambos términos (el originador y el originado) resultan perfectamente compaginables desde el punto de vista racional, como lo sería decir que alguien dejó de tocar cierto instrumento y que en ese instante había luna llena, o luna creciente o menguante. Tristeza de la luna y cese, o, al revés, toque del clarín son hechos que no chocan ni muestran desavenencia alguna que les impida yacer juntos en un mismo sintagma. No hay, pues, superrealismo. La inconexión que en zona más profunda se da aquí, como en el otro caso que antes señalé (y como en las autonomías, insisto), aunque produzca el efecto expresivo que le corresponde, queda, en el plano psicológico, que es el decisivo, anulada. Su irracionalidad no puede aparecérsenos entonces con el maximalismo superrealista. Le falta lo más externamente visible: el rompimiento patente con la racionalidad, que aquí, repito, evidentemente, no existe.

La pregunta que el lector probablemente se hará en este punto es cómo, pese a la coherencia lógica que media, en el ejemplo de que hablamos, entre el originador y el originado, puede producirse, en la mente del lector, el simbolismo, el cual, en nuestra doctrina, siempre precisa del absurdo para desencadenarse (primera operación contextual). La causa del simbolismo, en este caso, hay que buscarla en cierto supuesto de todo poema (y, en general, de toda obra artística): que cada momento de la composición de que se trate ha de tener un motivo *poemático* para surgir, ha de relacionarse de algún modo *necesario* con el contexto. Tendemos así a conectar, en este caso, el hecho de estar triste la luna y el de cesar el clarín. Y esa relación de causa a efecto (y no de mero azar, que es la explicación racional que nos podemos dar en un primer pronto) ocurre que, en principio, no aparece, por lo que el lector se ve precisado a buscarla, acudiendo al último expediente de que dispone: el propio de la inconexión. En pocas palabras: aunque cesar el clarín y estar triste la luna son hechos no contradictorios y por consiguiente compatibles con la realidad, que no requerirían, por tanto, explicación ninguna en sí mismos, la requieren cuando el autor los ha puesto juntos *en un poema*, porque se supone que en la poesía todo ha de manifestar necesidad: esa reunión ha de hallarse motivada entonces por una causa que se nos oculta. He aquí el enigma con el que tropezamos y que nos mueve, en cuanto lectores, a desviarnos del camino recto en nuestra perezosa ruta mental, en busca de una simbolización tranquilizadora. En suma: la proximidad física del originador y el originado posee, en nuestro ejemplo, la suficiente lógica externa para poder darse sin escándalo alguno en el período anterior al superrealismo; pero nos inquieta, sin embargo, en un punto; es un punto sólo el desasosegante, pero su existencia basta para predisponernos a recibir, pese a todo, el simbolismo posible del texto.

QUÉ ES EL SUPERREALISMO

CAPÍTULO XX

¿QUÉ ES EL SUPERREALISMO?

EL SUPERREALISMO SUPONE UNA DIFERENCIA CUALITATIVA RESPECTO DEL IRRACIONALISMO ANTERIOR

A lo largo del presente libro, nos ha guiado, como uno de nuestros fines principales, la determinación de las propiedades específicas de los procesos X e Y que caracterizan al superrealismo. Aun a costa de incurrir en inevitables repeticiones, creo que conviene juntar ahora, en una rápida enumeración, los hallazgos que al propósito se nos han ido esparcidamente ofreciendo, para poder sacar de ello las consecuencias que sean pertinentes. Una primera conclusión de conjunto se nos impone tras nuestras investigaciones y análisis: el superrealismo no representa, sin más, como podría pensarse en un inicial pronto, un mero cambio cuantitativo en el uso de la irracionalidad. No consiste únicamente en que se dé, dentro de tal movimiento, con más frecuencia que antes, el simbolismo, ni siquiera el simbolismo en sus formas más extremosas, es decir, el simbolismo «fuerte» de irrealidad. Como sugerí al comienzo de este libro, eso ya estaba en algunos poemas del primer Machado [1], del primer Juan Ramón. Pero el superrealismo no sólo actúa cuantita-

[1] Véase pág. 80.

tivamente sobre la irracionalidad. Actúa, asimismo, *cualitativamente.* En los textos más característicos del movimiento en cuestión, aparecen, en efecto, novedades, que quisiera recordar ahora de modo apretado y sucinto y, sobre todo, de modo sistemático, pues esa exposición más sintética y rigurosa, probablemente nos lleve a un conocimiento nuevo y acaso de mayor exactitud acerca de lo que sea la técnica en cuestión.

Superrealismo primario y superrealismo secundario

Vamos a considerar en las páginas que siguen dos modos de superrealismo a efectos de intensidad o densidad en su estructura como tal. En primer lugar, cabe distinguir un superrealismo en primer grado, o superrealismo primario, o básico, de un superrealismo en segundo grado, superrealismo que podemos denominar también secundario. El superrealismo básico, primario o en primer grado es el que se halla constituido exclusivamente por el mínimo de notas que hacen superrealista un texto, de manera que si falta en él alguna de esas notas (a las que debemos extender el calificativo de básicas o primarias) el superrealismo desaparece. Diremos, en cambio, que una expresión ostenta superrealismo en grado segundo o superrealismo secundario si, además de las notas básicas del superrealismo, hay en tal expresión *otras* características, superrealistas también en el conjunto formado, que vienen a saturar, en esa especial dirección, un texto que ya tendría el carácter superrealista sin ellas, puesto que, por definición, no le falta el conjunto de notas que lo definen de ese modo en forma «primaria».

Las características secundarias del superrealismo son, en consecuencia, algo como «lluvia sobre mojado»; constituyen un «plus», vienen en son de «a mayor abundancia». No otorgan por sí mismas superrealismo a un texto, puesto que éste *ya lo tenía de antemano;* pero intensifican el que previamente había en él, gracias, justamente, a las características que hemos llamado «básicas».

SUPERREALISMO PRIMARIO SEGÚN EL MODELO DE «MALA LECTURA» DEL ORIGINADOR SIN CONCIENCIACIÓN DEL NEXO ENTRE EL ORIGINADOR Y EL ORIGINADO («INCONEXIÓN»)

Ahora bien: dentro del superrealismo primario es posible determinar en principio dos modelos que finalmente se nos reducirán a uno sólo. Empecemos por el más frecuente y significativo: el que, para abreviar, podríamos denominar «superrealismo primario de mala lectura» del originador sin concienciación del nexo entre el originador y el originado. Llamémoslo de este modo, a sabiendas de que la «mala lectura» del originador por parte del autor, incluso cuando va seguida de la falta de concienciación de que hablo, no basta para que se dé el fenómeno en cuestión. Se trata, en efecto, de dos de sus condiciones necesarias, pero no suficientes. Y es que este superrealismo primario consta de tres notas que actúan solidariamente y con simultaneidad, de tal modo que, si una sola de ellas se ausentase, el superrealismo de la expresión dejaría de existir.

Examinemos desde este punto de vista la nota primera. Es evidente que esa primera nota (la «mala lectura» del originador por parte del autor y su consecuencia en el proceso del lector, a saber, la incongruencia emocional de éste frente al originado) no suscita por su mera presencia el hecho superrealista; es preciso que, además, se produzcan, como digo, otros dos fenómenos. Uno de ellos lo acabo de mencionar: la no concienciación del nexo identificativo entre originador y originado; el otro consiste en la inconexión lógica de estos dos últimos elementos entre sí. Buen ejemplo de ello sería la frase:

> En tu cintura no hay nada más que mi tacto quieto. Se te saldrá el corazón por la boca.

Para comprobar en este párrafo la «mala lectura» no hemos sino de recordar aquí nuestro análisis de la página 133. No hay duda de que el autor ha «leído mal» en su proceso Y la expresión amorosa «tacto quieto», al entenderla como «apretón mortal», expresión esta última informulada y no consciente que luego le habrá de dispensar al poeta el hallazgo del originado «se te saldrá el corazón por la boca»:

> tacto quieto en el sentido de caricia amorosa [= tacto quieto en el sentido de apretón mortal =] emoción de tacto quieto en el sentido de apretón mortal [= tacto quieto en el sentido de apretón mortal =] se te saldrá el corazón por la boca.

Mas si el hecho de la «mala lectura», sólo inherente al proceso Y del autor, lo examinamos ahora en cuanto a sus consecuencias dentro del proceso X del lector, habremos tropezado con el fenómeno de la «inconexión» emocional, que, asimismo, caracteriza al superrealismo primario del modelo que intentamos estudiar. *Pero esta peculiaridad no es últimamente distinta de la otra.* Se trata de la misma realidad sólo que contemplada en una diferente perspectiva: la «inconexión emocional» es al lector lo que la «mala lectura» es al autor en el sentido de que, según ya dije, la primera resulta de la segunda. Como el autor ha leído «mal» el originador que el lector ha leído «bien», se produce una disparidad emotiva entre ambos, lector y autor, al llegar, cada uno de ellos, al originado: el autor, frente al originado, experimenta una congruencia emocional, se siente cómodo, «conexo», con respecto a la emoción que el originador, «mal leído», le había suscitado, mientras sucede lo opuesto en el caso del lector, que, habiendo leído «bien» el originador, de ningún modo puede «conectar» emocionalmente con un originado que se le presenta incompatible, inhóspito, al ofrecerse como efecto, en el autor, de la «mala lectura» que antes dije. Sabemos ya que es, precisamente, esta desapacibilidad y heterogeneidad hostil del originado la causa de que el lector se sienta impulsado al simbolismo. En efecto: para salvar la insensatez emotiva y lógica que se ha producido, insensatez por partida doble en la que nuestra mente no puede residir, sólo queda un camino: rehacer, desde los materiales de que disponemos (el originador y el originado), la «mala lectura» que el autor ha realizado sobre el primero de tales elementos, e instaurar, de este modo, en nuestra conciencia lectora, la tranquilizadora conexión emotiva entre ambos, inexistente antes. Recordemos que el resultado de esta tarea adivinatoria y reconstructiva es la aparición de un doble simbolismo: si «retroactivo» en el originador, «actual» en el originado. Así, frente a la frase ya mencionada,

> En tu cintura no hay nada más que mi tacto quieto. Se te saldrá el corazón por la boca,

el lector se apodera de la «mala lectura» del autor, la recompone en su mente, obligando, tanto al originador («en tu cintura no hay nada más que mi tacto quieto») como al originado («se te saldrá el corazón por la boca») a un mismo simbolismo. Del originador extrae entonces el lector estas ecuaciones:

> tacto quieto en el sentido de caricia amorosa [= tacto quieto en el sentido de apretón mortal =] emoción en la conciencia de tacto quieto en el sentido de apretón mortal.

Y del originado, estas otras (coincidentes las dos en su simbolismo final: «emoción de tacto quieto en el sentido de apretón mortal»):

> se te saldrá el corazón por la boca [= tacto quieto en el sentido de apretón mortal =] emoción en la conciencia de «tacto quieto» en el sentido de «apretón mortal».

A la luz de lo expuesto, debemos volver sobre nuestra inicial observación de que el superrealismo propiamente dicho no es, sin más, la «mala lectura» del originador por parte del autor, o, enunciado en expresión distinta, la inconexión emocional frente al originado por parte del lector. Hace falta agregar algo a cada una de estas aserciones, según sosteníamos, para convertirlas en verdaderas. Por lo pronto, la «mala lectura» no sería superrealista de no ir acompañada de la ausencia de concienciación del nexo igualatorio entre originador y originado, ya que cuando la concienciación se produce nos hallamos frente a hechos literarios distintos del mencionado, es decir, frente a «autonomías» (imágenes visionarias, visiones o símbolos de irrealidad), que ya se han dado mucho antes del movimiento en cuestión. La frase «un pajarillo es como un arco iris» (imagen visionaria) resulta de leer mal el originador «pajarillo», pero no hay en ella superrealismo, pues aquí el originador («pajarillo») y el originado («arco iris») quedan unidos por el nexo igualatorio «es como» [2]. Claro está que, de otro lado, tampoco la ausencia de concienciación por sí misma origina superrealismo si en vez de una «mala lectura» el autor ha efectuado en el originador una lectura «correcta»: muchos poemas anteriores a la escuela citada están montados sobre el esquema que acabo de describir. Así, «Malestar y noche» de Lorca, estudiado por nosotros, en este preciso sentido, en las páginas 149 y ss. Pero hay más. El superrealismo precisa aún, para existir, de otra condición, como nos hizo ver el capítulo XXII y como hemos sostenido hace un momento. Y es que podría darse la «mala lectura» del originador en el proceso Y, y, por tanto, la inconexión emocional en el proceso X, amén de la no concienciación del nexo identificativo entre originador y originado, sin que nos hallásemos, pese a todo, en presencia de un momento poético de la especie que intentamos definir, siempre que entre originador y originado no medie una verdadera inconexión lógica. En el primer verso de estrofa de Juan Ramón (verso comentado por nosotros en las páginas 352 y ss.),

> Cesó el clarín agudo y la luna está triste.
> Grandes nubes arrastran la nueva madrugada.
> Ladra un perro alejándose, y todo lo que existe
> se hunde en el abismo sin nombre de la nada,

el autor ha leído «mal» el originador «cesó el clarín agudo», llegando así a un originado («y la luna está triste») que en el proceso del lector se halla, claro está, emocionalmente «inconexo». De otra parte, la relación entre originador y originado tampoco se presenta, en este caso, como lúcida. No hay superrealismo, sin embargo, porque le falta al dicho, tal como

[2] Véanse las págs. 166 y sigs. (capítulo VII).

anuncié, el importante pormenor de la incongruencia lógica entre los dos elementos sintagmáticos a que acabo de referirme: estar «la luna» «triste» (originador), o sea, de un determinado color que produce en nosotros ese sentimiento, es, como dijimos en la página 353, perfectamente compatible con el cese del «clarín» (originado). Habrá, en principio, absurdo emocional, pero no hay absurdo lógico, y el superrealismo no llega a darse. Aclaremos también, en este punto, que el absurdo lógico como tal no se constituye, por su parte, en causa suficiente de superrealismo: las «buenas» lecturas del originador (no superrealistas) conducen en principio a absurdos lógicos tanto como las «malas», y sólo casualmente, como aquí, pueden no hacerlo. En suma: del modo antes supuesto, la existencia de superrealismo primario, en este primer modelo que intentamos determinar, exige tres indispensables circunstancias *que deben darse juntas* para alcanzar su cometido, ya que ninguna de ellas resulta específicamente superrealista: primero, la «mala lectura» del originador en el proceso Y (y su consecuencia en el proceso X: la inconexión *emocional* del lector frente al originado); segundo, la inconexión *lógica* entre originador y originado; y tercero, la no concienciación del signo igualatorio entre ambos términos. Vuelvo a decir que el incumplimiento de uno sólo de estos tres puntos anula el carácter superrealista de la expresión de que se trate, y nos sitúa de hecho, en este aspecto, al nivel del período inmediatamente anterior.

Superrealismo de segundo grado

Antes de pasar a un segundo modelo de superrealismo primario, necesitamos encararnos con el hecho del superrealismo secundario, o superrealismo en grado segundo, cuya índole, en lo esencial, conocemos: se produce esa especie superrealista, dijimos, cuando el superrealismo primario *se complica* con uno o varios elementos más, igualmente superrealistas en el interior de esa complejidad. Así, por ejemplo, si además de las tres notas que estipulábamos para el superrealismo primario del modelo estudiado en el epígrafe anterior se produce una «falsa concienciación» por lo que toca a la relación entre el originador y el originado: en vez de una relación identificativa, *que es lo que verdaderamente media entre ambos términos,* puede, en efecto, surgir, pongo por caso, una falsa relación de simultaneidad,

> se te saldrá el corazón por la boca *mientras* la tormenta se hace morada,

o de finalidad («para qué», «a fin de qué»), etc.

Pero, sin duda, son varias y diversas entre sí las características superrealistas «secundarias». La multiplicidad de «malas lecturas» del originador se muestra como otra de ellas. Adviértase que también aquí esta pluralidad de «malas lecturas» resulta superrealista siempre y cuando vaya acompañada de la no concienciación de la relación identificativa entre el originador y el originado [3]. El siguiente párrafo, estudiado por nosotros en las páginas 277 y ss., puede servir de ejemplo de este superrealismo de grado segundo:

> Hemos mentido. Hemos una y otra vez mentido siempre. Cuando hemos caído de espaldas sobre una extorsión de luz, sobre un fuego

---

[3] Si la pluralidad de malas lecturas se acompaña de la concienciación de la relación identificativa entre el originador y los diversos originados no hay superrealismo. Tal es lo que sucede en el poema XXIX de Antonio Machado, que empieza

> Arde en tus ojos un misterio, virgen
> esquiva y compañera,

tal como nos hizo ver el análisis que hemos intentado en las págs. 183 y siguientes. La palabra «virgen» está, en ese poema, leída «mal» por el autor de dos modos distintos: 1.º, como realidad enigmática y contradictoria vista en cuanto a su aspecto negativo; y 2.º, como realidad enigmática y contradictoria vista en cuanto a su aspecto positivo. Cada una de estas dos «malas» lecturas tiene varios originados. No hay, sin embargo, superrealismo en el poema machadiano, porque la relación originador («virgen») y originados («esquiva», o «compañera», etc.) se conciencia («virgen que es esquiva o que es compañera», etc.).

> de lana burda mal parada de sueño (...) Cuando hemos estrechado la cintura, besado aquel pecho y, vuelta la cabeza, hemos adorado el plomo de una tarde muy triste (...).

Aunque, aparte de lo dicho, se den en él otras notas «secundarias» que en seguida diré. Pero por lo pronto, el originador «hemos mentido» ha sufrido, en el fragmento copiado, recordemos, tres «malas lecturas»: ha sido entendido, de modo emocional, por el autor, en efecto, A, como «revesamiento» (pues la mentira es el revés de la verdad); B, como la «oposición entre un mal triunfador y un bien vencido» (ya que la mentira implica también esa noción); y C, como «contrasentido» (mentir supone una suplantación de la verdad, por lo que el resultado semántico de la acción, al no ser verdadero, carece de sentido, se hace absurdo). Naturalmente se dan en este caso, asimismo, las otras dos condiciones del superrealismo primario: la ausencia de lucidez en la relación identificativa entre originador y originado, y la inconexión lógica entre este par de elementos. El «exceso», digámoslo así, de «malas lecturas» (tres en vez de una) actúa entonces, pues, «secundariamente» en este párrafo, acentuando su superrealismo, ya que al producir tres tipos diferentes de originados (A, originados signados por la noción de «revesamiento»: «vuelta la cabeza»; B, originados signados por la noción de «oposición entre un mal vencedor y un bien vencido»: «extorsión de luz»; y C, originados signados por la noción de «contrasentido»: «lana [...] mal parada de sueño») habrá de suscitar, asimismo, tres tipos distintos de simbolizados (que podemos condensar en esas mismas nociones: «contrasentido», «revesamiento» y «oposición entre un mal vencedor y un bien vencido»), con lo que la irracionalidad del párrafo se intensifica.

Superrealismo secundario complejo

En el trozo sometido a consideración, la complejidad superrealista no se queda en el hecho de un puro superrealismo «secundario», sino que avanza hacia un superrealismo que podríamos denominar «terciario», «cuaternario», etc. si ello no trajese una extensión superflua de nuestra terminología. Sigamos, pues, hablando de superrealismo «secundario», aun cuando esté claro que en el párrafo investigado además de las tres «malas lecturas» del originador hay otros fenómenos superrealistas, como son: primero, la pluralidad de originados para cada «mala lectura»: la noción de revesamiento tiene aquí, por ejemplo, no uno sino dos originados: «caer de espaldas» y «vuelta la cabeza»; y ostentan más originados aún cada una de las otras «malas lecturas» (véanse las págs. 278 y 285); segundo, la falsa concienciación de la relación entre originador y originado, que en vez de ser identificativa, aparece en otras formas: el poeta no dice «hemos mentido como si cayésemos de espaldas»; dice: «hemos mentido *cuando* hemos caído de espaldas»; y tercero, la ocultación de la independencia de cada originado (E_1, E_2, E_3) con respecto a sus compañeros: «todos ellos se vinculan sintácticamente entre sí». En lugar de la frase: «hemos mentido como una extorsión de luz» (E_1), «como un fuego de lana burda» (E_2), etcétera, el poeta escribe: «hemos mentido (...) *cuando* hemos caído de espaldas *sobre* una extorsión de luz, *sobre* un fuego de lana burda mal parada de sueño», etc. (véase pág. 282).

En las páginas 293 y 300 hemos comprobado para la escritura superrealista otra posible complicación que en ocasión viene a añadirse a las anteriores: el doblaje de los originados fruto de varias «malas lecturas», cada uno de los cuales cabe que, en efecto, entre simultáneamente como miembro en diversas «familias» y se beneficie de este modo de un significado más rico: puesto que a cada «familia» le corresponde una significación simbólica distinta, habrán de recaer sobre el miembro «doblado» tantos significados diferentes como número de familias comparta.

Superrealismo primario según el modelo de autonomía compleja

Estamos ya en condiciones de volver al análisis del superrealismo primario, en un modelo aparentemente distinto al que antes vimos. Sabemos ya que las autonomías (imagen visionaria, visión y símbolo homogéneo) no son, en principio, superrealistas, ni aun cuando, de raro en raro, se verifique en ellas una pluralidad de «malas lecturas» del originador, mientras éstas, en su totalidad, mantengan la concienciación de la relación entre el originador y cada uno de los originados. Tal es lo que sucede, según vimos, en el poema XXIX de Machado:

> Arde en tus ojos un misterio, virgen
> esquiva y compañera.
>
> No sé si es odio o es amor la lumbre
> inagotable de tu aljaba negra.
>
> Conmigo irás mientras proyecte sombra
> mi cuerpo y quede a mi sandalia arena.
>
> ¿Eres la sed o el agua en mi camino?
> Dime, virgen esquiva y compañera.

Esta pieza ha sido, sin duda, el fruto de dos «malas lecturas» del originador «virgen» por parte del autor. Y así éste ha entendido esa palabra, primero, como realidad enigmática y contradictoria vista en cuanto a su aspecto negativo; y, segundo, como realidad enigmática y contradictoria vista en cuanto a su aspecto positivo. Cada una de estas dos lecturas incorrectas ha engendrado cuatro originados: los de la lectura primera son: «esquiva», «odio», «negra» y «sed»; los de la lectura segunda, «compañera», «amor», «lumbre» y «agua». Pero, en todo caso, la relación identificativa entre el originador y los originados aparece en el plano de la mente despierta, en cuanto que todos esos elementos, a nivel literal o a nivel meramente psicológico, se manifiestan en forma lúcida como atributos del originador «virgen»: es la «virgen» la que es «esquiva», la que es «compañera», la que es «agua o sed», la que es poseedora de una «negra» «aljaba», odiosa o amorosa ésta en su «lumbre» (pero si es amorosa u odiosa la lumbre de la aljaba, es ella, la «virgen», a nivel consciente, la odiosa o amorosa, ya que no tendría sentido predicar tal sentimiento de la aljaba o de su lumbre, y sí de su propietaria, sí de la intención con que la «virgen» «esquiva o compañera» utilizare tal instrumento).

Por tanto, para que una «autonomía» sea superrealista de manera primaria es preciso que existan al menos en ella dos «malas lecturas» del originador, con su consecuencia de inconexión lógica por lo que toca a los respectivos efectos sintagmáticos, pero ello siempre que una de tales dos lecturas no conciencie la relación identificativa entre el originador y su correspondiente originado (u originados). Tomemos un ejemplo claro de ello en esta imagen visionaria que será analizada por nosotros más despacio en el Apéndice V, pág. 484 (pertenece al poema «Del color de la nada»):

> La nada es un cuento de infancia que se pone blanco cuando le falta el respiro.

El poeta aquí ha leído el originador «la nada» en un par de modos, ambos «incorrectos»: primero como «absurdo», produciendo una imagen visionaria:

> la nada [= absurdo =] emoción de absurdo en la conciencia [= absurdo = cuento absurdo] = cuento de infancia,

y segundo como «moribundo»:

> la nada [= muerte = un muerto = un moribundo =] emoción de moribundo en la conciencia [= un moribundo =] que se pone blanco cuando le falta el respiro.

Lo que hace superrealista a esta imagen es que al quedar (por las razones que dije en las págs. 282-283) enlazados sintácticamente entre sí los dos originados (el procedente de la primera «mala lectura» —cuento de infancia— y el procedente de la segunda —«que se pone blanco cuando le falta el respiro»), la relación identificativa de uno de ellos (el segundo) respecto del originador se esconde a la conciencia. En efecto: el originado inicial («cuento de infancia») cumple oficio de sujeto de la oración formada por el segundo («que se pone blanco cuando le falta el respiro»), y de esta manera el originado «que se pone blanco cuando le falta el respiro», vinculado de la manera dicha a «cuento de infancia», no puede estarlo, por definición, al originador «la nada», frente al cual, en el plano lúcido, permanece en una radical independencia: es el «cuento de infancia» y no «la nada» la que, en ese plano, «se pone blanco cuando le falta el respiro», al revés de lo que ocurre en la realidad del plano preconsciente.

Observemos finalmente que el superrealismo obtenido aquí es, en definitiva, «secundario». Si resulta primario en cuanto a la ocultación del lazo identificativo entre el originador «la nada» y el originado «que se pone blanco cuando le falta el respiro», resulta, de hecho, secundario al añadirse a la expresión considerada un elemento irracional más: el representado por la fusión, simbólica en el sentido que sabemos (págs. 282-283), de los originados en un solo bloque sintáctico.

La complicación superrealista de una imagen visionaria cabe que se muestre de otro modo. En vez de afectar al originador, la «mala lectura» supernumeraria podría afectar al originado, en una forma distinta a lo que llamaré «imagen acústica»[4]:

> los reyes son esta bondad nativa conservada en alcohol que hace que la corona recaiga sobre la oreja.

Aquí, el originador «reyes» de la baraja (en cuanto símbolo, dentro de su contexto, dijimos, del hombre que al someterse a la artificiosidad inherente a la vida social ha ahogado y deformado su auténtica vida, la natural, fresca y espontánea, que sigue llevando, sin embargo, dentro de sí), ese originador tiene una sola «mala lectura» que conduce al originado o plano imaginario «bondad nativa, conservada en alcohol». En este caso, el apéndice «que hace que la corona recaiga sobre la oreja» no procede de una segunda «mala lectura» del originador, como en el otro ejemplo sucedía, sino de una «mala lectura» que sufre, por su parte, el originado:

> bondad nativa conservada en alcohol [= bondad nativa irrisoriamente situada = inocencia infantil irrisoriamente situada = niños irriso-

[4] Imagen acústica: Identificación preconsciente de un símbolo con la letra del simbolizador. En esto no hay superrealismo, por lo que diré en las págs. 438-439.

rios =] emoción de niños irrisorios en la conciencia [= niños irrisorios = niños que se colocan mal las prendas de vestir =] que hace que la corona recaiga irrisoriamente sobre la oreja.

Naturalmente, si aquí la «mala lectura» del originado, convertido así en originador, fuese seguida de la concienciación del engarce identificativo entre este nuevo originador y el originado correspondiente, no nos hallaríamos frente a un hecho verdaderamente superrealista, sino frente a una autonomía doble o compuesta de que podrían existir ejemplos antes de la escuela que investigamos. Pero el superrealismo primario se produce, ya que la relación entre el originador «bondad nativa» y el originado «la corona recaiga sobre la oreja» sufre una concienciación *falsa,* ofreciéndose, no correctamente, esto es, no como identificativa, sino como causal: «la bondad nativa» hace que «la corona recaiga sobre la oreja». El superrealismo se manifiesta, entonces, como «secundario», ya que la falsa concienciación de la relación originador-originado es un «plus» respecto de la mera ocultación de ella.

Los dos modelos de superrealismo primario se reducen a uno sólo

Véase, pues, en conclusión de cuanto hemos dicho, que los dos modelos de superrealismo primario que, en principio, proponíamos como distintos, vienen, en último término, a reducirse a uno sólo, que es aquel que fue considerado por nosotros en primer lugar. En efecto: en los dos casos, lo que produce superrealismo primario en un texto, trátese de una autonomía o de una expresión de otra índole, es que, de un modo u otro, se den en él las tres notas más arriba apuntadas y que me permito repetir: primero, la «mala lectura» del originador por parte del poeta; segundo, la no concienciación del nexo entre el originador y el originado tanto por parte del poeta como por parte del lector; y tercero, la inconexión lógica entre ambos polos de la expresión irracional. El superrealismo tiene muy diversas manifestaciones, pero, como se nos ha hecho notorio, su esencia última es siempre una y la misma, y por eso puede encerrarse en una fórmula de suma sencillez.

La novedad del superrealismo

Se nos pone con esto en claro la consistencia misma del sistema expresivo superrealista, en lo que éste tiene de nuevo: una estructura de tres notas («superrealismo primario»), a las que pueden agregarse («superrealismo secundario») otras, que a veces ascienden hasta el número de seis (multiplicidad de las «malas lecturas» y multiplicidad de los originados por cada «mala lectura»; doblaje y relación sintáctica, de tipo simbólico, de estos últimos entre sí; «elaboración secundaria» de los nexos para adecuar unos componentes del originado respecto de los otros; y, por último, falsa concienciación de la relación originador-originado). De tales notas, consideradas en sí mismas, sólo el «doblaje», la «elaboración secundaria» y la «falsa concienciación» parecen constituir una verdadera novedad. Los otros rasgos, aunque existentes (en diverso grado, por supuesto) en el período previo a la aparición de la escuela que nos ocupa, se hacen, sin embargo, cualitativamente superrealistas, al juntarse al trío «primario» que mencioné al principio y formar con él un organismo. Sigue aquí en pie el extraño principio que semeja regir la contextura toda de la técnica superrealista, cuya gran originalidad no es, fundamentalmente [5], la de sus elementos en cuanto tales, sino la del engranaje que éstos forman. Lo nuevo

---

[5] En el superrealismo hay algunos elementos, no fundamentales, nuevos: como acabo de decir, es nueva la «falsa concienciación» de la relación entre el originador y el originado y el «doblaje» de los originados. También lo es, no sólo (como queda implícito en lo recién expresado) la transformación simbólica que pueden haber sufrido los nexos con que se unen entre sí los componentes del originado, sino asimismo el proceso de elaboración que esos mismos nexos a veces experimentan para que tales componentes puedan adecuarse lógicamente entre sí («elaboración secundaria»).

no es tanto la existencia en sí misma de las piezas como su articulación, su montaje. La «mala lectura del originador» se da en las autonomías; la falta de concienciación del nexo identificativo entre originador y originado y la ausencia de congruencia lógica entre ambos términos, en las conexiones —todo ello anterior al superrealismo—; por otra parte, la multiplicidad de malas lecturas la hemos visto en el poema XXIX de Machado, en el que también podríamos haber subrayado un conato de engarce sintáctico de los originados entre sí[6]. Todos los componentes de una expresión superrealista, incluso de la expresión superrealista más compleja (con la excepción ya dicha de la «falsa concienciación», la «elaboración secundaria» y el «doblaje» de los originados) se da, pues, insisto, en una u otra proporción, antes del movimiento cuya técnica expresiva nos hemos propuesto determinar. Lo que no se da (salvo en el caso humorístico que citaré en las páginas 414 y ss.) es la armazón que los superrealistas construyen al acoplar esas piezas sueltas en un aparato expresivo, que, como tal, se nos aparece en calidad de cosa sorprendente y por completo revolucionaria. Por eso dije que la separación entre el superrealismo y el irracionalismo que le precede no sólo es cuantitativa, sino cualitativa. Hay en esa escuela una manera propia de expresarse por modo irracional; hay una fórmula irracional perfectamente diferenciada y otra, que viene a discrepar, radicalmente, de toda la tradición simbolizadora, cuyo arranque es, digamos, Baudelaire. Esa fórmula no consiste en una nota simple, sino en un complejo de notas, cuya solidaridad constituye una estructura cerrada: cada elemento precisa de sus compañeros y adquiere un sentido que no tenía antes y que le viene del conjunto: estamos frente a una irracionalidad más alta, con sus consecuencias, por supuesto, en el plano de la expresividad.

Claro está que también cuenta, y cómo, junto a la diferencia cualitativa, la cuantitativa. Y no sólo se trata de que haya ahora más visiones, más imágenes visionarias, más símbolos que an-

---

[6] Sólo un conato: el desarrollo pleno de ese sistema expresivo sí es superrealista.

tes. Se trata también de que las malas lecturas múltiples del originador son mucho más frecuentes, lo mismo que la pluralidad de originados y el engarce irracional de éstos. No hay duda de que ese aumento imprime, sin más, un carácter específico a la escuela. Acudamos a Hegel y a su genial idea del salto cualitativo. Al llegar a cierto punto crítico, la cantidad se hace cualidad, se trueca en una diferencia de naturaleza.

¿SUPERREALISMO ES TANTO COMO ESCRITURA AUTOMÁTICA?

Hasta aquí, en el presente capítulo, nos hemos ocupado de la estructura expresiva del superrealismo, de lo que llamaríamos su fórmula esencial. Ocupémonos ahora, no exactamente del modo como el poeta se las arregla para alcanzar el logro de esa fórmula o estructura, pues eso lo sabemos ya; lo que debe interesarnos en este momento es ver si hay también, por este lado, en ese camino, alguna originalidad que distinga al movimiento en estudio. Por lo pronto, álcese en este punto una franca protesta frente a los teóricos del superrealismo que nos han precedido. *El superrealismo de ningún modo se caracteriza por la famosísima escritura automática.* ¿Qué es, en efecto, la escritura automática? Recordemos el célebre pasaje de Breton de 1924 referido a la técnica superrealista. Se trata del:

> automatisme psychique pur (...) Dictée de la pensée en l'absence de tout contrôle exercé par la raison [7].

¡Automatismo psíquico puro! ¡Escritura fuera del control racional! Pese a Breton y a la larga estela de sus repetidores, eso

---

[7] «Automatisme psychique pur par lequel on se propose d'exprimer, soit verbalement, soit de toute autre manière, le fonctionnement réel de la pensée. Dictée de la pensée, en l'absence de tout contrôle exercé par la raison, en dehors de toute préoccupation esthétique ou morale» (André Breton, *Manifestes du surréalisme,* París, J. J. Pauvert Editeur, 1962, página 40).

define, como puede comprender muy bien el lector, no al superrealismo, sino a todo el movimiento simbolizador del que el superrealismo constituye sólo la etapa final. Tan fuera del control racional se halla situada la creación de los símbolos de «La mort des amants» o la de las imágenes visionarias de «Les phares» de Baudelaire, o la del poema XXVIII de Machado, o del 102 de Juan Ramón Jiménez, como la creación de un poema de Éluard, Aragon, Aleixandre, Neruda o Cernuda en sus respectivas etapas superrealistas. Nada de «escritura automática», así sin más. Decir «escritura automática» es lo mismo que decir, repito, «ausencia de control racional», o sea, lo mismo que decir «proceso preconsciente», «irracionalismo». Según vimos, el superrealismo no queda especificado, no queda dicho, delimitado, por el irracionalismo, por la escritura automática, sino por el modo o registro en que ésta, aquél, aparecen [8].

SUPERREALISMO E ILOGICISMO DE LOS NEXOS SINTÁCTICOS

Y ahora pasemos al importante hecho del ilogicismo de los nexos sintácticos en el superrealismo y en el período no vanguardista que le antecede. Nuestros análisis de las páginas 319 y ss. nos han revelado la importancia de la aportación del superrealismo en esta dirección. Tal ilogicismo se manifiesta de dos formas, según su procedencia. Nace, en cuanto a la primera de esas formas, de que los elementos del simbolizable pasan inalterablemente a la esfera del originado. Esto se da ya algo en el momento no superrealista («pero ¿quién vendrá y por dónde?»), aunque sea *mucho más frecuente*, evidente o escandaloso en el superrealista. Pero el ilogicismo de los nexos puede también engendrarse de manera opuesta, esto es, en el hecho de haber sufrido éstos un hondo trastorno al ir desde el simbolizable hasta el originado. En este segundo modo de ilogicismo

---

[8] Véase en la nota 5 a la pág. 413 la novedad con que el superrealismo usa las imágenes acústicas preconscientes.

de los nexos, el superrealismo carece de precedentes: nada hay de él en el período anterior. Tan original rasgo se produce, a su vez, en dos manifestaciones distintas, pues la alteración de que hablamos puede venir: A, de un proceso Y que afecta a la relación misma de que el nexo resulta expresión (una relación de identidad, por ejemplo, transformada preconscientemente en una relación de simultaneidad: «hemos mentido [...] siempre. *Cuando* hemos caído de espaldas...»); o B, puede venir también de la necesidad de adaptación que sienten a veces *ya en la conciencia* unos componentes del originado con respecto a los otros. En la frase

> Hemos mentido... siempre. Cuando hemos caído de espaldas sobre una extorsión de luz, sobre un fuego de lana burda mal parada de sueño

la preposición «sobre» resulta de acomodar la naturaleza del término «caer» a la presencia de los otros originados: si se cae, se cae *sobre* algo (véase el análisis de las págs. 331 y ss.). Repito que este término «sobre» no ha nacido de un proceso preconsciente que le haya afectado a él en cuanto tal, sino de una elaboración realizada *por la conciencia* en un intento de hacer compatibles entre sí, de algún modo, ciertos materiales de la esfera del originado.

LA TRADICIÓN TEÓRICA ACERCA DEL SÍMBOLO Y NUESTRAS CONCLUSIONES A ESTE PROPÓSITO

Capítulo XXI

CRÍTICA DE LA TRADICIÓN TEÓRICA ACERCA DEL SÍMBOLO

La tradición teórica acerca del símbolo

Tras el largo análisis que en el presente libro hemos emprendido para intentar el desentrañamiento de la naturaleza del símbolo, se nos aparece a una nueva luz toda la reflexión al propósito, que va desde Goethe y Meyer, iniciadores de estos estudios en sentido moderno, para acá. Y ocurre que el conocimiento que sobre la materia hemos alcanzado nos permite entender ahora la anterior meditación sobre el símbolo mejor que la entendían, si se me permite decirlo así, sus propios autores. Cosa que, después de todo, no debe extrañar, ya que el hecho se repite siempre que se hable de cualquier asunto desde una época en que se ha logrado un saber nuevo acerca de ella de tipo más abarcador. Al hallarnos situados en un lugar más elevado de la escalera de caracol, contemplamos un panorama de mayor amplitud y cada uno de los ingredientes del anterior paisaje adquiere una significación que, en poco o mucho, difiere de la que antes tenía. Surge así en las palabras antiguas o simplemente anteriores la evidencia de la limitación de su perspectiva, algo como un provincianismo por falta de datos que impedía a la sazón comprender de verdad todos los entresijos del fenómeno. A veces, lo que asoma en las viejas razones es lo que tienen de conocimiento a medias, de mero vislumbre que nosotros ahora completamos o engarzamos en una doctrina de mucha mayor complejidad que le otorga un significado más amplio y más maduro. Y en ocasiones lo que se manifiesta en las lucubraciones de quienes nos antecedieron es, simplemente, el error a que la fecha de redacción de la tesis irremediablemente conminaba.

CRÍTICA DE MIS SUCESIVAS CONSIDERACIONES ACERCA DEL SÍMBOLO

Empiezo esta tarea de deslindamiento y crítica por mis propios escritos, tomando en cuenta sólo, para abreviar (pero el hecho es extensible a las demás manifestaciones del fenómeno), lo que fui sucesivamente pensando acerca de ese tipo de símbolos que hube de denominar «imágenes visionarias»; tal la frase, muy conocida nuestra, referida a un pajarillo gris y pequeño.

un pajarillo es como un arco iris.

En la primera edición de mi *Teoría de la expresión poética,* 1952, dije ya que, en esas imágenes, los dos términos identificados, A y E («pajarillo», gris, y «arco iris», de colores), se parecían sólo en la emoción que suscitaban. Un «pajarillo» es criatura pequeña, leve, y produce en mí, por ello, un sentimiento de ternura; «arco iris», en el mencionado contexto, por sus colores puros y lavados, incoa en mi ánimo una emoción idéntica. Dado el subjetivismo contemporáneo, podré identificar ambos términos, pese a su disparidad objetiva, en cuanto que son emotivamente equivalentes.

En la segunda edición del libro, 1956, me percaté ya de que en el texto mencionado algo unía a «pajarillo» y «arco iris»: la idea de «inocencia». Me pareció entonces que «pajarillo» y «arco iris» se parecían en cosa que metafóricamente podríamos designar de ese modo. Pero ese algo era tan «remoto», añadía yo, que la razón no lo percibía: sólo asomaba en nosotros en forma emotiva, irracional. El lector, al hacerse con el texto en cuestión, sentía ante «pajarillo», pero sin percatarse del concepto correspondiente, una emoción de «inocencia», y lo mismo ante «arco iris». En un «Apéndice» de la cuarta edición, 1966, y en *El comentario de textos* (Castalia, 1973) el asunto quedó definitivamente zanjado: había cuajado por completo en mí la doctrina de las ecuaciones preconscientes, tal como la he expuesto en el presente libro, aplicándola al símbolo lorquiano de «los caballos negros». En la quinta edición de mi *Teoría...*, 1976, la desarrollé y extendí a todas las formas de símbolos que por entonces tenía clasificadas (imágenes visionarias, visiones y símbolos propiamente dichos).

Véase que en las tres fundamentales tomas de conciencia de la cuestión, el aserto que se sostenía era, si nuestra posición actual no yerra, «verdadero». Sólo que tal verdad iba sucesivamente afinándose. En efecto: el pajarillo no se asemeja al arco iris más que emotivamente (primera edición, 1952); pero ambos elementos vienen a coincidir en una noción «remota», la noción de «inocencia», cuya emoción es lo único que experimentamos conscientemente (segunda edición, 1956); ahora bien, esa noción de inocencia es «remota» precisamente porque no se trata de una propiedad ni del pajarillo ni del arco iris; se trata de una mera asociación identificativa que ambos seres, al juntarse en la frase citada, nos aportan (quinta edición, 1976). Las ideas de 1952 implicaban ya como se ve no sólo las de 1956, sino las de 1966, 1973 y 1976, en que la doctrina de las ecuaciones preconscientes alcanza, al fin, según la entiendo hoy, pleno desarrollo.

Mi obra de 1977, *El irracionalismo poético (El símbolo),* amplía mucho todas estas nociones y hace nacer otras que se les relacionan, pero dejando para el presente libro el enorme problema de la contextualidad simbólica (originador y originado), cuya solución nos ha revelado la existencia de otras formas de irracionalidad, desconocidas antes porque sólo se hacían perceptibles desde la peculiar perspectiva adoptada.

Crítica de la tradición teórica acerca del símbolo

1. *Enfrentamiento entre alegoría y símbolo*

Veamos ahora con ojos igualmente críticos algunas de las consideraciones tradicionales sobre el símbolo. Empecemos por la meditación del romanticismo y prerromanticismo alemán. Lo primero que observamos es que todas esas disquisiciones (las de Goethe, Meyer, Schiller, Schelling, Humboldt, Ast, Creuzer, Solger, etc.) se refieren a las diferencias entre alegoría y símbolo, que ni en el presente libro ni en los otros míos antes enumerados aparece, aunque sí lo hacen bastantes tratadistas de la época contemporánea, e incluso actuales (Gilbert Durand [1], Albert Mockel [2], P. Godet [3], Olivier Beigbeder [4], J. Huizinga [5], etc.), quienes, por inercia, han seguido repitiendo las nociones aprendidas en aquellos autores germanos. Hablo de repetición inercial, porque (aunque nunca, creo, se ha advertido) es evidente que el distingo, relevante en la hora goethiana, carecía ya de sentido muy poco después. Y es que Goethe y los otros doctrinarios que completaron su reflexión no tenían a la vista, salvo contadísimos casos, sino un cierto tipo de símbolo cuya peculiaridad destacaba por diferencia, en efecto, con la alegoría. Me refiero a una modulación muy particular del recurso que es sólo una «variedad» de la «familia» que aquí hemos denominado «símbolos de realidad». El simbolizador que pertenezca a este subgrupo, una vez analizado en cuanto a su sentido oculto, se asemeja a la alegoría en ser concreción o individualización de un género. Esta peculiar y limitadísima manera de simbolización,

---

[1] Gilbert Durand, *op. cit.*, pág. 52. Véase nota 13.

[2] Albert Mockel, *Propos de littérature,* 1894 (en Michaud, *op. cit.*, página 52).

[3] P. Godet, *op. cit.*, pág. 125.

[4] Olivier Beigbeder, *La symbolique,* París, Presses Universitaires de France, 1975, pág. 5.

[5] J. Huizinga, *op. cit.*, pág. 281.

por su carácter bastante menos irracional, se dio a veces, por vía de excepción casi única, antes del período contemporáneo, y los románticos pudieron teorizarlo. No hay duda, por ejemplo, de que una figura como la de Don Quijote sería, en este sentido, símbolo de cierto tipo de hombres idealistas o de cierto tipo de idealización. Podríamos llamarlo símbolo paradigmático.

2. *Ser y significar*

Como a partir sobre todo de Baudelaire, el símbolo pasó a formas más avanzadas, complejas e irracionales, incomparables ya con la alegoría en el sentido tradicional de ésta, no le bastaba al análisis del símbolo atarse a tales diferencias, agudamente puestas de relieve por los románticos alemanes. Ahora bien: éstos, al compararlo con la alegoría, dijeron del símbolo algunas cosas que, en parte o por completo, siguen siendo válidas para todas las formas de simbolización, o que, al menos, se llenan de la plenitud de su sentido vistas a través de nuestra doctrina. Así, por ejemplo, que el carácter «indirecto» de la significación simbólica se oponga al carácter «directo» de la alegoría (Goethe), fórmula que viene a equivaler a la de Schelling, repetida luego por Herder, Meyer y Creuzer: «el símbolo no sólo *significa* (como hace la alegoría), sino que *es*» [6]. La consecuencia que tales autores sacaron de esta doble función del símbolo fue el «laconismo», la «síntesis» manifestada por el recurso en cuestión frente al «retoricismo» alegórico, cuyo significado carece de multiplicidad.

¿Qué queda hoy de todo esto? Nosotros hemos hablado (desde otros supuestos que nos han permitido dar de ello, además, una explicación, que no está, claro es, ni en los románticos ni en ningún otro crítico hasta hoy) del *«realismo»* del simboliza-

[6] Goethe, *Jubiläumsausgabe,* vol. 33, pág. 94; Schelling, *Sämmtliche Werke,* edición original, Stuttgart y Augsburg, volumen V, págs. 452-453, 400-401 y 555; Heinrich Meyer, «Notas» para la edición de *Werke,* de Winckelmann, t. II, 1808; Friedrich Creuzer, *Symbolik und Mythologie der alten Volker,* 1810, pág. 70 (véase Tzvetan Todorov, *Théories du symbole,* París, ed. du Seuil, 1977, págs. 235-254).

dor y como consecuencia de la *«disemia»* con que éste se ofrece. En una serie «A [= B = C =] emoción de C en la conciencia», A, el simbolizador, significa, en principio, A, sin dejar de significar C (Goethe escribía: «el símbolo es la cosa sin ser la cosa y no obstante siéndolo»). Dicho en otra forma: el simbolizador A remite, por lo pronto, a su propia literalidad (*«es»*, en el sentido de Schelling, etc.) y luego, a través de la emoción, a un sentido irracional: este último coincide con el que Goethe llamaba «significado indirecto» y lo que Schelling y compañía prefirieron designar como «significación» (el símbolo «es» y *«significa»).* Estos distingos (importa poco la diversidad terminológica) estaban muy bien para su época. Se hacen, en cambio, muy incompletos y toscos en la actualidad, por dos razones:

Primero: A veces el simbolizador de realidad está constituido por una metáfora tradicional: en el verso de Lorca «jorobados y nocturnos» analizado por nosotros, la voz «jorobados», en cuanto «inclinados sobre el caballo» (metáfora tradicional, en efecto) es lo que se identifica simbólicamente con jorobados en cuanto «hombres con joroba». En tal caso, aquél, el simbolizador no afirma lógicamente su literalidad, no resulta, ni siquiera en esto, denotativo; lo que afirma lógicamente es el significado no literal, un significado connotativo (aquí, «inclinados sobre el caballo»), además de llevarnos de otro modo, de modo exclusivamente emotivo, a un sentido diverso que comparece entonces como rigurosamente irracional. Por tanto, no podemos decir aquí que el simbolizador *«sea»* en el mismo sentido en que podemos decirlo, sin reserva alguna de los lorquianos «caballos negros».

Pero sobre todo, segundo, los simbolizadores no siempre se manifiestan como heterogéneos, como «reales». Las teorías románticas arriba citadas no pudieron tener en cuenta el simbolismo «de irrealidad» («sonidos negros»), a la sazón prácticamente inexistente [7]. Pues bien: en tal simbolismo, las afirmacio-

---

[7] Casi podríamos decir que el simbolismo de irrealidad se reducía al uso (escasísimo, por otra parte, aún) de la sinestesia. Ya J. Pommier y luego Jacques Crépet y Georges Blin (Jean Pommier, *La mystique de Baudelaire;* George Blin, *Baudelaire,* págs. 107-118 y 200-202) indicaron el caso

nes teóricas susodichas dejan de cumplirse o sólo se cumplen si les damos un valor distinto al que en su origen tuvieron. En efecto, frente a un simbolizador de tipo irreal como «sonidos negros» cabe menos aún que antes sentenciar que *«es»* en el exacto modo de los mencionados «caballos negros». Nuestra conciencia renuncia, en el primer caso, al significado lógico (aquí, el literal) y en el segundo, no. Desde la perspectiva consciente, la expresión «sonidos negros» *no «es»*, puesto que la rechazamos, aunque sí *signifique* (irracionalmente) «sonidos graves» («expresado simbólico»), a través de la correspondiente emoción, cuyo sentido escondido o simbolizado sería la idea de la muerte. Ahora bien: tal como he insinuado, «sonidos negros», pese a todo, *«es»* en otra forma: nosotros afirmamos, en efecto, la existencia *real* del ente «sonidos negros», no en cuanto «significado» (hemos hablado de «rechazo»), sino en cuanto emoción: *sentimos* que tal ente es real aunque *sepamos* que no lo

de Diderot, que en sus *salons* había empleado los términos «d'accord, harmonie des teintes, de tons», a propósito de cuadros. Hoffmann había dicho (aunque en tono humorístico): «J'avais un habit, dont la couleur tourne vers le fa bemol»; «couleur de ré naturel»; habla de un perfume que es como «le chant suave de mille voix flûtées» («Pot d'Or»). Gautier, pero ya en 1843, refiriéndose a los efectos del hachís, nos hizo saber que: «j'entendais le bruit des couleurs. Des sons verts, bleus, jaunes m'arrivaient par ondes parfaitement distinctes». Y aún hallaríamos sinestesias en Nerval (*Aurélia*, ed. Clouard, pág. 97) y hasta en Balzac (véase Jacques Crépet y Georges Blin, edición crítica de *Les fleurs du mal*, París, Librairie José Corti, 1942, pág. 297). Dentro de la literatura española he encontrado símbolos de irrealidad en su forma de imágenes visionarias y de símbolos homogéneos ya en San Juan de la Cruz (véase mi *Teoría de la expresión poética*, ed. Gredos, 1976, t. I, págs. 361-387), y en la poesía tradicional española (véase mi libro *El irracionalismo poético (El símbolo)*, Madrid, ed. Gredos, 1977, págs. 106, nota 17). En cuanto a la sinestesia, Pidal cita el caso de Trillo y Figueroa, que habla de un «pálido lamento» (véase Ramón Menéndez Pidal, *Culteranos y conceptistas*, en *España y su historia*, II. Madrid, ed. Minotauro, 1957, pág. 522). Garcilaso habla de «la blanca Filomena». Dado que Filomena (el ruiseñor) no es blanco, sólo puede tratarse de un caso de sinestesia, tal como, de hecho y sin percatarse de ello, lo viene a interpretar Herrera (*Anotaciones a Garcilaso*, Sevilla, 1580, pág. 429) al comentar el pasaje (Égloga I, v. 231). Véase Garcilaso, *Obras*, Madrid, ed. Espasa-Calpe, Col. Clásicos Castellanos, 1966, pág. 15, nota 231.

es. Y debemos todavía añadir que los lectores ponen entre paréntesis, no hacen aquí caso de la carga semántica que tal emoción, como todas las emociones, lleva interiorizada, o, dicho con más precisión, sólo hacen caso de ella como apoyatura del significado irracional «muerte», al que esa carga viene a dar relieve, grafismo, intensidad[8]. Diríamos que tal carga no se anula, pero se traslada y subsume en la idea de «muerte», «desaparece» en ella, engrosándola, otorgándole mayor importancia y valor.

Como se ve, decir que el simbolizador en este caso «*sea*», cuando de hecho queda absorbido, deglutido y transfigurado en una distinta significación, conservando así sólo una existencia parentética de naturaleza emotiva, requiere un amplio ensanchamiento semántico del verbo en cuestión, ensanchamiento que podemos realizar siempre que nos hagamos conscientes de ello.

3. *Irracionalismo*

Hay otra característica del símbolo puesta de relieve, asimismo, por Goethe, con antecedentes en Kant y repetido posteriormente en una larga serie de autores: el concepto de no racionalidad, el cual, como sabemos, ha alcanzado, en nuestro sistema, mayor tecnicismo y, sobre todo, una máxima importancia. Kant había hablado de representación no racional, intuitiva[9]; Goethe hace lo propio, e incluso, en otro lugar, da un paso más: quien se enfrenta con la particularización en que consiste el símbolo «recibe» al mismo tiempo, dice, «lo general *sin darse cuenta de ello, o solamente más tarde*»[10]. No necesito recordar que de la nota de irracionalidad hemos deducido nosotros todas las demás peculiaridades del símbolo, aquí y en mi otro libro sobre la materia[11]. No se trata, en nuestra tesis, como en Goethe

---

[8] Véase mi libro *El irracionalismo poético (El símbolo),* Madrid, ed. Gredos, 1977, págs. 299, 315-316 y sobre todo 380-382.

[9] Kant, *Critique de la faculté de juger,* París, 1974, pág. 174.

[10] Goethe, *Jubiläumsausgabe,* vol. 38, pág. 261 (véase Todorov, *op. cit.,* página 241).

[11] *El irracionalismo poético...,* págs. 221-240.

y toda su secuela hasta hoy, de un rasgo del símbolo entre muchos. Se trata de la propiedad *radical,* matriz y origen de las otras, la cual se nos ofrece nada menos que como la llave del secreto simbólico, como la definitiva explicación de toda la estructura del símbolo. No percatarse de ello es dejar a este procedimiento envuelto en el más oscuro de los enigmas, pecado general de la crítica hasta el mismo día de hoy, si no tenemos en cuenta nuestros propios escritos, pues la explicación de que se sirve Todorov en su libro de 1977 (el símbolo establece relaciones, dice, no de identidad ni de semejanza, sino de participación [12]) queda, a su vez, inexplicada. ¿Será acaso que la explicación permanece tácita y consiste en los supuestos de la definición romántica del recurso, al que esa definición ve como particularización de un universal? (Recordemos que nuestra propia definición se basa, en cambio, en la *identidad* preconsciente y, por tanto, *seria* de dos entes *que pueden ser tan particulares y aparte uno como el otro* [13]*).* Evidentemente, la explicación no es la contenida

[12] Todorov, *op. cit.,* págs. 279, 282, etc. Dice Todorov en esas páginas que el simbolizador forma parte del simbolizado, en vez de decir, como decimos nosotros, que el simbolizador es idéntico con seriedad al simbolizado. Al final del presente capítulo, vuelvo otra vez sobre estos conceptos y su diferencia con los nuestros.

[13] He aquí un pasaje aleixandrino que comentaré en las págs. 401-404:

> Y hay quien llora lágrimas del color de la ira. Pero sólo por equivocación, porque lo que hay que llorar son todas esas soñolientas caricias que al borde de los lagrimales esperan sólo que la tarde caiga para rodar al estanque,
>
> («Del color de la nada», de *Pasión de la tierra.)*

en el que pueden analizarse tres «malas lecturas» del originador:

Primera «mala lectura»:

> soñolientas caricias (luces crepusculares) en cuanto lágrimas (puesto que se lloran) [= agua =] emoción de agua en la conciencia [= agua = agua que por un arroyo es conducida a un estanque =] «para rodar a un estanque».

Segunda «mala lectura»:

> soñolientas caricias (luces crepusculares) en cuanto lágrimas [= lágrimas de verdad =] emoción en la conciencia de lágrimas de verdad [= lágrimas de verdad =] están «al borde los lagrimales».

en el interrogante, pues aunque lo particular se incluya efectivamente, *pero en otro sentido,* dentro de lo general (en cuanto que el individuo se integra en la especie o en el género), esto no aclara de ningún modo el hecho al que se refiere Todorov de que el simbolizador, *sin ser en su opinión* (sí en la nuestra) *idéntico al simbolizado,* entre *con seriedad* en este último, forme verdaderamente parte de él. Y así, en cierta especie de sinécdoque, o en la alegoría, se da la relación de la parte con el todo, o de lo concreto con lo abstracto, sin que se produzca la auténtica participación a que Todorov alude como propia del símbolo. (Nuestra doctrina da cuenta de la diferencia: la alegoría y la sinécdoque, al ser fenómenos lúcidos, se hallan sometidas al «descrédito», y el símbolo, no, por motivos opuestos). No hay, pues, en Todorov, ni implícita ni explícitamente nada que, al transparentarnos el porqué de la «participación» de que el autor habla, se convierta de rechazo en el porqué del símbolo como tal. Más adelante, intentaré hacer ver la íntima conexión del concepto de «participación» que Todorov usa con el nuestro de «transitividad»: sólo que, en el sistema expuesto en el presente libro, al

---

Tercera «mala lectura»:

> soñolientas caricias (luces crepusculares) en cuanto lágrimas [= luces crepusculares de verdad =] emoción de luces crepusculares de verdad en la conciencia [= luces crepusculares de verdad = caen cuando caen las luces crepusculares de verdad, esto es, a la tarde =] «esperan sólo que la tarde caiga para rodar...».

Estudiando estos esquemas, se ve muy claro que el simbolizado no es más abstracto y general que el simbolizador, ni el simbolizador es, en ningún caso, la concreción de un universal constituido por el simbolizado. Y así, «soñolientas caricias» simboliza «agua», en cuanto a la primera «mala lectura»; y simbolizará, asimismo, «lágrimas de verdad» en cuanto a la segunda mala lectura, y «luces crepusculares de verdad», en cuanto a la lectura tercera. Estamos aquí muy lejos del tipo de simbolismo estudiado por los románticos alemanes, como digo en el texto. Asombra un poco que nada de esto haya sido advertido. Cuando en otro pasaje aleixandrino «cuentaquilómetros de alquiler» en el sentido de risa degradante simboliza «cuentaquilómetros de alquiler verdadero» nos hallamos frente a otro ejemplo de lo mismo particularmente evidente (véanse las págs. 420-421).

revés de lo que ocurre, como digo, en el de Todorov, tal noción adquiere perfecta inteligibilidad, al derivarse de la identidad seria, consecuencia, a su vez, de la irracionalidad y ceguera con que tal identidad se produce.

irracionalidad > identidad seria > transitividad.

4. *Inagotabilidad, infinitud, inefabilidad*

Tomemos otra de las cualidades que se atribuyen al símbolo: su inagotabilidad, su infinitud; dicho de otro modo: su naturaleza inefable. Aquí, como en los casos anteriores, nos hallamos frente a la descripción de una característica (las tres expresiones vienen a querer decir lo mismo) que es y no es verdadera. Es verdadera en cuanto que, en efecto, frente a los símbolos el lector siente que hay un significado en principio huidizo, y que, en cualquier caso, no podemos apresar en una sola palabra, pues apunta a varios campos semánticos entre sí diferentes. El símbolo alude, de un modo u otro, a la literalidad o al sentido lógico del simbolizador A, y luego, por otro lado, alude, asimismo, al simbolizado C y al expresado simbólico, el cual suele, además, ser múltiple: B_1, B_2, B_3, ... B_n, amén de la sensación de misterio, que el símbolo, en toda circunstancia, nos depara.

Ahora bien: ¿es todo esto, en efecto, «indecible», «inagotable», «infinito»? Evidentemente, no. Podremos acertar o errar al dar cuenta de lo que hemos sentido; y podremos también equivocarnos en ese sentimiento nuestro que tal vez no debimos experimentar tal como lo experimentamos (el poema, el arte «es un deber que tenemos que cumplir», pero que podemos incumplir). Mas eso ocurre en cualquier texto, simbólico o no, y no es, en principio, privilegio de los símbolos. Pero, si somos hábiles, nos será dado sacar a luz la totalidad de los ingredientes semánticos de un símbolo, aunque, claro es, el enunciado de tales ingredientes no equivalga, huelga decirlo, al recurso en cuestión, ni pueda sustituirlo artísticamente en nuestro ánimo, en cuanto que, desde el punto de vista estético, un símbolo es, ante todo, una emoción de que la mera enumeración de sus componentes semánticos carece. Aparte de lo dicho, la sensación tan engañosa de inefabilidad que los símbolos nos proporcionan se debe, en gran medida, a mi juicio, al carácter tanteante, problemático del expresado simbólico, pues justamente esa vacilación e interrogación nuestras nos hacen pensar, por definición, en que el significado buscado es también otro del que estamos acaso viendo (véanse las págs. 38 y ss.).

No faltan casos, por otra parte, en que el expresado simbólico, en vez de múltiple, sea simple, y, entonces, la supuesta «inefabilidad», «inagotabilidad» e «infinitud» del símbolo se manifiesta como evidentemente menos verdadera aún. En un símbolo que se atuviera a esta fórmula:

A [= B = C =] emoción de C en la conciencia,

el crítico «agotaría» la significación simbólica de A diciendo que A significa simultáneamente (de modo irracional o lógico) A y C, y que, a través de C, «expresa» B, y que todo ello nos da una impresión misteriosa. Y si B fuese más complejo y se desdoblase, por ejemplo, en B_1, B_2 y B_3, la cosa no variaría en lo fundamental: para «agotar» el significado, nos bastaría con mencionar, aparte de los otros, tales ingredientes. No modifica para nada tampoco nuestro aserto de la agotabilidad simbólica el hecho de que exista durante el superrealismo, en el proceso Y, la posibilidad de «leer mal» de dos, tres o cuatro modos distintos un originador, con sus consecuencias de mayor riqueza semántica en el proceso X. El resultado será, indudablemente, muy complejo, pero de todas formas se manifestará como perfectamente abarcable y «finito». Repitamos lo ya dicho: si hay, por ejemplo, tres «malas lecturas», nacerán *tres* simbolizados en el originador y *un* simbolizado en cada uno de los tres originados que se hayan producido. Y si cada «mala lectura» lleva *dos* originados en vez de uno, se multiplicará por *dos* el efecto de cada simbolizado. Como se ve, nos hallamos siempre, por cualquier sitio que miremos el asunto, en el reino de las habas contadas, situado allá en los antípodas del imperio de la borrosidad y la indeterminación que se suponía para el tipo de recursos que estudiamos. En suma: el símbolo está muy lejos de ser, en sí mismo, «indecible», y menos aún, «inagotable», «infinito». Pero lo es, también aquí, de otro modo o en otro nivel: en el puramente fenoménico. Sin duda no tiene esas cualidades que tantos críticos le han otorgado, *pero nos lo parece.* Y eso, tratándose de arte, hecho fundamentalmente psicológico, resulta, después de todo y desde cierto punto de vista, lo más importante y decisivo.

5. *Símbolo y proceso asociativo*

Y pasemos ya a los procesos asociativos como tales. ¿Nadie los había descrito como aquí lo hemos hecho? En esto, como en todo lo demás, ha habido atisbos, acercamientos, tanteos, pero podemos decir sin vacilación que incluso la más elemental de tales aproximaciones, la de reconocer que el hecho asociativo en cadena descubierto por el Psicoanálisis era simbólico, sólo se llevó a cabo, por Todorov, en 1977 [14]; o sea, bastantes años después de haber sido publicados mis análisis del símbolo recordados más arriba. Todorov pudo llegar a este reconoci-

[14] Tzvetan Todorov, *Théories du symbole,* París, ed. du Seuil, 1977, págs. 285-321, y especialmente págs. 317-321.

Freud nunca reconoció como símbolos a las realidades desencadenantes (en el sueño o en la neurosis, etc.) de un sistema de asociaciones cuando éstas eran puramente personales, y únicamente daba este nombre a aquellos elementos que ostentaban universalidad, por ser fijas sus relaciones significativas para todos los sujetos (Sigmund Freud, *Introducción al Psicoanálisis,* en *Obras Completas,* II, Madrid, Biblioteca Nueva, 1948, páginas 112-119 y 132-144).

Por ejemplo, ciertos objetos alargados (bastones, etc.) eran símbolos del sexo masculino, y ciertas realidades que se presentan como cavidades eran símbolos del sexo femenino *(ibid.,* págs. 135 y 136). El prejuicio de creer que los símbolos forzosamente habían de poseer objetividad fue, creo, el motivo de esta confusión, la cual, sin duda, ha retrasado el conocimiento de la naturaleza simbólica. (Pero en la época de Freud se tenía todavía un conocimiento muy deficiente del símbolo, pues aún regían las definiciones románticas: Freud *no podía* sino hablar desde su época, no desde nuestras *actualísimas* concepciones.)

miento porque en un capítulo anterior del mismo libro en que lo realizó, había tropezado con tales engarces al considerar, en poco más de una página [15], ciertas ideaciones simbólicas de la mente salvaje (como yo había hecho ya en 1966 [16]: once años antes, pues, y luego, en 1977 [17]). Pero Todorov no pasa de ahí, y ni siquiera se percata de que los encadenamientos de referencia sean algo más que un hecho fortuito, clasificable como rareza, inherente a algunas de las formaciones simbólicas del pensamiento salvaje, neurótico u onírico. Por tanto, si hasta tan básica noción se ha alcanzado más allá de nuestras fronteras, con notorio retraso y de manera tan parcial, primaria y deficiente, puede suponerse lo ajena que ha estado la semiótica respecto de las otras complejidades del tema. Al no haberse estudiado nunca el complicado fenómeno de la contextualidad simbólica (las relaciones entre el originador y el originado en sus varias posibilidades) se extendía una espesa tiniebla sobre la genuina razón del simbolismo, de cómo y por qué se produce y de la forma y sentido de los procesos de que hablamos. La índole preconsciente de esos procesos como causa de sus propiedades, así como sus puntos de concienciación (originador, momento emocional del proceso Y, originado), se mantenían en la tiniebla, y, con ello, el símbolo, resultado del proceso X (ignorado igualmente en cuanto a sus peculiaridades de funcionamiento), quedaba sin posibilidad de explicación. Pero, además, de entre las propiedades del símbolo, se puso en claro sólo una mínima parte, y ello, en último término, de modo empírico, no al modo científico, digámoslo así, que el presente libro y el otro mío anterior han intentado. En vez de «identidad real» como base de la relación entre el simbolizador y el simbolizado solía hablarse, ya lo dije, de «participación», en el sentido en el que puede decirse que los dientes, por ejemplo,

---

[15] Todorov, *ibid.*, págs. 283-284.

[16] En la 4.ª edición de mi *Teoría de la expresión poética*, Madrid, ed. Gredos, 1966 (capítulo «Los supuestos de la poesía»).

[17] En mi libro *El irracionalismo poético (El símbolo)*, Madrid, ed. Gredos, 1977, págs. 245-250.

son una parte de mi cuerpo [18]. Dice Todorov de la relación simbólica: «ce n'est pas un rapport d'identité (...) mais d'appartenance; le symbole est l'être en ce sens qu'il en fait partie» [19]. El error de negar la identidad de la relación simbólica nace, creo yo, de lo que nosotros llamamos la ambigüedad del simbolizador: como A en el proceso simbólico (A [= B =] emoción de B en la conciencia), por las razones que sabemos, es B sin dejar de ser A, se piensa, erróneamente a mi juicio, que A *no es idéntico a B*, sino que sólo *«está en B»*, que sólo *«participa»* de B. «Participación» es, pues, «transitividad», aunque interpretada ésta de otro modo, fenómeno que ni Todorov ni nadie (volvamos a recordarlo) han intentado esclarecer. A veces se habla, sí, de «identidad», pero sólo de un modo vago y sin sacar de ello consecuencias [20]. Por tanto, hechos de tanta importancia referidos a las ecuaciones simbólicas como son la imposibilidad de ser éstas disentidas al presentarse como preconscientes; el no «descrédito», la posible «inesencialidad», el «salto a otro ser», la «inadecuación emocional», la «reciprocidad metafórica», etc., etc., eran o desconocidos o inexplicados. El resultado de todo ello podría ser condensado en breve frase: la naturaleza del símbolo se ofrecía hasta ahora como un verdadero enigma, ya que sólo se sabían sus efectos externos, los que ese recurso ejercía sobre el lector y algunas, muy pocas, propiedades internas, no todas ellas, y menos aún la razón unitaria de ese conjunto. Espero que el presente libro haya contribuido al esclarecimiento de tantas pertinaces oscuridades.

---

[18] Lucien Lévy-Bruhl, *L'Expérience mystique et les symboles chez les primitifs*, París, 1938, págs. 176-178; véase también sobre la participación, Todorov, *op. cit.*, págs. 279-282.

[19] Todorov, *ibid.*, pág. 279.

[20] Véase nota 25 a la pág. 19 del presente libro.

APÉNDICES

RAZÓN DE ESTOS APÉNDICES

Creo que en los libros teóricos el pensamiento debe ser progresivo, y que toda detención en un punto, por interesantes que puedan ser las ideas que en él se exploren, resulta fastidiosa para el lector, y en definitiva paralizadora de su atención, que busca siempre ir hacia adelante.

Tal es el motivo de que yo haya considerado pertinente reservar para estos *Apéndices,* fuera ya del cuerpo del libro propiamente dicho, cinco trabajos cuya pretensión es únicamente ahondar o pormenorizar cuestiones que, sin ese desarrollo, habían sido tratadas ya en el organismo fundamental de la presente obra. Estas ampliaciones se ponen así a disposición de las personas que tengan interés en ellas (si es que existen algunas) sin que, por otra parte, su presencia interrumpa de ningún modo el indispensable flujo del discurso que este volumen ha intentado ofrecer.

Apéndice Primero

METÁFORAS PRECONSCIENTES NO ESCRITAS Y NO CONCIENCIADAS

Las sucesivas ecuaciones preconscientes

Hemos analizado hasta ahora las relaciones generales entre el originador y el originado («ecuaciones preconscientes», «escritas y concienciadas» o «escritas y no concienciadas») que consisten en la lectura «errada» o «correcta» que el autor hace del originador, ya que el originado no es otra cosa que el resultado de tal lectura. Debemos ahora enfrentarnos a esas mismas relaciones, pero con atención más escrupulosa, de modo que se nos haga perceptible la minucia de cada uno de los tránsitos que en conjunto forman el magno paso a que me acabo de referir, amén de sus propiedades específicas. Vamos, pues, a descomponer en este Apéndice y en los tres siguientes la relación originador-originado para estudiar sus átomos de transición, si se me permite decirlo así, esto es, para estudiar cada una de las ecuaciones que sucesivamente la van constituyendo (a las que hemos denominado «identificaciones preconscientes *no* escritas y *no* concienciadas»), así como, repito, algunas de sus fundamentales características.

Acerca de esto último sabemos ya, pero sólo teóricamente, cuanto al propósito nos cumple: nos falta sólo comprobar nuestros asertos en los textos mismos poemáticos. En el capítulo II habíamos llegado a consignar para las ecuaciones preconscientes diecinueve propiedades [1], que son, cada una de ellas, resultado de otra anterior, excepción hecha, claro es, de la que encabeza la serie. Hay, pues, en esas ecuaciones una propiedad básica de la que derivan todas las otras. Y esa propiedad que fundamenta el sistema en su conjunto es, precisamente, la que acabamos de enunciar en el adjetivo «preconscientes», con el que tales identidades, como consecuencia, se nos definían. La no lucidez es, pues, la ley primera de las ecuaciones mágicas, de la que nacen las otras como meras derivaciones o secuelas suyas, bien que importantísimas. En el texto citado las enunciábamos. Se trata, en resumen, y yendo sólo a lo decisivo, de la posibilidad, por un lado, de la *«inesencialidad»* en cuanto al parecido de los miembros sometidos a ecuación; de la *«seriedad»* de ésta; de su *«totalitarismo»;* y de la *«transitividad»,* tomada no lúdicamente, de las porciones, propiedades o emociones de cada uno de los miembros que se equiparan. Por otro, tendríamos estas otras dos cualidades igualmente sustantivas: Primero, el *«realismo»* de todas y de cada una de las ecuaciones de la cadena o proceso preconsciente de que se trate, así como el de cada uno de los miembros de las igualdades (realismo, digamos, de la ecuación A = B como tal, y realismo de sus dos términos: realismo de A y realismo de B). Y segundo, la *«reciprocidad»* de cada miembro con respecto a todos los otros.

Tras este enunciado, aunque en compendio, de las leyes generales de los procesos preconscientes, que en seguida intentaremos comprobar, descendamos a sus particularizaciones. ¿Qué

---

[1] Recordémoslas: 1.°, no lucidez; 2.°, no disentimiento; 3.°, no descrédito; 4.°, posible inesencialidad; 5.°, seriedad; 6.°, totalitarismo; 7.°, tránsito de ciertos elementos de un miembro hacia el otro de la misma ecuación; 8.°, tránsito de la emoción de un miembro hasta el otro de la misma ecuación; 9.°, realismo de la ecuación A = B; 10.°, realismo de A y realismo de B; 11.°, posible disemia y ambigüedad de A y de B; 12.°, salto a otro ser; 13.°, inconexión lógica entre un miembro y otro de la ecuación, pero sobre todo entre un primer miembro y un tercero, y, por supuesto, entre el originador y el originado; 14.°, inadecuación emocional; 15.°, reciprocidad de cada miembro con respecto a los otros; y aun otras cuatro más.

tipo de relaciones entre los dos elementos, A y B, conducen a su preconsciente ecuación? La respuesta nos es también conocida. Se trata siempre de relaciones *metafóricas*, esto es, de relaciones basadas en la semejanza, o de relaciones *metonímicas*, esto es, basadas en la contigüidad (contigüidad en el espacio o en el tiempo) [2]. Acerquémonos primero a las metáforas, cuyo nombre completo nos es ya sabido: metáforas preconscientes no escritas y no concienciadas.

METÁFORAS PRECONSCIENTES NO ESCRITAS Y NO CONCIENCIADAS: SU POSIBLE INESENCIALIDAD

De entre tales metáforas, hallamos dos tipos fundamentales: se nos separan, en efecto, las metáforas que se basan en una coincidencia en cuanto al significante [3] de aquellas otras en las que la coincidencia se refiere al significado. La inesencialidad puede darse en los dos tipos, y no sólo en el primero, donde la inesencialidad es evidente y por definición, de modo que metáforas de uno y otro orden, que serían cómicas a causa de la trivialidad de su base, si se estableciesen en la conciencia, resultan o pueden resultar poéticas cuando se establecen en el preconsciente [4].

---

[2] En mi libro *El irracionalismo*... (ed. cit., pág. 219) he intentado mostrar que las sinécdoques son casos particulares de metáforas llamando así a la relación identificativa entre dos miembros A y B (o A y E) basada en una semejanza. Discrepo, pues, aquí de ciertos teóricos.

[3] No se confunda eso con lo que Dámaso Alonso ha llamado «imágenes del significante» que son, por completo, otra cosa (véase Dámaso Alonso, *Poesía española*, Madrid, 1966, ed. Gredos, págs. 321-323).

[4] Recordemos que, en mi *Teoría de la expresión poética* (t. II, Madrid, 1977, ed. Gredos, págs. 22-23) se llega a concluir que las metáforas poéticas precisan para serlo el asentimiento del lector, y que para que tal asentimiento se produzca es indispensable la existencia de un parecido esencial entre el plano real A y el plano evocado E de la imagen. Las metáforas cómicas, en cambio, necesitan lo opuesto: el disentimiento de quien lee, pero disentimiento acompañado de tolerancia. Disentimos esas metáforas porque la similitud entre las dos planos imaginativos, el real y el evocado,

Dentro de las metáforas preconscientes, nos compete probar que el parecido en cuanto al significado lo mismo puede ser esencial que inesencial. Empecemos por esto último.

METÁFORAS POR COINCIDENCIA INESENCIAL EN CUANTO AL SIGNIFICADO

En el poema «Del color de la nada» de *Pasión de la tierra* se habla de unas luces crepusculares, que vienen a simbolizar, dentro de su contexto, cuanto en el mundo se halla en trance de desvanecimiento y extinción. Poco después, el poeta llama «soñolientas caricias» a esas luces. Transcribo el párrafo:

> Y hay quien llora lágrimas del color de la ira. Pero sólo por equivocación, porque lo que hay que llorar son todas esas soñolientas caricias que al borde de los lagrimales esperan sólo que la tarde caiga para rodar al estanque...

Nos tocará más adelante explicar del todo la causa de que el poeta, tras haber identificado, como digo, a las «luces crepusculares» con la noción «soñolientas caricias», esté, a su vez, identificando esas «soñolientas caricias» o «luces crepusculares» con unas lágrimas que caen «desde los lagrimales». Adelantaré únicamente ahora que ello se debe, en parte, a que por simbolizar «muerte» esas luces o «caricias» entristecen, al parecer hasta el llanto, al narrador del poema. Lo importante para nosotros de momento es, sin embargo, otra cosa. Se trata de aclarar por qué esas «luces» o «caricias» (= lágrimas) ruedan al estanque, ya que es en este punto donde se da la metáfora inesencial que nos interesa. Sin duda, nos hallamos frente a un originador de inconexión que, por lo pronto, ha producido un

---

es escasa, inesencial, pero las toleramos porque, pese a todo, hay en ellas una cierta similitud. Una metáfora sería «absurda» (ni cómica, pues, ni poética) cuando ni resulta «asentible» ni «tolerable», al no mediar semejanza alguna entre los términos que el autor, sin embargo, compara (véase, también, el presente libro, págs. 89-92).

originado de esa misma especie. El originador viene dado en la expresión «soñolientas caricias», en cuanto que tras su colocación como complemento directo del verbo «llorar» significa, claro es, además del sentido que le corresponde por otros motivos, el de lágrimas. El originado está, en cambio, constituido por la frase «para rodar al estanque». ¿Cuál habrá de ser el proceso Y inconexo que ha podido engendrarlo? Sin duda éste:

> Soñolientas caricias en el sentido de lágrimas [= agua =] emoción de agua en la conciencia [= agua = agua que por un arroyo es conducida a un estanque =] «para rodar al estanque».

Como se ve, el tránsito entre «soñolientas caricias» (originador) y «para rodar al estanque» (originado) está basado en una metáfora, en efecto, inesencial: como las «lágrimas» son, en definitiva, «agua», se identifican irracionalmente aquellas «soñolientas caricias-lágrimas» con el «agua» que va a dar a un estanque. La ecuación entre ambos términos («soñolientas caricias-lágrimas», A, que caen desde un ojo, y «agua», B, que por un arroyo, diríamos, es conducida a un estanque) se basa, por tanto, en un nexo fragilísimo: la coincidencia en un elemento material, «agua», pero de tan discrepante índole en cada caso, por la disparidad de las realidades en las que participa, que si tal confusión se produjese en la conciencia y no, como sucede aquí, en el preconsciente, el resultado habría de ser, todo lo más, según ya dije, cómico. Pero es, evidentemente, en el preconsciente donde se da la igualdad: el lector no se percata de la metáfora, sino que la reconstruye emotivamente a partir del originado, en el sentido que sabemos: el sintagma «para rodar al estanque», en cuanto originado, le simbolizará de manera «actual», lo mismo que el sintagma «soñolientas caricias», en cuanto originador, viene a simbolizarle de modo retroactivo: la idea de «agua».

Realismo de las ecuaciones preconscientes

No hemos con esto dilucidado del todo el párrafo de *Pasión de la tierra* antes copiado. Queda por averiguar la razón por la cual esas «soñolientas caricias» aparecen «al borde de los lagrimales», y por qué esperan «que la tarde caiga» «para rodar al estanque». Y aunque este problema constituya un inciso que nos habrá de apartar del tema estricto en que estábamos y al que luego habremos de volver (la indiferencia del preconsciente frente a la esencialidad o inesencialidad metafórica), creo que nos conviene el breve paréntesis, puesto que tendremos en él una excelente ocasión para comprobar de nuevo la complejidad que a veces manifiestan las relaciones originador-originado, y sobre todo para empezar a ver cómo funciona la propiedad de las ecuaciones preconscientes que hemos apretado en la palabra «realismo», lo cual constituye también, como anuncié, una de las preocupaciones del presente Apéndice. Consiste tal realismo, dijimos, en que en una identidad A = B, realizada fuera de la conciencia, A es A realmente sin dejar por eso de ser realmente B (consecuencia de ello, la «ambigüedad»). Las luces crepusculares o «caricias» (A) son «lágrimas» de veras (B), y lo prueban cayendo desde los lagrimales; pero al manifestarse como «lágrimas» (B) no han depuesto de ningún modo su condición de «luces crepusculares» (A), y lo demuestran igualmente cayendo «cuando la tarde cae». Nos hallamos, pues, frente a dos procesos Y de inconexión incoados por un mismo originador, que ya había incoado, además, otro, el de «lágrimas-agua». Es decir, nos hallamos frente a un originador que ha sido leído tres veces de modo «incorrecto» por el autor. Proceso primero:

> Soñolientas caricias (luces crepusculares) en cuanto lágrimas [= lágrimas de verdad =] emoción de lágrimas de verdad en la conciencia [= lágrimas de verdad =] (están) «al borde de los lagrimales».

Proceso segundo:

> Soñolientas caricias (luces crepusculares) en cuanto lágrimas [= luces crepusculares de verdad =] emoción de luces crepusculares de verdad [= luces crepusculares de verdad =] caen cuando caen las luces crepusculares, esto es, a la tarde («esperan sólo que la tarde caiga para rodar...»).

Tras estas formulaciones, los procesos X o del lector son fáciles de transcribir. La frase «al borde de los lagrimales», por ser el originado del primer proceso Y de inconexión, nos obliga a simbolizar con «actualidad», en nuestro proceso X, «lágrimas de verdad»; pero hará lo propio el originador «soñolientas caricias», sólo que con carácter «retroactivo». Algo similar ocurre, por lo que toca al segundo proceso. El originado «esperan sólo que la tarde caiga para rodar» nos simbolizará «actualmente» la misma noción «luces crepusculares» que queda simbolizada, asimismo, aunque retroactivamente, por el originador «soñolientas caricias». Ahora bien: como estos dos procesos, y además un tercero, el de «agua de estanque», ostentan un mismo originador, inconexo en los tres casos, formado, como acabamos de ver, por la expresión «soñolientas caricias», éste, el originador en cuestión, simbolizará entonces, simultáneamente, al haber sufrido una triple «mala lectura» por parte del autor y en correspondencia a los tres procesos incoados, un trío de significados entre sí diferentes, a saber: «luces crepusculares» (A), «lágrimas» (B) y «agua» (C). Por otra parte, los tres originados le quedarán referidos. Y entonces tales «caricias» situadas (en cuanto «lágrimas» de verdad) «al borde de los lagrimales», esperarán sólo (ahora en cuanto verdaderas «luces del crepúsculo») «que la tarde caiga», para rodar (por su parte, en cuanto «agua» de idéntica seriedad) a un «estanque». La complejidad del párrafo y el realismo de las ecuaciones preconscientes que son sus ocultos supuestos, no pueden manifestarse como más evidentes. La significación también resulta, claro está, compleja. Pues al reunirse en la mente del lector, esas tres significaciones nos vendrán a decir, desde su conglomerado unitario, esto: nuestro dolor (lágrimas) ante la idea del tiempo y de la muerte (luces crepusculares) carece de sentido (rueda al estanque, donde se pierde y junta a otras muchas aguas, a otras muchas lágrimas: se alude, pues, a la insensatez de la vida humana, pero también a la unidad cósmica que el universo representa: idea fundamental del primer Aleixandre).

Metáforas que ostentan parecido esencial en cuanto al significado

Volvamos a nuestro central argumento. Hemos visto hasta ahora, en la identidad preconsciente «lágrimas = agua», que la semejanza en cuanto al significado de los dos miembros puestos en relación admite la inesencialidad. Innecesario es afirmar que el parecido de esa clase no siempre se muestra así. Cabe también, en efecto, que ambos términos, A y B, se relacionen al revés, siguiendo similitudes esenciales. Lo que merece ser, una vez más, subrayado en cuanto a tal cuestión, es que, extrañamente, *la eficacia emocional o estética no varía por el hecho de la consistencia mayor o menor de la aproximación.* Conocemos ya ejemplos de este tipo metafórico, que ahora, por tanto, sólo preciso recordar. El paso de la idea de «noche», en cuanto símbolo de «muerte», a la idea de «truenos bajo tierra», en la frase:

> No me ciñas el cuello que creeré que se va a hacer de noche. Los truenos están bajo tierra,

es metafórico de esa manera esencialista que investigamos por lo que atañe a cada uno de los eslabones intermedios que preconscientemente los enlazan: el tránsito, por ejemplo, de «noche» a «invisibilidad» y de ahí a «(truenos) bajo tierra», o bien, de «muerte» a «terribilidad amenazante» y de «terribilidad amenazante» también a «truenos» se halla, en efecto, sólidamente fundamentada. Todas estas metáforas habrían resistido sin disentimiento la investigación lúcida, en el caso de haberse manifestado como conscientes, en lugar de hacerlo como preconscientes.

Metáforas acústicas o por semejanza en cuanto al significante

Pasemos ahora al estudio de las metáforas preconscientes «no escritas ni concienciadas» que se fundamentan en semejanzas en cuanto al significante, y, por tanto, en semejanzas puramente fonéticas. Ya dejé dicho que en estos casos el parecido es *siempre* (y no sólo a veces, como antes) inesencial, y que, en consecuencia, de ser conscientes tales metáforas únicamente podrán esperarse de ellas frutos cómicos. La confusión de dos cosas sólo porque coincidan total o parcialmente en el nombre es un resorte hilarante muy utilizado por el humor de todos los tiempos: constituye la raíz de cuantos retruécanos, equívocos o juegos de palabras hayan podido darse. Lo curioso es que los procesos preconscientes, del autor y del lector, utilicen idéntico sistema con resultado opuesto, de orden, pues, no cómico sino poético, ya que, como digo, en estos casos la inesencialidad en que la metáfora se fundamenta no puede ser disentida, con lo que deja de cumplirse una de las tres leyes del chiste, formuladas en mi *Teoría de la expresión poética,* y éste se imposibilita. En el simbolismo de realidad hemos analizado dos ejemplos muy claros de este tipo de metáforas. Uno está constituido por el último verso del poema XXXII de Antonio Machado:

> reposa el agua muerta,

en que el adjetivo «muerta», en el sentido de «parada» (el agua de un estanque) se nos identificaba en nuestro proceso de lectores con «muerta» en el sentido de «muerta» (una vida). El otro ejemplo lo hallábamos en el «Romance de la Guardia Civil española» de Federico García Lorca:

> Jorobados y nocturnos
> por donde animan ordenan
> silencios de goma oscura
> y miedos de fina arena,

donde «jorobados» en el sentido de «inclinados sobre el caballo» (o en el sentido de «hombres con mochila a la espalda») se nos asimilaba también, del mismo modo preconsciente, con «jorobados» en el sentido de jorobados, esto es, de «hombres con joroba», hombres físicamente aberrantes o monstruosos. Como se ve, el parecido entre «jorobados-inclinados sobre el caballo» y «jorobados-monstruos» es exclusivamente nominal, fútil, por tanto, como ocurre, igualmente, en el otro caso: el agua de un estanque no se asemeja en nada a un cadáver; únicamente el nombre que el poeta le da, «agua muerta», establece un debilísimo nexo, que de ningún modo sería bastante para ser asentido, caso de que fuéramos conscientes de él.

En los procesos Y de inconexión, propios del superrealismo, las identificaciones mágicas de esta especie resultan muchísimo más frecuentes, hasta el punto de serles, en ese sentido cuantitativo, características. No tenemos más que recordar un párrafo, analizado en parte por nosotros más arriba, que, en su brevedad, exhibe nada menos que cuatro ejemplos, tres de los cuales nos son ya muy familiares (y ello nos permitirá ahorrar palabras):

> En tu cintura no hay nada más que mi tacto quieto. Se te saldrá el corazón por la boca mientras la tormenta se hace morada. Este paisaje está muerto. Una piedra caída indica que la desnudez se va haciendo. Reclínate clandestinamente. En tu frente hay dibujos ya muy gastados. Las pulseras de oro ciñen el agua y tus brazos son limpios, limpios de referencia. No me ciñas el cuello, que creeré que se va a hacer de noche. Los truenos están bajo tierra. El plomo no puede verse...
>
> («El amor no es relieve».)

Empecemos por dos de los tres casos que habíamos estudiado ya. Me refiero a los que aluden al «tacto quieto» y a las «pulseras de oro» que ciñen el agua, cuyos procesos Y correspondientes dijimos que eran:

> tacto quieto en el sentido de caricia amorosa [= tacto quieto en el sentido de apretón mortal =] emoción de tacto quieto en el sentido de apretón mortal en la conciencia [= apretón mortal =] se te saldrá el corazón por la boca mientras la tormenta se hace morada,

y

> pulseras de oro en el sentido de rayos de sol que ciñen el agua [= pulseras de oro de mujer =] emoción de pulseras de oro de mujer en la conciencia [= pulseras de oro de mujer =] y tus brazos están limpios de pulseras (puesto que esas pulseras de mujer están en el agua).

«Tacto quieto-caricia» se identifica con «tacto quieto-apretón mortal», pese a ser exactamente su opuesto, en virtud de la sola identidad fonética; y algo parecido le pasa a «pulseras de oro», que de significar «rayos de sol» llega a significar «pulseras de oro de mujer», únicamente en virtud de la coincidencia acústica. Todo esto lo habíamos ya dicho páginas atrás; pero hay algo que en ellas no dijimos. En cuanto el poeta ha escrito «y tus brazos están limpios», haciéndonos comprender emotivamente «limpios» como «limpios de pulseras (sin pulseras)», se nos obliga a que recibamos ese mismo adjetivo en otra dirección semántica: como «limpios de toda realidad o referencia que no sea el amor mismo». Proceso Y:

> Y tus brazos son limpios en el sentido de limpios de pulseras [= limpios en el sentido de limpios de toda realidad o referencia que no sea el amor mismo =] emoción de «limpios de toda realidad o referencia que no sea el amor mismo» [= limpios de toda realidad o referencia que no sea el amor mismo =] limpios de referencia.

Detengámonos en este punto a examinar el curioso fenómeno que ahora va a producirse en el texto, fenómeno conocido teóricamente por nosotros, pero del que no teníamos hasta ahora ejemplos concretos: hablo de la «transitividad», merced a la cual, en una identidad preconsciente A = B, los ingredientes o atributos de A pueden pasar a B, o a la inversa. Es así como podemos explicarnos ahora el paso sintagmático que observamos en el poema «El amor no es relieve» entre «ceñir el agua las pulseras de oro» y «ceñir el cuello amorosamente unos brazos»; y así, encontramos en ese texto, a continuación de lo anterior, la frase:

> No me ciñas el cuello.

El proceso Y a cuyo través el autor ha alcanzado ese originado sería, en efecto, el que antes señalábamos:

> Pulseras de oro en el sentido de rayos de sol que ciñen el agua [= pulseras de oro de mujer =] emoción de pulseras de oro de mujer en la conciencia [= pulseras de oro de mujer =] y tus brazos están limpios de pulseras.

Y es aquí donde entra, de pronto, la «transitividad». Como hay una identificación preconsciente entre el originador y el originado, es decir, entre «pulseras de oro en el sentido de rayos de sol que ciñen el agua» y «tus brazos están limpios (de pulseras)», este último término («tus brazos están limpios —de pulseras—») será sentido por el poeta como propietario de la cualidad que corresponde al originador «pulseras de oro»: la de «ceñimiento». Esos brazos sin pulseras podrán ceñir. Por eso dice: «no me ciñas el cuello», frase en la que, por cierto, se va a producir la cuarta metáfora acústica que buscamos, y que tampoco en este caso nos es desconocida. La idea de ceñimiento amoroso se le confunde ahora a Aleixandre (en cuya mente impera una determinada cosmovisión que más arriba esbocé a este propósito) con la idea de otro ceñimiento muy distinto: el de unos brazos que aprietan el cuello, ahogándolo mortalmente:

> ceñir amoroso [= ceñir destructor = muerte =] emoción de muerte en la conciencia [= muerte = no veo =] noche.

Otra vez se identifican dos opuestos (amor y muerte) en virtud de una relación exclusivamente acústica: la que viene dada en los sonidos de la palabra «ciñas»: «no me ciñas el cuello».

Tomemos ahora un fragmento de «Ropa y serpiente» que no sólo nos va a mostrar dos ejemplos más, muy nítidos los dos, de metáforas preconscientes acústicas, sino, de nuevo, el curioso fenómeno de la transitividad, en una forma casi idéntica a la que acabamos de describir:

> ... Ni a mí que me llamo Súbito, Repentino, o acaso Retrasado, o acaso Inexistente. Que me llamo con el más bello nombre que yo encuentro para responderme: «Quéeeeeee?...» Un qué muy largo, que acaba en una punta tan fina, que cuando a todos nos está atravesando, estamos todos sonriendo. Preguntando si llueve. Preguntando si el rizo rubio es leve, si un tirabuzón basta para que una cabeza femenina se tuerza dulcemente, emergiendo de nieblas indecisas.

Pero no me preguntes más. Una pompa de jabón, tres, diez, veinte, rompen azules, suben, vuelan, qué lentas, qué crecientes. Estallan las preguntas, y bengalas muy frías resbalan sin respuesta.

El poeta comienza con una declaración pesimista: acaso su existencia, por precaria, momentánea e inadecuada («Súbito», «Repentino», «Retrasado»), no sea verdaderamente real («Inexistente»). Lo que de este fragmento nos interesa es que la expresión «me llamo», en cuanto «tengo el nombre de» (originador) se confunde con «me llamo» en cuanto «llamar a alguien para que conteste»; más concretamente, «llamarme a mí mismo con esa intención». Ello lo evidencia el propio poema: «que me llamo con el más bello nombre para responderme quéeeeee». La expresión «para responderme quéeeeee» se constituiría como el originado. El proceso Y sería, por supuesto, de inconexión:

Me llamo en el sentido de «tengo el nombre de» [= me llamo en el sentido de llamar a alguien para que conteste =] emoción de me llamo en el sentido de llamar a alguien para que conteste [= me llamo en el sentido de llamar a alguien para que conteste =] para responderme quéeeeeee;

con lo que ese originado «para responderme quéeeeee» simbolizará «actualmente» «me llamo en el sentido de llamar a alguien para que conteste». No es necesario añadir que el originador «me llamo» en el sentido de «tengo el nombre de» repetirá, retroactivamente, idéntico simbolismo.

El segundo ejemplo viene a continuación: «un qué muy largo, que acaba en una punta tan fina que, cuando a todos nos está atravesando, estamos todos sonriendo. Preguntando si llueve...» Aquí «muy largo» en el sentido de duración (originador) se toma, al mismo tiempo, como «muy largo» en el sentido físico, de extensión en el espacio. Y es este segundo significado el que se amplía y prolonga a renglón seguido, produciendo un originado igualmente inconexo: «que acaba en una punta tan fina». Proceso Y de ese mismo tipo:

muy largo en cuanto duración [= muy largo en cuanto extensión =] emoción de muy largo en cuanto extensión en la conciencia [= muy largo en cuanto extensión =] que acaba en una punta tan fina.

Sobra, creo, ya expresar cuál sea, en este caso, el proceso X o del lector. Sólo diré que, a su través, el originador («muy largo» en cuanto duración) y el originado («que acaba en una punta tan fina») llegan a simbolizar, cada uno a su modo («retroactivo» y «actual»), «muy largo en cuanto extensión».

De nuevo, la transitividad

El fenómeno de la transitividad, al que antes me referí como existente también en el fragmento en que ahora estamos, requiere, para ser reconocido, la interpretación previa de éste. Hemos dicho antes que el poeta empieza por declarar su inestabilidad, su instantaneidad existencial: por ello, su vida carece de realidad verdadera. Cuando le llaman «Inexistente» se da por aludido, pues contesta con un doloroso «quéeeeee», largo como una aguja: una aguja tan fina que si nos pinchase, apenas lo habríamos de sentir. Hablaríamos de otras cosas, seguiríamos soñando («preguntando si llueve, preguntando...»), sin darnos cuenta del dolor que entraña esa queja agudísima.

«Preguntar» es, pues, en el poema, «soñar» ilusamente, ajenos a la verdad del humano sufrimiento. Cuando el poema dice: «pero no me preguntes más» es como si dijera: «pero no sueñes más». La idea de sueño iluso del que forzosamente habremos de salir, trae consigo una asociación metafórica: «pompas de jabón que estallan». Pero como las pompas de jabón son esos sueños ilusos en que nos olvidamos de la angustiosa verdad de la vida, y como a su vez los sueños eran las «preguntas» extemporáneas que hacíamos («preguntando si llueve, preguntando...»), las «pompas de jabón» que «estallan» serán las «preguntas que estallan». La mente del poeta ha pasado por un proceso Y que podríamos esquematizar del siguiente modo:

> Preguntar [= soñar ilusamente = sueño del que habremos de despertar =] emoción de sueño del que habremos de despertar [= sueño del que habremos de despertar =] pompa de jabón creciente que está a punto de estallar («pompa de jabón... creciente», sentida como próxima a estallar).

Si aplicamos ahora a esta relación originador-originado la propiedad de las ecuaciones preconscientes que hemos denominado «transitividad», comprenderemos que lo propio del originado (que las pompas de jabón crecientes estén a punto de estallar) pueda pasar al originador, con lo que serán las preguntas las que estallen. Y así el poeta dice: «estallan las preguntas». Este caso es exactamente opuesto en su transitividad al de los brazos ceñidores que antes vimos, ya que aquí, en el ejemplo de las «pompas de jabón», lo propio del originado pasa al originador, mientras allí, en el ejemplo de los «brazos», sucedía lo opuesto: lo propio del originador pasaba al originado. El párrafo se nos ha hecho con esto claro:

> Pero no me preguntes más. Una pompa de jabón, tres, diez, veinte, rompen azules, suben, vuelan, qué lentas, qué crecientes. Estallan las preguntas, y bengalas muy frías resbalan sin respuesta.

Aún volvemos a tropezar con otra transitividad del mismo tipo a continuación. Es evidente que en el texto «estallan las preguntas» está sosteniendo dos significados. En primer lugar, un significado lógico: «estallan las preguntas» significa, de ese modo, «surgen las preguntas». Pero a causa del proceso Y que acabamos de examinar (el de «preguntar =...pompas de jabón»), ocurre que la frase «estallan las preguntas» en el sentido de «surgen las preguntas» es sentida, repito que por transitividad, como «estallan las pompas de jabón». Y desde este sentido irracional con que el poeta experimenta la frase «estallan las preguntas», pasa éste a un nuevo proceso Y, según el cual «estallan las preguntas = estallan las pompas de jabón» se identifica con «bengalas», por el hecho de que las bengalas también estallan, en el sentido de la dispersión insonora de su luz. Tal es el proceso Y, o del autor, que podríamos encerrar en un esquema como éste:

> Estallan las preguntas en el sentido de «surgir preguntas» [= estallan las pompas de jabón = estallan las bengalas en el sentido de dispersión insonora de su luz =] emoción de «estallan las bengalas en el sentido de dispersión insonora de su luz» [= estallan las bengalas en el sentido de dispersión insonora de su luz =] y bengalas muy frías resbalan sin respuesta.

De nuevo la complejidad de la relación originador-originado

El doble simbolismo será aquí, pues, «estallan las bengalas en el sentido de dispersión insonora de su luz». Pero he aquí que ese mismo sistema de originador-originado («estallan las preguntas» —originador— y «bengalas muy frías resbalan sin respuesta» —originado—) se une también («complejidad») a causa de una segunda «mala lectura» del originador por parte del autor, según otro proceso que el lector llega a averiguar y recomponer emotivamente en virtud de la conexión que éste establece entre la noción «preguntas» del originador y la noción «respuesta» del originado:

> estallan las preguntas en el sentido de surgir preguntas [= preguntas que exigen respuesta =] emoción de preguntas que exigen respuesta [= preguntas que exigen respuesta =] y bengalas muy frías resbalan sin respuesta;

con lo que el hecho de resbalar las «bengalas», «muy frías» y «sin respuesta» (originado) vendrá a simbolizar «preguntas que exigen una respuesta». Pero como ese originado habla de que no hay respuesta, la significación final será «preguntas que exigen una respuesta que nunca llega». Si juntamos ahora los dos procesos que afectan a un mismo y solo sistema de originador-originado, tendremos dos simbolismos en cada uno de sus dos polos: de un lado se simboliza de ese modo doble «estallan las bengalas en el sentido de dispersión insonora de su luz». De otro se simboliza, como acabo de decir, también doblemente, «preguntas que exigen respuesta». En la mente del lector ambos significados se fusionan y mutuamente se corrigen hasta rezumar un sentido unitario: «preguntas que exigen respuesta y que son como bengalas que estallan sin sonido, o sea, sin respuesta». Se da a entender así que esas preguntas o sueños no tienen respuesta, no concuerdan o se adecúan a la realidad escondida, la auténtica, que es dolorosa, trágica [5].

[5] Comprobada la diferencia cuantitativa que obra a favor de las metáforas acústicas preconscientes en el superrealismo o simbolismo inconexo

Precedentes de las imágenes acústicas superrealistas en el humor del entremés de «Los habladores»

Afirmaba yo hace años, en uno de mis trabajos [6], el hecho curioso de la frecuencia con que las técnicas artísticas que van

con respecto a esas mismas metáforas en el «simbolismo de realidad» anterior, debemos ahora establecer una separación más tajante y esencial, por ser ésta cualitativa, entre esos dos momentos del irracionalismo, por lo que toca al uso le tales metáforas. Y es que, en efecto, las identificaciones preconscientes de tipo puramente fonético no se utilizan del mismo modo en ambos períodos. La diferencia es clara: en el simbolismo de realidad, el lector no sólo es inconsciente, durante la lectura, de la metáfora acústica A = B que se ha producido; es inconsciente, asimismo, *de la existencia misma de esos dos términos,* pues ambos se le confunden en uno solo. Esto último no ocurre en el superrealismo. ¿Cuál es la razón de tal discrepancia? La razón sería, a mi juicio, ésta: en el simbolismo de realidad, al ser «vital» el originador, sólo tenemos ante nuestros ojos la letra poemática del originado, ofrecido como simbolizador (por ejemplo, la palabra «jorobados» en el poema de Lorca que antes mencioné), y por tanto sólo a ese originado o simbolizador podremos achacar la totalidad de la emoción recibida. No se nos plantea, pues, como he dicho, la existencia de dos términos, A y B («jorobados-inclinados» y «jorobados-monstruos»), sino sólo de uno (jorobados-inclinados), que, *no sabemos en la lectura por qué,* nos produce un efecto negativo. En el superrealismo, esto es, en los procesos de inconexión, sucede lo contrario: se nos ponen en evidencia, se nos patentizan un par de realidades como cosas en efecto distintas. En un primer término percibimos el elemento A de la metáfora puramente fonética, o sea, el originador («me llamo» en el sentido de «tengo el nombre de») y luego, *en otro sitio,* percibimos el originado («para responderme quéeeee»), en cuanto simbolizador precisamente del elemento B de la metáfora en cuestión («me llamo» en el sentido de «llamar a alguien para que conteste»). Se nos obliga a discriminar así entre el elemento A y la emoción de B, precisamente porque la sentimos *en otra región,* y en otro momento: al llegar al originado. Se nos separan con esto los dos términos A y B, a los que captamos como entidades entre sí diferentes, cada uno a su modo: A se nos da primero y de manera lógica («me llamo con el más bello nombre»); B se nos da, después, de manera irracional, emocional, en diversa región sintagmática (en el originado, repito, o sea, en el término «para responderme quéeeeee»).

[6] *La poesía de Vicente Aleixandre,* 2.ª ed., Madrid, 1968, ed. Gredos, págs. 237-238.

luego a caracterizar a cierto período histórico, aparecen primero en la comicidad, a veces con una antelación de siglos. El dato lo comprobaba, por lo pronto, en las «cualidades imaginativas descendentes» propias de la época contemporánea; esto es, en aquel procedimiento retórico que consiste en conceder al plano real A de una metáfora las propiedades o atributos que se han desarrollado antes (explícita o implícitamente) de modo no alegórico en el plano imaginario E. Ejemplo: «una a una las hojas secas van cayendo / de mi corazón mustio, doliente y amarillo». Podrían citarse muchos ejemplos más; y así, para mencionar sólo algo que nadie ignora y que, por tanto, se nos ofrece como de evidencia inmediata, la utilización de un proletario como personaje de una obra literaria se da ya en la Edad Media (fabliaux, etc.), pero, en rigurosa conformidad a nuestra tesis, el tratamiento que se otorga a tal personaje es, a la sazón, exclusivamente cómico. La seriedad en tal tratamiento resulta un hallazgo español del siglo XVI *(El Lazarillo de Tormes);* fuera de España, hay que llegar al siglo XVII y sobre todo al XVIII para encontrar algo semejante[7].

¿A qué se debe este avance y prioridad de la literatura burlesca o cómica con respecto a los géneros serios? Si aplicamos aquí las leyes de la poesía y del chiste estipuladas en mi *Teoría de la expresión poética*[8] (y recordadas no hace mucho en el presente libro), la cosa empieza a disipar su misterio. Todos y cada uno de los procedimientos poéticos o literarios (y en general, artísticos) llevan dentro de sí la fecha de su aparición, que nunca es, por supuesto, azarosa. Depende, en todo caso, de la cosmovisión en que se esté. Y así, nos hemos explicado más arriba la irracionalidad o simbolismo de la poesía contemporánea por el individualismo subjetivista que es propio de la visión del mundo de nuestro siglo. Ese subjetivismo, vivido por nosotros en forma emocional y no consciente, nos permite entender, y por lo tanto «asentir» (segunda ley de la poesía), a la estructu-

---

[7] Véase Pedro Salinas, *Ensayos de Literatura Hispánica,* Madrid, 1958, ed. Aguilar, págs. 58-74.

[8] *Teoría,* 1977, t. II, págs. 9-84.

ra de esa clase de figuras que con anterioridad se hubiera experimentado como falta de sentido y, por consiguiente, como «disentibles».

Generalizando la doctrina y sacando de ella las pertinentes consecuencias, diríamos: un procedimiento estético que nace al arte (por ejemplo, a la literatura) antes de la época en que puede ser verdaderamente comprendido y de este modo «asentido», conlleva, por lo pronto, el cumplimiento de una de las dos leyes propias del chiste: el disentimiento. Pero el hecho de que en el futuro ese mismo procedimiento vaya a tener plena inteligibilidad, o sea, plena razón de ser, supone que ya ahora tenga alguna, es decir, que ya ahora nos sea dado ver como «posible» en algún «equivocado» su «ilegítima» tolerancia. «Toleramos» entonces sin «asentir» y por eso nos reímos. (Aclaremos: la segunda ley del chiste es precisamente eso que acabo de denominar «tolerancia», actitud esta última, la representada por la tolerancia, que se produce en nosotros al hacernos, en el chiste, con las *causas del error* en que incurre un «torpe»: el personaje ridículo. La «tolerancia» consiste, pues, en comprender el dicho, más o menos disparatado, de que se trate como «humano», es decir, como no carente *por completo* de sentido, y superar así la perplejidad de lo totalmente insensato o absurdo.) Por tanto, los procedimientos que se anticipan a su momento artístico «serio» se manifiestan, sin más, como aptos para un uso cómico. De ahí que sea el chiste y no la poesía el que muchas veces los estrene, tal como hemos empezado por sentar.

Tras el anterior comentario, nos explicamos, creo que del todo, el hecho de que las «imágenes acústicas» nacidas en el desarrollo del tránsito entre un originador y un originado, pese a ser tan peculiares del superrealismo, se puedan anticipar en el famoso entremés anónimo de *Los habladores,* incluido, sin ser de Lope, en la Séptima Parte de las comedias de éste. (Tampoco, al parecer, es de Cervantes, con cuyo estilo se emparenta más [9].) En esa encantadora obrita, Roldán, charlatán incorregi-

[9] Véase Dámaso Alonso, Eulalia Galvarriato de Alonso y Luis Rosales, *Primavera y flor de la literatura hispánica,* Madrid, *Selecciones del Reader's Digest,* 1966, t. I, págs. 364-370.

ble, «lee» continuamente «mal» el originador en que se le convierte cualquier palabra que sus interlocutores pronuncian, «mala lectura» que consiste en pasar desde aquélla (esa palabra u originador) a la imagen acústica correspondiente. Toda la breve pieza se basa en esta técnica. He aquí un primer ejemplo:

SARMIENTO. Téngase, que me ha muerto, y pienso que algún demonio tiene revestido en esa lengua.

ROLDÁN. Dice vuesa merced muy bien: porque quien tiene lengua a Roma va. Yo he estado en Roma y en la Mancha, en Transilvania y en la Puebla de Montalbán. Montalbán era un castillo de donde era señor Reinaldos. Reinaldos era uno de los doce Pares de Francia y de los que comían con el emperador Carlo Magno *en la mesa redonda; porque no era cuadrada ni ochavada. En Valladolid hay una placetilla, que llaman el Ochavo. Un ochavo es la mitad de un cuarto;* un cuarto se compone de cuatro veces un maravedí; el maravedí antiguo basta tanto como ahora un escudo; dos maneras hay de escudos: hay escudos de paciencia y hay escudos...

Más abajo:

BEATRIZ. ... El caer es forzoso, porque hay tres estados en todas las cosas: el principio, el aumento y *la declinación.*

ROLDÁN. *Declinación* dijo vuesa merced, y dijo muy bien: porque *los nombres se declinan,* los verbos se conjugan y los que se casan se llaman con ese nombre: y los casados son obligados a quererse, amarse, y estimarse, como lo manda la Santa Madre Iglesia. Y la razón de esto es...

Comentemos sólo lo más evidente de estos fragmentos. En uno de ellos, Roldán, por el mero hecho de que la «mesa redonda» no es «cuadrada ni ochavada», se pone a hablar de «una placetilla que llaman el Ochavo»; a renglón seguido, menciona «un ochavo» (moneda). No hay duda de que se producen aquí «imágenes acústicas» como las que vemos en el superrealismo: «ochavada» en el sentido de forma de una mesa se identifica con «El Ochavo» (calle); y, a su vez, esta última expresión se identifica con «un ochavo» (moneda): la secuencia completa nos daría estas dos fórmulas empalmadas:

> forma ochavada [= sonidos que se asemejan a los sonidos de la palabra ochavo =] emoción de sonidos que se asemejan a los sonidos de la palabra ochavo [= sonidos que se asemejan a los sonidos de la palabra ochavo =] calle del Ochavo [= sonidos de la palabra "ochavo"=] emoción de sonidos de la palabra ochavo [= sonidos de la palabra ochavo =] ochavo (moneda).

En el otro trozo vemos lo mismo: «declinación» en el sentido de «decadencia de algo» pasa a ser «declinación en el sentido de flexión que tienen los nombres en algunas lenguas»:

> Declinación en el sentido de decadencia [= declinación en cuanto a sus puros sonidos =] emoción de declinación en cuanto a sus puros sonidos [= declinación en cuanto a sus puros sonidos =] declinación en el sentido de flexión que tienen los nombres en algunas lenguas.

¿Hay alguna diferencia entre el uso de esta técnica en *Los habladores* y en el superrealismo? Evidentemente, sí, como corresponde a la diferencia entre la índole de la comicidad y la índole de la poesía. En el superrealismo poético, todo el proceso es preconsciente, lo mismo en el autor o hablante poemático *que en el lector*. En *Los habladores,* el proceso Y es fantaseado por el autor como no consciente (nosotros diríamos como preconsciente) *en Roldán,* el hablante del entremés. Como es propio de los personajes cómicos, comparece aquí el hablante, Roldán, en calidad de «distraído»; «distracción» la suya que la pieza hace consistir en tomar una palabra por otra, *sin percatarse,* claro está, *de ello:* no hay duda, entonces, por definición, del carácter imaginariamente preconsciente del yerro. Pero este proceso preconsciente del personaje o hablante queda reconstruido, en cambio, *lúcidamente* por el lector, ya que sólo así se hace posible descubrir que Roldán ha sido «torpe» y por qué lo ha sido, descubrimiento doble que es justamente la base del disentimiento, por un lado, y de la tolerancia, por otro, en que, precisamente, el chiste se fundamenta.

Naturalmente, esta especial estructura cómica del procedimiento instalado en el entremés de *Los habladores* imposibilita la simbolización que, por el contrario, es el efecto, como sabemos, del recurso en el caso poético. No puede haber simbolismo, en la mencionada pieza del siglo XVII, puesto que, en ella, el proceso del lector (que es donde el simbolismo se origina en todo caso) resulta consciente. En suma: el artificio de que se vale el entremés de *Los habladores* resulta, en principio, idéntico al artificio «acústico» del superrealismo poético con sólo algunas diferencias: desde el punto de vista del proceso del hablante no hay más disparidad, a primera vista, que el hecho de que, en un caso, en el poético, el hablante es un personaje que figura ser el autor; en otro, en el cómico, el hablante es un personaje que no figura serlo. Aparentemente, no es, pues, en el proceso del autor, sino en el del lector donde la discrepancia esencial (lucidez, no lucidez) se establece. Ahora bien: esta discrepancia en el proceso del lector halla su origen en otra discrepancia previa, esta vez situada en el proceso del hablante, que nos había pasado inadvertida. Y es que, en realidad, hay dos ecuaciones acústicas empalmadas (por ejemplo: «declinación» en el sentido de decadencia = declinación en cuanto a sus puros sonidos = declinación en cuanto flexión de una palabra), de los cuales el último miembro (declinación en el sentido de flexión) es *también* metáfora acústica *con respecto al primer miembro* (declinación en el sentido de decadencia). El sistema confundente queda entonces a la vista del lector, ya que esos dos términos, el primero y el último del proceso del hablante, son, respectivamente (a diferencia de lo que pasa en el caso poético), el originador y el originado y, por tanto, elementos sintagmáticos, que, por definición, se hacen perceptibles por la mente despierta de quien lee. Y al hacerse perceptibles y tratarse de metáforas acústicas que evidencian su carácter de tales, la identidad inesencial, aunque implícita, se hace consciente y, por consiguiente, nos reímos.

Apéndice Segundo

TIPOLOGÍA DE LAS METÁFORAS ACÚSTICAS PRECONSCIENTES

El primer tipo de metáforas acústicas

Intento en este segundo Apéndice establecer una tipología de aquellas metáforas acústicas preconscientes estudiadas en el Apéndice I, según sea la índole de los dos sentidos que un par de significantes fonéticamente coincidentes nos deparan.

Me atrevería a proponer como primera figura en una baraja de posibilidades el tipo aquel, estudiado no hace mucho por nosotros, en que hacía de originador una expresión *poemáticamente* simbólica, esto es, simbólica no sólo para el autor, sino también para el lector, que, en lectura errada por parte de aquél en su proceso Y, se identificaba de inmediato con su propia literalidad. Tal es el caso del «cuentaquilómetros de alquiler», analizado en las páginas 266 y ss.:

> Déjame que me ría sencillamente, lo mismo que un cuentaquilómetros de alquiler. No quiero especificar la distancia.

En donde lo que aparece objetivamente como un símbolo (concretamente, como una imagen visionaria: cuentaquilómetros de alquiler en el sentido irracional de risa degradante) entra en la ecuación indicada:

cuentaquilómetros en el sentido simbólico de risa degradante [= cuentaquilómetros de verdad].

El originador sufría, pues, en este caso dos lecturas por parte del autor: una lectura objetiva, en que el originador poemáticamente simbólico era entendido como el símbolo que efectivamente constituía para cualquier lector; y una lectura subjetiva, creadora, en que ese originador simbólico era entendido de un modo distinto, simbólico también, sólo que ahora lo simbolizado era su misma letra («cuentaquilómetros», de significar un cierto modo de risa, pasaba a querer decir «cuentaquilómetros de verdad»):

cuentaquilómetros en cuanto risa [= cuentaquilómetros de verdad =] emoción de cuentaquilómetros de verdad en la conciencia [= cuentaquilómetros de verdad =] no quiero especificar la distancia.

El segundo tipo

La figura segunda coincidiría con la primera en todo, salvo en ser ahora una dicción metafórica, de tipo tradicional y no un símbolo lo que el poeta en su proceso Y leía de los dos modos mencionados: bien y mal. Primero el poeta entendería la metáfora como metáfora, o sea, en un sentido no literal (lectura «correcta»); y luego en un sentido contrario, en un sentido literal: lectura ésta, pues, «incorrecta», con su consecuencia, la inconexión (y en el proceso X o del lector, el simbolismo inconexo). Tal es lo que vimos que ocurría en la frase:

las pulseras de oro ciñen el agua, y tus brazos están limpios.

La expresión «pulseras de oro» que autor y lector, cada uno a su modo, interpretaban, en un primer instante, como «rayos de sol que ciñen el agua», la interpretaban emotivamente después como «pulseras de oro de mujer». Recordemos que de este tipo segundo había ejemplos en el simbolismo de realidad: antes cité el caso del poema XXXII de Machado, donde el adjetivo «muerta» (el «agua») recibido primero por el lector en el sentido de «parada» se recibía simbólicamente después como «muerta» en el sentido de «muerta» (una «vida»). A su vez, aludí igualmente a cómo en un poema de Lorca («Romance de la Guardia Civil española»), «jorobados», en el sentido de «inclinados sobre el caballo», se recibía, de la misma manera irracional, como «jorobados en el sentido de hombres con joroba». En ambos casos, una «metáfora» era asumida de dos modos: en primer lugar, la conciencia la tomaba como tal metáfora, esto es, la tomaba en el sentido indirecto; y en segundo lugar, el preconsciente la tomaba como realidad, en su mera «letra».

El tercer tipo

Volviendo a las inconexiones, hallamos también en ellas un tercer tipo de metáforas acústicas. Coincide con el segundo y con el primero en manipular los dos sentidos que pueda tener una palabra. La nota diferencial se produce, sin embargo, al no habérnoslas ya con la literalidad y la no literalidad de una expresión simbólica o metafórica, sino con un par de acepciones que un mismo vocablo ostenta en un diccionario, real o posible. Una de ellas sería la acepción lógica que tiene en el poema y se constituiría como el «originador» mientras la otra se asociaría irracionalmente, mágicamente, a la primera, sólo en virtud de su coincidencia acústica. Entre los ejemplos del capítulo anterior hay un caso de ello («limpios» como «limpios de pulseras» y «limpios de referencia»). Enriqueceremos la ilustración del fenómeno con más evidentes citas: Un texto postsuperrealista de Blas de Otero empieza así:

> Dos meses no son mucho
> tiempo, tocan a cuatro y sobran dos
> meses, no son mucho, me parece,
> pero menos da una piedra...

Es evidente que el poeta representa burlescamente en esos «dos meses» la brevedad de la existencia humana. Más adelante escribe:

Dos meses no son mucho
tiempo, tienes de sobra para hablarme
de la muerte, del juicio,
de la muela que acabo de sacarme.

¿Qué relación puede haber entre «juicio» en el significado «novísimo» («muerte, juicio, infierno y gloria»), esto es, en el significado de «juicio de Dios tras la muerte» y «la muela que acabo de sacarme»? La palabra «juicio», en ese sentido trascendente, ha entrado, a consecuencia de una mala lectura por parte del poeta, en un proceso de inconexión, identificándose con otro de sus posibles sentidos: el que tiene en la locución «muela del juicio». He aquí el doble juego semántico de que antes hablé, a que se dispone un solo vocablo («juicio»):

juicio (de Dios) [= juicio (muela del) =] emoción en la conciencia de «juicio» en el sentido de «muela del» [= juicio en el sentido de «muela del» =] de la muela que acabo de sacarme.

La acepción trascendente del vocablo «juicio» («juicio de Dios»), que hace de originado, se identifica emocionalmente, irracionalmente, con la otra («juicio», «muela del»), al objeto, en este caso concreto, de degradarla con su condición inferior. Otero es en este poema, y en algunos otros, un poeta del absurdo, de raíz existencialista. Y la idea de absurdo le lleva en estos casos de que hablo (que no son muchos) a un sistemático rebajamiento envilecedor de las cosas, y especialmente de las cosas directamente comprometidas en esa interpretación a la que me refiero.

Es curioso observar que también de este tipo tercero hay constancia dentro del simbolismo de realidad. Como a lo largo del presente libro no hemos tenido ocasión de presentar esta clase de símbolos basados en una duplicidad semántica, tal vez nos convenga realizar aquí un inciso, no demasiado largo, que nos lo haga conocer. Leamos el poema de Antonio Machado que lleva el número VII en sus *Soledades, Galerías y otros poemas:*

El limonero lánguido suspende
una pálida rama polvorienta

sobre el encanto de la fuente limpia,
y allá en el fondo sueñan
los frutos de oro...
Es una tarde clara,
casi de primavera,
tibia tarde de marzo,
que el hálito de abril cercano lleva;
y estoy solo, en el patio silencioso,
buscando una ilusión cándida y vieja;
alguna sombra sobre el blanco muro,
algún recuerdo, en el pretil de piedra
de la fuente dormido, o, en el aire
algún vagar de túnica ligera.

En el ambiente de la tarde flota
ese aroma de ausencia
que dice al alma luminosa: nunca,
y al corazón: espera.

Ese aroma que evoca los fantasmas
de las fragancias vírgenes y muertas.

Sí, te recuerdo, tarde alegre y clara,
casi de primavera,
tarde sin flores, cuando me traías
el buen perfume de la hierbabuena
y de la buena albahaca,
que tenía mi madre en sus macetas.

Que tú me viste hundir mis manos puras
en el agua serena,
para alcanzar los frutos encantados
que hoy en el fondo de la fuente sueñan...

Sí, te conozco, tarde alegre y clara,
casi de primavera.

El verdadero protagonista de este poema es, sin duda, el tiempo, su irrecuperabilidad, y el fracaso que para el hombre ello supone. El narrador poemático, ya adulto, vuelve al lugar donde vivió lleno de ilusiones, cuando niño. Todo está igual: esta tarde, aquí, en el jardín o patio de entonces, parece exactamente idéntica a aquella otra «alegre y clara» que bastantes años atrás existió. Y como nada ha cambiado, el lugar evoca con intensidad el maravilloso pretérito que se desearía recobrar. Pero ello es imposible: la razón o alma luminosa nos lo dice. Y esta imposibilidad o fracaso, que es, en realidad, el fracaso a que toda vida humana se halla abocada, se simboliza al final de la pieza con el recuerdo de otra imposibilidad, de otro fracaso, parejos: el niño que el narrador fue quiere inútilmente alcanzar los limones reflejados en el agua. La eficacia de esta simbolización se percibe en la honda nostalgia que sentimos en el estribillo con que el poema se cierra:

> Sí, te conozco, tarde alegre y clara,
> casi de primavera.

Como puede verse, era esencial al efecto perseguido por el poema darnos desde el comienzo la ilusión de que nada ha cambiado; era esencial, puesto que tal ilusión se hacía indispensable para producir en nosotros la fuerte sensación de que ahí, delante de nuestros ojos, están el mismo patio, la misma fuente y limonero de ayer, con lo que, como dije, se nos abulta poderosamente la presencia del tiempo como tal: el que media entre antaño y hogaño. ¿Cómo lo logra el poeta? De un modo subrepticio y sutil, mucho más eficaz que la lógica denotación, puesto que sobre los lectores opera aquél emotivamente: se trata de la asociación irracional, del método simbólico. Notemos que las palabras fundamentales de los cuatro primeros versos están, sin que nos demos cuenta de ello, pues se trata de identificaciones preconscientes, sosteniendo una doble significación: la denotativa que en cada caso les es propia, y otra, no denotativa, que en dos de los vocablos consiste, justamente —y esto es a lo que iba—, *en una segunda acepción que el vocablo en cuestión puede tener* en contextos distintos de éste, y en ellos, sí, denotativamente. Lo interesante es comprobar que, sin excepciones, ese significado no denotativo resulta aquí aproximadamente el mismo en todas las palabras que lo tienen: todas ellas aluden irracionalmente a la noción de «inmovilidad». Cuando el poeta dice que el limonero «suspende» una rama sobre el agua del estanque, quiere decir en el proceso X «extiende» o «levanta». Pero pruebe el lector a corregir el poema poniendo uno de esos dos últimos versos en sustitución del primero: notaremos en seguida que algo se ha roto en nuestra intuición. Y es que «suspende», aparte de expresar la idea de mantener levantada la rama por encima del agua, expresa en el poema algo más, y ese algo más se hace indispensable para el logro del efecto total de que la composición anda en busca. Y así, «suspende» sugiere «detención», sólo que este significado aparece en forma de ecuación preconsciente:

Suspende («extiende», «levanta») [= suspende («se detiene»)].

Exactamente lo propio ocurre en la palabra «encanto»:

sobre el encanto de la fuente limpia;

pues aunque el poema, desde el punto de vista lógica, esté utilizando esta voz en el sentido que podríamos llamar de mera referencia a algo como belleza o gracia, la usa simultáneamente de modo irracional en el mismo sentido de sortilegio que en los cuentos infantiles hablan de princesas «encantadas». Si modificásemos el endecasílabo y dijésemos

sobre la gracia de la fuente limpia

el resultado ya no sería el mismo, lo que prueba que la asociación que he dicho está operando sobre nuestra sensibilidad, aunque no nos percatemos de ello.

Las otras voces a las que antes aludí prolongan el sistema de asociaciones irracionales en la misma dirección, aunque en formas que no son ya las que en este instante intentamos comparar con lo que hemos denominado «tipo tercero» de metáforas acústicas del proceso Y. Y así, «rama polvorienta», pues «polvo» evoca ámbitos abandonados y, en consecuencia, intocados, *quietos*. «Lánguido» significa «fatigado», «de poca energía», y por tanto se puede asociar irracionalmente, y aquí se asocia, con la ausencia de movimiento; del mismo modo, «pálida» se nos relaciona con «persona enferma», que a su vez lleva a la noción de cama, de reposo. El agua limpia de la fuente, en el ámbito verbal en que ahora la sorprendemos insinúa igualmente inmovilidad, lo mismo que la forma verbal «sueñan», y más abajo «dormido» («de la fuente dormido»).

Todas estas palabras («lánguida», «pálida», «polvorienta», «encanto», «limpia», «sueñan», «dormido»), heterónimos desde la perspectiva conceptual y denotativa, resultan sinónimos si adoptamos la perspectiva irracional. El conjunto de todas ellas proclama en nuestra emoción que todo está ahí como suspenso, mágicamente encantado y detenido, inmóvil. Ahora bien: la inmutabilidad del patio, de la fuente, del limonero, de la tarde «alegre y clara» del «recuerdo», sirve para producir en nosotros el efecto opuesto a lo que, en principio, parecería: no se nos ofrece para darnos la ilusión de que el tiempo no pasa, sino justamente, y con gran fuerza, la de su inexorable transcurso. La contemplación de la identidad del hoy y del ayer nos hace ver ese ayer con la misma plasticidad máxima que el hoy tiene, puesto que el hoy es real. Pero como nosotros sabemos que ese ayer que parece un hoy es eso, un ayer lejano, se nos impone con vigor, *precisamente porque tal ayer ha adquirido energía representativa,* la idea de fugacidad, de tiempo definitivamente ido.

El cuarto tipo

Retornando de nuevo a la consideración de las metáforas acústicas en los procesos de inconexión, creo útil volver al mismo poema de Otero antes copiado, pues destaca allí otro ejemplo del procedimiento expresivo que estudiamos, y este ejemplo se nos hace interesante por ofrecernos un curioso matiz diferencial que puede ser considerado como un *tipo cuarto,* dentro del repertorio que intentamos definir. En vez de una palabra que tiene dos acepciones *en un posible diccionario* (tipo tercero), se tratará ahora de dos acepciones también, pero puramente contextuales, una poemática (el originador) y otra extrapoemática, que se identifican mágicamente en la mente del autor, creando en el poema, como consecuencia de ello, un originado:

> Dos meses no son mucho
> tiempo, tocan a cuatro y sobran dos
> meses, no son mucho...

La técnica envilecedora está otra vez ahí, en esa sarcástica obertura, cuya extraña configuración deriva, sin duda, de la valiente ecuación preconsciente entre el originador, el adjetivo de cantidad «dos» en su contexto («dos meses no son mucho tiempo») y ese mismo adjetivo, *no en el diccionario, como antes,* repito, sino en otro contexto extrapoemático: la fórmula expresiva usada en la escuela para enseñar a los niños el ejercicio matemático de dividir (por ejemplo: «veintidós entre cinco tocan a cuatro y sobran dos»). El originado en este caso sería un trozo («tocan a cuatro y sobran dos») del miembro que se identifica preconscientemente con el originador, trozo que permitiría al lector, en su proceso X, la simbolización de la identificación completa. Proceso Y:

> Dos meses no son mucho tiempo [= veintidós entre cinco tocan a cuatro y sobran dos (o algo similar) =] emoción de «veintidós entre cinco tocan a cuatro y sobran dos» (o algo similar) [= veintidós entre cinco tocan a cuatro y sobran dos (o algo similar) =] tocan a cuatro y sobran dos.

Como el proceso X del lector hace que la frase «dos meses no son mucho tiempo» llegue a simbolizar, retroactivamente, «veintidós entre cinco tocan a cuatro y sobran dos» (o algo similar) y ese significado simbólico resulta grotesco, sentimos la idea de la brevedad de nuestra vida (representada precisamente en la frase «dos meses no son mucho tiempo» que hace de originador) como algo que posee ese mismo carácter dolorosamente risible.

EL QUINTO TIPO: SIMBOLISMO RECTIFICADOR, BASADO EN UN ENCABALGAMIENTO

La variedad quinta de imágenes acústicas estaría constituida por aquel fenómeno que, desde la perspectiva diferente, igualmente legítima, denominé en otro libro mío [1] «simbolismo rectificador»: Los jóvenes son, dice el texto:

> vaso de sí hasta el borde
> de una música.

La palabra «borde» entendida primero por el poeta, en buena lectura con respecto al contexto inicial, como «borde de un vaso», es, después, al llegar el sintagma que viene tras el encabalgamiento, soporte de una lectura segunda, dentro del mismo proceso Y, según la cual, «borde» pasa a significar «borde» en otro sentido, «borde de cualquier cosa que no sea un vaso», y esta segunda acepción es la responsable directa del originado «(borde) de una música»:

> borde en el sentido de borde de un vaso [= borde en el sentido de borde =] emoción de borde en el sentido de borde [= borde en el sentido de borde =] (borde) de una música.

El lector, que primero ha entendido «borde» como «borde de un vaso», se ve precisado, desde el originado «de una música», a entender esa palabra de otro modo, como «borde» precisamente «de una música». Ahora bien: aquí el simbolismo, a causa de ciertas peculiaridades que paso de inmediato a exponer, sufre una honda transformación convirtiendo al sistema que venimos llamando «simbolismo de inconexión» en un simbolismo completamente distinto y hasta opuesto que denominábamos, insisto, «simbolismo rectificador». Veamos la diferencia y el porqué de ella.

---

[1] *El irracionalismo poético (El símbolo)*, Madrid, ed. Gredos, 1977, cap. XXII, págs. 412 y sigs.

En el simbolismo de inconexión, como hemos comprobado numerosas veces, el lector, al llegar al originado, convierte a los dos polos del sistema, al originado tanto como al originador, en sendos símbolos: uno «actual», el originado; otro, «retroactivo», el originador. Ahora bien: esta conversión se efectúa *sin pérdida ni merma del sentido que el originador en principio tuviere.* Si éste, por ejemplo, se nos había manifestado como poseedor de logicidad (caso de «las pulseras de oro», digamos, que significaban lógicamente «rayos de sol que ciñen el agua»), ese sentido lógico se sigue conservando íntegramente en el segundo instante, tras la regresión simbolizadora, de forma que aparecen entonces en ese originador dos significaciones: una, la lógica, que antes la expresión ostentaba («pulseras de oro» en el sentido de «rayos de sol que ciñen el agua»), y otra, la irracional que en este preciso momento segundo le acabamos de atribuir («pulseras de oro» en el sentido de «pulseras de oro de mujer»).

Pero sucede que este mecanismo se rompe en el ejemplo del «vaso» y en cuantos son como él; y, según dije, en vez del simbolismo «inconexo» aparece lo que llamábamos simbolismo «rectificador». ¿Por qué tal mudanza? Por un motivo fácil de adivinar, consistente en el hecho de que la disposición sintáctica y la índole de los términos en ella incluidos nos obligan a la concienciación plena de lo que, de otro modo, hubiera sido, simultáneamente, significado irracional del originado «de una música» y del originador «vaso de sí hasta el borde», a saber, «borde» en el sentido de «borde» («de una música»). Nos damos cuenta cabal, en efecto, de que «borde» significa ahora «borde» («de una música»). Ese sentido («borde» como «borde», «de una música») no puede presentársenos como un significado puramente simbólico, *puesto que se hace sintagmático,* enunciándose en el texto, que dice, en efecto, *de modo explícito,* «borde de una música». Nos hacemos, pues, conscientes de que la palabra «borde» ha entrado sucesivamente en dos contextos diferentes de los que extrae dos significaciones distintas («borde de un vaso» y «borde de una música») *que lógicamente se excluyen,* por lo que, de ese mismo modo lógico, sólo una puede sobrevivir con seriedad, la segunda, por supuesto, en cuanto que es la últimamente enunciada («borde de una música»). Expresado de otra manera: al asomar *en forma de conflicto* el hecho de que una sola palabra, «borde», tenga dos sentidos irreconciliables («borde» como «borde de un vaso» y como «borde de una música»), el lector se ve constreñido a una elección, con lo que el segundo sentido («borde de una música») aniquila al primero («borde de un vaso»). El simbolismo de inconexión se ha, con esto, invertido: lo que había de ser un significado *irracional* («actual» en el originado y «retroactivo» en el originador: «borde» como «borde de una música»), se convierte en el significado *lógico* del originado; y lo que había de ser el significado *lógico* del originador «borde» («borde» como «borde de un vaso») se convierte, tardíamente, en su significado *irracional*. ¿A través de qué proceso mental? No es difícil de colegirlo. Primero, el lector ha entendido lógicamente la palabra «borde» como «borde de un vaso» (originador). Pero al llegar al originado «de una música» (tras el engañador encabalgamiento que nos había instalado del todo en el significado anterior «borde de un vaso»), comprende que había entendido mal la palabra «borde», y la interpreta ahora como «borde de una música», puesto que el texto le fuerza, con su literalidad, a interpretarla así. Tacha mentalmente, pues, la significación «borde» en cuanto «borde de un vaso» y en su lugar coloca el significado «borde de una música». Ahora bien: el lector puede extirpar y extirpa el significado lógico de «borde» como «borde de un vaso»; pero lo que no puede hacer es eliminar al mismo tiempo la emoción que ese significado le ha producido[2], y precisamente porque *se la ha producido ya.* Lo que fue no tiene remedio: ha existido y no cabe que deje de existir. La emoción experimentada no nos la puede quitar nadie, con lo que de hecho se conserva también el significado que la produjo («borde» como «borde de un vaso») en cuanto

[2] Toda noción que penetra en la conciencia provoca en ella una emoción, dice la moderna psicología (véase José Ortega y Gassett, «Ensayo de estética a manera de prólogo», en *Obras completas*, VI, Madrid, ed. Revista de Occidente, 1947, pág. 260).

que la emoción como tal lleva implícito ese sentido (véase la página 38), sólo que ahora, claro es, lo lleva sólo de forma irracional. Lo que había sido para nosotros un significado lógico («borde» = «borde de un vaso») se ha transformado retrospectivamente y hacia atrás en un significado simbólico. El mecanismo inicial ha sido el de la inconexión, pero ese mecanismo inconexo no pudo originarse por las razones dichas, y en su lugar se produjo su riguroso opuesto, el simbolismo «rectificador», al que llamo de ese modo porque, en efecto, *«rectifica»* la logicidad de un enunciado, sublimado así en un puro simbolismo.

El sexto tipo: simbolismo rectificador, sin encabalgamiento

Encuentro en Blas de Otero un ejemplo muy parecido al anterior, pero que prescinde del encabalgamiento que antes tanto favorecía la claridad del recurso y su sorpresa expresiva. He aquí la estrofa última del poema «Lo feo», de *Ancia:*

> El sol, el as de oros, lo feo me horroriza
> como si fuese un ángel de pantalones cortos,
> desnudas las muñecas y los ojos de tiza
> extrayendo raíces de todos los abortos.

El poeta ha descrito un ángel con atributos impertinentes («pantalones cortos») que evocan, connotativamente, en el lector, la idea de impropia niñez: ese ángel es inadecuadamente como un niño; pero no sólo eso: en seguida veremos que ese niño se nos aparece, además, como cruel. Se sugiere de inmediato, en efecto, la idea de crueldad frívola como de niño, un niño que no debiera serlo, que lo es de un modo desnaturalizado, y, por tanto, siniestramente. ¿Cómo se produce tal sugerencia? En ese niño la inhumanidad se expresa, por lo pronto, en la frase «y los ojos de tiza extrayendo raíces». Sus ojos son, pues, los de un frío matemático. Pero ocurre que esa frialdad matemática, en vez de operar con cifras, como es propio, se ejerce, además, sobre lo humano, extirpando la vida («extrayendo raíces de todos los abortos»), con lo cual nuestra sensación negativa se intensifica.

¿Cómo llega el poeta a tan grande condensación expresiva? Sirviéndose de la técnica que ya conocemos: una sola expresión, «extrayendo raíces», actúa en dos contextos diferentes. Primero, en el contexto «y los ojos de tiza», donde la palabra «tiza» nos hace pensar que las raíces que se extraen son las operaciones aritméticas así denominadas (raíz cuadrada, raíz cúbica): el sintagma «y los ojos de tiza extrayendo raíces» sería, pues, el originador. Después, «extrayendo raíces» actúa en el contexto «de todos los abortos», donde la palabra «abortos» (originado) nos hace pensar las «raíces» como «raíces de la vida»: precisamente el cuerpo vivo que se aborta.

No se suscita aquí, al menos con la violencia de antes, la sensación de «haber entendido mal lo que ahora entiendo bien», propia del ejemplo «vaso de sí hasta el borde / de una música», porque el poeta ha eliminado el encabalgamiento, y al eliminarlo obliga al lector a pasar tan rápidamente desde el sentido «raíces matemáticas» al sentido «raíces de la vida» que apenas le da tiempo para percatarse del primero de ellos, para absorberlo con plenitud, como ocurría en el otro caso. La absorción, sin embargo, se produce, bien que como a través de una borrosa niebla. El procedimiento es, pues, el mismo en lo sustancial que hemos considerado hace un momento, sólo que sin la sorpresa semántica que caracterizaba al otro ejemplo. Se nos hace palpable que la expresión «extrayendo raíces» ha entrado en un proceso Y que sería, en principio, éste:

> extrayendo raíces (en el sentido de raíces matemáticas, cuadradas o cúbicas) [= extrayendo raíces humanas, gérmenes humanos =] emoción de «extrayendo raíces humanas, gérmenes humanos» [= extrayendo raíces humanas, gérmenes humanos =] de todos los abortos.

En donde el simbolismo habría de ser «extrayendo raíces humanas, gérmenes humanos». Pero, exactamente como sucedía en el ejemplo anterior (el de «vaso de sí»), ese simbolismo inconexo se imposibilita y desahucia, pues el texto nos los está sugiriendo de una manera que es, sin duda, lógica: «extrayendo raíces *de todos los abortos*». Las raíces de los abortos no pueden, en efecto, ser sino esos gérmenes humanos que habrían de aparecer (si el mecanismo hubiera sido el normal) como un mero simbolizado. Y al hacernos conscientes, por la estructura misma de la frase, lo que de otro modo hubiese tenido carácter simbólico, se nos fuerza a destruir mentalmente la logicidad del originador, el sentido lógico que para nosotros tuvo en un primer instante la expresión «extrayendo raíces», es decir, el sentido «extrayendo raíces matemáticas»; sentido este último que ahora queda rectificado, fantasmalizándosenos en un significado sólo emocional, un significado, pues, puramente, simbólico. Se repite entonces aquí el mismo hecho que habíamos examinado antes: el simbolismo inconexo queda sustituido por el «rectificador», que viene a ser, dijimos, su contrario. Pero aunque el simbolismo no sea ya el inconexo, la identificación mágica entre originador y originado perdura, con la diferencia, inesencial para lo que voy de inmediato a decir, de que ahora es lógico lo que en caso de inconexión hubiese sido irracional, y al revés. El texto sigue planteándonos, pues, una ecuación entre el significado irracional «extrayendo raíces matemáticas (cuadradas o cúbicas)», y el significado lógico «extrayendo raíces humanas, gérmenes humanos»:

> extrayendo raíces matemáticas (significado irracional) [= extrayendo raíces vitales, gérmenes humanos].

Esta identificación mágica de unas raíces y otras, y de un «extraer» y otro «extraer» es lo que nos lleva (precisamente porque hay una identificación emocional entre tales nociones) a la idea de que el ángel identifica también, o sea, *confunde*, con inmisericorde indiferencia, los miembros respectivos de cada una de esas parejas: trata a unos como si fuesen los otros, y es, por tanto, irrespetuoso con la vida. He aquí el gran significado unitario que originador y originado, con su ecuación, contribuyen a formar.

Como se ve una vez más, aunque ahora de otro modo, la táctica de hacer entrar un sintagma en dos contextos diferentes puede apretar la palabra poética, cargándola, como eléctricamente, de significaciones muy complejas y ricas, que se manifiestan entonces condensadas, tensas.

Apéndice Tercero

VISUALIZACIÓN Y SIMBOLISMO

Planteamiento de la cuestión

Una vez que se han hecho evidentes algunas de las propiedades de las ecuaciones mágicas, así como la frecuente existencia (en el superrealismo sobre todo, pero no sólo en él) de metáforas preconscientes puramente acústicas, de las que derivan «originados» poemáticos, se nos aclaran, de golpe y por completo, tres fenómenos (por lo pronto) de tipo irracionalista (dos de ellos anteriores sin duda al superrealismo; el tercero, sólo de manera muy esporádica) que en este libro hemos considerado ya desde diversos ángulos. Me refiero, de un lado, a los «desarrollos independientes» del plano E en las metáforas A = E; de otro, al traslado a A de las cualidades que han proliferado previamente en E de esa manera independiente o autónoma, y por último, a aquel recurso tan frecuente en la poesía de Vicente Aleixandre que en mi libro sobre su poesía denominé «permutación» de los dos miembros metafóricos «A» y «E» *(E como A* en lugar de *A como E)* [1].

Aparte de esto, nuestras reflexiones anteriores nos llevarán a un nuevo esclarecimiento: el de la causa de que esos tres fe-

[1] Carlos Bousoño, *La poesía de Vicente Aleixandre,* Madrid, ed. Gredos, 1977, págs. 279-287.

nómenos y otro más aún con el que finalmente toparemos, visualicen al término irreal E de la imagen A = E de que se parte. Pero la más importante consecuencia a que habremos de llegar posee, a mi juicio, una trascendencia mayor. Pues alcanzaremos a precisar el sentido que tienen todas las visualizaciones poemáticas, las cuales se nos habrán de aparecer, no ya en relación con el simbolismo, cosa evidente y muy sabida por nosotros, sino *como en sí mismas productoras de simbolismo*, cosa, esta última, nueva hasta ahora en el sucesivo despliegue de nuestro pensamiento en este libro, e incluso inesperada dentro de él [2].

Los desarrollos «independientes» del término E como originados

Empecemos por los desarrollos independientes o no alegóricos del plano irreal E en las imágenes A = E. Recuerdo al lector que hemos denominado así al hecho de que, en una relación metafórica de esa especie, el poeta nombre y tenga en cuenta en su poema cualidades de E que A no comparte, como cuando Aleixandre dice, hablando de una muchacha *quieta*, tendida en el campo:

> tu desnudez se ofrece como un río escapando.

Se atribuye aquí, en efecto, al «río» una nota, «escapar», que la muchacha desnuda no sólo no posee, sino que la que le pertenece de veras es la opuesta, «quietud». «Escapar» es propio del «río» y sólo por «río» se justifica, no por «muchacha», tendida *inmóvil* en el suelo. Pues bien: nos percatamos pronto de que el ejemplo del «cuentaquilómetros de alquiler»:

> «déjame que me ría como un cuentaquilómetros de alquiler.
> No quiero especificar la distancia»,

---

[2] Aunque desde otros supuestos y argumentaciones, había sido visto por mí en *El irracionalismo poético...*, ed. cit., pág. 297.

que más arriba hemos analizado en lo que tiene de expresión *inconexa,* resulta manifestarse asimismo como una evidente muestra de lo que hemos llamado *«desarrollo independiente»,* con la única diferencia de que en vez de tratarse de una «autonomía», se trata, repito, de una *«inconexión».* Y es que lo que aparta y diferencia a este ejemplo del «cuentaquilómetros» que mide distancia del otro, el del «río» que escapa, yace, exclusivamente, en el hecho de la concienciación en este último caso, en el caso del «río», y no en aquél, no en el caso del «cuentaquilómetros», de la noción de «desarrollo»: el gerundio «escapando» evidencia, desde su misma letra, el carácter que posee de «desarrollo» del plano evocado «río», puesto que *se le atribuye a éste* en el poema («río escapando»); pero la noción de «medir la distancia» no queda referida de ese mismo modo al «cuentaquilómetros de alquiler», por lo que sólo comparece de manera simbólica en el ánimo del lector. En todo lo demás, los dos casos vienen a perfecto ajuste y concordancia. Y así, no hay duda de que en ambos existe una imagen visionaria cuyo plano evocado prolifera: en uno, la idea de «escapar» resulta de desenvolver el concepto de «río» en la imagen «desnudez = = río»; en otro, la idea de «medir la distancia» resulta de desenvolver el concepto de «cuentaquilómetros» en la imagen «risa = = cuentaquilómetros de alquiler».

Hemos probado, pues, que el originado «no quiero especificar la distancia» en el pasaje del «cuentaquilómetros» no es sino un «desarrollo independiente», no concienciado como tal, de la imagen visionaria que en este caso hace de originador. Llegados a tan nítida conclusión, deduciremos con facilidad, dados los paralelismos anteriores, que también será cierto lo opuesto, y que, a su vez y con necesidad, los «desarrollos independientes» de las imágenes visionarias (y lo mismo cabría afirmar para las visiones y los símbolos monosémicos) *no podrán consistir en otra cosa que en «originados» procedentes de una imagen acústica,* para mayor coincidencia con lo que ocurre en el fragmento del «cuentaquilómetros»: originados, cuya relación, eso sí, con el originador (la imagen visionaria que he dicho) se conciencia, lo que permite, precisamente, que tales desenvolvimientos insolidarios del plano E aparezcan antes del superrealismo) en pequeñas dosis desde el comienzo mismo de la irracionalidad. En mi libro citado [3], he hecho ver ejemplos en Baudelaire, Verlaine y Samain; dentro de la poesía española, la poesía del primer Juan Ramón nos ofrece el fenómeno como ya sistemático. Y así, en el ejemplo del «río escapando» se hace palmario que la noción de «río» en cuanto «desnudez» de una muchacha tendida en el suelo se ha identificado preconscientemente, en el espíritu del poeta, con la noción de «río en cuanto río de verdad», y que es esta noción segunda la que ha llevado al autor hasta el originado «escapando», expresión que muestra, con racionalidad y a las claras, su adscripción identificativa con respecto al originador «río»: ese río se manifiesta como «escapando»; o sea, *es* huidizo (nótese que el verbo «ser» equivale al signo =):

> río en cuanto desnudez [= río en cuanto río de verdad =] emoción de río de verdad en la conciencia [= río de verdad] = escapando (el río).

La concienciación, por otra parte, de la relación identificativa entre originador y originado [4], conduce, claro es, como ya hemos visto en casos equivalentes, a que, en vez de engendrarse una inconexión, se engendre, según indiqué hace poco, una autonomía: la de que una muchacha tendida *inmóvilmente* en el campo se parezca a un río *escapando.*

Examinemos ahora, a la luz del proceso Y que acabamos de esquematizar, el correspondiente proceso X, o del lector, que aquí se produce. Tal mecanismo psicológico ha de ser, en la presente circunstancia, el mismo, en principio, de las inconexiones, con la salvedad que sabemos de la simplificación simbólica correspondiente a los casos de concienciación de la relación originador-originado. De tratarse de inconexiones, el originado «escapando» y el originador «río en cuanto desnudez» se hubie-

[3] *El irracionalismo poético (El símbolo),* Madrid, ed. Gredos, 1977, páginas 73 y 99.

[4] En el esquema represento esa concienciación colocando el último signo = fuera ya del paréntesis cuadrado.

sen puesto a simbolizar, simultáneamente y *al alimón*, el significado «río de verdad». Como la relación originador-originado ha cobrado lucidez, la duplicidad simbólica se simplifica en un sólo simbolismo («río de verdad») que atribuimos al conjunto «río escapando» y no a cada uno de los dos términos. ¿Qué nos está diciendo este análisis? Que el desarrollo «escapando», puesto que produce el simbolizado «río de verdad», hace que *sintamos* (el resultado propio de los símbolos es siempre un sentimiento) como en efecto *real*, y no como meramente metafórico, al plano imaginario «río». Dicho de otro modo: que aunque nosotros *sepamos* que «río» es una metáfora alusiva a la desnudez horizontal de una muchacha y no una realidad, y quede, en cuanto tal, desacreditada en la conciencia, experimentamos *en nuestra afectividad* exactamente lo contrario. Pero ¿no es esto, precisamente, lo que hemos denominado «visualización»? Pues al sentir que «río» es un término real, le otorgamos la visualidad, o sea, el reconocimiento, bien que sólo de manera emotiva, de seriedad y del correspondiente grafismo que a la realidad corresponde. En pocas palabras: los despliegues no alegóricos de las imágenes visualizan al término irreal E de éstas porque tales despliegues, por el mero hecho de darse, se ponen a simbolizar la significación de ese término E justamente como lo opuesto de lo que es: *como una realidad* y no como una irrealidad puramente figurativa. Ahora bien: esto supone el realismo de las ecuaciones mágicas. Por el hecho de que en el preconsciente del autor la noción «río en cuanto desnudez» se hubo identificado realmente con «río en cuanto río», o sea, porque la noción primera se convirtió *del todo* en la segunda, pudo el poeta escribir a continuación el originado «escapando» que hace referencia exclusivamente a «río» y no a la desnudez *inmóvil* de una muchacha, echada en el campo, inmovilidad a la que la idea de fuga viene, de hecho, a contrariar. En suma: los despliegues no alegóricos *son consecuencia*, por un lado, del realismo de las ecuaciones preconscientes; y, por otro, *producen* la visualización del término irreal E, a causa del simbolismo que desencadenan.

Por supuesto, estos desarrollos visualizantes del plano metafórico E, que siempre simbolizan, como digo, el realismo de E, pueden, claro es, ponerse después a simbolizar, *además*, otra significación cualquiera, siempre que el contexto sea el adecuado. En el poema «Del color de la nada» se refiere el poeta a unos moribundos (símbolo de los hombres todos en cuanto mortales):

> Y se ignoraba todo hasta (...) Pero los hombres no cantaban. Inútil que cabezas de níquel brillasen a cuatro metros sobre el suelo (...) Inútil (...) Los hombres no sabían.

Para facilitar el análisis quizá convenga alterar el orden de dos de las frases del texto de Aleixandre, de manera que, sin cambiar su sentido fundamental, se nos aparezca con más claridad la disposición cronológica de los procesos preconscientes del autor:

> las cabezas de níquel brillaban a cuatro metros sobre el suelo. Pero los hombres no cantaban.

Las «cabezas de níquel» son, sin duda, símbolo de la deshumanización o inhumanización a que la muerte, y por tanto ya su etapa previa, nos somete. De otro lado, situarse tales «cabezas» «a cuatro metros sobre el suelo» se ofrece a nuestra sensibilidad como otra representación simbólica: expresa el alejamiento o principio de adentramiento de tales criaturas en el Más Allá. Lo que nos interesa ahora es el brillo que el poeta atribuye a la «visión» «cabezas de níquel». No hay duda de que se trata de un despliegue «independiente» de la visión mencionada: el níquel es, en efecto, brillante. El proceso Y ha sido entonces como sigue:

> Las cabezas de níquel (en cuanto cabezas inhumanizadas por la muerte o su momento previo) [= níquel real =] emoción de níquel real en la conciencia [= níquel real] = inútil que brillasen (al ser «níquel real»).

Hasta ahora, el desarrollo representado por la noción «brillar» está simbolizando el realismo de tal níquel, esto es, la idea «níquel real». Pero ese originado «brillar el níquel real» se convierte de inmediato en originador y emite otro proceso Y, esta vez inconexo:

> «brillasen» en cuanto «brillo del níquel real» [= tuviesen una plenitud de vida = no tuviesen, pese a todo, una plenitud de vida =] emoción de «no tuviesen, pese a todo, una plenitud de vida» [= no tuviesen, pese a todo, una plenitud de vida =] pero los hombres no cantaban;

proceso en el cual el nuevo originado «pero los hombres no cantaban» simboliza actualmente «no tuviesen, pese a todo, una plenitud de vida», y lo mismo retroactivamente el originador «brillasen» las cabezas de níquel. Esta última noción adquiere entonces, sucesivamente, dos significaciones simbólicas: una actual («níquel real»), en cuanto originado del primer proceso Y; y otra retroactiva («no tuviesen, pese a todo, plenitud vital»), en cuanto originador del proceso Y segundo.

El descenso al plano real A de las cualidades del plano evocado E como originado: visualización que produce

Demostrada, creo que con evidencia, la naturaleza de «originado» que todo desarrollo no alegórico posee, nos es ya fácil concluir lo mismo, pero ahorrando palabras, gracias a los análisis precedentes, para aquel otro procedimiento con que a veces el que acabo de mencionar se completa: el descenso a A de las cualidades elaboradas independientemente en E. ¿Cuál hubo de ser, en efecto, el proceso preconsciente de Juan Ramón Jiménez para llegar a escribir los versos:

> Una a una las hojas secas van cayendo
> de mi corazón mustio, doliente y amarillo?

Determinar con precisión ese proceso no parece ya tarea complicada. Habrá un originador poemático, no de inconexión, por supuesto, sino también aquí de *autonomía*, que consistirá en la comparación del corazón del protagonista con un árbol otoñal. Se trata, en efecto, de un originador, porque aunque tal comparación se halle, en el presente caso, implícita, es ésta una implicitación que se nos manifiesta como de naturaleza lógica. El originador de que hablo emitiría, de inmediato, ya en el preconsciente del autor, una metáfora acústica, y luego continuaría el proceso Y del modo que nos es familiar, hasta dibujarnos el siguiente esquema:

> corazón del protagonista visto como un árbol otoñal puramente metafórico [= verdadero árbol otoñal que es amarillo =] emoción en la conciencia de verdadero árbol otoñal que es amarillo [= verdadero árbol otoñal que es amarillo] = corazón amarillo.

¿Cómo se ha producido el originado de autonomía «corazón amarillo» desde el término inmediatamente anterior «verdadero árbol otoñal que es amarillo»? La respuesta no requiere ya ningún esfuerzo: ese originado se ha producido a través de la nota propia de las ecuaciones preconscientes, que hemos denominado «transitividad». Por transitividad, la cualidad de «amarillez» inherente al último miembro preconsciente («verdadero árbol otoñal que es amarillo») pasa al originador («corazón del protagonista visto como un árbol otoñal puramente metafórico»), con lo que surge como originado el sintagma «corazón amarillo» (fenómeno que nos es perfectamente conocido: véanse las páginas 408-412).

El proceso X o del lector haría que el originado «corazón amarillo», en cuanto que lo relacionamos con el originador lógicamente implícito, según dije, «corazón visto como un árbol otoñal» puramente metafórico, nos habría de aportar el simbolizado «verdadero árbol otoñal que es amarillo». También aquí se nos suscitaría, pues, la emoción de que el término irreal E («árbol en otoño») es real y no imaginario, lo cual implica, tal como se nos hizo notorio más arriba, la visualización de ese término irreal.

La permutación de los dos planos de la imagen (E como A) en cuanto originado

¿Y cuál sería la explicación de esas expresiones metafóricas, tan gratas al primer Aleixandre, cuyo esquema podría representarse en la fórmula «E como A» (donde A, a la luz de la razón, sigue siendo el plano real, y E, el evocado)? Aleixandre, ya desde *Pasión de la tierra,* utiliza, en efecto, con frecuencia, esta técnica de permuta de los dos miembros metafóricos. En el libro *Sombra del Paraíso,* dirá, por ejemplo, «la cintura es la lluvia», en vez de «la lluvia es la cintura»; «espada tendida como sangre», en vez de «sangre tendida como espada». En *La destrucción o el amor,* hallaremos, a su vez, entre otras muchas, la expresión «el amor (...) como el universo sereno», frase cuyo sentido es, con toda evidencia, el opuesto a lo que enuncia su literalidad. Significará, pues: «el universo sereno como amor». Los mismos títulos, *La destrucción o el amor* y *Espadas como labios,* manifiestan idéntico sistema expresivo, pues lo que con ellos se nos pretende comunicar es, sin duda, que «el amor es destrucción» y que, en consecuencia, «los labios son espadas». Antes de estas obras, *Pasión de la tierra* nos había sorprendido con el siguiente pasaje:

> ... para que la carne inocente quede expuesta a la rechifla de los corazones de badana, a esos fumadores empedernidos que no saben *que la sangre gotea como el humo.*

Esos «corazones de badana» aluden, sin duda, a gentes sin humanidad, crueles. La comprensión de la frase «la sangre gotea como el humo» es la que requiere el trueque de sus términos, pues en ella se dice *E como A* en lugar de *A como E:* «el humo gotea como sangre» será el verdadero sentido que se enuncia con la inversa proposición aleixandrina. La «carne inocente» que el poema menciona hace referencia a algo anterior de que ahora podemos prescindir: lo que interesa a nuestro análisis es el hecho de que esa carne «está expuesta a la rechifla» de los corazones de badana, criaturas impiadosas a las que el poeta llama «fumadores», porque, en efecto, «fuman» un supuesto «humo» haciendo como que no saben que ese «humo» es «sangre». Dicho de otra manera: tratan a la carne inocente como si fuese nada, «humo», que ellos, distraídamente, inhalasen. Se expresa así, con rapidez y gráfica intensidad, la dureza implacable e injusta de unos ciertos seres que tratan a otros, sus semejantes, no sólo como a cosas, sino, peor aún, como a objetos de nula importancia y, por tanto, sometidos al más frívolo de los consumos.

Tomemos ahora una cualquiera de las expresiones que acabo de juntar como muestra del artificio que nos interesa; por ejemplo, «espadas como labios», e intentemos descubrir el proceso Y que le ha dado vida. El lector tiene conciencia plena (o debe tenerla) de que aquí el plano real A es «labios», y el plano imaginario E, «espadas». Por tanto, hay un originador que sería, precisamente, la noción «labios vistos como espadas». El proceso Y de autonomía ostentaría entonces la siguiente andadura:

labios vistos como espadas [= espadas de verdad, espadas reales =] emoción de espadas reales en la conciencia [= espadas reales] = espadas como labios.

La aparición del originado «espadas como labios» supone, también aquí, no sólo el realismo del término E, «espadas», tal como acabo de representarlo en el esquema, sino igualmente el fenómeno de la transitividad, que tanto se nos ha hecho visible en nuestros últimos comentarios. Puesto que ese término E, «espadas», se muestra, en la emoción del autor, como una realidad, aparecerá efectivamente en ella de ese modo, o sea, como realidad, *como plano real*, al pasar, repito que por transitividad, al originador «labios como espadas», con lo cual el sintagma «espadas como labios» se hace ya posible en calidad de originado del proceso en cuestión: el poeta puede situar al término «espadas» en el sitio que en las metáforas se concede normalmente a los planos reales precisamente porque acaba de sentir ese término como real.

La actividad del lector actuará frente a este pasaje en sentido, como sabemos, contrario. Desde el originado al que me he referido (relacionado en nuestra mente con el originador «labios como espadas») alcanzaremos, en el proceso X, el simbolizado «espadas verdaderas, reales». Una vez más, el miembro irreal E («espadas») recibirá un nuevo impulso visualizador (nuevo, en efecto, ya que posee de suyo otro impulso de esa clase, por el mero hecho de ser una imagen visionaria). En todos los casos, pues, que llevamos examinados, los mecanismos que se desencadenan y su efecto psicológico en nosotros tienen una curiosa y hasta monótona semejanza.

Visualización y simbolismo

Hemos llegado con esto a una conclusión que considero importante: el fenómeno de la visualización, para todos los casos, por lo pronto, estudiados en el presente capítulo, no es, al parecer, otra cosa que simbolismo. Más exacta y concretamente: hacer que un término irreal E, en esos casos que digo, adquiera visualidad es tanto como obligarnos a que en nuestro proceso de lectores se nos aparezca, en forma de simbolizado, la significación «E real». Aunque la conciencia rechace ese realismo de E, la emoción lo proclama; y lo proclama porque tal realismo es, justamente, para nosotros, un simbolizado, que en la mente lúcida sólo puede comparecer (según se nos ha hecho notorio) de esa manera emotiva de que hablo.

Ahora bien: ocurre que la visualización de los «desarrollos», los «descensos» y las «permutas» no difiere, *en cuanto tal,* de la de los demás tipos de visualización, que he estudiado en mi libro *El irracionalismo poético (El símbolo).* Se sigue entonces de lo dicho que si la visualización en los tres fenómenos mencionados es, indiscutiblemente y con todo rigor, simbolismo, *habrá de serlo, igualmente, en todas sus otras apariciones.* Por tanto, siempre que un término irreal E se revista de visualidad es que hemos recibido en nuestra conciencia como simbolizado el realismo de E, esto es, la significación «E real». La conclusión nos interesa, puesto que, si ello es así, habremos dado, de pronto, con nuevas formas de simbolización que hasta ahora nos eran desconocidas. Se tratará, en efecto, en tales coyunturas, de un simbolismo que ya no procede de la existencia de un originador y un originado, puestos en conexión por el lector. Se tratará de otros mecanismos: en la visualización autónoma, el simbolizado «E real» nacerá gracias a la aniquilación del sentido lógico; en la visualización contextual, gracias a la existencia de una determinada especie de contexto que nos lleva a una ruptura del sistema de las representaciones, tal como he intentado especificar en el libro citado [5].

CAUSA DEL CARÁCTER PROLIFERANTE DEL FENÓMENO VISIONARIO

Se nos aclara así uno de los atributos más inmediatamente perceptibles del fenómeno simbólico: su tendencia, desde la disposición psíquica del poeta en su proceso Y, a la proliferación [6]. Proliferación en las imágenes visionarias del plano metafórico E, que queda pormenorizado y analizado con independencia del plano real A, según acabamos de recordar; y proliferación también de los símbolos homogéneos y de las visiones, en ese mismo sentido. Pero proliferación, sobre todo, en otro sentido más sorprendente: el que tiene esa palabra cuando la referimos a las superposiciones con que las imágenes visionarias, visiones y símbolos se traban entre sí [7]: una visión, por ejemplo,

[5] Véase la nota 4 a la pág. 77 de este libro.

[6] Véase Maeterlinck (en el libro de Jules Huret, *Enquête sur l'évolution de la littérature,* 1991, pág. 127); Verhaeren, en Guy Michaud, *La doctrine symboliste. Documents,* París, 1947, pág. 89; Jean Baruzi, *Saint Jean de la Croix et le problème de l'expérience mystique,* 2.ª ed., París, 1931; Dámaso Alonso, *La poesía de San Juan de la Cruz,* Madrid, Consejo Superior de Investigaciones Científicas, Instituto Antonio de Nebrija, 1942, págs. 215-217. Véanse, asimismo, mis libros *Teoría de la expresión poética,* 6.ª ed., Madrid, ed. Gredos, 1977, t. I, págs. 213 y 242, y *El irracionalismo poético...,* ed. cit., págs. 119-122.

[7] Svend Johansen, *Le symbolisme. Étude sur le style des symbolistes français,* Copenhague, 1945, pág. 139; Robert Bréchon, *Le surréalisme,* París, Colin, 1971, pág. 174.

da lugar, acaso, a una imagen visionaria, que, a su vez, produce un símbolo, u otra visión, etc. Cualquiera de las tres formas del fenómeno irracionalista puede dar origen a cualquiera de las restantes, que, por su parte, una vez nacida, resultará, en principio, susceptible de nuevos brotes, y así sucesivamente, con la misma fecundidad, libertad e indiferencia *que si se tratase de un término real*. En seguida intentaré extraer del hecho subrayado la consecuencia que nos importa, pero antes conviene poner un ejemplo de lo dicho. De un poema de *Sombra del Paraíso* copio el siguiente fragmento, alusivo sin duda al amor, tanto físico como espiritual, que el protagonista experimenta por una mujer:

> Muslos de tierra, barcas donde bogar un día
> por el músico mar del amor enturbiado,
> donde escapar libérrimos rumbo a los cielos altos
> en que la espuma nace de dos cuerpos volantes.
>
> ¡Ah maravilla lúcida de tu cuerpo cantando,
> destellando de besos sobre tu piel despierta,
> bóveda centelleante, nocturnamente hermosa,
> que humedece mi pecho de estrellas o de espumas!

El plano real en que se basa esta construcción imaginativa es el término «muslos». Pero resulta que tales «muslos» ostentan ya carácter visionario. Aparecen, en efecto, como una «visión», «muslos de tierra», alusiva a la elementalidad del acto en el que se manifiestan. Pero he aquí que esos «muslos de tierra» se entienden como «barcas» (plano imaginario E) que vuelan hacia los cielos (segunda visión). Otras dos nuevas visiones se producen ahora: el cuerpo canta y los besos destellan. Pero no hemos agotado con esto la capacidad germinativa y arborescente del entramado irracional. El ser querido, alzado ya en el firmamento, es una «bóveda centelleante» (imagen de segundo grado I) que humedece el pecho del protagonista poemático de «estrellas» (cualidad de la imagen de segundo grado I, «bóveda») o de «espumas» (cualidad de la de primer grado E, «barca en el mar»).

Complicado conjunto visionario: A, E, I, y nada menos que cuatro visiones que acompañan a esas imágenes superpuestas, ligadas a ellas o por ellas producidas. Tal es lo que antes hemos denominado «propensión proliferante». ¿De dónde nace ésta?

Recordemos lo dicho más arriba: la fecundidad de que hablamos consiste en tratar al término simbólico *como si fuese un término real.* Ahí yace, de no mediar error, la verdadera explicación del fenómeno. Si, según dijimos, toda irrealidad visual nos simboliza su significado literal en cuanto real, se deduce que todo símbolo habrá de poseer, forzosamente, dos simbolizados: uno el que le corresponde como tal símbolo; otro, el que le coresponde por hallarse en posición de visualidad. El simbolizado, en este último caso, estaría constituido por la propia letra del simbolizador tomada en serio, y su función sería puramente ancilar: intensificar la otra significación simbólica [8]. Ahora bien: el poeta, que en el trance creador es también, y esencialmente, sucesivo lector de lo que va escribiendo, siente, en efecto, la literalidad de los simbolizadores como real, pues eso es, según acabamos de averiguar, lo que significa el hecho mismo de la visualización con que tales simbolizadores se ofrecen. Y al sentir eso, el autor obra en consecuencia, o sea, trata al simbolizador como si fuese una efectiva realidad que, claro es, se muestra, o bien como apta de ser analizada en cuanto a sus componentes y cualidades («desarrollo independiente»), o bien como apta de ser metaforizada. Y si acaece esto último, el nuevo plano simbólico que, en un segundo grado se levanta sobre el otro, será, asimismo, experimentado emocionalmente como real, con lo que se capacitará para nuevas emisiones simbólicas, etc., etcétera. Y así, volviendo al ejemplo anterior, el hecho de que el autor haya sentido como real la irrealidad «muslos de tierra» le permite comparar a continuación esos «muslos de tierra» con unas «barcas». Pero tales «barcas», al ser experimentadas, a su vez, como reales, podrán emitir nuevas nociones (irreales en este caso): escapar «a los cielos altos». Ahora bien: el cuerpo

[8] Véase mi libro *El irracionalismo poético (El símbolo),* Madrid, ed. Gredos, 1977, págs. 297-299, págs. 315-316 y 380-382.

de la amada, visto como lanchas en el cielo, recibirá por transitividad esa localización irreal celeste, que, sentida, pese a todo, como real, permitirá al poeta alcanzar una nueva metáfora, «bóveda centelleante», ya que la amada se encuentra ahora *verdaderamente* en lo alto del firmamento. Pero si la amada es, en el presente instante, una bóveda celeste, y una bóveda celeste de veras y no de mentirijillas, podrá decirse de ella que es «nocturna», y si es de verdad «nocturna», se hallará tachonada de estrellas, etc. La sucesiva «realificación», digámoslo así, de los miembros irreales que hacen de originados en los incesantes procesos Y, conducen a su reanimación como entes capaces de proliferar metafóricamente, tal como más arriba anuncié.

El simbolismo de las superposiciones: visualización que producen

Pero las superposiciones metafóricas llevan consigo también, claro está, simbolizaciones. Tomemos un solo ejemplo que nos sirva de orientación para el entendimiento de todos los demás: el paso, dado por el poeta, desde la noción «muslos de tierra» a la noción «lanchas» en el ejemplo antes mencionado. El proceso Y, en este caso, habría sido éste:

> muslos de tierra [= muslos de tierra reales y capaces, por tanto, de emitir elementos metafóricos =] emoción de muslos de tierra reales y capaces, por tanto, de emitir elementos metafóricos [= muslos de tierra reales y capaces, por tanto, de emitir elementos metafóricos] = lanchas.

Desde tal esquema salta a la vista que el originado «lanchas» nos habrá de llevar a los lectores, en nuestro proceso X, al simbolizado «muslos de tierra reales». Pues bien: tal es lo que sucede, no sólo aquí, sino en todos los casos: la superposición metafórica nos simboliza siempre la letra del término emisor como una entidad real, y resulta, en consecuencia, visualizadora de esa «letra».

Apéndice Cuarto

LAS METONIMIAS PRECONSCIENTES

Precisión del término metonimia

En las páginas anteriores de esta parte de nuestro trabajo, nos hemos ocupado de las metáforas preconscientes: haremos ahora lo mismo con respecto a las metonimias de idéntica calificación. Puestos a ello, se nos impone como tarea inicial la de fijar el sentido del término, ya que la irracionalidad en que tales figuras se engendran deforma su contextura habitual, y la hace, a primera vista, de difícil reconocimiento. Partamos, pues, de la definición que la Retórica tradicional nos ha suministrado para esta clase de tropos, en su versión, por supuesto, lúcida. El *Diccionario de términos filológicos* de Fernando Lázaro Carreter[1] dice que la metonimia «consiste en designar una cosa con el nombre de otra, que está con ella en una de las siguientes relaciones: *a*) causa a efecto: *vive de su trabajo; b*) continente a contenido: *tomaron unas copas; c*) lugar de procedencia a cosa que de allí procede: *el jerez; d*) materia a objeto: *una bella porcelana; e*) signo a cosa significada: *traicionó su bandera; f*) abstracto a concreto, genérico a específico: *burló la vigilancia,* etc.» Frente a la sinécdoque que responde al esquema lógico «pars pro toto» o «totum pro parte» ('tomar la parte

[1] Fernando Lázaro Carreter, *Diccionario de términos filológicos,* Madrid, ed. Gredos, 1968, pág. 277.

por el todo o el todo por la parte'), la metonimia responde al esquema lógico «pars pro parte» ('tomar la parte por la parte'), y, en consecuencia, de algún modo, podríamos decir que la metonimia une en ecuación dos términos que mantienen entre sí un vínculo de colindante proximidad: el que media, precisamente, entre dos partes de un todo. Y aunque esta contigüidad entre partes no tenga necesariamente sentido único, sus varias formulaciones admitirían, creo, sin mayor extorsión, ser rebajadas a sólo dos: contigüidad en el tiempo y contigüidad en el espacio. De los anteriores apartados, el *a*) y el *d*) podrían agruparse bajo la etiqueta de contigüidad temporal, ya que en el caso *a*) *sentimos* que la causa es inmediatamente anterior (al menos con anterioridad lógica) al efecto; y en el caso *d*), que la materia es, del mismo modo, anterior a la forma. Los otros apartados se estrecharían a contigüidad espacial, lo mismo en el caso *b*) que en los casos *c*) y *f*). Una breve reflexión bastaría para demostrarlo; pero no la juzgo necesaria. El caso *e*) parece resistirse a nuestra reducción, pero se vería dentro de ella, si de la consideración objetiva pasásemos de nuevo a la subjetiva: en nuestra imaginación, experimentamos como entes íntimamente unidos el signo y el objeto significado, puesto que los dos se relacionan, y podemos decir que frisan, en cuanto partes del todo que entre ambos forman.

Nos es especialmente importante esta reducción de las metonimias conscientes al concepto de ecuación entre dos miembros producida no por semejanza, sino por limítrofe proximidad, puesto que las especiales características que adopta esta clase de tropos al hallarse libre del control racional abultan con fuerza y ponen violentamente de relieve, precisamente tal sentido de vecindad, al interpretar ésta de un modo especial que luego diré. Pues tratándose de las metonimias preconscientes la cosa está perfectamente clara: consisten éstas normalmente en la ecuación que se suscita entre dos seres por el mero hecho de hallarse ambos cercanos, sea cronológica, sea espacialmente.

De todo lo dicho se deduce que la verdadera diferencia entre metáforas y metonimias reside en cuál sea la realidad afectada por una similitud. En las metáforas, la similitud se refiere a los términos identificados; en las metonimias, a los lugares o tiempos en que tales términos se sitúan. Según nuestra definición, son esos lugares o tiempos los que se parecen, no las cosas en ellos localizadas. Ahora bien: ¿qué sentido puede tener el verbo «parecerse» aplicado a tiempos o a lugares que sólo se definen por el hecho de ser sustentadores de cosas completamente disparejas? ¿Cabe entre ellos un parecido? Y si cabe, ¿cómo, o en qué forma, ambas realidades, lugares o tiempos, se parecerán? El parecido consistirá, forzosamente, en lo mismo en que consiste cuando hablamos de cualquier clase de semejanza física: tener algún punto en común. Pero, ¿es ello posible en el caso que nos ocupa? A primera vista no, puesto que, como digo, de esos tiempos o espacios sólo nos llega noticia por los objetos en ellos colocados, y estos últimos son discrepantes e inasimilables entre sí. Mas veamos. Tener puntos en común es coincidir parcialmente. ¿Y no es esto lo que ocurre en las metonimias conscientes? En ellas se trataba, en efecto, de tiempos o espacios *colindantes,* que se rozan y vienen, pues, a coincidencia en ese punto fronterizo. El asunto se nos aclara de pronto. Si en eso consiste la coincidencia que buscamos, las metonimias de que nos disponemos a hablar la tendrán también, sólo que de tipo disminuido y poco cuerdo, y es que las metonimias preconscientes no pueden estar sometidas (como no lo estaban tampoco sus congéneres, las metáforas de esa especie) a la pesquisa racional, ni a sus exigencias esencialistas. No será preciso, pues, para que la ecuación se suscite, que los tiempos o los espacios a que aludimos ostenten «parecido» en cuanto que sean, como las conscientes, entre sí secantes o tangentes. Bastará con que los miembros equiparables posean ese parecido mínimo que sería algún género de laxa proximidad. Se repite aquí, pues, cuanto se nos hacía perceptible en las metáforas preconscientes: la posibilidad de inesencialidad y delirio, sólo que ahora esa inesencialidad o delirio ha de manifestarse, forzosamente, de modo distinto a como antes se manifestaba. El preconsciente estrecha con frecuencia a ecuación objetos situados en tiempos o espacios que no se tocan o interfieren por sitio alguno, sino que sólo se aproximan, entendiendo además esa proximidad con un criterio muy poco exigente, de manera que tal región de nuestra psique, falta de sensatez, interpreta la cercanía cronológica o espacial en cuestión con la misma displicencia, vaguedad o disparate con que interpreta la semejanza metafórica.

Metonimias preconscientes escritas y concienciadas

Pasemos ya con esto al estudio de las metonimias preconscientes. Lo mismo que les ocurría a las metáforas de ese tipo les ocurrirá a las metonimias de que hablo: que pueden aparecer en tres formas: escritas y concienciadas; escritas y no concienciadas: y no escritas y no concienciadas. Empecemos por las primeras.

En el intento de estudiar las metonimias preconscientes escritas y concienciadas, lo mejor será, creo, comenzar por un ejemplo de Neruda, que tiene la particularidad feliz de que en él se juntan las dos modalidades que de ese tropo hemos llegado a determinar: la temporal y la espacial. Leemos en «Oda a Federico García Lorca», de *Residencia en la tierra,* II:

> Me moriría por los cementerios
> que como cenicientos ríos pasan
> con agua y tumbas,
> de noche, entre campanas ahogadas:
> ríos espesos como dormitorios
> de soldados enfermos, que de súbito crecen
> hacia la muerte en ríos como números de mármol
> y coronas podridas y aceites funerales.

Este fragmento muestra una primera ecuación, «cementerios = ríos», cuyo plano evocado E, «ríos», resulta ser el originado metonímico que un originador, el plano real A, «cementerios», produce. Como a los cementerios van los ríos de cada una de nuestras vidas, o los ríos de los muertos, «cementerios» (A) y «ríos» (E) se identificarán por proximidad espacial:

> cementerios [= muertos = hombres que van a la muerte =] *emoción de hombres que van a la muerte* [= hombres que van a la muerte = ríos que van a la mar] = ríos.

Por supuesto, aquí la identificación como tal entre el originador y el originado se conciencia: «cementerios (...) como cenicientos ríos». En su esfera metonímica es, pues, esta ecuación el exacto equivalente a una imagen visionaria, que, como sabemos, resulta también de concienciar una identificación preconsciente, bien que en este caso metafórica. El correspondiente simbolizado lo tendríamos en la frase «hombres que van a la muerte», tal como el anterior esquema y nuestra sensibilidad están proclamando al unísono. La metonimia «visionaria» (podemos llamarla así con toda propiedad) a la que nos referimos («cementerio = ríos»), al engendrarse fuera del control racional, aparecerá en su origen como seria y totalitaria. A, cementerios, se manifestará entonces, por supuesto, como «A del todo y verdaderamente», ya que se trata del término real, por lo que le será lícito alargarse en la noción «tumbas»; pero E, «ríos», se experimentará, a su vez, con idéntico realismo, por lo que podrá prolongarse, con «independencia» semejante, en la noción «aguas», a través de una metáfora acústica, como las estudiadas en el capítulo anterior:

> ríos en cuanto cementerios [= ríos en cuanto ríos de verdad =] emoción de ríos verdaderos en la conciencia [= ríos en cuanto ríos de verdad] = «que pasan con agua»,

proceso Y, cuyo simbolismo en la mente del lector habrá de ser «ríos verdaderos», lo cual lleva consigo (no hace falta ya repetirlo) la visualización de ese término, así como sus posibilidades de «desarrollo». Nos explicamos entonces el conjunto inicial del fragmento copiado:

> los cementerios
> que como cenicientos ríos pasan
> con agua y tumbas.

Como los ríos que son ya cementerios tienen con «soldados enfermos» una cercanía cronológica, se unirán, a su vez, en tácita y preconsciente metonimia temporal no escrita ni concienciada («ríos = soldados enfermos»). Pero, por su parte, «soldados enfermos», a causa de otra metonimia, esta vez espacial aunque de la misma índole, se confunden con «dormitorios». Quedarán entonces igualados los términos «dormitorios» y «soldados enfermos»:

> ríos espesos como dormitorios
> de soldados enfermos,

lo cual indica que el proceso Y se encerraría en esta fórmula:

> ríos [= cementerios = muertos =] emoción de muertos en la conciencia [= muertos = soldados enfermos] = dormitorios de soldados enfermos.

Y esos «soldados enfermos», *por transitividad,* son, de nuevo, «ríos», y como esos «ríos», *por transitividad también,* son cementerios-ríos, habrán de poseer, otra vez por transitividad, los atributos que a los cementerios corresponden, identificándose además con tales atributos («números de mármol», «coronas podridas» y «aceites funerales»), gracias a una sinécdoque preconsciente. Recordemos:

> ríos espesos como dormitorios
> de soldados enfermos, que de súbito crecen
> hacia la muerte en ríos como números de mármol
> y coronas podridas y aceites funerales.

Habría aquí, enchufados uno en otro, dos procesos Y:

> dormitorios de soldados enfermos = soldados muertos [= muertos que van al cementerio =] emoción de muertos que van al cementerio [= muertos que van al cementerio = ríos que van a la mar] = = ríos [= muertos que van al cementerio = cementerio =] emoción de cementerio en la conciencia [= cementerio] = números de mármol, coronas podridas y aceites funerales.

El extracto total de la compleja estrofa en sus enlazados procesos preconscientes y sus sucesivas concienciaciones emocionales y sintagmáticas lo podríamos encerrar en la cifra que sigue (subrayo los miembros concienciados, sintagmáticos y emocionales):

> *cementerios* [= muertos = hombres que van a la muerte =] *emoción en la conciencia de hombres que van a la muerte* [= hombres que van a la muerte = ríos que van a la mar] = *ríos* [= cementerios = = muertos =] *emoción en la conciencia de muertos* [= muertos = soldados enfermos] = *dormitorios de soldados enfermos* = *soldados muertos* [= muertos que van al cementerio =] *emoción de muertos que van al cementerio* [= muertos que van al cementerio = ríos que van a la mar] = *ríos* [= muertos que van al cementerio = cementerio =] *emoción en la conciencia de cementerio* [= cementerio] = = *números de mármol, coronas podridas y aceites funerales.*

Lo cual nos diría que desde el originado «ríos» del primer proceso Y se nos simboliza «hombres que van a la muerte»; desde el originado «dormitorios de soldados enfermos» del segundo proceso se nos simboliza «muertos»; desde el originado «ríos» del tercer proceso se nos simboliza «muertos que van al cementerio»; y, por fin, desde el originado «números de mármol, coronas podridas y aceites funerales» del cuarto proceso se nos simboliza «cementerio».

De nuevo, el realismo de las ecuaciones preconscientes

No sé si he tenido la suficiente destreza para sugerir al lector el embrollado juego con el tiempo que la estrofa de Neruda supone: vemos primero un «después» («cementerios») que es un auténtico «antes» («los ríos de nuestras vidas»), sin dejar de ser un «después» (unos verdaderos «cementerios»). Pero este «después-antes», estos «cementerios-ríos», se apoyan tanto en uno como en el otro término de la ecuación, y así, no sólo en cuanto «cementerios», como vimos, tienen «tumbas» y en cuanto «ríos», «agua», sino que en cuanto «antes», en cuanto «ríos», se identifican, a su vez, por metonimia de proximidad espacial, con «dormitorios de soldados enfermos», soldados enfermos que aparecen, en efecto, como ríos que van hacia la muerte y, por tanto, como ríos *que no son todavía* «cementerios». Pero tales ríos que van hacia y *no son aún* «cementerios», *lo son ya,* puesto que tienen y hasta entran en ecuación con «números de mármol», «coronas podridas» y «aceites funerales».

Dicho con mayor abstracción: aparece primero un verdadero «después» («cementerios») que es un verdadero «antes» («ríos de vidas que van a los cementerios»), y por tanto que lo es *con todas sus consecuencias* («agua», de un lado, y, de otro, «dormitorios de soldados enfermos»), y luego un verdadero «antes» (ríos que van hacia unos cementerios) que es un genuino «después», y por tanto que lo es *también a todo evento* («números de mármol», «coronas podridas» y «aceites funerales»). En breve: hay aquí un «antes» que es de veras un «después» y un «después» que es de veras un «antes». Sacaríamos de estos hechos dos importantes conclusiones: una, mera ratificación de cosas ya muy sabidas por nosotros, referente al realismo de las ecuaciones preconscientes, ahora en su forma metonímica; otra que, en cambio, nos resulta nueva, relativa a las evidentes relaciones entre las metonimias preconscientes de tipo cronológico y el fenómeno que hemos denominado «superposición temporal».

Vayamos antes con lo primero. El ejemplo de Neruda ¿no es, en efecto, un vivo ejemplo, pero ahora, claro está, metonímico, de lo que en el caso metafórico habíamos ya probado, la seriedad de las ecuaciones que se originan en el preconsciente, y, por consiguiente, el totalitarismo con que, en una ecuación, $A = B$ (o $A = E$), se afirma tanto B como A (o tanto E como A)? $A = B$ (o $A = E$) quiere decir, en el preconsciente, sabemos, lo que esa fórmula nos dice en matemáticas: a saber, que «A del todo» es «del todo» realmente B, y a la inversa, que «B del todo» es «del todo» realmente A (y lo mismo afirmaríamos para $A = E$), en el mismo sentido en que si es cierto que $6 = 4 + 2$, habrá de ser verdadero también que $4 + 2 = 6$.

El ejemplo metafórico paralelo a este metonímico era, como recordará el lector, el aleixandrino de las «luces» o «caricias» crepusculares (A), vistas como lágrimas (B): tales lágrimas, en cuanto lágrimas caían desde los lagrimales; en cuanto luces crepusculares, lo hacían al ponerse el sol (pág. 403). Parecía afirmarse así como serio el plano real A («caricias o luces crepusculares»), pero asimismo, con no menor convicción, el imaginario B, «lágrimas». La semejanza con el ejemplo metonímico de Neruda que también toma en serio los dos planos (el plano del «antes» y el plano del «después») no puede ser mayor.

Metonimias preconscientes escritas y no concienciadas

Estas conclusiones son de indudable interés para nosotros, pero ya habíamos llegado a ellas en páginas anteriores. Resulta, en cambio, sorprendente en grado sumo la otra conclusión que antes sugerí. Me refiero al vínculo que, en efecto, podemos inesperadamente descubrir entre metonimias cronológicas preconscientes y superposiciones temporales. Pero creo que antes de examinar esa decisiva cuestión, debemos enfrentarnos con otro ejemplo en que tales metonimias, en vez de ser «escritas y concienciadas», sean, al revés, «escritas y no concienciadas». En «La muerte o antesala de consulta», de *Pasión de la tierra,* se habla, como el título sugiere, de una «antesala de consulta» que es, en realidad, la antesala de la muerte, donde los «pacientes» «iban entrando uno a uno», «innumerables», «y se saludaban con los sombreros». El poema, desde su misma raíz, obliga contextualmente a sentir el simbolismo de tan terrible estancia («las paredes desangradas no eran de mármol frío»; «los pechos de todos se hundían muy lentamente»; se habla de «niebla»; se afirma que «las paredes delicuescentes casi se deshacían en vaho»; etc.). De pronto el poeta dice:

> Moscas blancas bordoneaban sin entusiasmo.

Es indudable que esas «moscas» son el originado metonímico que un originador simbólico, en un proceso Y de inconexión, ha producido, desde su correspondiente simbolizado, a través de este flujo confundente:

> antesala de consulta (en cuanto simbolizador de la noción «momento anterior al morir»), A [= muerte, B = muerto, C =] emoción de muerto y de lo que ello tiene de repugnante en la conciencia [= muerto =] moscas que se posan, por ejemplo, en la cara del muerto, D[2].

Donde vemos que todas las igualdades son metonímicas: la primera de ellas, A = B, es una metonimia temporal; las otras, B = C y C = D, son metonimias espaciales. En lenguaje menos técnico: aunque los hombres reunidos en la «antesala», a los que el poema se refiere, están, en principio, completamente vivos y hasta perfectamente sanos, pues son un símbolo de la humanidad, de todos los hombres y de cada uno de ellos (que morirán, sí, pero sólo «algún día», no, por supuesto, necesariamente dentro de breve plazo), aunque están vivos, repito, ya tienen a su alrededor las «moscas» de los muertos. De nuevo aquí se ha identificado metonímicamente (metonimia cronológica) el «antes» y el «después» de una realidad, la del hombre, amén de haberse asimilado previamente, en metonimia espacial, el muerto y las moscas. Y nótese cómo, en esta última ecuación, por su seriedad y totalitarismo preconscientes, uno de sus elementos, «moscas», ha tomado en préstamo —transitividad—, aunque en diverso grado, los atributos que al otro, «al muerto», son propios. Y así esas moscas aparecen como blancas y «bordoneando sin entusiasmo» (alusión respectivamente simbólica, a la palidez e inercia de los cadáveres).

Lo que merece señalarse en el ejemplo aleixandrino es que (al revés de lo que pasaba en el fragmento de Neruda perescrutado más arriba) no hay en él concienciación del tropo, que permanece en el preconsciente como tal tropo, salvo, claro está,

[2] Desde la noción «moscas» se nos obliga a simbolizar retroactivamente en el originador y actualmente en el originado la idea de «muerto» y de «repugnancia».

su último miembro u originado (el elemento «moscas») que se hace textual. Estamos frente a una «inconexión», no frente a una «irrealidad», como antes. Pero debemos percatarnos de que también en este caso hay el mismo curioso viaje de ida y vuelta que habíamos hecho resaltar en la «Oda a Federico García Lorca»: me refiero al hecho de que dada la «seriedad» de las identificaciones preconscientes, si el «antes» es igual al «después», el «después» sería, por su parte, igual al «antes», o en otro lenguaje más concreto, si los hombres vivos se ven ya muertos con sus moscas, las moscas futuras bordonean «sin entusiasmo», junto a los aún vivos. Se afirma de esta manera, en la expresión citada, con la misma energía realista, el plano real y el plano evocado, según vimos también en otros casos preconscientes, de forma que los seres de la «antesala de consulta» aparecen, simultáneamente, vivos («se saludaban con los sombreros», etc.) y muertos («moscas blancas bordoneaban sin entusiasmo»).

METONIMIAS CRONOLÓGICAS Y SUPERPOSICIONES TEMPORALES

No podemos ya tener duda: las metonimias cronológicas preconscientes del tipo inesencial que hasta aquí hemos venido estudiando son, de hecho, superposiciones temporales, bien que el lector no pueda darse cuenta de ello (de no realizar un análisis extraestético de su intuición), pues tales superposiciones quedan implicadas *en la zona no lúcida de su proceso X*. Veamos por qué afirmo que se trata de superposiciones. Si se identifican, preconscientemente, dos cosas en la mente del poeta por el mero hecho de hallarse cronológicamente próximas, es porque antes, en esa misma mente, se han identificado, esto es, porque en ella *se han superpuesto* los respectivos tiempos distintos en que esas cosas se ofrecen. Lo mismo en el caso de los «cementerios-ríos» de Neruda que en el de las «moscas» de «La antesala de consulta» de Aleixandre, se da, implícitamente, según vimos, una superposición de tiempos («antes» y «después» que se confunden) como consecuencia de un flujo metonímico «mágico».

Sólo que, en el primer caso, la consecuencia sintagmática del flujo metonímico, en su relación identificativa con el originador, se conciencia del todo, apareciendo el originador y el originado como dos planos, A y E, de una imagen («cementerios que como cenicientos ríos pasan»), o sea, apareciendo una autonomía, mientras en el segundo aquello no acontece, con lo que se produce una inconexión: únicamente asoma en el texto el originador «sala de consulta» y el originado «moscas», mas no la idea de equiparación entre ambos.

Nuestra pregunta ahora es: ¿podríamos entonces volver del revés el anterior aserto, pensando que no sólo las metonimias de la especie arriba indicada son superposiciones temporales, aunque imperceptibles como tales, sino que, a la inversa, todas las superposiciones temporales, también aquellas de las que nos percatamos y reconocemos en su verdadero ser, resultan de concienciar metonimias de esa clase, preconscientemente establecidas? La respuesta habrá de ser, indudablemente, afirmativa. Volvamos sobre dos ejemplos de superposición temporal de esa índole visible, tomados de *La destrucción o el amor,* que en otro sitio hemos analizado [3]. Uno es éste:

> el violín, donde el cedro aromático canta
> como perpetuos cabellos.

El originador lo tendríamos en la expresión «el violín», y el originado en el resto de la frase. Entre originador y originado se extendería el proceso Y:

> cedro en cuanto violín (hoy) [= cedro en cuanto cedro (ayer) =] emoción de cedro en cuanto cedro [= cedro en cuanto cedro] = cedro aromático que canta (hoy) como perpetuos cabellos, «con hojas perennes» (ayer).

Con lo cual el sintagma «cedro aromático que canta como perpetuos cabellos» nos obliga a ir hacia la noción «cedro en cuanto

[3] Carlos Bousoño, *Teoría de la expresión poética,* Madrid, ed. Gredos, 1976, t. I, págs. 389-403 y especialmente págs. 398-399.

cedro», que sería, *en principio*, un simbolizado. Ahora bien: aquí no lo es. ¿Por qué? Debemos tener muy presente que en todos los casos de superposición temporal reconocible como tal de modo instantáneo, el originado supone o la inmediata concienciación del significado de la emoción (caso A), o bien (caso B) la de un término que sugiere lógicamente ese significado, por lo que en el caso primero (en el caso A) no puede haber simbolismo, sino logicidad explícita, y en el caso segundo (en el caso B), que es el que aquí vemos, no puede haber tampoco sino logicidad, pero no explícita, sino sugerida. Ya sabemos que ambas cosas son posibilidades del proceso Y, que ocurren, una y otra, siempre que su serie sintagmática tenga la brevedad, grande o bien extrema, que más arriba especifiqué.

Tal es lo que viene a confirmarnos el otro ejemplo (perteneciente al caso A) que antes prometí. El poeta habla de un elefante vivo, en medio de una selva:

> el elefante que en sus colmillos lleva algún suave collar.

Es evidente que el proceso Y que dio a luz este versículo estaría constituido en esta forma:

> colmillos del elefante hoy vivo [= colmillos del elefante convertidos mañana en algún suave collar =] emoción de los colmillos del elefante convertidos mañana en algún suave collar [= colmillos del elefante convertidos mañana en algún suave collar] = «lleva algún suave collar».

En vez de simbolismo hay aquí, como en el otro ejemplo, logicidad, aunque no como en él meramente aludida, sino expresada directamente: estamos, repito, en el caso A, y por tanto su logicidad explícita se debe a que el originado se limita, tal como adelanté, a concienciar el significado de la emoción. Ahora bien: *nuestra sensibilidad percibe*, lo mismo en este caso A que en el otro B, y ello contra todos nuestros presupuestos, *la existencia de un simbolizado*. Notamos, en efecto, que en el caso B se nos simboliza lo que la música de aquel violín tiene de fresca: en el caso A, lo que en el elefante hay de delicado, no obstante su rudeza y gigantismo. ¿Cómo puede ser esto? La respuesta es fácil. Aunque la relación entre el originador y el originado engendra, en estos casos que digo, dentro del proceso X del lector, un significado lógico (que coincide exactamente con el significado del momento emocional del correspondiente proceso Y), tal significado lógico es precisamente el que, una vez nacido, se dispone al logro de un simbolismo y finalmente se convierte en simbolizador justo porque su aparición *ha de tener en el texto algún sentido,* pese a lo cual éste, en un inicial pronto, se resiste a nuestra intelección (primera operación contextual). Y así, en el caso del violín, no vemos claramente, en un principio, el sentido que posea la noción «cedro en cuanto cedro» al lado de la noción «cedro en cuanto violín»: salimos del desconcierto (segunda operación contextual) adjudicando a la música de ese violín, en forma simbólica, la emoción de pureza y naturalidad que ese «cedro-árbol» nos inspira: se tratará, según adelanté, de una música silvestre y fresca. Algo semejante acontece en el caso del collar. Nos deja inicialmente perplejos (operación primera) la aparición lógica del plano futuro («colmillos convertidos en algún suave collar») junto al plano presente («colmillos vivos aún»). Eliminamos nuestra desazón (operación segunda) lo mismo que antes: haciendo que el término lógico («colmillos convertidos en algún suave collar») nos entregue un posible significado irracional que sea congruo a la realidad de que se habla. Y así, el elemento «algún suave collar» nos llega a significar de manera simbólica, vuelvo a decir, la delicadeza y tacto que, bajo su tamaño y apariencia tosca, el elefante posee.

No hay duda de que ese doble simbolismo ha nacido en el autor a través de sendos procesos Y de autonomía, que serían:

> cedro en cuanto violín [= música fresca, natural =] emoción en la conciencia de música fresca, natural [= música fresca, natural = realidad fresca, natural] = cedro, ayer, en cuanto cedro,

y

> colmillos vivos del elefante hoy [= elefante hoy = delicadeza y exquisita sensibilidad, por ejemplo, de su trompa =] emoción de deli-

> cadeza y sensibilidad, por ejemplo, de su trompa [= delicadeza y sensibilidad, por ejemplo, de su trompa] = colmillos convertidos en collares (delicados y exquisitos);

procesos que conciencian la relación originador-originado de un modo semejante a como lo hacen las «visiones». De hecho, las superposiciones de esta especie reconocible son siempre, en efecto, casos particulares de visión (se atribuye al tiempo real, que es siempre el tiempo actual, una irrealidad: su coexistencia con un tiempo no actual: pasado o porvenir) y su simbolismo no difiere, en cuanto al mecanismo de su aparición, del que en las visiones hemos encontrado: el plano de realidad (el tiempo real) será el originador, y el plano irreal (el tiempo irreal, pretérito o futuro) será el originado, tal como hemos comprobado ya.

LOS TRES TIPOS DE SUPERPOSICIÓN TEMPORAL

Conviene reunir ahora nuestros hallazgos en unas cuantas afirmaciones que elevaremos así a formulación general. Hemos visto que las superposiciones temporales proceden siempre de metonimias cronológicas preconscientes que pueden ofrecerse en tres variantes distintas entre sí:

La primera variante es la que triunfa cuando la serie sintagmática del proceso Y resulta «larga», es decir, cuando esa serie no conciencia inmediatamente el significado de la emoción o un elemento conectado cronológicamente a ese significado, aunque, por otra parte, sí conciencie la relación identificativa que media entre el originador y el originado (caso de los ríos = cementerios de Neruda).

Surge la segunda variante cuando se cumplen los mismos requisitos de la variante anterior, excepto el de la concienciación de la relación identificativa entre el originador y el originado (caso de las «moscas» de Aleixandre), concienciación que aquí no se produce.

La variante tercera se manifiesta cuando, al revés de las dos variantes anteriores, la serie sintagmática del proceso Y conciencia inmediatamente el significado de la emoción o un elemento conectado lógicamente a ese significado, además de concienciar, de otra parte (lo mismo que pasa en la variante primera), la relación identificativa entre el originador y el originado (caso del violín que canta como perpetuos cabellos y caso del elefante que lleva en sus colmillos algún suave collar).

Los dos procesos «Y», uno lógico y otro (en el proceso X correspondiente) finalmente proporcionador de simbolismo en las superposiciones temporales «propiamente dichas»

Esta variante última, en la que se incluyen todas las superposiciones temporales «propiamente dichas» («propiamente dichas», pues son las que el lector *experimenta como tales)* es la más compleja, ya que se dan siempre en ellas dos procesos Y, entre sí diferentes, aunque uno proceda del otro y lo necesite. Hay, en efecto, un primer proceso Y o del autor encargado sólo de fabricar la superposición que actuará como tal en la mente del lector, y, por tanto, de engendrar como efecto expresivo en el proceso X correspondiente una logicidad (en vez de un simbolizado) a través de la brevedad de la serie sintagmática. Y hay después un proceso Y segundo, en el que (al trocarse luego, ya en la mente del lector, en un segundo proceso X) lo que se engendra es, por el contrario, un simbolizado. Ahora bien: resulta curioso constatar que el simbolizador que en este segundo proceso X se pone a simbolizar viene a ser, justamente, la superposición que el otro proceso Y (el primero de los dos procesos de ese apellido) suscitó lógicamente. O sea: el primer proceso Y que en su versión X tiene efecto lógico y no simbólico sólo sirvió para facilitar al proceso segundo, también Y, con esa logicidad así engendrada, la materialidad de un término que en el segundo proceso X o del lector habrá de convertirse en un simbolizador. Dicho en una fórmula más concreta y detallada: los dos procesos Y enlazados tienen, sin excepciones, el mismo originador (por ejemplo: «colmillos del elefante vivo»); pero el resultado expresivo (lo que fue momento emocional Y) del primer proceso (de carácter lógico, no simbólico, repito: «colmillos ya convertidos en collares») hace (también en todo caso) de originado del segundo proceso Y, con lo que en el proceso X, también segundo, se establece una relación entre el originador («colmillos del elefante vivo») y ese originado («colmillos ya convertidos en collares»), relación cuya consecuencia es un simbolizado («delicadeza y exquisita sensibilidad del elefante»). Por eso he dicho antes que el primer proceso Y tenía como finalidad proporcionar al segundo proceso X el simbolizador, pues éste está constituido de hecho por ese originado que digo, en cuanto que tal originado se pone de inmediato en contacto con el originador. Más breve: el momento emocional del primer proceso Y genera, en el proceso X correspondiente, un efecto expresivo lógico («colmillos ya convertidos en collares») [4], el cual, en calidad de originado del segundo proceso Y, conecta en el segundo proceso X con su correspondiente originador, que es el mismo del primer proceso Y («colmillos del elefante vivo»), produciendo, por fin, el simbolizado («delicadeza y exquisita sensibilidad del elefante»).

Universalidad del mecanismo de los dos procesos en las superposiciones temporales propiamente dichas

Quiero subrayar con fuerza que este mecanismo de los dos procesos X, el lógico y el simbolizante, es canónico y obligado, en cuanto a sus menores detalles, para todos los casos, sin excepción, de superposición temporal «propiamente dicha». Mostrémoslo así, analizando dos ejemplos más. El primero de Rubén Darío:

> y en la espiga de oro y luz duerme la misa.
>
> («La espiga» —«Las ánforas de Epicuro»—, de *Prosas Profanas.)*

[4] Ese efecto expresivo lógico del proceso X está constituido por lo que en el proceso Y fue el momento emocional.

Proceso lógico inicial (expongámoslo en su versión Y) que produce la superposición de un futuro (en que la espiga de trigo es ya hostia consagrada) en un presente (en que la espiga es aún granos de trigo en el trigal):

> (espiga) en el trigal (hoy) [= espiga convertida en hostias consagradas =] emoción consciente de espiga convertida en hostias consagradas [= espiga convertida en hostias consagradas] = «duerme la misa».

En el proceso Y segundo que al trocarse en proceso X va a ser simbolizante, hace de originador, según lo establecido, el mismo elemento, «espiga en el trigal» (hoy), que llevaba ese mismo papel en el proceso «lógico» previo, y hace de originado la consecuencia expresiva (lógica, claro está) que ese primer proceso Y desde su momento emocional ha suscitado al convertirse en proceso X del lector:

> espiga en el trigal (hoy) [= reverenciabilidad respetuosa y misterio de la existencia como tal de esa espiga =] emoción de reverenciabilidad respetuosa y misterio de la existencia como tal de esa espiga [= reverenciabilidad respetuosa y misterio de la existencia como tal de esa espiga = espiga convertida en hostias consagradas] = «duerme la misa» (en el sentido de espiga convertida en hostias consagradas).

Con lo cual, desde el originado «duerme la misa» en su relación con el originador «espiga en el trigal» (hoy), o sea, desde la superposición de un tiempo futuro en un tiempo presente se está simbolizando en el proceso X «reverenciabilidad respetuosa y misterio de la existencia como tal de esa espiga».

El otro ejemplo lo encontramos en Machado. Habla el poeta de su padre, cuando éste era joven:

> Sus grandes ojos de mirar inquieto
> ahora vagar parecen, sin objeto
> donde puedan posar, en el vacío.
>
> Ya escapan de su ayer a su mañana;
> ya miran en el tiempo, padre mío,
> piadosamente mi cabeza cana.

Primer proceso Y «lógico», engendrador de la superposición de un tiempo futuro («hijo viejo») en un tiempo presente («padre joven»):

> padre joven [= hijo viejo =] emoción de hijo viejo en la conciencia [= hijo viejo] = «sus grandes ojos» (...) «ya miran» (...) «piadosamente mi cabeza cana».

Segundo proceso Y, simbolizante en su forma X (donde hace, como siempre, de originado lo que en el proceso Y primero se constituye como significado del momento emocional):

> padre joven [= fugacidad extrema de la juventud =] emoción de fugacidad extrema de la juventud [= fugacidad extrema de la juventud] = hijo viejo.

De nuevo se repiten aquí los fenómenos consabidos: el originador del segundo proceso Y («padre joven») es el mismo del proceso Y primero; y la expresividad lógica del proceso X primero («hijo viejo»), o lo que es igual, el significado del momento emocional del proceso Y primero cumple oficio de originado en el proceso Y segundo. La simbolización, en este caso, habría de ser, como el esquema nos enseña, «fugacidad extrema de la juventud».

La sorprendente duplicidad representada por los dos procesos Y explica el extraño fenómeno de que el lector experimente, en las superposiciones temporales que hemos llamado «propiamente dichas», una simbolización que, de manera en principio desconcertante, no coincide nunca con la significación que la relación entre el originador y el originado del primer proceso hace nacer, pues esta última significación, repito una vez más, no sólo es otra, sino que posee, además, una diversa naturaleza: una naturaleza, insisto, lógica.

Metonimias preconscientes esencialistas

Por supuesto, es perceptible también, en las metonimias preconscientes, la variedad esencialista que veíamos en sus congéneres las metáforas. Igual que les cabe a éstas, aunque con frecuencia admitan parecidos debilísimos, basarse, indiferentemente, en parecidos de evidente fortaleza y sustantividad, así les pasa a las metonimias mágicas, que exhiben en ocasiones una estructura tan sólida en ese sentido como pueda serlo la de las metonimias lúcidas. En un ejemplo que hemos analizado, a otro propósito, más arriba, la metonimia que el análisis descubre pertenece a aquel tipo consistente en tomar el efecto por la causa, que Fernando Lázaro Carreter sitúa en el apartado *a*) de sus listas de metonimias (que, claro está, son las que nosotros hemos clasificado como conscientes), lo cual revela su esencialismo. Recordemos el fragmento de *Pasión de la tierra* en que unas luces crepusculares o «soñolientas caricias» venían a simbolizar cuanto en el mundo se hallaba en trance de desaparición:

> ... hay quien llora lágrimas del color de la ira, pero sólo por equivocación, porque lo que hay que llorar son todas esas soñolientas caricias que al borde de los lagrimales esperan sólo que la tarde caiga para rodar al estanque...
>
> («Del color de la nada»)

Cuando investigábamos este párrafo, habíamos dejado en el aire y sin resolver por qué el poeta dice en él «que lo que hay que llorar son todas esas soñolientas caricias». Ha llegado el momento de enfrentarse con la cuestión, ya que es aquí, precisamente, donde yace la metonimia que tratamos de localizar. Como esas «soñolientas caricias» o luces crepusculares simbolizan la idea de muerte, hacen llorar. Y al ser *causa* de lágrimas, son, asimismo, metonímicamente eso: lágrimas. La causa se identifica con el efecto. No hay duda del carácter esencialista y hasta estructuralmente tradicional del tropo. Proceso Y:

> soñolientas caricias (en cuanto símbolo de muerte) [= causa de lágrimas = lagrimas =] emoción de lágrimas en la conciencia [= lágrimas =] llorar (...) caricias.

Desde el miembro «lágrimas» con que finaliza la zona no racional de la serie sintagmática, el poeta pasa, por transitividad, al originado inconexo «llorar (...) caricias». Veamos cómo. Al llegar el miembro de que hablo, «lágrimas», el autor está sintiendo en él (en virtud, como digo, de la propiedad transitiva de que gozan las ecuaciones preconscientes) el significado del originador «caricias»: y así, en consideración creadora, esas «lágrimas» son, en efecto, «caricias» y esas «caricias», «lágrimas». La consecuencia de tal identidad (por supuesto, «no escrita y no concienciada») la constituirá, repito, el originado «llorar (...) caricias», desde el que los lectores, a su vez, partirán ahora, en su proceso X, hasta hacerse (de modo «retroactivo» en el originador, y de modo «actual» en su propia entidad de originado) con el simbolizador «lágrimas».

Otra metonimia preconsciente de tipo causa-efecto, esencialista por tanto, es la que vemos en un fragmento del poema «Fuga a caballo». Expresa el poeta en él su miedo de morir; su miedo, dice:

> de quedarme con la cabeza colgando sobre el pecho como una gota y que la sequedad del cielo me decapite definitivamente. Tengo miedo de evaporarme como un colchón de nubes, como una risa lateral que desgarre el lóbulo de la oreja.

Decir que el «colchón de nubes» se evapora, supone una metonimia, pero no es ésta la metonimia de la que quiero ahora hablar, ya que con ella no nos hemos salido aún de la esfera racional y controlable (la que se evapora es el agua; la expresión «colchón de nubes» aparece como el efecto de esa evaporación: pero somos conscientes en cuanto lectores de que se toma el efecto por la causa). El fragmento que nos interesa va a continuación. Lo primero que notamos en él es que «evaporarme como una risa lateral» representa un absurdo más hondo que el otro, pues no podemos encontrar al dicho un significado en la mente despierta. Tal absurdo nos lleva, precisamente, a buscar tras él un simbolismo que lo deshaga emotivamente como tal. Llegamos, de ese modo, a sentir que se alude así al sarcástico sufrimiento del poeta frente al hecho de la muerte: el autor se ríe de sí mismo con una especie de grotesca mueca, con una risa lateral (o de un solo lado) que desgarra dolorosamente el alma más allá de todo lo esperable («que desgarra el lóbulo de la oreja»). Veamos cómo se ha llegado a esta expresividad. La frase «evaporarme (...) como una risa lateral que desgarra el lóbulo de la oreja» implica otra metonimia. Pero esta metonimia difiere hondamente de la que le precede, ya que no se manifiesta lúcidamente. Se identifica en ella de modo mágico una causa (la ridiculez de evaporarse el poeta como una gota de agua o colchón de nubes) y lo que es efecto de esa causa (la grotesca risa de un solo lado, mueca o burla dolorosa de sí mismo con que el poeta reacciona al hecho de morir de tan irrisoria manera). Proceso Y inconexo:

> tengo miedo de evaporarme como un colchón de nubes [= soy una persona grotesca =] emoción en la conciencia de soy una persona grotesca [= soy una persona grotesca = risa sarcástica que me produce esa persona grotesca que yo soy =] evaporarme como una risa lateral que desgarra el lóbulo de la oreja.

La «transitividad» hace que un elemento propio del originador («evaporarme») pase al originado «evaporarme como una risa lateral...» El simbolismo aparece claro en el esquema: el originado «evaporarme como una risa lateral, etc.» simboliza actualmente el dolor de sentirse el poeta persona grotesca por el hecho de tener que morir; y lo mismo habrá de simbolizar, pero retroactivamente, el originador «tengo miedo de evaporarme como un colchón de nubes».

Origen metonímico preconsciente de los desplazamientos calificativos

Si las superposiciones temporales tienen origen metonímico preconsciente en un proceso Y, no puede ya extrañarnos que les ocurra lo propio a los «desplazamientos calificativos», con la única diferencia de que en éstos las metonimias no son cronológicas, sino espaciales. La verdad de esta aseveración se pondría acaso de relieve en cuanto nos preguntásemos qué fenómenos psíquicos tienen que darse para que un desplazamiento de esa clase se haga posible. Sólo cabe una explicación para que la expresión lorquiana

> el débil trino amarillo del canario

adjudique al «trino» la amarillez de las «plumas»: que previamente «plumas» y «trino» *por su proximidad* se hayan preconscientemente confundido (metonimia espacial) como si fuesen la misma cosa: la identificación «plumas = trino» ha de ser seria y total, esto es, preconsciente, para que las cualidades de uno de los términos (las cualidades de las «plumas») se concedan «seriamente» al otro (al trino). Tomando al término «canario» como originador se formaría un proceso Y de irrealidad (no de inconexión, pues se conciencia la relación identificativa):

> canario [= plumas amarillas =] emoción de plumas amarillas en la conciencia [= plumas amarillas = trino] = trino amarillo.

Notemos que la aparición del originado «trino amarillo» exige la «transitividad» de ese calificativo entre los términos «plumas amarillas» y «trino» de la serie sintagmática. Por otra parte, el esquema nos dice que el originado «trino amarillo» forzosamente habría de producir, en principio, el simbolizado «plumas amarillas». Tengamos, sin embargo, en cuenta que al ser la amarillez de las «plumas» una connotación del término «canario» y por tanto un elemento lúcido[5], la irracionalidad del simbolizado se pierde, en cuanto que se conciencia de inmediato en la mente del lector. De ahí que el efecto expresivo de los desplazamientos sea siempre una sugerencia lógica, como intuitivamente había yo afirmado en mi *Teoría de la expresión poética*[6].

---

[5] Las connotaciones son, en nuestra definición de ellas, elementos últimamente racionales (véase mi libro *El irracionalismo poético...*, ed. cit., págs. 175-204).

[6] Madrid, ed. Gredos, 1976, t. I, pág. 164.

METÁFORAS Y METONIMIAS JUNTAS DENTRO DE UN MISMO PROCESO PRECONSCIENTE

Hasta aquí, hemos separado los procesos preconscientes metafóricos de los metonímicos. Pero es evidente que metáforas y metonimias pueden mezclarse indiferentemente en el curso de un mismo proceso. Leemos en el poema «El mundo está bien hecho»:

> Pero la prisa por florecer, ese afán de mostrar los oídos de nácar como un mimo infantil, como una caricia sin las gasas, suele malograr el color de los ojos cuando sueñan.

En su contexto, «florecer» significa sumirse en la armonía de la naturaleza. El paso de «florecer» a la expresión vecina, «ese afán de mostrar los oídos de nácar..., etc.», sólo puede explicarse entonces por el desencadenamiento de estas identificaciones mágicas:

> florecer (A) [= hallar naturalidad (B) = hallar lo no contaminado (C) = hallar la inocencia (D) =] emoción de «hallar la inocencia [= hallar la inocencia = hacerse niño (E) = mostrar oídos de nácar, el niño (F)] = mimo, del niño (G).

Las ecuaciones A = B, B = C, C = D y D = F se definen, en nuestra nomenclatura, como metáforas (E = F sería concretamente una sinécdoque; pero éstas resultan incluibles en efecto, según dije en otro trabajo[7], entre las metáforas). En cambio, la ecuación última de la serie, F = G, ya no es metafórica, sino metonímica:

> oreja de nácar como un mimo infantil,

en donde la «oreja de nácar» y el «mimo infantil» se han identificado por proximidad espacial, según el esquema lógico «pars

[7] Véase *El irracionalismo poético (El símbolo)*, Madrid, ed. Gredos, 1977, págs. 219-220.

pro parte». Aquí, como tantas otras veces, la ecuación se ha concienciado, creando una autonomía y no una inconexión. El simbolizado que se obtiene con el procedimiento será la noción «hallar la inocencia».

Pongamos otro ejemplo de mixtura metonímico-metafórica. Leamos de nuevo, de forma algo ampliada, un trozo del poema «Del color de la nada», que en parte habíamos ya analizado en una nota a la página 305:

> Los hombres no sabían cuándo acabaría el mundo (...). Se iban ahogando las paredes. Se veía venir el minuto en que los ojos, salidos de su esfera, acabarían brillando como puntos de dolor, con peligro de atravesarse en las gargantas. Se adivinaba la certidumbre de que las montañas acabarían reuniéndose fatalmente, sin que pudieran impedirlo las manos de todos los niños de la tierra. El día en que se aplastaría la existencia como un huevo vacío que acabamos de sacarnos de la boca, ante el estupor de las aves pasajeras.

Se trata de un poema apocalíptico, alusivo al momento de la muerte, momento que se simboliza en «ese minuto en que los ojos», salidos de sus órbitas, «corren el peligro de atravesarse en las gargantas»; y también en ese otro momento en «que las montañas acabarían reuniéndose, sin que pudieran impedirlo (pese a su inocencia, que merecería ese poder) las manos de todos los niños de la tierra». En la nota arriba mencionada vimos el proceso Y mediante el cual pasa el autor desde el originador «ojos salidos de las órbitas con peligro de atravesarse en las gargantas» al originado «huevo que acabamos de sacarnos de la boca»:

> ojos salidos de las órbitas (...) con peligro de atravesarse en las gargantas [= ojos que se han atravesado en nuestras gargantas = ojo que tenemos atravesado en la garganta =] emoción de ojo que tenemos atravesado en la garganta [= ojo que tenemos atravesado en la garganta = huevo que tenemos atravesado en la garganta =] huevo (...) que acabamos de sacarnos de la boca.

Lo que no fijé en aquel capítulo fue el proceso preconsciente mediante el cual ese huevo, que era preconscientemente el «ojo», o mejor, los «ojos» desorbitados del momento anterior, se convierte a continuación en la existencia misma del ser humano que es aplastado por las montañas cuando éstas se juntan. Para resolver tan flagrante contradicción, hemos forzosamente de suponer la acción previa en la mente del autor, aunque en su región no lúcida, de otra identificación: la del «ojo» u «ojos» con la noción, más amplia, de «cuerpo», del que esos «ojos» forman parte: «cuerpo» o «existencia», lo que tanto vale. Estamos ante una sinécdoque del más clásico estilo («pars pro toto»), tropo que para simplificar hemos incluido en el grupo de las metáforas. Como los «ojos» son cuerpos o existencia («la existencia», dice el poema), pero también son «huevo», «la existencia» se verá como «huevo» en trance de ser aplastado. El originador del proceso Y, gracias al anterior proceso, será «ojo», visto, por transitividad, como «huevo»:

> ojo visto como huevo [= cuerpo o existencia =] emoción en la conciencia de cuerpo o existencia [= cuerpo o existencia =] existencia como un huevo vacío.

Como tantas veces, la formación del originado («existencia como huevo vacío») supone la transitividad ecuacional; en este caso, la transitividad del elemento «como huevo», que pasa desde el presente originador al presente originado.

Salta a la vista que si en ese último proceso Y todo es metonímico, no así en el otro, donde se mezcla lo metonímico y lo metafórico. Metonímico es el paso de «ojos (...) con peligro de atravesarse en las gargantas» a «ojos que se han atravesado en nuestras gargantas»; metafórico el paso desde «ojo» a «huevo».

Apéndice Quinto

LA COMPLEJIDAD DE LAS RELACIONES ENTRE EL ORIGINADOR Y EL ORIGINADO EN LAS AUTONOMÍAS Y EN LAS CONEXIONES

Planteamiento de la cuestión

En el cuerpo principal del presente libro hemos examinado la complejidad de las relaciones entre la esfera del originador y la esfera del originado en las inconexiones. Pero ¿qué pasa a este respecto con las conexiones o con las autonomías? ¿Pueden ser complejas en tales especies de simbolización las relaciones entre los mencionados polos de la expresividad irracionalista? Indudablemente, sí. Empecemos a probarlo para el caso de las autonomías.

I. La complejidad de las autonomías

Complejidad de las autonomías

Conocemos ya un ejemplo de este tipo de complejidad autónoma (el expuesto en las páginas 183-188), aunque cuando lo hemos estudiado no hubiésemos destacado en él este aspecto suyo que denominamos ahora complejidad, puesto que no era eso lo que entonces nos interesaba. Añadamos aquí el tipo de complejidad que de hecho examinábamos en aquellas páginas *era el posible en la poesía no vanguardista.* Pero cabe un modelo más complicado todavía, y ya exclusivamente propio del superrealismo, en el que la bifurcación del proceso Y no se inicia, como en el mencionado caso de menos complicación (no superrealista), desde la serie sintagmática, sino desde más atrás, desde la serie emotiva. Dicho en otra forma: la complejidad de que vamos a hablar como caracterizadamente superrealista no se debe a que *una sola mala lectura* del originador por parte del poeta tenga *varios* originados (tal era la estructura del ejemplo no superrealista), sino a que hay, digamos, *dos* malas lecturas de tal originador con *varios* originados para cada una de ellas, con lo que los simbolizados que se producen en el proceso X se instalarán en dos grupos semánticamente dispares. El ejemplo que me propongo considerar tiene, sobre lo dicho, el interés de mostrarnos una complicación más, consistente en el entrelazamiento, en un conjunto unitario desde el punto de vista sintáctico, de los originados heterogéneos, con la consecuencia de que los simbolizados respectivos habrán de quedar, así, unificados de un modo similar.

Un ejemplo de «visión» superrealista

Sabemos que la poesía no vanguardista podía usar «visiones». Ahora bien: si el poeta utiliza el tipo de complejidad que el parágrafo anterior nos ha teóricamente señalado, las visiones resultantes se hacen superrealistas, es decir, se hacen de contextura imposible en el período irracionalista previo a esa escuela. El poema «Ser de esperanza y lluvia», de *Pasión de la tierra,* comienza con esta frase:

> La primavera insiste en despedidas, arrastrando sus cadenas de cuerdas, su lino sordo, su desnudez de ocaso, el lienzo flameado como una sábana de lluvia.

El poeta, desde un proceso Y vital (que, en lo que respecta a la serie primera, no hace ahora al caso), se halla en trance de entender, desde lo que hemos llamado «momento emocional», que la vida, en lo que tiene de sonriente, está despidiéndose. Busca intuitivamente, en ese proceso Y vital en que se halla, un originado para el término «vida en lo que tiene de sonriente», que luego, en el correspondiente proceso X («vital», por tanto, también), le esté simbolizando, a él, al autor (pero ahora en cuanto lector), esa misma noción de que hablo. Helo aquí: «primavera». Es en este punto donde el poema propiamente dicho comienza. Escribe el poeta, pues, la palabra «primavera», a la que, gracias al proceso Y vital de tipo preliterario que acabo de describir, puede el poeta «leer mal», tomándola, en este segundo instante, como originador. En efecto: he dicho hace un momento que la voz «primavera» le está simbolizando al poeta la idea «vida que en lo que tiene de sonriente se despide»: tal será, en consecuencia, la «mala lectura». Lo curioso y nuevo ahora, en el superrealismo, es que se incoan, a partir de aquí, dos procesos Y de autonomía en su forma «visión», y que, además, aparecen éstos, por lo que atañe a los originados, acoplados y metidos uno en otro desde el punto de vista sintáctico, lo cual dificulta algo el análisis en un primer pronto. El proceso primero podría ser representado así:

> primavera [= vida que en lo que tiene de sonriente se despide =] emoción de vida que en lo que tiene de sonriente se despide [= vida que en lo que tiene de sonriente se despide] = insiste en despedidas, arrastrando (...) su desnudez de ocaso.

El proceso segundo nos daría este extracto:

> primavera [= vida que en lo que tiene de sonriente se despide = realidad mala =] emoción de realidad mala en la conciencia [= realidad mala] = arrastrando sus cadenas de cuerdas, su lino sordo (...), el lienzo flameado como una sábana de lluvia.

El primer proceso tiene la particularidad de que su «término emocional» («vida que en lo que tiene de sonriente se despide») halla expresión en el originado de dos maneras muy distintas en lo tocante a su elemento fundamental («se despide»); a saber:

primero, concienciando a éste de modo inmediato («insiste en despedidas»), y, por tanto, impidiéndole cualquier clase de simbolismo en el proceso X; y segundo, halla expresión también a través de un elemento («su desnudez de ocaso») que, todo lo contrario del otro, es capaz de ponerse a simbolizar, al ser recibido por el lector. En efecto: «su desnudez de ocaso» nos simboliza «vida que en lo que tiene de sonriente se despide», apoyándose, para ello, en el originador «primavera».

Los originados del segundo proceso son, en cambio, uniformes, y todos resultan simbólicos, pero lo que simbolizan es cosa bien distinta: «realidad mala». ¿Para qué estos dos diferentes simbolismos, y cuál es el motivo de que los originados de ambos procesos queden aglutinados formando una sola frase:

> insiste en despedidas, arrastrando sus cadenas de cuerdas, su lino sordo, su desnudez de ocaso, el lienzo flameado como una sábana de lluvia?

Diríamos que aquí uno de los procesos, el segundo, posee función calificativa con respecto al primero, ya que tal es el papel de sus respectivos simbolizados: uno de ellos («realidad mala») califica, en efecto, a su compañero «sustantivo» («vida que en lo que tiene de sonriente se despide») subrayando su negatividad. El motivo de esa subordinación de un simbolismo con respecto al otro sería, de modo inmediato, la fusión en que los originados han surgido, formando éstos, en efecto, un solo bloque sintáctico de tipo unitario; y, de modo mediato, la existencia, para los dos procesos, de un sólo y mismo originador. Enunciado más pormenorizadamente y al revés: como el originador era único para las dos distintas lecturas o procesos Y, el poeta sentía a los originados en calidad de miembros finales de una serie de ecuaciones, cuyo miembro inicial era, en todo caso, el término «primavera»; término con el que todos ellos, por tanto, quedaban últimamente identificados. Dos cosas iguales a una tercera son iguales entre sí, vuelvo a decir aquí, de modo que el poeta experimentaba también como entre sí idénticos a los originados en su conjunto. Tal vendría a ser la causa (aquí, por supuesto; pero no sólo aquí: en todo el superrealismo) de que los originados heterogéneos que son fruto de un originador único varias veces «mal leído» tiendan a conglomerarse en una sola pieza verbal (en una oración, digamos) que los vaya, en un grado o en otro, abarcando y fusionando (tal como veíamos también en las págs. 282 y ss.). En nuestro caso, los originados se vinculan al ser negativos y al relacionarse sintácticamente con la noción «primavera» («la primavera insiste en despedidas», etc.); pero también al hallarse afectados todos ellos, excepto uno («despedidas»), por el gerundio «arrastrando», que de este modo los reúne y somete en una unidad de significación: «las cadenas de cuerdas», el «lino sordo», el «ocaso» y «el lienzo flameado como una sábana de lluvia», resultan así, de alguna manera, una misma cosa, no sólo por lo antes dicho (su vinculación primaveral y su negatividad), sino por participar en una misma acción.

CAUSA DE LA AGLUTINACIÓN DE LOS ORIGINADOS

Esta relación gramatical y semántica en que los términos del originado se engarzan entre sí expresa simbólicamente, en el proceso X, la identidad misma con que el autor los ha experimentado previamente en su proceso Y. Volvemos a comprobar aquí que en casos como éste se da en el poeta, a este propósito, un proceso Y secundario o servil, cuya serie sintagmática vendría a este esquema:

> emoción de una relación de identidad entre todos los originados [= relación de identidad entre todos los originados = relación entre todos los originados =] (relación sintáctica entre todos los originados:) (la primavera) «insiste en despedidas, arrastrando sus cadenas de cuerdas, su lino sordo, etc.»,

esquema que, en su proceso X, el lector invertiría, sintiendo, consiguientemente, como ya dije, la relación sintáctica entre los originados como símbolo de la identidad última de éstos. Pero al sentir eso, tendería el lector, en su proceso X, a fusionar los respectivos simbolizados cuanto le sea posible, con el resultado que antes indiqué.

En suma: *la existencia de un sólo originador para todos los originados tiene como consecuencia la propensión superrealista a la aglutinación indistinta de estos últimos.* Pero, a su vez, tal aglutinación de los originados produciría, finalmente, ya en el proceso X, la de los simbolizados, que la razón manipularía luego en la conciencia, a través de la manipulación de las emociones envolventes, para darles el único sentido que esos simbolizados admiten: los componentes simbólicos por eso se jerarquizan, haciéndose «sustantivos», los unos; «calificativos», los otros.

Causa de la pluralidad de los originados

Un punto queda aún por aclarar en el anterior ejemplo: cuál sea la causa de que el originador «primavera» tenga tantos originados en cuanto a su lectura incorrecta «realidad mala». *Ello se debe,* a mi juicio, *a la intensidad* del momento emocional que aprisiona dentro de su seno la mencionada significación. Diríamos entonces que tal significación no es propiamente «realidad mala», sino «realidad *muy* mala». Esta superlativización se refleja sintagmáticamente por medio de la multiplicidad de los originados. Habría de este modo otro proceso Y de tipo ancilar que diría, en su segunda serie:

> emoción de realidad *muy* mala en la conciencia [= realidad *muy* mala = abundancia de «maldad» = abundancia =] (abundancia de originados:) «arrastrando sus cadenas de cuerdas, su lino sordo (...), el lienzo flameado como una sábana de lluvia».

En el proceso X, el lector, a su vez, sentiría que la abundancia de originados le estaba simbolizando la superlativización del simbolismo «realidad mala».

Al descubrir todo esto, nos percatamos de que un proceso Y semejante al descrito es el que nos mueve, incluso en el diario lenguaje coloquial, a expresar la superlativización de un concepto por medio de su reiteración y al oyente, a su vez, a sentir eso mismo en su proceso X correspondiente. Y así, por ejemplo, decimos: «Juan es rico, rico, rico»; o «desde el monte se ven casas, casas, casas», y el que nos escucha entiende ambas expresiones como superlativos [1]. Me alargaría a interpretar estos hechos, aunque ello pueda acaso sorprender, como fenómenos inicialmente simbólicos [2], lo cual prueba, una vez más, hasta qué punto el uso de símbolos, en el sentido estricto en el que ahora estamos empleando la palabra, es consustancial a la psicología general humana.

Un ejemplo de imagen visionaria superrealista: 1. Asociaciones preconscientes no oriundas del originador o plano real

También existen imágenes visionarias autónomas, cuya complejidad las haría imposibles en el período irracionalista previo a la llegada del superrealismo. El ejemplo que de ello voy a poner en primer lugar tiene la ventaja de ofrecérsenos como del todo idéntico al que nos ocupó en el apartado anterior, salvo el detalle de ser una imagen visionaria y no una visión el cuerpo fundamental de la autonomía. El poema «Del color de la nada», de *Pasión de la tierra,* finaliza con las siguientes frases:

> Ni un grito. Ni una lluvia de ceniza. Ni tan sólo un dedo de Dios para saber que está frío. La nada es un cuento de infancia que se pone blanco cuando le falta el respiro. Cuando ha llegado el instante de comprender que la sangre no existe. Que si me abro una vena puedo escribir con su tiza parada: «En los bolsillos vacíos no pretendáis encontrar un silencio».

---

[1] Claro está que al tratarse de esquemas expresivos muy usados, la irracionalidad, como tal, se pierde. Y así, lo mismo el que habla que quien escucha saben lógicamente el significado superlativo de la frase.

[2] Dije, en la nota anterior, que el simbolismo sólo es inicial: luego la irracionalidad se pierde.

Ha terminado cuanto existía: impera la nada. No hay ni siquiera los restos inertes de lo que estuvo vivo («una lluvia de ceniza»), ni un dedo de Dios, que, de darse, estaría frío como la vacuidad y anonadamiento en que también él habría de consistir. La frase que me interesa viene a continuación:

> La nada es un cuento de infancia que se pone blanco cuando le falta el respiro.

Nos enfrentamos con una imagen visionaria:

> La nada = un cuento de infancia,

y, por tanto, con un originador «mal leído» (el plano real, «la nada») que produce un originado (el plano imaginario, «cuento de infancia»), a través de un proceso Y de autonomía:

> la nada [= absurdo =] emoción de absurdo en la conciencia [= absurdo = cuento absurdo] = cuento de infancia.

Pero ese «cuento de infancia» lleva un aditamento semántico («que se pone blanco cuando le falta el respiro») que es, en principio, disparatado, ilógico. Estamos ante una de esas aparentes incongruencias verbales que tanto caracterizan al superrealismo. Mas ya sabemos que las incongruencias que nos emocionan (como nos ocurre con ésta), cuando analizadas, pierden su índole de tales, y se revisten de cordura en su recóndita significación. Cuesta poco probarlo en el presente caso, donde vemos que puede explicarse con mucha sencillez el despropósito poemático como resultado de un proceso Y distinto al anterior, aunque incoado también por el originador «la nada»:

> la nada [= muerte = un muerto = un moribundo =] emoción de moribundo en la conciencia [= un moribundo] = que se pone blanco cuando le falta el respiro.

Igual que en el precedente ejemplo de la primavera, aquí el poeta ha dado, pues, dos «malas» lecturas al originador «la nada», y al poseer así los dos procesos que nacen de ese modo un originador común, sus respectivos originados tenderán, como allí, a relacionarse sintácticamente. El primer originado («cuento de infancia») hace, efectivamente, de sujeto de la oración constituida por el segundo («que se pone blanco cuando le falta el respiro»):

> un cuento de infancia que se pone blanco cuando le falta el respiro.

¿Y qué nos está diciendo el poeta con el trozo poemático analizado, al convertirse éste en simbolizador dentro del proceso X? Como, según el proceso primero, el originado «cuento de infancia» nos fuerza a simbolizar la noción de «absurdo», y según el otro proceso, el originado «que se pone blanco cuando le falta el respiro» nos obliga a simbolizar «moribundo», lo que el autor nos sugiere de manera irracional con la totalidad de su complejo verbal vendría a ser que «la nada» constituye para el hombre no algo abstracto, indiferente y ajeno, sino nada menos que su propia muerte de hombre («moribundo»), siempre incomprensible, disparatada («un absurdo») para nosotros. Tal como sería previsible, la aglutinación de los originados, aglutina las simbolizaciones y les otorga un sentido unitario [3].

---

[3] El ejemplo que hemos analizado es, como ya dije, superrealista, pues lo único que resulta viable en el período anterior a la vanguardia es que el plano evocado E de una imagen visionaria, tomado de pronto *como realidad*, emita, por su parte, una visión (o un símbolo u otra imagen visionaria). Aunque el ejemplo del texto («la nada es un cuento de infancia que se pone blanco cuando le falta el respiro») parece precisamente eso mismo que acabo de decir (una imagen visionaria + una visión que se atribuye al plano evocado E de esa imagen), tal identidad es, por completo, ilusoria. En efecto, los ejemplos no vanguardistas siempre consisten en que la visión nace de afirmar como realidad el plano evocado E de la imagen A = E, a través de un proceso preconsciente. La fórmula del conjunto «imagen visionaria + visión» sería, pues, ésta en tales coyunturas:

> A = E (en cuanto que E significa algo de A) = [E en cuanto que E significa E =] emoción de E en cuanto que E significa E [= E en cuanto que E significa E] = C

tal como hago ver en las páginas 447 y sigs. El caso superrealista que analizo aquí y el que analizaré pronto (véase la pág. 487) no tienen nada

Semejanza del anterior ejemplo con los casos, en las imágenes tradicionales, de paso de las cualidades del plano real hacia el plano imaginario

Nótese que, de hecho, la atribución delirante («ponerse blanco cuando le falta el respiro») que hace en el presente caso el poeta al originado o plano evocado E («cuento de infancia»), de la metáfora «nada = cuento de infancia», procede de ciertas cualidades (sólo que irracionales) del originador o plano real A, de un modo en principio no muy diferente a como, en una imagen tradicional, las cualidades (esta vez lógicas) del plano real pasan y se dejan ver en el plano evocado. Góngora llama «volante nieve» (E) a las blancas plumas de un ave (A). No hay duda de que el adjetivo «volante» viene del plano real A, «plumas blancas». ¿Por qué no nos asombra el caso de Góngora y sí el de Aleixandre? La respuesta es obvia: porque en el caso de Aleixandre, lo que asciende de A («la nada») a E («cuento de infancia») no es, como en Góngora, un atributo *verdadero* de A (las plumas, ser volantes) de que nuestra conciencia tenga previa noticia, sino un atributo irracional, esto es, fruto de un proceso Y («que se pone blanco cuando le falta el respiro») de que no podemos tener noticia consciente al no ser en A («la nada») cosa existente y visible; un atributo, pues, nacido de una asociación lógicamente disparatada, irracional.

---

que ver con el no superrealista, pues en aquéllos no se trata, como en éste, de afirmar preconscientemente la literalidad de E. La diferencia la percibe el lector de modo inmediato en su lectura, pues el caso no superrealista *aparece como menos delirante* en cuanto que la visión de que hablo se relaciona con la imagen visionaria que le es previa de un modo aparentemente lógico, al tratarse de un mero desarrollo suyo, aunque de índole especial. Y precisamente por darnos una impresión de mayor sensatez es por lo que puede surgir en fecha tan temprana.

IMAGEN VISIONARIA SUPERREALISTA: 2. ASOCIACIONES PRECONSCIENTES ORIUNDAS DEL ORIGINADO O PLANO IMAGINARIO

La complejidad superrealista de una autonomía, concretamente de una imagen visionaria, puede venir de otro sitio. Pondré un ejemplo que coincide con el del caso anterior en que el plano evocado u originado lleva atribuciones lógicamente inexplicables; pero hay una diferencia con respecto a ese caso, y es que tales atribuciones, en vez de ser efecto de un proceso Y incoado por el mismo originador (el constituido por el plano real) que había engendrado antes el originado (o plano evocado) resulta efecto, sí, de un proceso Y, pero un proceso Y muy diferente, ya que lo ha puesto en actividad el propio originado convertido de pronto en originador. O sea: el originado es ahora fuente de su propia consecutiva incongruencia. En el poema titulado «El solitario», habla el autor de los reyes de la baraja (símbolo del hombre que, al someterse a la artificiosidad inherente a la vida social, ha ahogado y deformado su auténtica vida, la natural, fresca y espontánea, que sigue llevando, sin embargo, dentro de sí):

> Los reyes son esta bondad nativa, conservada en alcohol, que hace que la corona recaiga sobre la oreja.

Como sucedía en el ejemplo de «cuento de infancia», hay en éste una imagen visionaria («reyes», A = «bondad nativa», E) y una atribución a E aparentemente absurda: «que hacen que la corona recaiga sobre la oreja». Pero, igual asimismo que en aquel otro ejemplo, el absurdo desaparece en cuanto la punción analítica trae a la conciencia los significados ocultos, irracionales. Ahora bien: aquí no es como allí el plano real A de la imagen visionaria u originador el que, en una segunda «mala lectura», emite un proceso Y conducente a la atribución que nos sorprende, sino, como adelanté, es, al revés, el plano evocado u originado E el que entra en dinamismo preconsciente, y, trocado ya, como dije, en originador, nos conduce al originado «que hace que la corona recaiga sobre la oreja»:

> bondad nativa [= conservada en alcohol = bondad nativa irrisoriamente situada = inocencia infantil = irrisoriamente situada = niños irrisorios =] emoción de niños irrisorios en la conciencia [= niños irrisorios = niños que se colocan mal las prendas de vestir] = que hace que la corona recaiga sobre la oreja irrisoriamente.

Como indica el esquema, la asociación irracional «niños», propia del plano B («bondad nativa») de la imagen visionaria («reyes de la baraja» = «bondad nativa») impulsa a que se predique irrisoriamente de tal nativa «bondad» el descuido infantil con que se ajustarían unos niños, de ser reyes, su corona, recaída sobre la oreja. No es preciso añadir cuál sea el simbolismo que el originado «que hace que la corona recaiga sobre la oreja» produce. Está bien claro y a la vista: «niños» irrisorios. El poeta, por transitividad de las ecuaciones preconscientes, nos fuerza a sentir como grotescamente infantiles a esos reyes de los que se habla. En este caso la literalidad del disparate «la bondad nativa (...) hace que la corona recaiga sobre la oreja» opera en nosotros, otorgando un tinte burlesco al simbolizado «niños» [4].

II. LA COMPLEJIDAD DE LAS CONEXIONES

También las conexiones admiten la complejidad. Volvamos de nuevo a la frase que tanto hemos manejado aquí:

> No me ciñas el cuello que creeré que se va a hacer de noche. Los truenos están bajo tierra. El plomo no puede verse.

---

[4] Véase la nota 3 a la pág. 485, donde hago ver la diferencia entre este caso superrealista y otro algo semejante pero anterior a la vanguardia.

Habíamos llegado en nuestros análisis a examinar la expresividad simbólica del sintagma «los truenos están bajo tierra». El resultado de nuestro escrupuloso escrutinio fue éste: esa frase, en razón de un complicado juego verbal con el contexto antecedente (que no voy, claro está, a repetir ahora), alcanza, finalmente, todos estos simbolismos: Primero, «amor»; segundo, «muerte» (ambos significados pueden unirse en la noción «amor destructivo»); tercero, «noche»; cuarto, «terribilidad amenazante»; y quinto, «sonidos graves, cavernosos»[5].

Pues bien: situado el lector, y no sólo el autor, en estas cinco emociones simbólicas, acompaña a éste ahora hasta el originado «el plomo no puede verse» que se le aparece entonces como emotivamente congruente, esto es, como «conexo». En efecto: el autor ha leído «bien» el originador «el plomo no puede verse», puesto que lo ha leído en la misma quintisémica forma que el lector; desde tan complejo «momento emocional» de su proceso Y se dirige el poeta entonces de inmediato a un originado que ha de acoger después el lector en su proceso X, sin aquella dura cerrazón que es inherente a las inconexiones, sino, al contrario, de modo atopadizo y benigno. El originado resulta, en efecto, conexo, puesto que es fruto de un riquísimo complejo emocional que el lector ha experimentado exactamente en el mismo sentido en que el autor lo sintió. Y así, la frase «los truenos están bajo tierra» emite todos estos procesos Y (subrayo el miembro que, en el proceso X, habrá de convertirse en el simbolizado):

> los truenos están bajo tierra [= amor destructivo =] emoción de amor destructivo en la conciencia [= amor destructivo = *terribilidad amenazante* =] el plomo no puede verse.
>
> los truenos están bajo tierra [= terribilidad amenazante =] emoción de terribilidad amenazante [= terribilidad amenazante = *oscuridad hostil, peligrosa* =] el plomo no puede verse.
>
> los truenos están bajo tierra [= noche =] emoción de noche en la conciencia [= noche = *oscuridad* = realidad de color oscuro =] el plomo no puede verse.

---

[5] Véase la pág. 274.

los truenos están bajo tierra [= noche =] emoción de noche en la conciencia [= noche = *no veo (invisibilidad)* =] el plomo no puede verse.

los truenos están bajo tierra [= sonidos cavernosos, graves =] emoción de sonidos cavernosos, graves [= sonidos cavernosos, graves = = *realidad pesarosa* =] el plomo no puede verse.

Al tratarse de un proceso Y «conexo», el simbolismo recaerá (como he hecho ver con el subrayamiento) sobre el segundo elemento sintagmático, por lo que el originado «el plomo no puede verse» alcanzaría las siguientes significaciones «actuales» (que aparecerían, asimismo, como «retroactivas», en el originador «los truenos están bajo tierra»): primero, «terribilidad amenazante»; segundo, «oscuridad hostil, peligrosa»; tercero, «oscuridad»; cuarto, «invisibilidad», y quinto, «realidad pesarosa»; sentidos que, al ser, algunos de ellos, parcial o totalmente coincidentes, se fusionarían intensificándose: la noción de «oscuridad» se reforzaría, multiplicándose por dos, pero, además, llevaría consigo la calificación de «hostilidad peligrosa»; el simbolismo de «invisibilidad» como tal simbolismo (no como significado) se anularía aquí (en el originador, por supuesto, persistiría), al proceder de un originado que lo ha hecho consciente («que no puede verse»). Por otra parte, también la transitividad de las ecuaciones mágicas intensificaría la noción de «terribilidad amenazante» e incorporaría al complejo simbólico las nociones de «amor destructivo», «noche» y «sonidos graves, cavernosos». Vuelvo a decir que la retroactividad enriquecería, asimismo, al originador «los truenos están bajo tierra», que habría de adquirir, sobre los que ya tenía, las mismas cinco significaciones que acabamos de calificar de «actuales» en el originado, con lo que finalmente llega esa frase a una gran carga significativa, pues constaría de los siguientes sentidos: Primero, «amor»; segundo, «muerte»; tercero, «noche»; cuarto, «terribilidad amenazante» (significación que aparece duplicada); quinto, «sonidos graves, cavernosos»; sexto, «oscuridad hostil, peligrosa»; séptimo, «oscuridad» (concepto que «desaparece» en el anterior, el sexto); octavo, «invisibilidad» (noción que, como ya dije, aquí no se anula), y noveno, «realidad pesarosa». Sin embargo, la complejidad de las conexiones, pese a que, como en este caso, pueda ser grande, no creo que deba ser considerada, en sí misma, de índole superrealista, al no haber en ella intervención alguna de las lecturas «incorrectas».

BIBLIOGRAFÍA

Adell, Alberto, «Inquisición del surrealismo español», *Insula*, Madrid, números 284-285, 1970, págs. 20-21.

Adlard, John, «Synaesthesia in the Nineties and beyond», *Zagadnienia Rodzajon Literackich*, Lodz, XI, 1, 1968.

Aguirre, J. M., *Antonio Machado, poeta simbolista*, Madrid, Taurus Ediciones, 1973.

Alazraki, Jaime, «El surrealismo de 'Tentativa del hombre infinito' de Pablo Neruda», *Hispanic Review*, núm. 1, vol. 40, 1972, págs. 31-39.

Alberés, R. M., *Panorama de las literaturas europeas (1900-1970)*, Madrid, 1972.

Alechinsky, P., *Titres et pains perdus*, Denoël, 1965.

— *Le test du titre*, Le Terrain Vague, 1967.

— *Roue libre*, Skira, 1971.

Aleixandre, Vicente, *Pasión de la tierra* (Prólogo y notas de Luis A. de Villena), Madrid, Narcea, 1976.

Alexander, Maxime, *Mémoires d'un surréaliste*, La Jeune Parque, 1968.

Alexandrian, Sarane, *L'art surréaliste*, París, F. Hazan, 1950.

— *André Breton par lui-même*, Ed. du Seuil, 1971.

— «Le Rêve dans le surréalisme», *Nouvelle Revue de Psychanalyse*, núm. 5.

Alonso, Amado, «Clásicos, románticos, superrealistas», *La Nación*, Buenos Aires, 16-VI-1940. Recogido en *Materia y forma en poesía*, Madrid, Gredos, 1977 (3.ª edic.), págs. 19-28.

— *Poesía y estilo de Pablo Neruda*, Buenos Aires, Editorial Sudamericana, 1966.

Alonso, Dámaso, *La poesía de San Juan de la Cruz*, Madrid, Consejo Superior de Investigaciones Científicas, 1942.

Alquié, Ferdinand, *Humanisme surréaliste et humanisme existencialiste*, París, P. U. F., 1948.

— *Le surréalisme*, coloquios dirigidos por F. Alquié, Ed. Mouton, 1968.

— *Filosofía del surrealismo*, Barcelona, Barral Editores, 1974.

Altizer, Thomas, *Truth, myth and symbol,* New Jersey, Prentice Hall, 1962.

Allean, R., *De la nature du symbole,* Flammarion, 1958.

Amiel, H. F., *Fragments d'un Journal intime,* París, Ed. Bernard Bouvier, 1931.

Apollinaire, Guillaume, *La poésie symboliste,* Raynard, 1909.

Apostel, Leo, «Symbolisme et anthropologie philosophique (vers une herméneutique cybernétique)», *Cahiers Internationaux de Symbolisme,* número 5.

Aragon, Louis, *Traité du style,* París, 1928.

Armiño, Mauro, *Antología de la poesía surrealista,* Madrid, 1971.

— «La aventura surrealista», *La Estafeta Literaria,* núm. 485, 1972, páginas 4-8.

Arconada, M., «Hacia un superrealismo musical», *Alfar,* núm. 50, febrero 1925.

Artaud, Antonin, *Tric-trac du ciel,* París, 1924.

— *A la grande nuit ou le Gluff surréaliste,* París, 1927.

Audoin, Philippe, *André Breton,* Gallimard, 1970.

— *Les surréalistes,* París, Ed. du Seuil, 1973.

Austin, Lloyd James, *L'univers poétique de Baudelaire: symbolisme et symbolique,* París, 1956.

Azcui, Eduardo A., *El ocultismo y la creación poética,* Buenos Aires, 1966.

Babbit, Irving, *The New Laokoon. An Essay on the Confusion of the Arts,* Londres, 1910.

Bachelard, G., *El aire y los sueños,* México, Fondo de Cultura Económica, 1958.

— *La poétique de la rêverie,* Presses Universitaires de France, 1960.

— *La poética del espacio,* México, Fondo de Cultura Económica, 1965.

— *La terre et les rêveries,* París, Librairie de José Corti, 1971.

Balakian, Anna, «Studies on French Symbolism 1945-55», *The Romanic Review,* XLVI, núm. 3, octubre 1955.

— *Surrealism: The road to the Absolute,* Nueva York, 1959.

— «Metaphor and Metamorphosis in Breton's Poetics», *French Studies,* XIX, 1, enero 1965.

— *Literary Origins of surrealism,* Nueva York, N. Y. University Press, 1966.

— *El movimiento simbolista,* Ediciones Guadarrama, 1969.

Bancquart, Marie-Claire, *Paris des surréalistes,* Seghers, 1972.

Baron, Jacques, *L'An I du surréalisme,* Denoël, 1969.

Barre, André, *Le symbolisme, essai historique sur le mouvement poétique en France de 1885 à 1900,* Jouve, 1911.

Baruzi, Jean, *Saint Jean de la Croix et le problème de l'expérience mystique*, 2.ª edición, París, 1931.
Bastide, R., *Sociologie et psychanalyse*, Presses Universitaires de France, 1950.
Bataille, G., «Le surréalisme et sa différence avec l'existencialisme», *Critique*, núm. 2, julio 1946.
Baudelaire, Charles, *Les fleurs du mal*, edición crítica de Jacques Crépet y Georges Blin, París, Librairie José Corti, 1942.
Bayrav, Süheylâ, *Symbolisme médiéval*, París, 1957.
Beaujon, G., *L'école symboliste. Contribution à l'histoire de la poésie lyrique contemporaine*, 1900.
Bedouin, Jean-Louis, *André Breton*, Seghers, 1950.
— *Vingt ans de surréalisme*, Denoël, 1961.
— *Benjamin Péret*, Seghers, 1961.
Béguin, Albert, *L'âme romantique et le rêve*, París, 1946.
— «Poésie et occultisme. Les sources initiatiques de Nerval et de Rimbaud», *Critique*, III, 19, 1947.
Béhar, H., *Étude sur le théâtre dada et surréaliste*, París, Gallimard, 1967.
Beigbeder, Alivier, *La symbolique*, París, Presses Universitaires, 1975.
Bellmer, H., *Petite anatomie de l'inconscient physique ou traité de l'image*, Le Terrain Vague.
Bémol, Maurice, «L'image psychologique, la théorie des correspondances et la notion de symbole chez Maurice de Guérin», *Annales Universitatis Saraviensis*, V, I, 1956.
Benayoun, Robert, *Érotique du Surréalisme*, Pauvert, B. I. E., 1965.
Benz, Ernst, *Emanuel Swedenborg, Naturforscher und Seher*, Munich, 1948.
Bernard, Suzanne, *Le poème en prose de Bandelaire jusqu'à nos jours*, París, Librairie Nizet, 1959.
Bernardini, Ada P., *Simbolisti e decadenti*, Roma, 1936.
Bernheim, Pauline, «Balzac und Swedenborg. Einfluss der Mystik Swedenborgs und Saint-Martins auf die Romandichtung Balzacs», *Romanische Studien*, 16, Berlín, 1914.
Berry, Ralph, «The frontier of metaphor and symbol», *The Journal of Aesthetics*, núm. 1, 1967.
Bertocci, Angelo P., *From Symbolism to Baudelaire*, Carbondale, 1964.
Bessie, Alvah Cecil, *The Symbol*, Nueva York, Random House, 1967.
Binet, Alfred, «Le problème de l'audition colorée», *RDDM*, III, 113, 1892.
Binni, Walter, *La poética del decadentismo*, Florencia, 1936.
Blanchot, Maurice, «Quelques réflexions sur le surréalisme», *L'Arche*, número 8, agosto 1945.

— *La part du feu,* Gallimard, 1949.
Blin, Georges, «Baudelaire», *N.R.F.*, 1939.
Block, Haskell, *Mallarmé and the Symbolist Drama,* Detroit, 1963.
Bloomfield, L., *Lenguaje,* Lima, Universidad de San Marcos, 1964.
Bonnet, Marguerite, «Aux sources du surréalisme; place d'Apollinaire», *Guillaume Apollinaire,* 3, 1964.
— «Le surréalisme et l'amour», *Conversaciones sobre el superrealismo,* dirigidas por F. Alquié, París-La Haya, Mouton, 1968.
— *André Breton, naissance de l'aventure surréaliste,* Ed. José Corti, París, 1975.
Borduas, P. E., *Refus global: En regard du surréalisme actuel,* Montreal, 1948.
Bourde, Paul, «Les Poètes décadents», *Le Temps,* agosto, 1885.
Bousoño, Carlos, *Teoría de la expresión poética,* 6.ª ed., Madrid, ed. Gredos, 1976.
— *El comentario de textos* (en colaboración con varios autores), Madrid, ed. Castalia, 1973.
— «El impresionismo poético de Juan Ramón Jiménez (una estructura cosmovisionaria)», *Cuadernos Hispanoamericanos,* Madrid, oct.-dic. 1973, núms. 280-283.
— *La poesía de Vicente Aleixandre,* Madrid, ed. Gredos, 1977.
— *El irracionalismo poético (El símbolo),* Madrid, ed. Gredos, 1977.
Bowra, C. M., *The Creative Experiment,* Londres, 1949.
— *The Heritage of Symbolism,* Londres-Nueva York, 1967.
Bréchon, Robert, *Le Surréalisme,* Armand Colin, 1971.
Breton, André, *Point du jour,* Gallimard, 1924.
— «Lettre à Rolland de Renéville», *Nouvelle Revue Française,* 1932.
— *La Clé des Champs,* Sagittaire, 1953.
— *Poésie et autre,* editado por Gérard Legrand, París, 1960.
— *Le Surréalisme et la peinture,* Gallimard, 1965.
— *Les pas perdus,* París, 1969.
— *Perspective cavalière,* Gallimard, 1970.
— *El surrealismo: Puntos de vista y manifestaciones,* Barcelona, 1972.
— *Documentos políticos del surrealismo,* Madrid, 1973.
— *Manifiestos del surrealismo,* Madrid, ed. Guadarrama, 1969.
Brown, Calvin S., «The Color Symphony before and after Gautier», *CL,* 5, 1953.
Brunetière, Ferdinand, *Essais de littérature contemporaine,* Calmann-Levy, 1892.

— *L'Évolution de la poésie lyrique en France au XIXe siècle,* 1.ª ed., París, 1894.

Caminade, Pierre, *Image et Métaphore,* Bordas, 1970.

Cansinos Assens, Rafael, *El movimiento vanguardista poético,* Madrid, 1924.

Capote Bonet, José María, *El surrealismo en la poesía de Luis Cernuda,* Ed. Publicaciones de la Universidad de Sevilla, Sevilla, 1976.

Carassus, Émilien, *Le Mythe du dandy,* Armand Colin, 1971.

Carrouges, Michel, *Éluard et Claudel,* Seuil, 1945.

— «Le surréalisme et l'occultisme», *Cahiers d'Hermès,* núm. 2, 1949.

— *André Breton et les Données fondamentales du surréalisme,* Gallimard, 1950.

— «Le sismographe surréaliste», *Polarité du symbole,* París, Desclée de Brouwer, 1960.

Cassirer, Ernest, *The philosophy of symbolic forms,* New Haven, Connecticut, Yale University Press, 1953-1957.

— «Le langage et la construction du monde des objets», *Journal de Psychologie normale et pathologique,* vol. XXX.

— «Le concept de groupe et la théorie de la perception», *Journal de Psychologie,* julio-diciembre, 1958.

Caws, Mary Ann, *The poetry of Dada and Surrealism: Aragon-Breton-Tzara-Eluard-Desnos,* Princeton University Press, New Jersey, 1970.

Cazamian, Louis, *Symbolisme et poésie,* Neuchâtel, 1947.

Cazaux, J., *Surréalisme et psychologie, endophasie et écriture automatique,* París, La Technique du Livre, 1938.

Cervenka, Miroslav, «La obra literaria como símbolo», *Lingüística formal y crítica literaria,* Madrid, Alberto Corazón Editor, 1970.

Cirlot, Eduardo, *Introducción al surrealismo,* Madrid, 1953.

Clancier, Georges-Emmanuel, *De Rimbaud au Surréalisme,* Seghers, 1953.

Clouard, Henri, *Histoire de la littérature française du symbolisme à nos jours,* Albin Michel, 1947.

Cohen, J., *La estructura del lenguaje poético,* Madrid, ed. Gredos, 1970.

Corbalán, Pablo, *Poesía surrealista en España,* Madrid, 1974.

Corbin, H., *L'imagination créatrice dans le soufisme d'Ibn Arabi,* Flammarion, 1958.

Cornell, Kenneth, *The Symbolist Movement,* New Haven, 1951.

— *The Post-symbolist Period,* New Haven, 1958.

Crastre, V., *André Breton,* París, Arcanes, 1952.

— *Le drame du surréalisme,* París, Ed. du Temps, 1963.

— *André Breton et la trilogie surréaliste: 'Nadja', 'Les vases communicants', 'L'amour fou'*, París, Sedes, 1971.

Crépet, Jacques y Georges Blin, edición crítica de *Les fleurs du mal*, París, Librairie José Corti, 1942.

Creuzer, F., *Symbolik und Mythologie der alten Völker*, 1810, t. I.

Chaix, Marie-Antoinette, *La correspondance des arts dans la poésie contemporaine*, París, 1919.

Champigny, Robert, «Analyse d'une définition du surréalisme», *PMSA*, LXXXI, 1966, págs. 139-144.

Charpentier, John, *Le symbolisme*, París, 1927.

Chastaing, Maxime, «Audition colorée. Une enquête...», *Vie et Langage*, 1960.

Chesneau, Albert, «A. B. et l'expérimentation poétique», *French Review*, XLII, 3, febrero 1969.

— «La marquise sortit à cinq heures», *Publications of the Modern Language Association*, vol. 84, núm. 6, octubre 1969.

Chiari, Joseph, *Symbolism from Poe to Mallarmé*, Londres, 1956.

Daniélou, Jean, «The Problem of Symbolism», *Thought*, vol. XXV, 1950.

Da Silva Correia, João, «A audição colorida na moderna literatura portuguesa», *Miscelânea Carolina Michaëlis de Vasconcellos, Revista da Universidade de Coimbra*, 11, 1933.

Decaudin, Michel, *La crise des valeurs symbolistes: vingt ans de poésie française, 1895-1914*, Toulouse, 1960.

Decottignies, J., «L'oeuvre surréaliste et l'idéologie», *Littérature*, núm. 1, 1971.

Deguy, M., «En relisant Les Manifestes», *Nouvelle Revue Française*, número 119, noviembre 1962.

Delfel, Guy, *L'Esthétique de Stéphane Mallarmé*, París, 1951.

Dérieux, Henry, *La poésie française contemporaine (1885-1935)*, París, Mercure de France, 1935.

Destouches, Louis, *La musique et quelques-uns de ses effets sensoriels*, tesis, París, 1899.

Díez-Canedo, E., *La poesía francesa del romanticismo al superrealismo*, Buenos Aires, 1945.

Doisy, Marcel, *Paul Valéry: Intelligence et poésie*, París, 1952.

Dornir, Jean, *La sensibilité dans la poésie française contemporaine (1885-1912)*, París, 1912.

Downey, June E., «Literary Synesthesia», *Journal of Philosophy, Psychology and Scientific Methods*, 9, 1912.

Draunschvig, Marcel, *La littérature française contemporaine (1850-1925)*, Armand Colin, 1926.

Dromard, Gabriel, «Les transpositions sensorielles dans la langue littéraire», *JPsNP*, 5, 1908.

Duits, Ch., *André Breton a-t-il dit passe*, París, Denoël, 1969.

Duncan, Hugh Daniel, *Symbols and social theory*, Nueva York, Oxford University Press, 1969.

Duplessis, Yvonne, *El surrealismo*, Barcelona, 1972.

Durán Gili, Manuel, *El surrealismo en la poesía española contemporánea*, México, 1950.

Durand, Gilbert, *L'imagination symbolique*, París, Presses Universitaires de France, 1976.

Durozoi, G., et Lecherbonnier, B., *Le Surréalisme*, Larousse, 1972.

Édeline, F., «Le symbole et l'image selon la théorie des codes», *Cahiers Internationaux de Symbolisme*, II, 1963.

Éliade, M., *Images et Symboles. Essai sur le symbolisme magico-religieux*, Gallimard, 1952.

Eliot, T. S., *The Sacred Wood*, Londres, 1928.

— *Selected Essays*, Nueva York, 1932.

Engstrom, Alfred G., «In Defense of Synaesthesia in Literature», *PhQ*, 25, 1946.

Ètiemble, R., «Le sonnet des voyelles», *RLC*, 19, 1939.

Ey, H., *La psychiatrie devant le surréalisme*, París, 1948.

Fay, Bernard, *Panorama de la littérature française de 1880*, Kra, 1925.

Fernandat, René, «Baudelaire et la théorie des correspondances», *La Muse Française*, 8, 1929.

Fernández y González, Ángel R., «Símbolos y Literatura (notas breves a modo de introducción)», separata de *Traza y Baza*, núm. 1.

— «De la imagen y el símbolo en la creación literaria: Símbolos y Literatura II», separata de *Traza y Baza*, núm. 2.

— «De la imagen y el símbolo en la creación literaria», separata de *Traza y Baza*, núm. 4.

Fiser, Émeric, *Le symbole littéraire; essai sur la signification du symbole chez Wagner, Baudelaire, Mallarmé, Bergson et Marcel Proust*, París, J. Corti, 1941.

Fleischer, Walter, *Synaesthesie und Metapher in Verlaines Dichtungen. Versuch einer vergleichenden Darstellung*, tesis doctoral, Greifswald, 1911.

Flora, Francesco, *La poesia ermetica*, Bari, 1936.

Fontainas, André, «Mes souvenirs du Symbolisme», *Nouvelle Revue Critique*, 1928.

Fort, Paul y Mandin, Louis, *Histoire de la poésie française depuis 1850*, Flammarion, 1927.

Foss, Martin, *Symbol and metaphor in human experience*, Lincoln, Nebraska, University of Nebraska Press, 1964.

Fowlie, Wallace, *Age of Surrealism*, Bloomington, 1960.

Frazer, James George, *La rama dorada*, México, Fondo de Cultura Económica, 1951.

Freud, S., «Introducción al psicoanálisis», *Obras Completas*, t. I, Madrid, ed. Biblioteca Nueva, 1968, págs. 151-382.

— «La interpretación de los sueños», *Obras Completas*, t. I, Madrid, ed. Biblioteca Nueva, 1968.

Friedman, Norman, «Imagery: From Sensation to Symbol», *Journal of Aesthetics and Art Criticism*, vol. XII, 1953.

Friedrich, Hugo, *Die Struktur der modernen Lyrik von Baudelaire bis zur Gegenwart*, Hamburgo, 1960.

Garcilaso, *Obras*, Madrid, ed. Espasa-Calpe, Col. Clásicos Castellanos, 1966.

Gasch, Sebastiá, «La moderna pintura francesa», *La Gaceta Literaria*, 15 de octubre de 1927, pág. 5.

Gauthier, X., *Surréalisme et sexualité*, París, Col. Idées, Gallimard, 1971.

Gavillet, A., *La littérature au défi: Aragon, surréaliste*, Neuchatel (Suiza), Éditions de La Baconnière, 1957.

Gengoux, Jacques, *Le Symbolisme de Mallarmé*, París, 1950.

Ghil, René, *Les dates et les oeuvres: symbolisme et poésie scientifique*, París, Crès, 1923.

Goblet D'Alviella, Count, *The Migration of Symbols*, Nueva York, University Books, 1956.

Godet, P., «Sujet et symbole dans les arts plastiques», *Signe et symbole.*

Goethe, «Sobre los objetos de las artes figurativas», *Jubiläumsausgabe*, vols. 33 y 38.

— *Weimarer Ausgabe*, vol. 41-1.

Gombrich, E. H., *Freud y la Psicología del Arte*, Barcelona, Barral Editores, 1959.

Gómez de la Serna, Ramón, *Ismos*, Madrid, 1931.

Gosse, Edmund, *Leaves and Fruits*, Londres, 1927.

Gourmont, Remy de, *L'Idéalisme*, Mercure de France, 1893.

— *Le livre des Masques*, I y II, Mercure de France, 1896 y 1898.

— *Promenades littéraires*, IV. *Souvenirs sur le Symbolisme*, Mercure de France, 1906.

Grecne, E. J. H., «Jules Laforgue et T. S. Eliot», *Revue de Littérature Comparée*, julio-sept., París, 1948.

Guichard, Léon, *Jules Laforgue et ses poésies,* París, 1950.

Guiette, Robert, *Les écrivains français de Belgique au XIXe siècle,* Bordas, 1963.

Guimbretière, A., «Quelques remarques préliminaires sur le symbole et le symbolisme», *Cahiers Internationaux de Symbolisme,* núm. 2, 1963.

Guiraud, Pierre, *Index du vocabulaire du symbolisme,* París, 1953.

Gullón, Ricardo, *Balance del surrealismo,* Santander, 1961.

Gusdorf, G., *Mythe et métaphysique,* Flammarion, 1953.

Gutia, Joan, «La sinestesia in Ungaretti», *LM,* 5, 1954.

Hamburger, Michael, *Reason and Energy: Studies in German Literature,* Nueva York, 1957.

Hardré, Jacques, «Present State of Studies on *Literary Surrealism*», *Yearbook of Comparative and General Literature,* IX, 1960, págs. 43-66.

Harris, Derek, «Ejemplo de fidelidad poética: El superrealismo de Luis Cernuda», *La Caña Gris,* 1962, núms. 6, 7, 8.

Hauser, Arnold, *Literatura y manierismo,* Madrid, 1969.

Hercourt, *La leçon du surréalisme,* Ginebra, Ed. du Verbe, 1947.

Herrera, Fernando, *Anotaciones a Garcilaso,* Sevilla, 1580.

Hess, Rainier, «Synästhesie», *Schwerpunkte Romanistik,* 8, Frankfurt a. M., 1971.

Houdebine, Jean-Louis, «Le Concept d'écriture automatique: sa signification et sa fonction dans le discours idéologique d'A.B.», *La Nouvelle Critique,* núm. especial, diciembre 1970.

— «Méconnaissance de la psychanalyse dans le discours surréaliste», *Tel Quel,* núm. 46, verano 1971.

— «Position politique et idéologie du néosurréalisme», *Tel Quel,* París, núm. 46, 1971.

Huret, Jules, *Enquête sur l'évolution littéraire,* París, Charpentier, 1891.

Hytier, Jean, *La poétique de Valéry,* París, 1953.

Ikegami, Y., «Structural semantics», *Linguistics,* 33, 1967.

Ilie, Paul, *The Surrealist mode in Spanish literature,* Ann Arbor, The University of Michigan Press, 1968.

— *Documents of the Spanish Vanguard,* University of North Carolina Press, 1969.

Jacobi, J., «Archétype et symbole chez Jung», *Polarité du symbole,* Desclée de Brouwer, 1960.

Jakobson, Roman, «Language and synaesthesia», *Word,* 5, 1949.

Johansen, Svend, *Le symbolisme. Étude sur le style des symbolistes français,* Copenhague, 1945.

— «La notion de signe dans la glossématique et dans l'esthétique», *Recherches Structurales,* vol. 949.

Jung, C. G., *Métamorphoses et symboles de la libido,* Montaigne, 1932.

— *L'Homme à la découverte de son âme,* Ginebra, Mont-Blanc, 1950.

— *God and the unconscious,* 1952, Collected Works, vol. II, Londres, 1958.

— *Símbolos de transformación,* edit. Paidós, Buenos Aires, 1962.

Kahn, Gustave, *Symbolistes et Décadents,* París, Venier, 1902.

— *Les origines du symbolisme,* París, 1936.

Kant, *Critique de la faculté de juger,* París, 1974.

Kenyon, A., «Color Symbolism in Early Spanish Ballads», *RR.,* 6, 1915.

Kielinger, Thomas, «Synästhesie», *Die Welt,* 69, 1971.

Kyrou, Ado, *Le Surréalisme au cinéma,* Arcanes, 1953.

Lacroze, R., *La fonction de l'imagination,* Boivin y Cía., 1938.

Lalou, René, *Histoire de la littérature française contemporaine, de 1870 à nos jours,* París, Crès, 1922.

Landriot, Jean-Baptiste, *Le Symbolisme,* París, 1866.

Larnoue, Yves, *La littérature française par les textes, du XIXe siècle à nos jours,* Bruselas, Deboeck, 1962.

Larrea, Juan, *El surrealismo entre viejo y nuevo mundo,* México, 1944.

— *Del surrealismo a Machupichu,* México, 1967.

— *Versión Celeste,* Barcelona, 1971.

Laurès, Henry, «Les synesthésies», *Bibliothèque de Psychologie Expérimentale et de Métaphysique,* 6, París, 1908.

Lawrence, D. H., *Literary Symbolism,* San Francisco, Maurice Beebe, 1960.

Lazar, Bernard, *Figures contemporaines,* Perrin, 1895.

Lefevbre, Maurice Jean, «L'ambiguïtè des symboles», *Cahiers Internationaux de Symbolisme,* núm. 5.

Le Goffic, Charles, *La littérature française au XIXe siècle,* Larousse, 1910.

Le Guern, Michel, «Sémantique de la métaphore et de la métonymie», *Langue et Langage,* París, 1973.

Lehmann, A. E., *The Symbolist Aesthetics In France, 1885-1895,* Oxford, 1968.

Lerch, Eugen, «Synästhesie», *Sprachkunde,* VIII, 5, 1939.

Lethève, Jacques, *Impressionnistes et symbolistes devant la presse,* París, 1959.

Levengood, Sidney Lawrence, *The Use of Color in the Verse of the Pléiade,* París, 1927.

Lévi-Strauss, Claude, «La structure des mythes», y «Structure et dialectique», caps. XI y XII de *Anthropologie structurale,* Plon, 1958.

— «Fugue des cinq sens», *Le cru et le cuit,* París, 1964.

Levy, Julien, *Surrealism,* Nueva York, 1936.

Lévy-Bruhl, Lucien, *L-Expérience mystique et les symboles chez les primitifs,* París, 1938.

Lewis, C. S., *La alegoría del amor (Estudio de la tradición medieval),* Buenos Aires, Eudeba, 1969.

Mac Intyre, C. F., *French Symbolist Poetry,* Berkeley, 1958.

Mahling, Friedrich, «Das Problem der 'audition colorée'. Eine historisch.-kritische Untersuchung», *AgPs,* 57, 1926.

Man, Paul de, «The Rhetoric of temporality», en *Interpretation: Theory and Practice,* Baltimore, 1969.

Mangeot, Guy, *Histoire du surréalisme,* Bruselas, Henriquez, 1934.

Marco, Joaquín, «Muerte o resurrección del surrealismo español», *Insula,* Madrid, núms. 316-317, 1973.

Margis, Paul, «Die Synästhesien bei E.T.A. Hoffmann», *ZÄK,* 5, 1910.

Martinet, A., «Connotations, poésie et culture», *To honor R. Jacobson,* vol. II, Mouton, 1967.

Martínez, J. A., *Propiedades del lenguaje poético,* Universidad de Oviedo, 1975.

Martino, Pierre, *Parnasse et symbolisme,* París, 1923.

Mascolo, D., «Le surréalisme, demain», *La Quinzaine Littéraire,* 15-XII-66.

— «Surréalisme, morale, musique», *La Quinzaine Littéraire,* 15-III-71.

Massey, Irving, «A Note on the History of Synaesthesia», *MLN,* 71, 1956.

Matthew, Josephson, *Mi vida entre los surrealistas,* México, 1963.

Matthews, J. H., *An Introduction to Surrealism,* University Park, 1965.

— *Surrealism and Film,* Ann Arbor, 1971.

Maurevert, Georges, «Des sons, des goûts et des couleurs. Essai sur les correspondances sensorielles», *MFr,* 292, 1939.

Mazel, H., *Aux beaux temps du symbolisme,* Mercure de France, 1943.

McKellar, Peter, Simpson, Lorna, «Types of Synaesthesia», *The Journal of Mental Science,* 101, 1955.

Menéndez Pidal, Ramón, «Culteranos y conceptistas», en *España y su historia, II,* Madrid, ed. Minotauro, 1957.

Meunier, Georges, *Le bilan littéraire du XIXe siècle,* Fasquelle, 1898.

Meyer, Heinrich, «Sobre los objetos de las artes figurativas», en *Kleine Schriften zur Kunst,* Heilbronn, 1886.

— «Notas» para la edición de *Werke,* de Winckelmann, t. II.

Michaud, Guy, *La doctrine symboliste.* Documents, París, 1947.

— *Message poétique du symbolisme,* París, 1947.

Michelet, *De l'Ésotérisme dans l'art,* 1891.

Millet, Jules, *Audition colorée,* tesis, Montpellier, 1892.

Millet, Louis, *Le symbole,* París, A. Fayard, 1959.

Mockel, Albert, *Propos de littérature,* Art Indépendant, 1894.
— *Esthétique du Symbolisme,* Bruselas, Palais des Académies, 1962.
Molino, J., «La connotation», *La Linguistique,* 7, 1, 1971.
Monférier, Jacques, «Symbolisme et anarchie», *R.H.L.F.,* abril-junio 1965.
Monnerot, J., *La poésie moderne et le sacré,* París, Gallimard, 1945.
Montanya, Luis, «El surrealismo francés», *Gaceta Literaria,* 15-II, 1928.
Montfort, Eugène, *Vingt-cinq ans de littérature française: 1895-1920,* Librairie de France, 1924.
Moréas, Jean, *Les premières armes du Symbolisme,* Vanier, 1889.
Moreau, Pierre, «Symbole, symbolique, symbolisme», *CAIEF,* núm. 6, 1954.
Morel, B., *Le signe sacré,* Flammarion, 1959.
— *Dialectiques du Mystère,* La Colombe, 1962.
Moreno, Mario, «Sinestesia», *Enciclopedia Medica Italiana,* t. 8, Florencia, 1956.
Morice, Charles, *La littérature de tout à l'heure,* Perrin, 1889.
— «Notations», *Vers et Prose,* t. VII, sept.-nov. 1906.
Morier, Henri, *Le rythme du vers libre symboliste,* Ginebra, Presses Académiques, 1943.
Morino, L., *La N.R.F. dans l'histoire des lettres,* Gallimard, 1939.
Mornet, Daniel, *Histoire de la littérature et de la pensée française contemporaines, 1870-1925,* Larousse, 1927.
Morris, C., «Aesthetics and the Theory of Signs», *The Journal of Unified Science,* 1939-40.
Morris, C. B., «Un poema de Luis Cernuda y la literatura surrealista», *Ínsula,* núm. 299, 1971.
— *Surrealism and Spain,* Cambridge University Press, 1972.
Mounin, G., *Los problemas teóricos de la traducción,* Madrid, ed. Gredos, 1971.
Nadeau, M., *Histoire du surréalisme,* t. II: *Documents surréalistes,* París, Ed. du Seuil, 1948. (El t. I aparece en 1945.)
Navarri, R., «Les dadaïstes et les surréalistes devant la révolution d'octobre», *Europe,* sept.-oct. 1967.
Neddermann, Emmy, «Die symbolistischen Stilelemente in Werke von Juan Ramón Jiménez», *Hamburger Studien zu Volkstum und Kultur der Romanen,* 20, Hamburgo, 1935.
Nelli, René, «La forme des couleurs. Du clavecin oculaire du Père Castel à l'esthétique de Ch. Pierre Bru», *Cahiers du Sud,* XLII, 344, 1955.
Nesbit, Frank Ford, *Language, meaning and reality: A study of symbolism,* Nueva York, Exposition Press, 1955.

Nimier, H., «De l'audition colorée», *Gazette Hebdomadaire de Medécine et de Chirurgie,* 21 de marzo de 1891.

Ogden, C. K., y Richards, I. A., *El significado del significado,* Paidós, 1964.

Ortigues, Edmond, *Le discours et le symbole,* París, Aubier, 1962.

Osmont, Anne, *Le mouvement symboliste,* Maison du Livre, 1917.

Oulmont, Charles, *Un poète coloriste et symboliste au dix-septième siècle,* París, 1912.

Parmetier, Florian, *Histoire contemporaine des lettres françaises, de 1885 à 1914,* Figuière, 1919.

Passeron, G., *Aragon,* París, Ed. Universitaires, 1964.

Passeron, R., *Histoire de la peinture surréaliste,* París, Le Livre de Poche, 1968.

Pellegrini, Aldo, *Antología de la poesía surrealista,* Buenos Aires, 1961.

Pellisier, Georges, *Le mouvement littéraire au XIXe siècle,* Hachette, 1889.

— «L'évolution de la poésie dans le dernier quart de siècle», *Revue de revues,* 15 de marzo 1901.

Perrin, H., «Entre Parnasse et Symbolisme: Ephraïm Mikhaël», *Revue d'Histoire Littéraire de la France,* enero-marzo 1956.

Peterfalvi, J., *Introduction à la psycholinguistique,* P.U.F., 1970.

Petralia, Franco, «Le *voyelles* di Rimbaud in chiave erotica», *StFr,* 19, 1963.

Picco, F., «Simbolismo francese e simbolismo italiano», *Nuova Antologia,* Roma, mayo 1926.

Picón, Pierre, «La revolución superrealista», *Alfar,* núm. 52, 1925.

Pierre, J., *Le surréalisme,* Ediciones Rencontre, 1965.

Piper, Klaus, *Die Synästhesie in Baudelaires Theorie und Dichtung,* tesis de la licenciatura, Universidad Libre de Berlín, 1960.

Poggioli, Renato, *Teoria dell'arte d'abanguardia,* Bolonia, 1962.

Poisson, Albert, *Théories et symboles des alchimistes (...),* París, 1891.

Poizart, Alfred, *Le symbolisme de Baudelaire à Claudel,* La Renaissance du Livre, 1919.

Pommier, Jean, *La Mystique de Baudelaire,* París, 1932.

Porché, François, «Poètes français depuis Verlaine», *Nouvelle Revue Critique,* 1930.

Prasteau, Jean, «Le premier pape du surréalisme fut-il vraiment André Breton?», *Le Figaro,* 9 de abril 1971.

Prigioni, Pierre, «Dada et surréalisme», *Entretiens sur le surréalisme,* París-La Haya, Mouton, 1968.

Proll, Eric, «The surrealistic element in Rafael Alberti», *Bulletin of Spanish Studies*, XXI, 1944, pág. 91.

Quennell, Peter, *Baudelaire and the Symbolists*, Londres, 1954.

Ragusa, Olga, «French Symbolism in Italy», *The Romanic Review*, volumen XLVI, núm. 3, 1955.

Ramsey, Warren, *Jules Laforgue and the Ironic Inheritance*, Nueva York, 1953.

Rauzy, Alain, *À propos de 'L'Immaculée Conception' de A. B. et P. E. Contribution à l'étude des rapports du surréalisme et de la psychiatrie*, tesis del doctorado en Medicina para la Facultad de Medicina de París, 1970, sin publicar.

Raymond, Marcel, *De Baudelaire al surrealismo*, México, Fondo de Cultura Económica, 1960.

Raynaud, Ernest, *La Mêlée symboliste (1890-1900)*, París, 1920.

Retinger, J. H., *Histoire de la littérature française du romantisme à nos jours*, Grasset, 1911.

Retté, Adolphe, *Le Symbolisme*, Messein, 1903.

Reynold, Gonzague de, *Charles Baudelaire*, París-Ginebra, 1920.

Rhodes, S. A., «Baudelaire and the Aesthetics of the Sensations», *Ph. Q.*, 6, 1927.

Ricoeur, P., «Le symbole donne à penser», *Esprit*, julio-agosto, 1959.

— «Le conflit des herméneutiques: épistémologie des interprétations», *Cahiers Internationaux de Symbolisme*, I, 1963.

Richard, Noël, *À l'aube du symbolisme*, París, 1961.

Riffaterre, M., «Le poème comme représentation», *Poétique*, núm. 4.

— «La métaphore filée dans la poésie surréaliste», *Langue Française*, número 3, sept. 1969.

Robert, Bernard, «Pour une définition du surréalisme», *Revue de l'Université d'Ottawa*, vol. 43, núm. 2, abril-junio, 1973.

— «Le Surréalisme désocculté», *Revue de l'Université d'Ottawa*, vol. 43, núm. 3, junio-sept. 1973.

Roger, Juan, *El surrealismo francés*, Madrid, 1956.

Rolland de Renéville, A., «Dernier état de la poésie surréaliste», *N. R. F.*, febrero de 1932.

Romano, Salvatore, *Poetica del ermetismo*, Florencia, 1942.

Roos, Jacques, *Aspects littéraires du mysticisme philosophique et l'influence de Boehme et de Swedenborg au début du Romantisme: William Blake, Novalis, Ballanche*, Strasbourg, 1951.

Runciman, John F., «Noises, Smells and Colours», *The Musical Quarterly*, 1, 1915.

Sanouillet, M., *Dada à París,* París, J. J. Pauvert, 1965.
Sartre, Jean-Paul, *Le Surréalisme en 1947,* París, 1947.
— *Qu'est-ce que la littérature?,* París, Gallimard, 1948.
Scarfe, Francis, *The Art of Paul Valéry,* Londres, 1954.
Schad, Werner, *Untersuchungen an Synästhesien der französischen Literatur,* tesis doctoral, Mainz, 1950.
Schelling, A. W., *Filosofía del arte,* edición original de *Sämmtliche Werke,* Stuttgart y Augsburg, vol. V.
Schérer, Jacques, *L'Expression littéraire dans l'oeuvre de Mallarmé,* París, 1947.
Schering, Arnold, *Das Symbol in der Musik. Mit einem Nachwort von Willibald Gurlitt,* Leipzig, 1941.
Schmidt, Albert-Marie, *La littérature symboliste,* Presses Universitaires de France, 1942.
Schrader, Ludwig, *Sensación y sinestesia,* Madrid, ed. Gredos, 1975.
— «Las impresiones sensoriales y los elementos sinestéticos en la obra de José Asunción Silva. Influencias francesas e italianas», *RJb,* 19, 1968.
Schuster, Jean, *Archives 57-68, batailles pour le surréalisme,* Eric Losfeld, 1969.
Segalen, Victor, «Les synesthésies et l'école symboliste», *MFr,* XLII, 148, 1902.
Segre, C., «Entre estructuralismo y semiología», *Prohemio,* I, 1, 1970.
Seillière, Ernest, «Le mal romantique. Essai sur l'impérialisme irrationnel», *La Philosophie de l'Impérialisme,* 4, París, 1908.
Seward, Barbara, *The symbolic rose,* Nueva York, 1960.
Sewell, Elizabeth, *Paul Valéry: The Mind in the Mirror,* New Haven, 1952.
Seylaz, Louis, *Edgard Poe et les premiers symbolistes français,* Lausana, Imprimerie de la Concorde, 1924.
Siebold, Erika von, «Synästhesien in der englischen Dichtung des 19. Jahrhunderts. Ein ästhetisch-psychologischer Versuch», *ESt.* 53, 1919-1920.
Sigmund French, *Introducción al Psicoanálisis,* en *Obras Completas,* II, Madrid, Biblioteca Nueva, 1948.
Silberer, Herbert, *Probleme der Mystik und ihrer Symbolik,* Wien-Leipzig, 1914.
Silveira, Tasso de, «A Poesia simbolista em Portugal», *Occidente,* vol. 26, Lisboa, 1945.
Silz, Walter, «Heine's Synaesthesia», *PMLA,* 57, 1942.
Sjöden, K. E., «Balzac et Swedenborg», *Cahiers de l'Association Internationale des Études Français,* 15, 1963.

Skard, Sigmund, «The Use of color in Literature. A Survey of Research», *Proceedings of the American Philosophical Society,* XC, 3, Philadelphia, 1946.

Sollers, Ph., «La grande méthode», *Tel Quel,* núm. 34.

Stahl, E. L., «The Genesis of Symbolist Theories in Germany», *Modern Language Review,* 41, 1946.

Stanford, W. Bedell, «Synaesthetic Metaphor», *Comparative Literature Studies,* 6-7, 1942.

Starkie, Enid, *Baudelaire,* Nueva York, 1933.

Starobinski, Jean, «Remarques sur l'histoire du concept d'imagination», *Cahiers Internationaux de Symbolisme,* núm. 11.

Stock, Heinz-Richard, *Die optischen Synästhesien bei E.T.A. Hoffmann,* tesis doctoral de Medicina, Munich, 1914.

Strowski, Fortunat, *Tableau de la littérature française au XIXe siècle,* Délaplane, 1912.

Suárez de Mendoza, Ferdinand, *L'audition colorée. Étude sur les fausses sensations secondaires (...),* París, 1890.

Suckling, Norman, *Paul Valéry and the Civilized Mind,* Nueva York, 1954.

Sugar, L. de, *Baudelaire et R. M. Rilke,* París, 1954.

Symons, Arthur, *The Symbolist Movement in Literature,* Nueva York, 1958.

Taupin, René, *L'Influence du symbolisme français sur la poésie américaine de 1910 à 1920,* París, 1929.

Temple, Ruth Z., *The Critic's Alchemy. A Study of the Introduction of French Symbolism into England,* Nueva York, 1953.

Thorel, Jean, *Les Romantiques allemands et les symbolistes français,* 1891.

Tindall, William York, *The literary symbol,* Nueva York, Columbia University Press, 1955.

Todorov, Tzvetan, *Théories du symbole,* París, et. du Seuil, 1977.

Torre, Guillermo de, «El movimiento ultraísta español», *Cosmópolis,* número 21, 1920.

— «El suicidio y el superrealismo», *Revista de Occidente,* núm. CXLV, 1935, pág. 117.

— *Qué es el superrealismo,* Buenos Aires, ed. Columba, 1955.

— *Historia de las literaturas de vanguardia,* Madrid, Guadarrama, 1971.

Uexküll, J. V., «El mundo perceptible del animal», en P. Laín Entralgo y J. M. López Piñera, *Panorama histórico de la ciencia moderna,* Madrid, ed. Guadarrama, 1973, págs. 773-779.

Ulibarri, Sabine R., *El mundo poético de Juan Ramón. Estudio estilístico de la lengua poética y de los símbolos,* Madrid, 1962.

Urban, Wilbur Marshall, *Language and reality, the philosophy of language and the principles of symbolism,* Londres, J. Allen & Unwin, 1939.

Vanier, Léon, *Les premières armes du symbolisme,* París, 1889.

Vanor, G., *L'Art Symboliste,* Vanier, 1889.

Varios, «André Breton et le surréalisme», *Nouvelle Revue Française* (número especial sobre el superrealismo), 1967.

Varios, «A. B. 1896-1966 et le mouvement surréaliste», *La Nouvelle Revue Française,* núm. 172, 1 abril 1967.

Varios, «A. B. et le Surréalisme aujourd'hui», *La Quinzaine littéraire.*

Varios *(Antología del surrealismo español), Verbo,* núms. 23, 24, 25, Alicante (preparada por José Albi y Joan Fuster).

Varios *(Dossier A. B.), Le Magazine Littéraire,* núm. 64, mayo, 1972.

Varios, «Étude: A. B.», *Le Monde,* 27 de junio 1970.

Varios, *Europe,* París, núms. 475-476, nov.-dic. 1968 (número dedicado al superrealismo).

Varios, *La Documentation Française,* núms. 5.306-5.307, junio-julio 1970.

Varios *(Surréalisme international), Opus International,* núms. 19-20, octubre 1970.

Varios, *Romanic Review,* vol. XLVI, núm. 3, 1955 (número dedicado al simbolismo francés).

Varios, *Tel Quel,* París, núm. 46 (número dedicado al superrealismo).

Vela, Fernando, «El superrealismo», *Revista de Occidente,* núm. XIII, 1924.

Verlaine, Paul, *Les poètes maudits,* Vanier, 1884 y 1888.

Vigée, Claude, «L'invention poétique et l'automatisme mental», *Revolte et louange,* ed. José Corti, 1962.

Visan, Tancrède de, *Essai sur le Symbolisme,* Jouve, 1904.

— *Paysages introspectifs. Avec un Essai sur le Symbolisme,* París, 1904.

— *L'Attitude du lyrisme contemporaine,* París, Mercure de France, 1911.

Vordtriede, Werner, «Novalis und die französischen Symbolisten. Zur Entstehungsgeschichte des dichterischen Symbols», *Sprache und Literatur,* 8, Stuttgart, 1963.

Waldberg, Patrick, *Max Ernst,* Pauvert, 1958.

— *Le surréalisme,* Skira, 1962.

— *Chemins du surréalisme,* Ed. de la Connaissance, Bruselas, 1965.

— *Les initiateurs du surréalisme,* París, Unesco, 10/18, 1969.

Weevers, Theodor, *Poetry of the Netherlands in Its European Context,* Londres, 1960.

Wellek, René, *The Romantic Age,* vol. 2 de *A History of Modern Criticism, 1750-1950,* Nueva York, 1955.

— «Theory of Literature History», en el 4.º vol. de *Travaux.*

Wheelwright, Philip, *The burning fountain; a study in the language of symbolism,* Bloomington, Indiana, Indiana University Press, 1954.

— *Metaphor and Reality,* Indiana University Press, 6.ª ed., 1975.

Wilson, Edmund, *El castillo de Axel,* Barcelona, Planeta, 1977.

Wirth, Oswald, *Le symbolisme hermétique dans ses rapports avec l'alchimie et la francmaçonnerie,* París, 1931.

Wise, Kurt Otto, «Die Wirkung einer Synästhesie Hoffmanns in Frankreich», *ASNS,* 170, 1936.

— «Synästhesien bei Balzac», *ASNS,* 172, 1937.

Yeats, W. B., «The trembling of the Veil», *Autobiographies,* Londres, 1926.

— «The Symbolism of Poetry and Louis Lambert», *Essay and Introductions,* Nueva York, 1961.

Ynduráin, Francisco, «De la sinestesia en la poesía de Juan Ramón», *Insula,* XII, 128-129, 1957.

Zéréga-Fombona, J., *Le symbolisme français et la poésie espagnole moderne d'aujourd'hui,* Mercure de France, París, 1919.

Zima, Pierre, «Objet trouvé/sujet perdu», *Les Lettres Nouvelles,* sept.-oct., 1972.

ÍNDICE DE MATERIAS

ÍNDICE DE NOMBRES PROPIOS

ÍNDICE GENERAL

Págs.

INCONEXIÓN, CONEXIÓN Y AUTONOMÍA

(Proceso «Y», o del autor, y proceso «X», o del lector)

Págs.

Págs.

LA CONTEXTUALIDAD SIMBÓLICA

Págs.

Págs.

COMPLEJIDAD DE LAS RELACIONES ENTRE EL ORIGINADOR Y EL ORIGINADO

Págs.

QUÉ ES EL SUPERREALISMO

LA TRADICIÓN TEÓRICA ACERCA DEL SÍMBOLO Y NUESTRAS CONCLUSIONES A ESTE PROPÓSITO

APÉNDICES

Págs.

ESTE LIBRO SE ACABÓ DE IMPRIMIR EL DÍA 8
DE FEBRERO DE 1979 EN LOS
TALLERES DE GRÁFICAS CÓNDOR,
SÁNCHEZ PACHECO, 81,
MADRID

BIBLIOTECA ROMÁNICA HISPÁNICA

Dirigida por: DÁMASO ALONSO

I. TRATADOS Y MONOGRAFÍAS

1. Walter von Wartburg: *La fragmentación lingüística de la Romania.* Segunda edición aumentada. 208 págs. 17 mapas.
2. René Wellek y Austin Warren: *Teoría literaria.* Con un prólogo de Dámaso Alonso. Cuarta edición. Reimpresión. 432 págs.
3. Wolfgang Kayser: *Interpretación y análisis de la obra literaria.* Cuarta edición revisada. Reimpresión. 594 págs.
4. E. Allison Peers: *Historia del movimiento romántico español.* Segunda edición. Reimpresión. 2 vols.
5. Amado Alonso: *De la pronunciación medieval a la moderna en español.* 2 vols.
9. René Wellek: *Historia de la crítica moderna (1750-1950).* 3 vols.
10. Kurt Baldinger: *La formación de los dominios lingüísticos en la Península Ibérica.* Segunda edición corregida y muy aumentada. 496 págs. 23 mapas.
11. S. Griswold Morley y Courtney Bruerton: *Cronología de las comedias de Lope de Vega.* 694 págs.
12. Antonio Martí: *La preceptiva retórica española en el Siglo de Oro.* Premio Nacional de Literatura. 346 págs.
13. Vítor Manuel de Aguiar e Silva: *Teoría de la literatura.* Reimpresión. 550 págs.
14. Hans Hörmann: *Psicología del lenguaje.* 496 págs.
15. Francisco R. Adrados: *Lingüística indoeuropea.* 2 vols.

II. ESTUDIOS Y ENSAYOS

1. Dámaso Alonso: *Poesía española (Ensayo de métodos y límites estilísticos).* Quinta edición. Reimpresión. 672 págs. 2 láminas.
2. Amado Alonso: *Estudios lingüísticos (Temas españoles).* Tercera edición. Reimpresión. 286 págs.
3. Dámaso Alonso y Carlos Bousoño: *Seis calas en la expresión literaria española (Prosa - Poesía - Teatro).* Cuarta edición. 446 págs.
4. Vicente García de Diego: *Lecciones de lingüística española (Conferencias pronunciadas en el Ateneo de Madrid).* Tercera edición. Reimpresión. 234 págs.
5. Joaquín Casalduero: *Vida y obra de Galdós (1843-1920).* Cuarta edición ampliada. 312 págs.
6. Dámaso Alonso: *Poetas españoles contemporáneos.* Tercera edición aumentada. Reimpresión. 424 págs.

7. Carlos Bousoño: *Teoría de la expresión poética.* Premio «Fastenrath». Sexta edición aumentada. Versión definitiva. 2 vols.
9. Ramón Menéndez Pidal: *Toponimia prerrománica hispana.* Reimpresión. 314 págs. 3 mapas.
10. Carlos Clavería: *Temas de Unamuno.* Segunda edición. 168 págs.
11. Luis Alberto Sánchez: *Proceso y contenido de la novela hispanoamericana.* Tercera edición. 630 págs.
12. Amado Alonso: *Estudios lingüísticos (Temas hispanoamericanos).* Tercera edición. Reimpresión. 360 págs.
16. Helmut Hatzfeld: *Estudios literarios sobre mística española.* Tercera edición corregida y aumentada. 424 págs.
17. Amado Alonso: *Materia y forma en poesía.* Tercera edición. Reimpresión. 402 págs.
18. Dámaso Alonso: *Estudios y ensayos gongorinos.* Tercera edición. 602 págs. 15 láminas.
19. Leo Spitzer: *Lingüística e historia literaria.* Segunda edición. Reimpresión. 308 págs.
20. Alonso Zamora Vicente: *Las sonatas de Valle Inclán.* Segunda edición. Reimpresión. 190 págs.
21. Ramón de Zubiría: *La poesía de Antonio Machado.* Tercera edición. Reimpresión. 268 págs.
24. Vicente Gaos: *La poética de Campoamor.* Segunda edición corregida y aumentada, con un apéndice sobre la poesía de Campoamor. 234 págs.
27. Carlos Bousoño: *La poesía de Vicente Aleixandre.* Tercera edición aumentada. 558 págs.
28. Gonzalo Sobejano: *El epíteto en la lírica española.* Segunda edición revisada. 452 págs.
31. Graciela Palau de Nemes: *Vida y obra de Juan Ramón Jiménez (La poesía desnuda).* Segunda edición completamente renovada. 2 vols.
39. José Pedro Díaz: *Gustavo Adolfo Bécquer (Vida y poesía).* Tercera edición corregida y aumentada. 514 págs.
40. Emilio Carilla: *El Romanticismo en la América hispánica.* Tercera edición revisada y ampliada. 2 vols.
41. Eugenio G. de Nora: *La novela española contemporánea (1898-1967).* Premio de la Crítica. Segunda edición. 3 vols.
42. Christoph Eich: *Federico García Lorca, poeta de la intensidad.* Segunda edición revisada. Reimpresión. 206 págs.
43. Oreste Macrí: *Fernando de Herrera.* Segunda edición corregida y aumentada. 696 págs.
44. Marcial José Bayo: *Virgilio y la pastoral española del Renacimiento (1480-1550).* Segunda edición. 290 págs.
45. Dámaso Alonso: *Dos españoles del Siglo de Oro.* Reimpresión 258 págs.

46. Manuel Criado de Val: *Teoría de Castilla la Nueva (La dualidad castellana en la lengua, la literatura y la historia).* Segunda edición ampliada. 400 págs. 8 mapas.
47. Ivan A. Schulman: *Símbolo y color en la obra de José Martí.* Segunda edición. 498 págs.
49. Joaquín Casalduero: *Espronceda.* Segunda edición. 280 págs.
51. Frank Pierce: *La poesía épica del Siglo de Oro.* Segunda edición revisada y aumentada. 396 págs.
52. E. Correa Calderón: *Baltasar Gracián (Su vida y su obra).* Segunda edición aumentada. 426 págs.
54. Joaquín Casalduero: *Estudios sobre el teatro español.* Tercera edición aumentada. 324 págs.
57. Joaquín Casalduero: *Sentido y forma de las «Novelas ejemplares».* Segunda edición corregida. Reimpresión. 272 págs.
58. Sanford Shepard: *El Pinciano y las teorías literarias del Siglo de Oro.* Segunda edición aumentada. 210 págs.
60. Joaquín Casalduero: *Estudios de literatura española.* Tercera edición aumentada. 478 págs.
61. Eugenio Coseriu: *Teoría del lenguaje y lingüística general (Cinco estudios).* Tercera edición revisada y corregida. Reimpresión. 330 págs.
63. Gustavo Correa: *El simbolismo religioso en las novelas de Pérez Galdós.* Reimpresión. 278 págs.
64. Rafael de Balbín: *Sistema de rítmica castellana.* Premio «Francisco Franco» del CSIC. Tercera edición aumentada. 402 págs.
65. Paul Ilie: *La novelística de Camilo José Cela.* Con un prólogo de Julián Marías. Tercera edición aumentada. 330 págs.
67. Juan Cano Ballesta: *La poesía de Miguel Hernández.* Segunda edición aumentada. Reimpresión. 356 págs.
69. Gloria Videla: *El ultraísmo.* Segunda edición. 246 págs.
70. Hans Hinterhäuser: *Los «Episodios Nacionales» de Benito Pérez Galdós.* 398 págs.
71. J. Herrero: *Fernán Caballero: un nuevo planteamiento.* 346 págs.
72. Werner Beinhauer: *El español coloquial.* Con un prólogo de Dámaso Alonso. Tercera edición, aumentada y actualizada. 556 págs.
73. Helmut Hatzfeld: *Estudios sobre el barroco.* Tercera edición aumentada. 562 págs.
74. Vicente Ramos: *El mundo de Gabriel Miró.* Segunda edición corregida y aumentada. 526 págs.
76. Ricardo Gullón: *Autobiografías de Unamuno.* Reimpresión. 390 páginas.
80. J. Antonio Maravall: *El mundo social de «La Celestina».* Premio de los Escritores Europeos. Tercera edición revisada. Reimpresión. 188 págs.

82. Eugenio Asensio: *Itinerario del entremés desde Lope de Rueda a Quiñones de Benavente (Con cinco entremeses inéditos de Don Francisco de Quevedo).* Segunda edición revisada. 374 págs.
83. Carlos Feal Deibe: *La poesía de Pedro Salinas.* Segunda edición. 270 págs.
84. Carmelo Gariano: *Análisis estilístico de los «Milagros de Nuestra Señora» de Berceo.* Segunda edición corregida. 236 págs.
85. Guillermo Díaz-Plaja: *Las estéticas de Valle-Inclán.* Reimpresión. 298 págs.
86. Walter T. Pattison: *El naturalismo español (Historia externa de un movimiento literario).* Reimpresión. 192 págs.
89. Emilio Lorenzo: *El español de hoy, lengua en ebullición.* Con un prólogo de Dámaso Alonso. Segunda edición. 240 págs.
90. Emilia de Zuleta: *Historia de la crítica española contemporánea.* Segunda edición notablemente aumentada. 482 págs.
91. Michael P. Predmore: *La obra en prosa de Juan Ramón Jiménez.* Segunda edición ampliada. 322 págs.
92. Bruno Snell: *La estructura del lenguaje.* Reimpresión. 218 págs.
93. Antonio Serrano de Haro: *Personalidad y destino de Jorge Manrique.* Segunda edición revisada. 450 págs.
94. Ricardo Gullón: *Galdós, novelista moderno.* Tercera edición revisada y aumentada. 374 págs.
95. Joaquín Casalduero: *Sentido y forma del teatro de Cervantes.* Reimpresión. 288 págs.
96. Antonio Risco: *La estética de Valle-Inclán en los esperpentos y en «El Ruedo Ibérico».* Segunda edición. 278 págs.
97. Joseph Szertics: *Tiempo y verbo en el romancero viejo.* Segunda edición. 208 págs.
100. Miguel Jaroslaw Flys: *La poesía existencial de Dámaso Alonso.* 344 págs.
101. Edmund de Chasca: *El arte juglaresco en el «Cantar de Mío Cid».* Segunda edición aumentada 418 págs.
102. Gonzalo Sobejano: *Nietzsche en España.* 688 págs.
104. Rafael Lapesa: *De la Edad Media a nuestros días (Estudios de historia literaria).* Reimpresión. 310 págs.
106. Aurora de Albornoz: *La presencia de Miguel de Unamuno en Antonio Machado.* 374 págs.
107. Carmelo Gariano: *El mundo poético de Juan Ruiz.* Segunda edición corregida y ampliada. 272 págs.
110. Bernard Pottier: *Lingüística moderna y filología hispánica.* Reimpresión. 246 págs.
111. Josse de Kock: *Introducción al Cancionero de Miguel de Unamuno.* 198 págs.
112. Jaime Alazraki: *La prosa narrativa de Jorge Luis Borges (Temas-Estilo).* Segunda edición aumentada. 438 págs.

114. Concha Zardoya: *Poesía española del siglo XX (Estudios temáticos y estilísticos)*. Segunda edición muy aumentada. 4 vols.
115. Harald Weinrich: *Estructura y función de los tiempos en el lenguaje*. Reimpresión. 430 págs.
116. Antonio Regalado García: *El siervo y el señor (La dialéctica agónica de Miguel de Unamuno)*. 220 págs.
117. Sergio Beser: *Leopoldo Alas, crítico literario*. 372 págs.
118. Manuel Bermejo Marcos: *Don Juan Valera, crítico literario*. 256 págs.
119. Solita Salinas de Marichal: *El mundo poético de Rafael Alberti*. Reimpresión. 272 págs.
120. Oscar Tacca: *La historia literaria*. 204 págs.
121. *Estudios críticos sobre el modernismo*. Introducción, selección y bibliografía general por Homero Castillo. Reimpresión. 416. páginas.
122. Oreste Macrí: *Ensayo de métrica sintagmática (Ejemplos del «Libro de Buen Amor» y del «Laberinto» de Juan de Mena)*. 296 págs.
123. Alonso Zamora Vicente: *La realidad esperpéntica (Aproximación a «Luces de bohemia»)*. Premio Nacional de Literatura. Segunda edición ampliada. 220 págs.
126. Otis H. Green: *España y la tradición occidental (El espíritu castellano en la literatura desde «El Cid» hasta Calderón)*. 4 vols.
127. Ivan A. Schulman y Manuel Pedro González: *Martí, Darío y el modernismo*. Reimpresión. 268 págs.
128. Alma de Zubizarreta: *Pedro Salinas: el diálogo creador*. Con un prólogo de Jorge Guillén. 424 págs.
130. Eduardo Camacho Guizado: *La elegía funeral en la poesía española*. 424 págs.
131. Antonio Sánchez Romeralo: *El villancico (Estudios sobre la lírica popular en los siglos XV y XVI)*. 624 págs.
132. Luis Rosales: *Pasión y muerte del Conde de Villamediana*. 252 págs.
133. Othón Arróniz: *La influencia italiana en el nacimiento de la comedia española*. 340 págs.
134. Diego Catalán: *Siete siglos de romancero (Historia y poesía)*. 224 páginas.
135. Noam Chomsky: *Lingüística cartesiana (Un capítulo de la historia del pensamiento racionalista)*. Reimpresión. 160 págs.
136. Charles E. Kany: *Sintaxis hispanoamericana*. Reimpresión. 552 págs.
137. Manuel Alvar: *Estructuralismo, geografía lingüística y dialectología actual*. Segunda edición ampliada. 266 págs.
138. Erich von Richthofen: *Nuevos estudios épicos medievales*. 294 páginas.
139. Ricardo Gullón: *Una poética para Antonio Machado*. 270 págs.
140. Jean Cohen: *Estructura del lenguaje poético*. Reimpresión. 228 páginas.

141. Leon Livingstone: *Tema y forma en las novelas de Azorín.* 242 páginas.
142. Diego Catalán: *Por campos del romancero (Estudios sobre la tradición oral moderna).* 310 págs.
143. María Luisa López: *Problemas y métodos en el análisis de preposiciones.* Reimpresión. 224 págs.
144. Gustavo Correa: *La poesía mítica de Federico García Lorca.* Segunda edición. 250 págs.
145. Robert B. Tate: *Ensayos sobre la historiografía peninsular del siglo XV.* 360 págs.
147. Emilio Alarcos Llorach: *Estudios de gramática funcional del español.* Segunda edición aumentada. 354 págs.
148. Rubén Benítez: *Bécquer tradicionalista.* 354 págs.
149. Guillermo Araya: *Claves filológicas para la comprensión de Ortega.* 250 págs.
150. André Martinet: *El lenguaje desde el punto de vista funcional.* Reimpresión. 218 págs.
151. Estelle Irizarry: *Teoría y creación literaria en Francisco Ayala.* 274 págs.
152. G. Mounin: *Los problemas teóricos de la traducción.* Segunda edición revisada. 338 págs.
153. Marcelino C. Peñuelas: *La obra narrativa de Ramón J. Sender.* 294 págs.
154. Manuel Alvar: *Estudios y ensayos de literatura contemporánea.* 410 págs.
155. Louis Hjelmslev: *Prolegómenos a una teoría del lenguaje.* Segunda edición. 198 págs.
156. Emilia de Zuleta: *Cinco poetas españoles (Salinas, Guillén, Lorca, Alberti, Cernuda).* 484 págs.
157. María del Rosario Fernández Alonso: *Una visión de la muerte en la lírica española.* Premio Rivadeneira. Premio nacional uruguayo de ensayo. 450 págs. 5 láminas.
158. Ángel Rosenblat: *La lengua del «Quijote».* Reimpresión. 380 págs.
159. Leo Pollmann: *La «Nueva Novela» en Francia y en Iberoamérica.* 380 págs.
160. José María Capote Benot: *El período sevillano de Luis Cernuda.* Con un prólogo de F. López Estrada. 172 págs.
161. Julio García Morejón: *Unamuno y Portugal.* Prólogo de Dámaso Alonso. Segunda edición corregida y aumentada. 580 págs.
162. Geoffrey Ribbans: *Niebla y soledad (Aspectos de Unamuno y Machado).* 332 págs.
163. Kenneth R. Scholberg: *Sátira e invectiva en la España medieval.* 376 págs.
164. Alexander A. Parker: *Los pícaros en la literatura (La novela picaresca en España y Europa. 1599-1753).* Segunda edición. 220 páginas. 11 láminas.

166. Ángel San Miguel: *Sentido y estructura del «Guzmán de Alfarache» de Mateo Alemán.* Con un prólogo de Franz Rauhut. 312 págs.
167. Francisco Marcos Marín: *Poesía narrativa árabe y épica hispánica.* 388 págs.
168. Juan Cano Ballesta: *La poesía española entre pureza y revolución (1930-1936).* 284 págs.
169. Joan Corominas: *Tópica hespérica (Estudios sobre los antiguos dialectos, el substrato y la toponimia romances).* 2 vols.
170. Andrés Amorós: *La novela intelectual de Ramón Pérez de Ayala.* 500 págs.
171. Alberto Porqueras Mayo: *Temas y formas de la literatura española.* 196 págs.
172. Benito Brancaforte: *Benedetto Croce y su crítica de la literatura española.* 152 págs.
173. Carlos Martín: *América en Rubén Darío (Aproximación al concepto de la literatura hispanoamericana).* 276 págs.
174. José Manuel García de la Torre: *Análisis temático de «El Ruedo Ibérico».* 362 págs.
175. Julio Rodríguez-Puértolas: *De la Edad Media a la edad conflictiva (Estudios de literatura española).* 406 págs.
176. Francisco López Estrada: *Poética para un poeta (Las «Cartas literarias a una mujer» de Bécquer).* 246 págs.
177. Louis Hjelmslev: *Ensayos lingüísticos.* 362 págs.
178. Dámaso Alonso: *En torno a Lope (Marino, Cervantes, Benavente, Góngora, los Cardenios).* 212 págs.
179. Walter Pabst: *La novela corta en la teoría y en la creación literaria (Notas para la historia de su antinomia en las literaturas románicas).* 510 págs.
182. Gemma Roberts: *Temas existenciales en la novela española de postguerra.* 286 págs.
183. Gustav Siebenmann: *Los estilos poéticos en España desde 1900.*
184. Armando Durán: *Estructura y técnicas de la novela sentimental y caballeresca.* 182 págs.
185. Werner Beinhauer: *El humorismo en el español hablado (Improvisadas creaciones espontáneas).* Prólogo de Rafael Lapesa. 270 págs.
186. Michael P. Predmore: *La poesía hermética de Juan Ramón Jiménez (El «Diario» como centro de su mundo poético).* 234 págs.
187. Albert Manent: *Tres escritores catalanes: Carner, Riba, Pla.* 338 págs.
188. Nicolás A. S. Bratosevich: *El estilo de Horacio Quiroga en sus cuentos.* 204 págs.
189. Ignacio Soldevila Durante: *La obra narrativa de Max Aub (1929-1969).* 472 págs.
190. Leo Pollmann: *Sartre y Camus (Literatura de la existencia).* 286 páginas.

191. María del Carmen Bobes Naves: *La semiótica como teoría lingüística.* 238 págs.
192. Emilio Carilla: *La creación del «Martín Fierro».* 308 págs.
193. E. Coseriu: *Sincronía, diacronía e historia (El problema del cambio lingüístico).* Segunda edición revisada y corregida. 290 págs.
194. Oscar Tacca: *Las voces de la novela.* Segunda edición, 206 págs.
195. J. L. Fortea: *La obra de Andrés Carranque de Ríos.* 240 págs.
196. Emilio Náñez Fernández: *El diminutivo (Historia y funciones en el español clásico y moderno).* 458 págs.
197. Andrew P. Debicki: *La poesía de Jorge Guillén.* 362 págs.
198. Ricardo Doménech: *El teatro de Buero Vallejo (Una meditación española).* 372 págs.
199. Francisco Márquez Villanueva: *Fuentes literarias cervantinas.* 374 págs.
200. Emilio Orozco Díaz: *Lope y Góngora frente a frente.* 410 págs.
201. Charles Muller: *Estadística lingüística.* 416 págs.
202. Josse de Kock: *Introducción a la lingüística automática en las lenguas románicas.* 246 págs.
203. Juan Bautista Avalle-Arce: *Temas hispánicos medievales (Literatura e historia).* 390 págs.
204. Andrés R. Quintián: *Cultura y literatura españolas en Rubén Darío.* 302 págs.
205. E. Caracciolo Trejo: *La poesía de Vicente Huidobro y la vanguardia.* 140 págs.
206. José Luis Martín: *La narrativa de Vargas Llosa (Acercamiento estilístico).* 282 págs.
207. Ilse Nolting-Hauff: *Visión, sátira y agudeza en los «Sueños» de Quevedo.* 318 págs.
208. Allen W. Phillips: *Temas del modernismo hispánico y otros estudios.* 360 págs.
209. Marina Mayoral: *La poesía de Rosalía de Castro.* Con un prólogo de Rafael Lapesa. 596 págs.
210. Joaquín Casalduero: *«Cántico» de Jorge Guillén y «Aire nuestro».* 268 págs.
211. Diego Catalán: *La tradición manuscrita en la «Crónica de Alfonso XI».* 416 págs.
212. Daniel Devoto: *Textos y contextos (Estudios sobre la tradición).* 610 págs.
213. Francisco López Estrada: *Los libros de pastores en la literatura española (La órbita previa).* 576 págs. 16 láminas.
214. André Martinet: *Economía de los cambios fonéticos (Tratados de fonología diacrónica).* 564 págs.
215. Russell P. Sebold: *Cadalso: el primer romántico «europeo» de España.* 296 págs.
216. Rosario Cambria: *Los toros: tema polémico en el ensayo español del siglo XX.* 386 págs.

217. Helena Percas de Ponseti: *Cervantes y su concepto del arte (Estudio crítico de algunos aspectos y episodios del «Quijote»).* 2 vols.
218. Göran Hammarström: *Las unidades lingüísticas en el marco de la lingüística moderna.* 190 págs.
219. H. Salvador Martínez: *El «Poema de Almería» y la épica románica.* 478 págs.
220. Joaquín Casalduero: *Sentido y forma de «Los trabajos de Persiles y Sigismunda».* 236 págs.
221. Cesáreo Bandera: *Mimesis conflictiva (Ficción literaria y violencia en Cervantes y Calderón).* Prólogo de René Girard. 262 págs.
222. Vicente Cabrera: *Tres poetas a la luz de la metáfora: Salinas, Aleixandre y Guillén.* 228 págs.
223. Rafael Ferreres: *Verlaine y los modernistas españoles.* 272 págs
224. Ludwig Schrader: *Sensación y sinestesia.* 528 págs.
225. Evelyn Picon Garfield: *¿Es Julio Cortázar un surrealista?* 266 págs.
226. Aniano Peña: *Américo Castro y su visión de España y de Cervantes.* 318 págs.
227. Leonard R. Palmer: *Introducción crítica a la lingüística descriptiva y comparada.* 586 págs.
228. Edgar Pauk: *Miguel Delibes: Desarrollo de un escritor (1947-1974).* 330 págs.
229. Mauricio Molho: *Sistemática del verbo español (Aspectos, modos, tiempos).* 2 vols.
230. José Luis Gómez-Martínez: *Américo Castro y el origen de los españoles: Historia de una polémica.* 242 págs.
231. Francisco García Sarriá: *Clarín y la herejía amorosa.* 302 págs.
232. Ceferino Santos-Escudero: *Símbolos y Dios en el último Juan Ramón Jiménez (El influjo oriental en «Dios deseado y deseante»).* 566 págs.
233. Martín C. Taylor: *Sensibilidad religiosa de Gabriela Mistral.* Preliminar de Juan Loveluck. 332 págs.
234. *De la teoría lingüística a la enseñanza de la lengua.* Publicada bajo la dirección de Jeanne Martinet. 262 págs.
235. Jürgen Trabant: *Semiología de la obra literaria (Glosemática y teoría de la literatura).* 370 págs.
236. Hugo Montes: *Ensayos estilísticos.* 186 págs.
237. P. Cerezo Galán: *Palabra en el tiempo (Poesía y filosofía en Antonio Machado).* 614 págs.
238. M. Durán y R. González Echevarría: *Calderón y la crítica: Historia y antología.* 2 vols.
239. Joaquín Artiles: *El «Libro de Apolonio», poema español del siglo XIII.* 222 págs.
240. Ciriaco Morón Arroyo: *Nuevas meditaciones del «Quijote».* 366 páginas.

241. Horst Geckeler: *Semántica estructural y teoría del campo léxico.* 390 págs.
242. José Luis L. Aranguren: *Estudios literarios.* 350 págs.
243. Mauricio Molho: *Cervantes: raíces folklóricas.* 358 págs.
244. Miguel Ángel Baamonde: *La vocación teatral de Antonio Machado.* 306 págs.
245. Germán Colón: *El léxico catalán en la Romania.* 542 págs.
246. Bernard Pottier: *Lingüística general (Teoría y descripción).* 426 páginas.
247. Emilio Carilla: *El libro de los «Misterios» («El lazarillo de ciegos caminantes»).* 190 págs.
248. José Almeida: *La crítica literaria de Fernando de Herrera.* 142 págs.
249. Louis Hjelmslev: *Sistema lingüístico y cambio lingüístico.* 262 págs.
250. Antonio Blanch: *La poesía pura española (Conexiones con la cultura francesa).* 354 págs.
251. Louis Hjelmslev: *Principios de gramática general.* 380 págs.
252. Rainer Hess: *El drama religioso románico como comedia religiosa y profunda (Siglos XV y XVI).* 334 págs.
253. Mario Wandruszka: *Nuestros idiomas: comparables e incomparables.* 2 vols.
254. Andrew P. Debicki: *Poetas hispanoamericanos contemporáneos (Punto de vista, perspectiva, experiencia).* 266 págs.
255. José Luis Tejada: *Rafael Alberti, entre la tradición y la vanguardia (Poesía primera: 1920-1926).* 650 págs.
256. Gudula List: *Introducción a la psicolingüística.* 198 págs.
257. Esperanza Gurza: *Lectura existencialista de «La Celestina».* 352 págs.
258. Gustavo Correa: *Realidad, ficción y símbolo en las novelas de Pérez Galdós (Ensayo de estética realista).* 308 págs.
259. Eugenio Coseriu: *Principios de semántica estructural.* 248 págs
260. Othón Arróniz: *Teatros y escenarios del Siglo de Oro.* 272 págs.
261. Antonio Risco: *El Demiurgo y su mundo: Hacia un nuevo enfoque de la obra de Valle-Inclán.* 310 págs.
262. Brigitte Schlieben-Lange: *Iniciación a la sociolingüística.* 200 págs.
263. Rafael Lapesa: *Poetas y prosistas de ayer y de hoy (Veinte estudios de historia y crítica literarias).* 424 págs.
264. George Camamis: *Estudios sobre el cautiverio en el Siglo de Oro.* 262 págs.
265. Eugenio Coseriu: *Tradición y novedad en la ciencia del lenguaje (Estudios de historia de la lingüística).* 374 págs.
266. Robert P. Stockwell y Ronald K. S. Macaulay (eds.): *Cambio lingüístico. y teoría generativa.* 398 págs.
267. Emilia de Zuleta: *Arte y vida en la obra de Benjamín Jarnés.* 278 págs.
268. Susan Kirkpatrick: *Larra: el laberinto inextricable de un romántico liberal.* 298 págs.

269. Eugenio Coseriu: *Estudios de lingüística románica.* 314 págs.
270. James M. Anderson: *Aspectos estructurales del cambio lingüístico.* 374 págs.
271. Carlos Bousoño: *El irracionalismo poético (El símbolo).* 458 págs.
272. Eugenio Coseriu: *El hombre y su lenguaje (Estudios de teoría y metodología lingüística).* 270 págs.
273. Christian Rohrer: *Lingüística funcional y gramática transformativa (La transformación en francés de oraciones en miembros de oración).* 324 págs.
274. Alán Francis: *Picaresca, decadencia, historia (Aproximación a una realidad histórico-literaria).* 230 págs.
275. Jean-Louis Picoche: *Un romántico español: Enrique Gil y Carrasco (1815-1846).* 398 págs.
276. Pedro Ramírez Molas: *Tiempo y narración (Enfoques de la temporalidad en Borges, Carpentier, Cortázar y García Márquez).* 218 págs.
277. Michel Pêcheux: *Hacia el análisis automático del discurso.* 374 págs.
278. Dámaso Alonso: *La «Epístola Moral a Fabio», de Andrés Fernández de Andrada (Edición y estudio).* 4 láminas. 286 págs.
279. Louis Hjelmslev: *La categoría de los casos (Estudio de gramática general).* 346 págs.
280. Eugenio Coseriu: *Gramática, semántica, universales (Estudios de lingüística funcional).* 270 págs.
281. André Martinet: *Estudios de sintaxis funcional.* 342 págs.
282. Germán de Granda: *Estudios lingüísticos hispánicos, afrohispánicos y criollos.* 522 págs.
283. Francisco Marcos Marín: *Estudios sobre el pronombre.* 332 págs.
284. John P. Kimball: *La teoría formal de la gramática.* 222 págs.
285. Antonio Carreño: *El Romancero lírico de Lope de Vega.* Premio «Ramón Menéndez Pidal» de la Real Academia Española. 302 págs.
286. Jean Baptiste Marcellesi y Bernard Gardin: *Introducción a la sociolingüística (La lingüística social).* 442 págs.
287. M.ª Antonia Martín Zorraquino: *Las construcciones pronominales en español (Paradigma y desviaciones).* 414 págs.
288. Carlos Bousoño: *Superrealismo poético y simbolización.* 542 págs.

III. MANUALES

1. Emilio Alarcos Llorach: *Fonología española.* Cuarta edición aumentada y revisada. Reimpresión. 290 págs.
2. Samuel Gili Gaya: *Elementos de fonética general.* Quinta edición corregida y ampliada. Reimpresión. 200 págs. 5 láminas.
3. Emilio Alarcos Llorach: *Gramática estructural (Según la escuela de Copenhague y con especial atención a la lengua española).* Segunda edición. Reimpresión. 132 págs.

4. Francisco López Estrada: *Introducción a la literatura medieval española.* Cuarta edición renovada. 606 págs.
6. Fernando Lázaro Carreter: *Diccionario de términos filológicos.* Tercera edición corregida. Reimpresión. 444 págs.
8. Alonso Zamora Vicente: *Dialectología española.* Segunda edición muy aumentada. Reimpresión. 588 págs. 22 mapas.
9. Pilar Vázquez Cuesta y Maria Albertina Mendes da Luz: *Gramática portuguesa.* Tercera edición corregida y aumentada. 2 vols.
10. Antonio M. Badia Margarit: *Gramática catalana.* Reimpresión 2 vols.
11. Walter Porzig: *El mundo maravilloso del lenguaje. (Problemas, métodos y resultados de la lingüística moderna.)* Segunda edición corregida y aumentada. Reimpresión. 486 págs.
12. Heinrich Lausberg: *Lingüística románica.* Reimpresión. 2 vols.
13. André Martinet: *Elementos de lingüística general.* Segunda edición revisada. Reimpresión. 274 págs.
14. Walther von Wartburg: *Evolución y estructura de la lengua francesa.* 350 págs.
15. Heinrich Lausberg: *Manual de retórica literaria (Fundamentos de una ciencia de la literatura).* 3 vols.
16. Georges Mounin: *Historia de la lingüística (Desde los orígenes al siglo XX).* Reimpresión. 236 págs.
17. André Martinet: *La lingüística sincrónica (Estudios e investigaciones).* Reimpresión. 228 págs.
18. Bruno Migliorini: *Historia de la lengua italiana.* 2 vols. 36 láminas
19. Louis Hjelmslev: *El lenguaje.* Segunda edición aumentada. Reimpresión. 196 págs. 1 lámina.
20. Bertil Malmberg: *Lingüística estructural y comunicación humana.* Reimpresión. 328 págs. 9 láminas.
22. Francisco Rodríguez Adrados: *Lingüística estructural.* Segunda edición revisada y aumentada. 2 vols.
23. Claude Pichois y André-M. Rousseau: *La literatura comparada.* 246 págs.
24. Francisco López Estrada: *Métrica española del siglo XX.* Reimpresión. 226 págs.
25. Rudolf Baehr: *Manual de versificación española.* Reimpresión. 444 págs.
26. H. A. Gleason, Jr.: *Introducción a la lingüística descriptiva.* Reimpresión. 770 págs.
27. A. J. Greimas: *Semántica estructural (Investigación metodológica).* Reimpresión. 398 págs.
28. R. H. Robins: *Lingüística general (Estudio introductorio).* Reimpresión. 488 págs.
29. Iorgu Iordan y Maria Manoliu: *Manual de lingüística románica.* Revisión, reelaboración parcial y notas por Manuel Alvar. 2 vols.

30. Roger L. Hadlich: *Gramática transformativa del español.* Reimpresión. 464 págs.
31. Nicolas Ruwet: *Introducción a la gramática generativa.* Segunda edición corregida. 514 págs.
32. Jesús-Antonio Collado: *Fundamentos de lingüística general.* Reimpresión. 308 págs.
33. Helmut Lüdtke: *Historia del léxico románico.* 336 págs.
34. Diego Catalán: *Lingüística íbero-románica (Crítica retrospectiva).* 366 págs.
35. Claus Heeschen: *Cuestiones fundamentales de lingüística.* Con un capítulo de Volker Heeschen. 204 págs.
36. Heinrich Lausberg: *Elementos de retórica literaria (Introducción al estudio de la filología clásica, románica, inglesa y alemana).* 278 págs.
37. Hans Arens: *La lingüística (Sus textos y su evolución desde la antigüedad hasta nuestros días).* 2 vols.
38. Jeanne Martinet: *Claves para la semiología.* 238 págs.
39. Manuel Alvar: *El dialecto riojano.* 180 págs.
40. Georges Mounin: *La lingüística del siglo XX.* 264 págs.
41. Maurice Gross: *Modelos matemáticos en lingüística.* 246 págs.
42. Suzette Haden Elgin: *¿Qué es la lingüística?* 206 págs.
43. Oswald Szemerényi: *Introducción a la lingüística comparativa* 432 págs.

IV. TEXTOS

1. Manuel C. Díaz y Díaz: *Antología del latín vulgar.* Segunda edición aumentada y revisada. Reimpresión. 240 págs.
2. M.ª Josefa Canellada: *Antología de textos fonéticos.* Con un prólogo de Tomás Navarro. Segunda edición ampliada. 266 págs.
3. F. Sánchez Escribano y A. Porqueras Mayo: *Preceptiva dramática española del Renacimiento y el Barroco.* Segunda edición muy ampliada. 408 págs.
4. Juan Ruiz: *Libro de Buen Amor.* Edición crítica de Joan Corominas. Reimpresión. 670 págs.
6. *Todo Ben Quzmān.* Editado, interpretado, medido y explicado por Emilio García Gómez. 3 vols.
7. *Garcilaso de la Vega y sus comentaristas (Obras completas del poeta y textos íntegros de El Brocense, Herrera, Tamayo y Azara).* Edición de Antonio Gallego Morell. Segunda edición revisada y adicionada. 700 págs. 10 láminas.
8. *Poética de Aristóteles.* Edición trilingüe. Introducción, traducción castellana, notas, apéndices e índice analítico por Valentín García Yebra. 542 págs.

9. Maxime Chevalier: *Cuentecillos tradicionales en la España del Siglo de Oro*. 426 págs.
10. Stephen Reckert: *Gil Vicente: Espíritu y letra (Estudio)*. 484 págs.
11. Ralph de Gorog y Lisa S. de Gorog: *Concordancias del «Arcipreste de Talavera»*. 430 págs.
12. Pero López de Ayala: *«Libro de poemas» o «Rimado de Palacio»*. Edición crítica, introducción y notas de Michel Garcia. 2 vols.
13. Gonzalo de Berceo: *El libro de Alixandre*. Reconstrucción crítica de Dana Arthur Nelson. 794 págs.

V. DICCIONARIOS

1. Joan Corominas: *Diccionario crítico etimológico de la lengua castellana*. Reimpresión. 4 vols.
2. Joan Corominas: *Breve diccionario etimológico de la lengua castellana*. Tercera edición muy revisada y mejorada. Reimpresión. 628 págs.
3. *Diccionario de Autoridades*. Edición facsímil. 3 vols.
4. Ricardo J. Alfaro: *Diccionario de anglicismos*. Recomendado por el «Primer Congreso de Academias de la Lengua Española».
5. María Moliner: *Diccionario de uso del español*. Premio «Lorenzo Nieto López» de la Real Academia Española, otorgado por vez primera a la autora de esta obra. Reimpresión. 2 vols.
6. P. P. Rogers y F. A. Lapuente: *Diccionario de seudónimos literarios españoles, con algunas iniciales*. 610 págs.

VI. ANTOLOGÍA HISPÁNICA

2. Julio Camba: *Mis páginas mejores*. Reimpresión. 254 págs.
3. Dámaso Alonso y José M. Blecua: *Antología de la poesía española. Lírica de tipo tradicional*. Segunda edición. Reimpresión. LXXXVI + 266 págs.
6. Vicente Aleixandre: *Mis poemas mejores*. Quinta edición. 406 páginas.
9. José M. Blecua: *Floresta de lírica española*. Tercera edición aumentada. 2 vols.
12. José Luis Cano: *Antología de la nueva poesía española*. Cuarta edición. 438 págs.
13. Juan Ramón Jiménez: *Pájinas escojidas (Prosa)*. Reimpresión. 246 págs.
14. Juan Ramón Jiménez: *Pájinas escojidas (Verso)*. Reimpresión. 238 págs.
15. Juan Antonio Zunzunegui: *Mis páginas preferidas*. 354 págs.
16. Francisco García Pavón: *Antología de cuentistas españoles contemporáneos*. Tercera edición. 478 págs.

17. Dámaso Alonso: *Góngora y el «Polifemo».* Sexta edición ampliada. 3 vols.
21. Juan Bautista Avalle-Arce: *El inca Garcilaso en sus «Comentarios» (Antología vivida).* Reimpresión. 282 págs.
23. Jorge Guillén: *Selección de poemas.* Segunda edición aumentada. 354 páginas.
28. Dámaso Alonso: *Poemas escogidos.* 212 págs.
29. Gerardo Diego: *Versos escogidos.* 394 págs.
30. Ricardo Arias y Arias: *La poesía de los goliardos.* 316 págs.
31. Ramón J. Sender: *Páginas escogidas.* Selección y notas introductorias por Marcelino C. Peñuelas. 344 págs.
32. Manuel Mantero: *Los derechos del hombre en la poesía hispánica contemporánea.* 536 págs.
33. Germán Arciniegas: *Páginas escogidas (1932-1973).* 318 págs.
34. Paul Verdevoye: *Antología de la narrativa hispanoamericana (1940-1970).* 2 vols.

VII. CAMPO ABIERTO

1. Alonso Zamora Vicente: *Lope de Vega (Su vida y su obra).* Segunda edición. 288 págs.
2. Enrique Moreno Báez: *Nosotros y nuestros clásicos.* Segunda edición corregida. 180 págs.
3. Dámaso Alonso: *Cuatro poetas españoles (Garcilaso - Góngora - Maragall - Antonio Machado).* 190 págs.
6. Dámaso Alonso: *Del Siglo de Oro a este siglo de siglas (Notas y artículos a través de 350 años de letras españolas).* Segunda edición. 294 págs. 3 láminas.
10. Mariano Baquero Goyanes: *Perspectivismo y contraste (De Cadalso a Pérez de Ayala).* 246 págs.
11. Luis Alberto Sánchez: *Escritores representativos de América.* Primera serie. Tercera edición. 3 vols.
12. Ricardo Gullón: *Direcciones del modernismo.* Segunda edición aumentada. 274 págs.
13. Luis Alberto Sánchez: *Escritores representativos de América.* Segunda serie. Reimpresión. 3 vols.
14. Dámaso Alonso: *De los siglos oscuros al de Oro (Notas y artículos a través de 700 años de letras españolas).* Segunda edición. Reimpresión. 294 págs.
18. Ángel del Río: *Estudios sobre literatura contemporánea española.* Reimpresión. 324 págs.
19. Gonzalo Sobejano: *Forma literaria y sensibilidad social (Mateo Alemán, Galdós, Clarín, el 98 y Valle-Inclán).* 250 págs.
20. Arturo Serrano Plaja: *Realismo «mágico» en Cervantes («Don Quijote» visto desde «Tom Sawyer» y «El Idiota»).* 240 págs.

22. Guillermo de Torre: *Del 98 al Barroco.* 452 págs.
23. Ricardo Gullón: *La invención del 98 y otros ensayos.* 200 págs.
24. Francisco Ynduráin: *Clásicos modernos (Estudios de crítica literaria).* 224 págs.
26. José Manuel Blecua: *Sobre poesía de la Edad de Oro (Ensayos y notas eruditas).* 310 págs.
28. Federico Sopeña Ibáñez: *Arte y sociedad en Galdós.* 182 págs.
29. Manuel García-Viñó: *Mundo y trasmundo de las leyendas de Bécquer.* 300 págs.
30. José Agustín Balseiro: *Expresión de Hispanoamérica.* Prólogo de Francisco Monterde. Segunda edición revisada. 2 vols.
31. José Juan Arrom: *Certidumbre de América (Estudios de letras, folklore y cultura).* Segunda edición ampliada. 230 págs.
32. Vicente Ramos: *Miguel Hernández.* 378 págs.
33. Hugo Rodríguez-Alcalá: *Narrativa hispanoamericana. Güiraldes - Carpentier - Roa Bastos - Rulfo (Estudios sobre invención y sentido).* 218 págs.
34. Luis Alberto Sánchez: *Escritores representativos de América.* Tercera serie. 3 vols.
35. Manuel Alvar: *Visión en claridad (Estudios sobre «Cántico»).* 238 págs.
36. Jaime Alazraki: *Versiones. Inversiones. Reversiones (El espejo como modelo estructural del relato en los cuentos de Borges).* 156 págs.

VIII. DOCUMENTOS

2. José Martí: *Epistolario (Antología).* Introducción, selección, comentarios y notas por Manuel Pedro González. 648 págs.

IX. FACSÍMILES

1. Bartolomé José Gallardo: *Ensayo de una biblioteca española de libros raros y curiosos.* 4 vols.
2. Cayetano Alberto de la Barrera y Leirado: *Catálogo bibliográfico y biográfico del teatro antiguo español, desde sus orígenes hasta mediados del siglo XVIII.* XIII + 728 págs.
3. Juan Sempere y Guarinos: *Ensayo de una biblioteca española de los mejores escritores del reynado de Carlos III.* 3 vols.
4. José Amador de los Ríos: *Historia crítica de la literatura española.* 7 vols.
5. Julio Cejador y Frauca: *Historia de la lengua y literatura castellana (Comprendidos los autores hispanoamericanos).* 7 vols.